会计专业"理实一体"规划教材

初级财务会计及实训教程

吴晓燕　杨　群　主编

上海财经大学出版社

图书在版编目(CIP)数据

初级财务会计及实训教程/吴晓燕,杨群主编．—上海：上海财经大学出版社，2019.3

ISBN 978-7-5642-3208-5/F·3208

Ⅰ.①初… Ⅱ.①吴…②杨… Ⅲ.①财务会计-高等学校-教材 Ⅳ.①F234.4

中国版本图书馆 CIP 数据核字(2019)第 030929 号

□ 责任编辑 邱 仿
□ 封面设计 华 泽

初级财务会计及实训教程

吴晓燕 杨 群 主编

上海财经大学出版社出版发行
(上海市中山北一路 369 号 邮编 200083)
网 址:http://www.sufep.com
电子邮箱:webmaster@sufep.com
全国新华书店经销
上海新文印刷厂印刷装订
2019 年 3 月第 1 版 2024 年 11 月第 3 次印刷

787mm×1092mm 1/16 21.5 印张 537 千字
印数:4 501—5 500 定价:49.00 元

《初级财务会计及实训教程》

编审委员会

主　编　吴晓燕　杨　群

编　委　杨　群　吴晓燕　陈莹莹　唐伶俐
冯　香　何克理　蒋　慧　李慧君
潘晓晴　潘远才　石　磊　杨衍莹
毛启丰　王　瑾　苏　芯

前　言

本教材系华泽科教策划出版的会计专业“理实一体”规划教材，内容共分为三个部分：会计要素的核算、财务报表的编制、考证闯关实训和岗位实训操作题。理论先行、证书加持、实训巩固，旨在培养学习者的会计综合职业能力。

扫码看资源

通过基础会计的学习，我们已经知道：会计对象是指企事业单位在日常经营活动或业务活动中所表现出的资金运动，即资金运动构成了会计核算和会计监督的内容，其具体对象和内容，就是会计要素。我国《企业会计准则》将会计要素界定为资产、负债、所有者权益、收入、费用和利润。本教材的第一部分从会计六大要素入手，分别讲解其确认、计量、报告的相关原则和要求，是初级财务会计的核心和重点，也是初级会计职称考试的重要内容之一。对于本部分内容的学习，学习者需要从理解和应用的角度来把握。

企业财务会计的特点之一是向企业领导和外界有经济利害关系的团体或个人提供财务报告，让经营者、投资人和债权人充分了解企业的财务状况和经营成果。财务报告作为企业会计核算工作的最后环节和最终成果，是企业对外提供财务信息的主要形式。本教材的第二部分针对会计六大要素如何进行报告做了相关讲解，重点讲解了资产负债表、利润表、现金流量表和所有者权益变动表的编制。通过本部分内容的学习，学习者能胜任基本财务报表的编制工作。

掌握了以上两部分理论知识，同学们还需要通过一定的实训加以应用和巩固。本教材的第三部分参照初级会计职称考试《初级会计实务》的考试题型、考试内容以及难易程度编写了相应习题，以帮助同学们考证闯关；还按照实际工作中各会计岗位的工作内容编写了9个岗位的实训操作题，通过本部分的实训，能够强化学习者的学习效果。

关于本书二维码的使用说明：

听课方式：用手机（安卓/IOS）扫描华泽微课 APP 二维码，下载听课 APP。安装完成后，进入 APP，点击右下角“学习中心”，在界面中选择“扫一扫”，就可以扫描书中的二维码听课了。

(华泽微课 APP)

（请先用电脑进入华泽网校 www.ablesky.com/huaze 进行注册，然后再用手机 APP 登录，扫码学习。请勿使用手机 APP 注册！）

此外，为了响应信息化教学的时代呼声，本教材配有教学 PPT、思维导图、微课视频等丰富的资源，期望能帮助教师从繁杂、耗时的资料收集等工作中解放出来，从而将心力转向探索教法、改进教学，也期望能帮助学习者减少专业知识的枯燥性，增加学习的趣味性，进而提升学习效率。

书中如有错误、疏漏或不妥之处，恳请读者朋友们不吝指正，在此深表感谢！

编　者

2019 年 1 月

目　录

第一部分　会计要素的核算

第三部分　考证闯关实训和岗位实训操作题

第一部分　会计要素的核算

通过基础会计的学习，我们已经知道：会计对象是指企事业单位在日常经营活动或业务活动中所表现出的资金运动，即资金运动构成了会计核算和会计监督的内容，其具体对象和内容，就是会计要素。我国《企业会计准则》将会计要素界定为资产、负债、所有者权益、收入、费用和利润。本教材的第一部分从会计六大要素入手，讲解资产、负债、所有者权益、收入、费用和利润的确认、计量、报告的相关原则和要求。本部分是初级财务会计的核心和重点，也是初级会计资格考试的重要内容之一。在本部分的学习中，希望同学们从理解和应用的角度来把握相关的知识点。

单元一　资产的核算

本单元基本内容框架

资产的核算

- 货币资金的核算
  1. 库存现金
  2. 银行存款
  3. 其他货币资金
- 应收及预付款项的核算
  1. 应收票据的核算
  2. 应收账款的核算
  3. 预付账款的核算
  4. 应收股利和应收利息的核算
  5. 其他应收款的核算
  6. 应收款项减值
- 交易性金融资产的核算
  1. 交易性金融资产的内容
  2. 交易性金融资产的账务处理
- 存货的核算
  1. 存货的概述
  2. 原材料的核算
  3. 库存商品的核算
  4. 委托加工物资的核算
- 持有至到期投资的核算
  1. 持有至到期投资的核算内容
  2. 持有至到期投资的账务处理
- 长期股权投资的核算
  1. 长期股权投资的内容和核算方法
  2. 成本法核算长期股权投资账务处理及实例
  3. 权益法核算长期股权投资账务处理及实例
  4. 长期股权投资减值
- 可供出售金融资产的核算
  1. 可供出售金融资产的核算内容
  2. 可供出售金融资产的账务处理及实例
- 固定资产的核算
  1. 固定资产概述
  2. 固定资产的账务处理及实例
- 投资性房地产的核算
  1. 投资性房地产核算的内容
  2. 投资性房地产账务处理及实例
- 无形资产及其他资产的核算
  1. 无形资产
  2. 其他资产的核算

本单元学习目标

- ⊙ 掌握货币资金的核算内容及其账务处理；
- ⊙ 掌握应收及预付款项的核算内容及账务处理；
- ⊙ 掌握交易性金融资产的核算内容及账务处理；
- ⊙ 掌握存货的核算内容，各种计价方法取得存货、发出存货及清查的账务处理；
- ⊙ 持有至到期投资的核算内容及账务处理；
- ⊙ 掌握长期股权投资成本法、权益法的账务处理，熟悉其核算范围；
- ⊙ 可供出售金融资产核算内容及账务处理；
- ⊙ 掌握固定资产的取得、折旧范围及其计算、固定资产处置及其清查的账务处理；
- ⊙ 掌握投资性房地产范围、取得、后续计量、处置的账务处理；
- ⊙ 掌握无形资产取得、摊销、处置的账务处理；
- ⊙ 了解其他资产的核算；
- ⊙ 掌握应收款项、存货、长期股权投资、固定资产、无形资产减值的会计处理。

资产是指企业过去的交易或事项形成的、由企业拥有或控制的、预期会给企业带来经济利益的资源。资产按照不同的标准可以做不同的分类。资产按其流动性不同，可分为流动资产和非流动资产。流动资产主要包括货币资金、以公允价值计量且变动计入损益的金融资产、应收和预付款项、存货等，非流动资产主要包括持有至到期投资、长期股权投资、可供出售金融资产、固定资产、投资性房地产、在建工程、无形资产、长期待摊费用等。资产按其来源不同，可分为自有资产和租入资产。资产按其是否具有实物形态，可分为有形资产和无形资产。

项目一　货币资金的核算

货币资金是指企业生产经营过程中处于货币形态的资产，包括库存现金、银行存款和其他货币资金。

一、库存现金

扫码看资源

库存现金是指存放于企业财会部门、由出纳人员经管的货币，包括库存的人民币和外币。库存现金是企业流动性最强的资产，企业应当严格遵守国家有关现金管理制度，正确进行现金收支核算，监督现金使用的合法性与合理性。

（一）现金管理制度

根据国务院发布的《现金管理暂行条例》的规定，企业现金管理制度主要包括以下内容：

1. 现金的使用范围

对个人的可用现金结算；对凡在银行和金融机构（简称开户银行）开立账户的机关、团体、部队、企业、事业单位和其他单位（简称开户单位）在结算起点以下的，可以用现金结算，超过结算起点的应通过银行转账支付。具体开支范围如下：

(1)职工工资、津贴；

(2)支付给个人的劳务报酬；

(3)根据国家规定颁发给个人的科学技术、文化艺术、体育等各种奖金；

(4)各种劳保、福利费用以及国家规定的对个人的其他支出；

(5)向个人收购农副产品和其他物资的价款；

(6)出差人员必须随身携带的差旅费；

(7)结算起点（1 000 元人民币）以下的零星支出；

(8)中国人民银行确定的需要支付现金的其他支出。

不属于上述规定范围的款项支付应通过银行进行转账结算。

2. 现金的限额

现金的限额是指为了保证开户单位日常零星开支的需要，允许开户单位留存现金的最高数额。这一限额由开户银行根据开户单位的实际需要核定，一般按照开户单位 3～5 天日常零星开支的需要确定，边远地区和交通不便地区开户单位的库存现金限额，可按多于 5 天，但不超过 15 天的日常零星开支的需要确定。

3. 现金收支手续的相关规定

为了加强现金收支手续，出纳与会计人员必须分清责任，严格执行账、钱、物分管的原则，实行相互制约，加强现金收付业务的手续。

第一，企业应按规定编制现金收付计划，并按计划组织现金收支活动。

第二，企业的会计部门，出纳工作和会计工作必须合理分工，现金的收付保管应由出纳人员负责办理，非出纳人员不得经管现金。

第三，严格执行现金清查盘点制度，保证现金安全完整。出纳人员每天盘点现金实有数，与现金日记账的账面余额核对，保证账实相符。企业会计部门必须定期或不定期地进行清查盘点，及时发现或防止差错以及挪用、贪污、盗窃等不法行为的发生。如果出现长短款，必须及时查找原因。

第四，一切现金收入都应开具收款收据，即使有些现金收入已有对方付款凭证，也应开出收据交付款人，以明确经济职责；收入现金签发收据与经手收款，按要求也应当分开，由两个经办人分工办理，如销货收入应由经销人员负责填制发票单据，出纳人员据以收款，以防差错与作弊。

第五，一切现金收入必须当天入账，当天送存开户银行。当日送存确有困难的，由开户银行确定送存时间。

第六，不准利用银行存款账户代其他单位、个人存入或支取现金。

第七，一切现金支出都要有原始凭证，由经办人签名，经主管和有关人员审核后，出纳人员才能据以付款，在付款后，应加盖"现金付讫"戳记，妥善保管。开户单位不得从本单位的现金收入中直接支付（即坐支），因特殊情况需要坐支现金的，应当事先报经开户银行审查批准，由开户银行核定坐支范围和限额。坐支单位应当定期向开户银行报送坐支金额和使用情况。

第八，开户单位从开户银行提取现金时，应当写明用途。由本单位财会部门负责人签字盖章，经开户银行审核后，予以支付。

第九，因采购地点不确定、交通不便，生产或市场急需，抢险救灾以及其他特殊情况必须使用现金的，开户单位应向开户银行提出申请，本单位财会部门负责人签字盖章，经开户银行审核后，予以支付。

（二）库存现金的核算及账务处理实例

1. 库存现金核算开设的账户

企业应当设置“库存现金总账”和“现金日记账”，分别进行库存现金的总分类核算和明细分类核算。借方登记库存现金的增加，贷方登记库存现金的减少，期末余额在借方，反映企业实际持有的库存现金的金额。

现金日记账由出纳人员根据收付款凭证，按照业务发生顺序逐笔登记，并逐日结出余额，以便与实际库存现金额相核对，做到账款相符。月度终了，现金日记账的余额应当与库存现金总账余额核对，做到账账相符，做到日清月结。现金总分类账由不从事出纳工作的会计人员登记，一般采用订本式“三栏式”账簿。

2. 库存现金收支的账务处理实例

【例题 1】 2018 年 1 月 10 日，甲公司签发支票从银行提取现金 10 000 元。甲公司应做如下会计分录：

借：库存现金	10 000	
贷：银行存款		10 000

【例题 2】 2018 年 1 月 11 日，甲公司将收到的货款现金 8 000 元，送存银行。甲公司应做如下会计分录：

借：银行存款	8 000	
贷：库存现金		8 000

【例题 3】 2018 年 1 月 12 日，公司职工刘某出差预借差旅费 3 000 元，以现金支付。1 月 15 日，职工刘某出差回来报销差旅费 2 700 元，退回剩余现金 300 元。公司应做如下会计分录：

1 月 12 日，预借差旅费时：

借：其他应收款——刘某	3 000	
贷：库存现金		3 000

1 月 15 日，报销差旅费时：

借：库存现金	300	
管理费用	2 700	
贷：其他应收款——刘某		3 000

【例题 4】 2018 年 1 月 20 日，收取公司职工李某因过失造成的损失赔偿金 300 元。根据上述经济业务，公司应做如下会计分录：

借：库存现金	300	
贷：其他应收款——李某		300

【例题5】 2018年1月25日，以现金支付职工培训讲课费800元。根据上述经济业务，公司应做如下会计分录：

借：应付职工薪酬——职工教育经费　　800

　贷：库存现金　　800

相关知识链接1

企业内部周转使用的备用金，在“其他应收款”科目核算，也可单独设置“备用金”科目核算。

（三）库存现金的清查

为了保护现金的安全完整，做到账实相符，必须做好现金的清查工作，企业应当按规定对库存现金进行定期和不定期的清查。现金清查的基本方法是实地盘点法，将现金实存数与现金日记账上的余额进行核对。实存数是指企业金库内实有的现款额，清查时不能用借条等单据来抵充现金。每日终了应查对库存现金实存数与其账面余额是否相符。清查结果表现为两种情况：一是账实相符，此种情况不需要做账务处理；二是账实不符，这种情况的账务处理分批准前和批准后的账务处理。

扫码看资源

对于现金清查中发现的账实不符，即现金溢缺情况，通过“待处理财产损溢——待处理流动资产损溢”科目进行核算。现金清查中发现短缺的现金，应按短缺的金额，借记“待处理财产损溢——待处理流动资产损溢”科目，贷记“库存现金”科目；现金清查中发现溢余的现金，应按溢余的金额，借记“库存现金”科目，贷记“待处理财产损溢——待处理流动资产损溢”科目，待查明原因后按如下要求进行处理：

1. 现金短缺

批准前：

借：待处理财产损溢——待处理流动资产损溢

　贷：库存现金

批准后：

借：其他应收款（由责任人赔偿部分）

　管理费用（无法查明原因部分）

　贷：待处理财产损溢——待处理流动资产损溢

2. 现金溢余

批准前：

借：库存现金

　贷：待处理财产损溢——待处理流动资产损溢

批准后：

借：待处理财产损溢——待处理流动资产损溢

贷：其他应付款（其他应付尚未支付款项）

营业外收入（无法查明原因部分）

【例题 6】 甲公司 2018 年 5 月 31 日，在对现金进行清查时，发现短缺 80 元。甲公司应做如下会计分录：

借：待处理财产损溢——待处理流动资产损溢　　80

贷：库存现金　　80

【例题 7】 上述现金短缺，无法查明原因，转入管理费用。甲公司应做如下会计分录：

借：管理费用　　80

贷：待处理财产损溢——待处理流动资产损溢　　80

【例题 8】 甲公司 2018 年 6 月 30 日，在对现金进行清查时，发生溢余 100 元。甲公司应做如下会计分录：

借：库存现金　　100

贷：待处理财产损溢——待处理流动资产损溢　　100

【例题 9】 现金溢余原因不明，经批准计入营业外收入。甲公司应做如下会计分录：

借：待处理财产损溢——待处理流动资产损溢　　100

贷：营业外收入——盘盈利得　　100

相关知识链接 2

“待处理财产损溢”科目年末无余额；若年终有未批准的盘盈、盘亏的资产，应先根据查明的原因做出处理，并在报表附注中进行披露。

思　考

在无法查明原因时，库存现金溢余结转至“营业外收入”账户，而短缺结转至“营业外支出”账户，此说法是否正确？

【随堂训练 1 · 单选题】 企业现金清查中，经检查仍无法查明原因的现金溢余，经批准后应（　　）。

A. 冲减财务费用　B. 冲减管理费用　C. 计入其他应付款　D. 计入营业外收入

二、银行存款

银行存款是指企业存放在银行或其他金融机构的货币资金。按照国家《支付结算办法》中的规定，企业应在当地银行开立账户，办理存款、取款和转账业务的结算。开立账户后，必须遵守中国人民银行制定的《人民币银行结算账户管理办法》的各种规定。单位银行结算账户按用途分为基本存款账户、一般存款账户、专用存款账户和临时存款账户。

扫码看资源

（一）银行存款的管理要求

（1）企业按规定在其所在地银行开设账户，并且应严格按照银行结算制度进行银行存款的收付及转账业务的结算。

（2）银行存款账户必须存入保证企业进行支付的资金，不得签发空头支票。

（3）企业的银行存款由出纳人员进行管理，出纳人员不得兼记总账；银行存款有关票据要由专人保管和签发，票据的签发必须经专人审批。

（4）银行存款收付业务使用的票据（如支票、汇票、本票等）必须使用银行统一印制的票据。

（5）企业的银行存款必须定期与银行核对。企业的银行存款应定期与银行对账单进行核对，至少每月核对一次。企业银行存款账面余额与银行对账单之间如有差额，应编制“银行存款余额调节表”进行调节。在银行存款余额调节表内，要分别补齐双方的未达账项，如记账没有错误，调节后的余额应相等。

银行存款余额调节表如表1—1—1—1所示。

表1—1—1—1　　银行存款余额调节表

年　　月　　日　　　　单位：元

项　目	金　额	项　目	金　额
企业银行存款日记账余额		银行对账单余额	
加：银行已收，企业未收款		加：企业已收，银行未收款	
减：银行已付，企业未付款		减：企业已付，银行未付款	
调节后的存款余额		调节后的存款余额	

（二）支付结算的方式

1. 支票

支票是指单位或个人签发的，委托办理支票存款业务的银行在见票时无条件支付确定的金额给收款人或者持票人的票据。

支票结算方式是同城结算中应用比较广泛的一种结算方式。小企业和个人在同一票据交换区域的各种款项结算，均可以使用支票。支票由银行统一印制，支票上印有“现金”字样的为现金支票；支票上印有“转账”字样的为转账支票，转账支票只能用于转账；未印有“现金”或“转账”字样的为普通支票，普通支票可以用于支取现金，也可以用于转账。在普通支票左上角划两条平行线的，为划线支票，划线支票只能用于转账，不得支取现金。

支票的提示付款期限为自出票日起10日内，中国人民银行另有规定的除外。超过提示付款期限的，持票人开户银行不予受理，付款人不予付款。转账支票可以根据需要在票据交换区域内背书转让。

存款人领购支票，必须填写“票据和结算凭证领用单”并加盖预留银行印鉴。存款账户结清时，必须将剩余的空白支票全部交回银行注销。

企业财会部门在签发支票之前，出纳人员应该认真查明银行存款的账面结余数额，防止签发超过存款余额的空头支票。签发空头支票，银行除退票外，还按票面金额处以5%但不低于1 000元的罚款，持票人有权要求出票人赔偿支票金额2%的赔偿金。签发支票时，应使用蓝黑墨水或碳素墨水，将支票上的各要素填写齐全，并在支票上加盖其预留银行印鉴。出票人预留银行的印鉴是银行审核支票付款的依据。银行也可以与出票人约定使用支付密码，作为银行审核支付支票金额的条件。

2. 银行汇票

银行汇票是指汇款人将款项交存当地出票银行，由出票银行签发的，由其在见票时，按照实际结算金额无条件支付给收款人或持票人的票据。银行汇票具有使用灵活、票随人到、兑现性强等特点，适用于先收款后发货或钱货两清的交易。单位和个人的各种款项结算，均可使用银行汇票。

银行汇票可以用于转账，填明“现金”字样的银行汇票也可以用于支取现金。银行汇票的付款期限为自出票日起 1 个月内。超过付款期限提示付款不获付款的，持票人须在票据权利时效内向出票银行做出说明，并提供本人身份证件或单位证明，持银行汇票和解讫通知向出票银行请求付款。

企业支付购货款等款项时，应向出票银行填写“银行汇票申请书”，填明收款人名称、支付金额、申请人、申请日期等事项并签章，签章为其预留银行的印鉴。银行受理银行汇票申请书，收妥款项后签发银行汇票，并用压数机压印出票金额，然后将银行汇票和解讫通知一并交给汇款人。

申请人取得银行汇票后即可持银行汇票向填明的收款单位办理结算。银行汇票的收款人可以将银行汇票背书转让给他人。背书转让以不超过出票金额的实际结算金额为限，未填写实际结算金额或实际结算金额超过出票金额的银行汇票不得背书转让。

收款的企业在收到付款单位送来的银行汇票时，应在出票金额以内，根据实际需要的款项办理结算，并将实际结算金额和多余金额准确、清晰地填入银行汇票和解讫通知的有关栏内，银行汇票的实际结算金额低于出票金额的，其多余金额由出票银行退交申请人。收款的商品流通企业还应填写进账单并在汇票背面“持票人向银行提示付款签章”处签章，签章应与预留银行的印鉴相同，然后，将银行汇票和解讫通知、进账单一并交开户银行办理结算，银行审核无误后，办理转账。

3. 银行本票

银行本票是指银行签发的，承诺自己在见票时无条件支付确定的金额给收款人或者持票人的票据。

银行本票由银行签发并保证兑付，而且见票即付，具有信誉高、支付功能强等特点。用银行本票购买材料物资，销货方可以见票付货，购货方可以凭票提货；债权债务双方可以凭票清偿；收款人将本票交存银行，银行即可为其入账。无论单位或个人，在同一票据交换区域支付各种款项，都可以使用银行本票。

银行本票分定额本票和不定额本票。定额本票面值分别为 1 000 元、5 000 元、10 000 元和 50 000 元。在票面划去“转账”字样的，为现金本票。

银行本票的付款期限为自出票日起最长不超过 2 个月，在付款期内银行本票见票即付。超过提示付款期限不获付款的，持票人在票据权利时效内向出票银行做出说明，并提供本人身份证或单位证明，可持银行本票向银行请求付款。

企业支付购货款等款项时，应向银行提交“银行本票申请书”，填明收款人名称、申请人名称、支付金额、申请日期等事项并签章。申请人或收款人为单位的，银行不予签发现金银行本票。申请人取得银行本票后，即可向填明的收款单位办理结算。收款单位可以根据需要在票据交换区域内背书转让银行本票。

收款企业收到银行本票时，应该在提示付款时在本票背面“持票人向银行提示付款签章”处加盖预留银行印鉴，同时填写进账单，连同银行本票一并交开户银行转账。

4. 商业汇票

商业汇票是指出票人签发的，委托付款人在指定日期无条件支付确定的金额给收款人或者持票人的票据。在银行开立存款账户的法人以及其他组织之间须具有真实的交易关系或债权债务关系，才能使用商业汇票。商业汇票的付款期限由交易双方商定，但最长不得超过 6 个月。商业汇票的提示付款期限为自汇票到期日止的前 10 日内。

存款人领购商业汇票，必须填写“票据和结算凭证领用单”并加盖预留银行印鉴，存款账户结清时，必须将剩余的空白商业汇票全部交回银行注销。

商业汇票可以由付款人签发并承兑，也可以由收款人签发交由付款人承兑。定日付款或者出票后定期付款的商业汇票，持票人应当在汇票到期日前向付款人提示承兑；见票后定期付款的汇票，持票人应当自出票日起 1 个月内向付款人提示承兑。汇票未按规定期限提示承兑的，持票人丧失对其前手的追索权。付款人应当自收到提示承兑的汇票之日起 3 日内承兑或者拒绝承兑。付款人拒绝承兑的，必须出具拒绝承兑的证明。

商业汇票可以背书转让。符合条件的商业汇票的持票人可持未到期的商业汇票连同贴现凭证，向银行申请贴现。

商业汇票按承兑人不同分为商业承兑汇票和银行承兑汇票两种。

(1)商业承兑汇票

商业承兑汇票是由银行以外的付款人承兑。商业承兑汇票按交易双方约定，由销货企业或购货企业签发，但由购货企业承兑。承兑时，购货企业应在汇票正面记载“承兑”字样、承兑日期并盖章。承兑不得附有条件，否则视为拒绝承兑。汇票到期时，购货企业的开户银行凭票将票款划给销货企业或贴现银行。销货企业应在提示付款期限内通过开户银行委托收款或直接向付款人提示付款。对异地委托收款的，销货企业可匡算邮程，提前通过开户银行委托收款。汇票到期时，如果购货企业的存款不足支付票款，开户银行应将汇票退还销货企业，银行不负责付款，由购销双方自行处理。

(2)银行承兑汇票

承兑汇票由银行承兑，由在承兑银行开立存款账户的存款人签发。承兑银行按票面金额向出票人收取 5‰的手续费。

购货企业应于汇票到期前将票款足额交存其开户银行，以备承兑银行在汇票到期日或到期日后的见票当日支付票款。销货企业应在汇票到期时将汇票连同进账单送交开户银行以便转账收款。承兑银行凭汇票将承兑款项无条件转给销货企业，如果购货企业于汇票到期日未能足额交存票款时，承兑银行除凭票向持票人无条件付款外，对出票人尚未支付的汇票金额按照每天 5‰计收罚息。

5. 信用卡

信用卡是指商业银行向个人和企业发行的，以向特约企业购物、消费和向银行存取现金，且具有消费信用的特制载体卡片。

信用卡按使用对象分为企业卡和个人卡；按信誉等级一般分为金卡和普通卡。

凡在中国境内金融机构开立基本账户的企业可申领企业信用卡。企业信用卡可申领若干张，持卡人资格由申领单位法定代表人或其委托的代理人书面指定和注销，持卡人不得出租或转借信用卡。企业信用卡账户的资金一律从其基本存款账户转账存入，在使用过程中，需要向其账户续存资金的，也一律从其基本存款账户转账存入，不得交存现金，不得将销货收入的款项存入其账户。企业信用卡一律不得用于10万元以上的商品交易、劳务供应款项的结算，不得支取现金。

信用卡在规定的限额和期限内允许善意透支，透支额金卡最高不得超过10 000元，普通卡最高不得超过5 000元。透支期限最长为60天。透支利息，自签单日或银行记账日起15日内按日息5‱计算，超过15日按日息10‱计算，超过30日或透支金额超过规定限额的，按日息15‱计算。透支计算不分段，按最后期限或者最高透支额的最高利率档次计息。超过规定限额或规定期限，并且经发卡银行催收无效的透支行为为恶意透支，持卡人使用信用卡不得发生恶意透支。严禁将小企业的款项存入个人卡账户中。

企业申领信用卡，应按规定填制申请表，连同有关资料一并送交发卡银行。符合条件并按银行要求交存一定金额的备用金后，银行为申领人开立信用卡存款账户，并发给信用卡。

6. 汇兑

汇兑是汇款人委托银行将其款项支付给收款人的结算方式。小企业的各种款项的结算，均可使用汇兑结算方式。

汇兑分为信汇、电汇两种。信汇是指汇款人委托银行通过邮寄方式将款项划转给收款人。电汇是指汇款人委托银行通过电报将款项划给收款人。这两种汇兑方式由汇款人根据需要选择使用。汇兑结算方式适用于异地之间的各种款项结算。这种结算方式划拨款项简便、灵活。

企业采用这一结算方式时，应填写银行印发的汇款凭证，列明收款单位名称、汇款金额及汇款的用途等项目，送达开户银行，委托银行将款项汇往收汇银行。收汇银行将汇款收进单位存款户后，向收款单位发出收款通知。

7. 委托收款

委托收款是收款人委托银行向付款人收取款项的结算方式。企业可凭已承兑商业汇票、债券、存单等付款人债务证明办理收取同城或异地款项。委托收款还适用于收取电费、电话费等付款人数多、分散的公用事业费等有关款项。

委托收款结算款项划回的方式分为邮寄和电报两种。

商品流通企业由于其经营方式的特殊性，一般情况下不会涉及委托收款结算方式收取货款。如果使用委托收款结算方式，应当是支付公用事业费。

8. 托收承付

托收承付是根据购销合同由收款人发货后委托银行向异地付款人收取款项，由付款人向银行承认付款的结算方式。使用托收承付结算方式的收款单位和付款单位，必须是国有企业、供销合作社以及经营管理较好并经开户银行审查同意的城乡集体所有制工业企业。办理托收承付结算的款项，必须是商业交易，以及因商品交易而产生的劳务供应的款项。代销、寄销、赊销商品的款项，不得办理托收承付结算。由于商品流通小企业性质所决定，极少出现托收方式进行结算。

9. 信用证

信用证结算方式是国际结算的一种主要方式。经中国人民银行批准经营结算业务的商业银行总行以及经商业银行总行批准开办信用证业务的分支机构，也可以办理国内商品流通小企业之间商品交易的信用证结算业务。

采用信用证结算方式的，收款企业收到信用证后，即备货装运，签发有关发票账单，连同运输单据和信用证，送交银行，根据退还的信用证等有关凭证编制收款凭证；付款企业在接到开征行的通知时，根据付款的有关单据编制付款凭证。

上述各种结算方式的运用，须以加强结算纪律为保证。中国人民银行发布的《支付结算办法》中规定了银行结算纪律：不准签发没有资金保证的票据或远期支票，套取银行信用；不准签发、取得和转让没有真实交易和债权债务的票据，套取银行和他人资金；不准无理拒绝付款，任意占用他人资金；不准违反规定开立和使用账户等。商品流通小企业必须严格遵守银行支付结算办法规定的结算纪律，保证结算业务的正常进行。

（三）银行存款的核算及账务处理实例

1. 银行存款核算应开设的账户

企业应当设置“银行存款总账”和“银行存款日记账”，分别进行银行存款的总分类核算和明细分类核算。该账户为资产类账户，借方登记收入的存款，贷方登记付出的存款，期末余额在借方，反映存款的余额。银行存款总分类账由不从事出纳的会计人员登记。登记的方法、依据和账簿格式均与库存现金总账基本相同。企业可按开户银行和其他金融机构、存款种类等设置“银行存款日记账”，银行存款日记账由出纳人员根据收付款凭证，按照业务的发生顺序逐笔登记。每日终了，应结出余额。

2. 银行存款账务处理实例

【例题 10】　甲公司 2018 年 2 月 8 日开出现金支票一张，从银行提取现金 100 000 元备发工资。甲公司应根据支票存根编制如下分录：

借：库存现金　　100 000

　贷：银行存款　　100 000

【例题 11】　甲公司 2018 年 2 月 11 日收到开户银行送来收款通知，A 公司汇来前欠货款 30 000 元，银行已收妥。甲公司应根据收款通知单编制如下分录：

借：银行存款　　30 000

　贷：应收账款——A 公司　　30 000

（四）银行存款的核对

出纳人员应将“银行存款日记账”定期与“银行对账单”核对，至少每月核对一次。双方余额如果不一致，其原因可能是记账差错，也可能是存在未达账项。如果是记账差错，应立即更正，如果存在未达账项，应编制“银行存款余额调节表”，调节后的双方余额应相等。

1. 未达账项

未达账项，是由于结算凭证在企业与银行之间或收付款银行之间传递需要时间，造成企业与银行之间入账的时间差，一方收到凭证并已入账，另一方未收到凭证因而未能入账由此形成的账款。银行存款的核对应将企业“银行存款日记账”定期与“银行对账单”核对，核对时因未达账项会造成如下情况：

①企业已收，银行未收（企业银行存款日记账大于银行对账单余额）。

②企业已付，银行未付（企业银行存款日记账小于银行对账单余额）。

③银行已收，企业未收（企业银行存款日记账小于银行对账单余额）。

④银行已付，企业未付（企业银行存款日记账大于银行对账单余额）。

2. 银行存款余额调节表的编制

【例题 12】 甲公司 2018 年 12 月 31 日银行存款日记账的余额为 5 400 000 元，银行转来对账单的余额为 8 300 000 元。经逐笔核对，发现以下未达账项：

（1）公司送存转账支票 6 000 000 元，并已登记银行存款增加，但银行尚未记账。

（2）公司开出转账支票 4 500 000 元，但持票单位尚未到银行办理转账，但银行尚未记账。

（3）公司委托银行代收某公司购货款 4 800 000 元，银行已收妥并登记入账，但公司尚未收到收款通知，尚未记账。

（4）银行代企业支付电话费 400 000 元，银行已登记企业银行存款减少，但公司未收到银行付款通知，尚未记账。

甲公司银行存款余额调节表如表 1—1—1—2 所示。

表 1—1—1—2　　银行存款余额调节表

2018 年 12 月 31 日　　单位：元

项　目	金　额	项　目	金　额
企业银行存款日记账余额	5 400 000	银行对账单余额	8 300 000
加：银行已收、企业未收款	4 800 000	加：企业已收、银行未收款	6 000 000
减：银行已付、企业未付款	400 000	减：企业已付、银行未付款	4 500 000
调节后的存款余额	9 800 000	调节后的存款余额	9 800 000

相关知识链接 3

银行存款余额调节表只是为了核对账目，并不能作为调整银行存款账面余额的记账依据；通过银行存款余额调节表，调节后的存款余额表示企业可以动用的银行存款数。

【随堂训练 2 · 多选题】 编制银行存款余额调节表时，下列未达账项中，会导致企业银行存款日记账的账面余额小于银行对账单余额的有（　　）。

A. 企业开出支票，银行尚未支付　　B. 企业送存支票，银行尚未入账

C. 银行代收货款，企业尚未接到收款通知　　D. 银行代付的水费，企业尚未接到付款通知

三、其他货币资金

(一)其他货币资金的内容

其他货币资金是指除现金、银行存款以外的其他各种货币资金，主要包括：银行汇票存款、银行本票存款、信用卡存款、信用证保证金存款、存出投资款和外埠存款。

(二)其他货币资金的核算

为了总括地反映其他货币资金的增减变动及结余情况，企业应设置“其他货币资金总账”账户，该账户为资产类账户，收到款项时记借方，支付款项时记贷方，有余额应在借方，反映企业实际持有的其他货币资金。该账户应设置“银行汇票”“银行本票”“信用卡”“信用证保证金”“存出投资款”和“外埠存款”等明细账户。

1. 银行汇票存款的核算

银行汇票存款是指由出票银行签发的，由其在见票时按照实际结算金额无条件支付给收款人或者持票人的票据。银行汇票的出票银行为银行汇票的付款人。单位和个人各种款项的结算均可使用银行汇票。

银行汇票可以用于转账，填明“现金”字样的银行汇票也可用于支取现金。银行汇票的提示付款期限为自出票日起一个月。

企业向银行提交“银行汇票申请书”并将款项交存开户银行，取得汇票和解讫通知，根据银行盖章的申请书存根联，编制付款凭证，借记“其他货币资金——银行汇票”科目，贷记“银行存款”科目。

企业使用银行汇票支付款项后，应根据发票账单及开户行转来的银行汇票有关副联等凭证，经核对无误后编制会计分录，借记“材料采购”(或“原材料”)、“库存商品”、“应交税费——应交增值税(进项税额)”等科目，贷记“其他货币资金——银行汇票”科目。

采购完毕收回剩余款项时，或汇票因超过付款期限等原因未曾使用而退还款项时，根据开户银行转来的银行汇票第四联“多余款收账通知”，按退回的款项，借记“银行存款”科目，贷记“其他货币资金——银行汇票”科目。

【例题 13】 甲公司为增值税一般纳税人，向银行申请办理银行汇票用以购买原材料，将款项 250 000 送存银行转作银行汇票存款。根据银行盖章退回的申请书存根联，甲公司应编制如下会计分录：

借：其他货币资金——银行汇票	250 000	
贷：银行存款		250 000

甲公司购入原材料一批验收入库，取得增值税专用发票上注明价款为 200 000 元，增值税税额为 32 000 元，已用银行汇票办理结算，多余款项 18 000 元退回开户银行，公司已收到开户银行转来的银行汇票第四联“多余款收账通知”。甲公司应编制如下会计分录：

(1)用银行汇票结算时：

借：原材料	200 000	
应交税费——应交增值税(进项税额)	32 000	
贷：其他货币资金——银行汇票		232 000

(2)收到退回的银行汇票多余款项时：

借:银行存款　　18 000

　贷:其他货币资金——银行汇票　　18 000

2. 银行本票的核算

银行本票存款是指企业依照银行本票结算方式的要求,为取得银行本票按规定存入银行的款项。

申请人使用银行本票,应向银行填写“银行本票申请书”,银行受理并收妥款项后,向申请人签发银行本票,并退回申请书存根联。收款人可以将银行本票背书转让给被背书人。

企业取得银行本票时,根据银行盖章退回的申请书存根联,借记“其他货币资金——银行本票”科目,贷记“银行存款”科目。公司使用银行本票支付购货款等款项时,根据发票账单等有关凭证,借记“材料采购”(或“原材料”)、“库存商品”、“应交税金——应交增值税(进项税额)”等科目,贷记“其他货币资金——银行本票”科目。如企业因银币本票超过付款期等原因未曾使用而要求银行退款时,应填制进账单,连同本票一并交给银行,然后根据银行收回本票时盖章退回的一联进账单,借记“银行存款”科目,贷记“其他货币资金——银行本票”科目。

【例题 14】 甲公司为增值税一般纳税人,向银行填交“银行本票申请书”,将 11 600 元银行存款转作银行本票存款。公司取得银行本票后,根据银行盖章退回的银行本票申请书存根联,甲公司应编制如下会计分录:

借:其他货币资金——银行本票　　11 600

　贷:银行存款　　11 600

甲公司用银行本票购买办公用品 10 000 元,增值税专用发票上注明的增值税税额为 1 600 元。甲公司应编制如下会计分录:

借:管理费用　　10 000

　应交税费——应交增值税(进项税额)　　1 600

　贷:其他货币资金——银行本票　　11 600

3. 信用卡存款的核算

信用卡存款是指企业为取得信用卡依照规定存入银行的款项。单位卡账户的资金一律从其基本存款账户转账存入,不得交存现金,不得将销售收入的款项存入其账户,不得用于 10 万元以上商品交易,劳务供应货款结算,不得支取现金。

企业申请信用卡应按规定填制申请表,连同支票和有关资料一并送交发卡银行。

银行受理后,为申请人开立信用卡存款账户,发给信用卡并退回进账单第一联,由申请人作为账务处理的根据。

企业根据银行盖章退回的进账单,借记“其他货币资金——信用卡”科目,贷记“银行存款”科目。企业收到开户银行转来的信用卡存款的付款凭证及所附发票账单,借记有关科目,贷记“其他货币资金——信用卡”科目。

【例题 15】 甲公司为增值税一般纳税人,向开户银行提交“信用卡申请书”以及 5 000 元转账支票办理信用卡。办妥后,用信用卡支付购买大宗办公用品 18 000 元,增值税专用发票上注明的增值税税额为 2 880 元。以后又续存资金 20 000 元。

甲公司办妥信用卡时,根据银行盖章退回的进账单第一联:

借:其他货币资金——信用卡 5 000

贷:银行存款 5 000

报销时,根据发票账单及开户银行转来的凭证等:

借:管理费用——办公费 18 000

应交税费——应交增值税(进项税额) 2 880

贷:其他货币资金——信用卡 20 880

续存资金时,根据转账支票存根:

借:其他货币资金——信用卡 20 000

贷:银行存款 20 000

4. 信用证保证金存款的核算

信用证保证金存款是指采取信用证结算方式的企业为开具信用证而存入银行信用保证金专户的款项。

企业向银行申请开立信用证,应按规定向银行提交开证申请书、信用证申请人许诺书和购销合同。

企业向银行缴纳的保证金,根据银行退回的进账单第一联做账务处理,借记"其他货币资金——信用证保证金"科目,贷记"银行存款"科目。

使用信用证方式采购货物,根据开证银行转来的信用证来单、通知书及有关单据列明的金额,借记有关科目,贷记"其他货币资金——信用证保证金"和"银行存款"科目。

【例题 16】 甲公司为增值税一般纳税人,向银行申请开具信用证 1 000 000 元,用于支付境外采购材料价款,公司已向银行缴纳保证金,收到银行盖章退回的进账单第一联。甲公司应编制如下会计分录:

借:其他货币资金——信用证保证金 1 000 000

贷:银行存款 1 000 000

甲公司收到银行转来的境外销货单位信用证凭证及所附发票账单、海关进口增值税专用缴款书等有关凭证,材料价款 800 000 元,增值税税额为 128 000 元。甲公司应编制如下会计分录:

借:材料采购 800 000

应交税费——应交增值税(进项税额) 128 000

贷:其他货币资金——信用证保证金 928 000

甲公司收到银行收款通知,信用证余款 72 000 元已转回银行账户。甲公司应编制如下会计分录:

借:银行存款 72 000

贷:其他货币资金——信用证保证金 72 000

5. 存出投资款的核算

存出投资款是指企业已存入证券公司但尚未进行投资的现金。企业向证券公司划出资金时,应按实际划出的金额,借记"其他货币资金——存出投资款"科目,贷记"银行存款"科目;购买股票、债券等时,按实际发生的金额,借记有关科目,贷记"其他货币资金——存出投资款"科目。

6. 外埠存款的核算

外埠存款是指企业到外地进行临时或零星采购时，汇往采购地银行开立采购专户的款项，不计利息，除采购员所需差旅费可支取少量现金外，采购物资一律通过银行转账结算。

企业汇出款项时，应填写汇款委托书，并根据汇款凭证做账务处理，借记“其他货币资金——外埠存款”科目，贷记“银行存款”科目。收到采购员交来供应单位发票账单等报销凭证时，借记“材料采购”(或“原材料”)、“库存商品”、“应交税费——应交增值税(进项税额)”等科目，贷记“其他货币资金——外埠存款”科目。

【例题 17】 甲公司为增值税一般纳税人，2018 年 6 月 1 日，从银行账户中将临时采购款 80 000 元汇入中国工商银行广州分行采购专户。根据电汇凭证回单，甲公司应编制如下会计分录：

借：其他货币资金——外埠存款	80 000	
贷：银行存款		80 000

2018 年 6 月 15 日，采购部交来从工商银行广州分行采购专户付款购入材料的有关凭证，材料买价为 60 000 元，增值税税额为 9 600 元，材料已经验收入库。根据采购专户支票存根和增值税专用发票等，甲公司应编制如下会计分录：

借：原材料	60 000	
应交税费——应交增值税(进项税额)	9 600	
贷：其他货币资金——外埠存款		69 600

2018 年 7 月 1 日，工商银行广州分行将公司采购专户存款余额 1 040 元转回公司的银行账户。根据开户银行的收账通知，甲公司应编制如下会计分录：

借：银行存款	10 400	
贷：其他货币资金——外埠存款		10 400

【例题 18】 A 公司 2018 年 7 月有关其他货币资金的经济业务如下：

(1)7 月 2 日，向银行申请并得到一张面额为 60 000 元的银行本票。

(2)7 月 4 日，委托银行将 40 000 元汇往外地建立采购专户。

(3)7 月 6 日，A 公司持银行本票向 M 公司购买原材料，增值税专用发票上注明的价款为 51 000 元，增值税税额为 8 160 元，M 公司以现金 840 元退回多余款。

(4)7 月 20 日，采购员回单位报销以采购专户存款购买的材料价款为 30 000 元，增值税税额为 4 800 元。料已验收入库。

(5)7 月 28 日，接到银行通知，采购专户的剩余款项已划回。

要求：根据上述资料编制会计分录。

(1)借：其他货币资金——银行本票	60 000	
贷：银行存款		60 000
(2)借：其他货币资金——外埠存款	40 000	
贷：银行存款		40 000
(3)借：原材料	51 000	
应交税费——应交增值税(进项税额)	8 160	
库存现金	840	
贷：其他货币资金——银行本票		60 000

(4)借:原材料　　30 000

　　应交税费——应交增值税(进项税额)　　4 800

　　贷:其他货币资金——外埠存款　　34 800

(5)借:银行存款　　5 200

　　贷:其他货币资金——外埠存款　　5 200

【随堂训练 3·多选题】 下列各项中,不属于其他货币资金的有(　　)。

A. 备用金　　B. 银行本票存款

C. 银行承兑汇票　　D. 银行汇票存款

【随堂训练 4·多选题】 下列各项中,应确认为企业其他货币资金的有(　　)。

A. 企业持有的 3 个月内到期的债券投资

B. 企业为购买股票向证券公司划出的资金

C. 企业汇往外地建立临时采购专户的资金

D. 企业向银行申请银行本票时拨付的资金

扫码看资源

【随堂训练 5·判断题】 企业向证券公司划出资金时,应按实际划出的金额,借记"其他货币资金——存出保证金"科目,贷记"银行存款"科目。　　(　　)

项目二　应收及预付款项的核算

扫码看资源

应收及预付款项是指企业在日常生产经营过程中发生的各项债权,包括应收款项和预付款项。应收款项包括应收票据、应收账款、应收利息、应收股利和其他应收款等;预付款项则是指企业按照合同规定预付的款项,如预付账款等。

一、应收票据的核算

(一)应收票据的核算内容

应收票据是指企业因采用商业汇票支付手段方式销售商品、产品、提供劳务等而收到的商业汇票。

商业汇票是出票人签发的,委托付款人在指定日期无条件支付确定金额给收款人或持票人的票据。商业汇票根据承兑人不同分为商业承兑汇票和银行承兑汇票;按照是否计息分为带息商业汇票和不带息商业汇票。带息的商业汇票是指商业汇票到期时,承兑人必须按照票面金额加上应计利息向收款人或被背书人支付票款的票据。不带息商业汇票是指商业汇票到期时,承兑人只按照票面金额(即面值)向收款人或被背书人支付票款的票据。商业汇票的付款期限,最长不得超过 6 个月。

相关知识链接 1

背书是一种票据行为，是票据转让的一种重要方式。背书是由持票人在汇票背面签上自己的名字，并将汇票交付给受让人的行为。持票人称为背书人，受让人称为被背书人，即背书人是被背书人的债务人，被背书人是背书人的债权人。

相关知识链接 2

企业申请使用银行承兑汇票时，应向其承兑银行按票面金额的5‱缴纳手续费；承兑银行对于出票人到期尚未支付的汇票金额按每天5‱计收罚息。

（二）应收票据的账务处理

1. 应收票据核算应开设的账户

为了反映和监督应收票据取得、票款收回、未到期转让等经济业务，企业应当设置“应收票据”账户，该账户为资产类账户，借方登记取得的应收票据的面值，贷方登记到期收回票款或到期前向银行贴现的应收票据的票面余额，期末余额在借方，反映企业持有的商业汇票的票面金额。本账户可按照开出、承兑商业汇票的单位进行明细核算，并设置“应收票据备查簿”，逐笔登记商业汇票的种类、号数和出票日、票面金额、交易合同号和付款人、承兑人、背书人的姓名（或单位名称）、到期日、背书转让日、贴现日、贴现率和贴现净额，以及收款日、收回金额、退票情况等资料。商业汇票到期结清票款或退票后，在备查簿中应予注销。

2. 应收票据的入账价值

应收票据按照票据的面值计价，即企业收到应收票据时，无论是带息票据还是不带息票据，均按票据面值入账。

3. 会计处理

（1）应收票据取得及到期收回的会计处理

不带息商业汇票的处理：

①取得时：

借：应收票据（面值）

　　贷：主营业务收入等

②到期收回时：

借：银行存款

　　贷：应收票据（面值）

③如果是商业承兑汇票，承兑人到期无力支付时：

借：应收账款

贷:应收票据(面值)

带息商业汇票的处理:

①取得时:

借:应收票据(面值)

贷:主营业务收入等

②到期收回时:

借:银行存款(面值+利息)

贷:应收票据(面值)

财务费用(利息)

③如果是商业承兑汇票,承兑人到期无力支付时:

借:应收账款

贷:应收票据(面值)

财务费用(利息)

票据利息的计算公式为:

应收票据利息=票面金额×票面利率×期限

公式中,“票面利率”一般指年利率,“期限”有按月和按日两种表示。

票据按月表示时,应当以到月份中出票日相同的那一天为到期日;按日表示时,应当从出票日起按实际经历天数计算,通常是“算头不算尾”或“算尾不算头”。

(2)应收票据贴现的账务处理

应收票据贴现是指持票人将未到期的商业汇票背书后转让给银行,银行受理后,从票面金额中扣除按照银行的贴现率计算的贴现利息后,将余额交付给贴现企业的业务活动。在贴现中,企业付给银行的利息称为贴现利息,企业从银行获得的票据到期值扣除贴现利息后的货币收入,称为贴现所得,即贴现净额。计算公式为:

贴现利息=票据到期值×贴现率×贴现期

贴现净额=票据到期值-贴现利息

贴现时的会计处理:

借:银行存款(贴现所得)

贷:应收票据(面值)

差额即贴现利息,记入“财务费用”科目的借方或贷方。

(3)票据未到期背书转让的会计处理

实务中,企业可以将自己持有的商业汇票背书转让。背书是指在票据背面或者粘单上记载有关事项并签章的票据行为。企业将持有的商业汇票背书转让以取得所需物资时:

借:材料采购、原材料、库存商品(成本)

应交税费——应交增值税(进项税额)

贷:应收票据(面值)

银行存款(差额)

相关知识链接 3

票据有支票、汇票、本票。支票包含现金支票、转账支票、普通支票，是通过“银行存款”核算。汇票包含商业汇票和银行汇票，商业汇票是通过“应收票据”或“应付票据”核算。银行汇票和银行本票均通过“其他货币资金”核算。

4. 应收票据账务处理实例

【例题 1】 甲公司为增值税一般纳税人，2018 年 8 月 1 日向乙公司销售一批产品，货款为 1 500 000 元，尚未收到，已办妥托收手续，适用增值税税率为 16%。甲公司应编制如下会计分录：

借：应收账款　　1 740 000

　贷：主营业务收入　　1 500 000

　　应交税费——应交增值税(销项税额)　　240 000

8 月 15 日，甲公司收到乙公司寄来一张 3 个月期的商业承兑汇票，面值为 1 740 000 元，抵付产品货款。甲公司应编制如下会计分录：

借：应收票据　　1 740 000

　贷：应收账款　　1 740 000

11 月 15 日，甲公司上述应收票据到期收回票面金额 1 740 000 元存入银行。甲公司应编制如下会计分录：

借：银行存款　　1 740 000

　贷：应收票据　　1 740 000

【例题 2】 甲公司 2018 年 8 月 1 日取得一张面值为 20 000 元、期限为 3 个月、票面利率为 4%的带息银行承兑汇票，企业持有一个月后向银行申请贴现，贴现利率为 6%，计算贴现净额，并进行相关账务处理。

票据到期值＝面值＋利息＝20 000＋20 000×4%÷12×3＝20 200(元)

贴现利息＝20 200×6%÷12×2＝202(元)

贴现净额＝20 200－202＝19 998(元)

会计分录如下：

借：银行存款　　19 998

　财务费用　　2

　贷：应收票据　　20 000

如果上述企业取得的是带息商业承兑汇票，则贴现时会计分录应为：

借：银行存款　　19 998

　财务费用　　2

　贷：短期借款　　20 000

思 考

商业汇票一经贴现，其贴现净额一定小于票据的面值吗？为什么？

【例题3】 承例题1，假定甲公司于10月15日将上述应收票据背书转让，以取得生产经营所需的A种材料，该材料金额为1 500 000元，适用增值税税率为16%。甲公司应做如下会计分录：

借：原材料　　1 500 000
　应交税费——应交增值税（进项税额）　　240 000
　贷：应收票据　　1 740 000

【随堂训练1·单选题】 甲企业于2018年10月1日销售商品，并在当日收到面值为50 000元、期限3个月的商业承兑汇票一张。2018年12月31日应收票据的账面余额应为（　　）元。

A. 50 000　　B. 50 250
C. 50 500　　D. 50 750

二、应收账款的核算

（一）应收账款的核算内容

应收账款是指企业因销售商品、提供劳务等经营活动，应向购货单位或接受劳务单位收取的款项，主要包括企业销售商品或提供劳务等应向有关债务人收取的价款及代购货单位垫付的包装费、运杂费等。

（二）应收账款的账务处理

1. 应收账款核算应开设的账户

为了反映应收账款的增减变动及其结存情况，企业应设置“应收账款”账户，该账户为资产类账户，借方登记应收账款的增加数，贷方登记应收账款的减少数，余额一般在借方，表示应收未收的款项。对不单独设置“预收账款”科目的企业，预收的账款也在“应收账款”科目核算。该账户按不同的购货或接受劳务的单位设置明细账户进行明细核算。

相关知识链接4

应收账款是具有双重性质的账户，余额一般在借方，表示企业的资产；该账户如果出现贷方余额，则表示企业的负债，在编制资产负债表时在应付账款项目下填列。

2. 应收账款的入账价值

应收账款的入账价值包括销售货物或提供劳务从购货方或接受劳务方应收的合同或协

议价款(不公允的除外)、增值税销项税额,以及代购货单位垫付的包装费、运杂费等。

在确定应收账款入账价值时,要考虑商业折扣和现金折扣。

(1)商业折扣是指企业可以从货品价目单上规定的价格中扣减一定数额,此项扣减数通常用百分数来表示,如15%、20%、25%等。扣减后的净额才是实际销售价格,即应收账款按折扣后的金额作为入账价值。

(2)现金折扣是指企业为了鼓励客户在一定时期内早日偿还货款而给予的一种折扣优待。现金折扣通常发生在以赊销方式销售商品及提供劳务的交易中。现金折扣一般用“折扣/付款期限”表示,如2/10、1/20、n/30,意即10天内付款折扣为2%,20天内付款折扣为1%,30天内付款则不给折扣,全价付款。在现金折扣的情况下,应收账款按总价法入账,实际发生现金折扣时,作为财务费用,计入当期损益。

相关知识链接5

企业因销售商品、提供劳务等,合同或协议价款的收取采用递延方式,实质上具有融资性质的,在“长期应收款”科目核算,不在“应收账款”科目核算。

(三)应收账款账务处理实例

【例题4】 甲公司为增值税一般纳税人,2018年8月1日,销售产品一批,价值50 000元,适用的增值税税率为16%,代购货单位垫付运杂费1 000元,已办妥委托银行收款手续。

甲公司应编制如下会计分录:

借:应收账款	59 000	
贷:主营业务收入		50 000
应交税费——应交增值税(销项税额)		8 000
银行存款		1 000

收到货款时做会计分录如下:

借:银行存款	59 000	
贷:应收账款		59 000

【例题5】 甲公司为增值税一般纳税人,2018年8月15日,销售一批产品,按价目表标明的价格计算,金额为30 000元,由于是成批销售,销货方给购货方10%的商业折扣,适用增值税税率为16%,款项尚未收到。

甲公司应编制如下会计分录:

借:应收账款	31 320	
贷:主营业务收入		27 000
应交税费——应交增值税(销项税额)		4 320

收到货款时做会计分录如下:

借:银行存款	31 320	
贷:应收账款		31 320

【例题6】 甲公司为增值税一般纳税人,2018年8月20日,销售一批产品给A公司,价

值20 000元，规定的现金折扣条件为：2/10、1/20、n/30（假定现金折扣考虑增值税），适用的增值税税率为16%，产品交付并办妥托收手续。

甲公司应编制如下会计分录：

借：应收账款 23 200

　贷：主营业务收入 20 000

　　应交税费——应交增值税（销项税额） 3 200

如果上述货款在10天内收到，做会计分录如下：

借：银行存款 22 736

　财务费用 464

　贷：应收账款 23 200

如果上述货款在10～20天内收到，做会计分录如下：

借：银行存款 22 968

　财务费用 232

　贷：应收账款 23 200

如果超过了现金折扣的最后期限，收到货款，做会计分录如下：

借：银行存款 23 200

　贷：应收账款 23 200

【例题7】 甲公司收到A公司交来商业承兑汇票一张，面值10 000元，用以偿还其前欠货款。该公司应编制如下会计分录：

借：应收票据 10 000

　贷：应收账款 10 000

【随堂训练2·多选题】 下列各项中，构成应收账款入账价值的有（　　）。

A. 确认商品销售收入时尚未收到的价款　B. 确认销售收入时尚未收到的增值税

C. 代购货方垫付的包装费　D. 销售货物发生的商业折扣

【随堂训练3·单选题】 2018年9月1日，某企业销售商品一批，增值税专用发票上标明价款为60万元，适用的增值税税率为16%。为购买方垫付的运杂费2万元尚未收回，该企业确认的应收账款应该是（　　）万元。

A. 60　B. 62　C. 69.6　D. 71.6

【随堂训练4·核算题】 甲企业2018年12月1日，向A公司赊销商品100件，每件原价1 000元，由于是批量销售，甲企业同意给A公司20%的商业折扣，增值税税率为16%，现金折扣条件为2/10、1/20、n/30（不考虑增值税）；A公司12月9日支付了全部款项。要求：编制甲企业确认收入和收款的相关会计分录。

三、预付账款的核算

（一）预付账款的核算内容

预付账款是指企业按照合同规定预付的款项，其核算内容具体包括三方面内容：

（1）企业按照购货合同或劳务合同的规定，预先支付给供货方或提供劳务方的款项；

（2）先预付，后受益，摊销期限在一年以内的各种款项；

（3）预付工程款。

（二）预付账款的账务处理

为了反映和监督预付账款的增减变动情况及结存情况，企业应当设置“预付账款”账户，该账户为资产类账户，借方登记预付的款项及补付的款项，贷方登记收到所购货物时根据有关发票账单记入“原材料”“库存商品”等科目的金额及收回多付款项金额，期末余额在借方，反映企业实际预付的款项，期末余额在贷方，则反映企业应付或应补付的款项。预付账款不多的企业，可以不设置“预付账款”账户，而通过“应付账款”账户核算。预付账款是一项流动资产。企业在预付款项时，应记入“预付账款”科目的借方；等以后收到预购的材料、商品或摊销时，贷记该科目。补付的货款，借记该科目，贷记“银行存款”科目；退回多付的货款，则贷记该科目。

（三）预付账款账务处理实例

【例题 8】 甲公司为增值税一般纳税人，2018 年 9 月 15 日，向乙公司采购材料 5 000 千克，每千克单价 10 元，所需支付的款项总额为 50 000 元。按照合同规定向乙公司预付货款的 50%，验收货物后补付其余款项。甲公司应编制如下会计分录：

（1）预付 50%的货款时：

借：预付账款——乙公司　　25 000

　贷：银行存款　　25 000

（2）收到乙公司发来的 5 000 千克材料，验收无误，增值税专用发票记载的货款为 50 000 元。增值税税额为 8 000 元，以银行存款补付所欠款项 33 000 元。甲公司应编制如下会计分录：

借：原材料　　50 000

　应交税费——应交增值税（进项税额）　　8 000

　贷：预付账款——乙公司　　58 000

借：预付账款——乙公司　　33 000

　贷：银行存款　　33 000

【例题 9】 2018 年 11 月，甲公司以银行存款 4 800 元预付 2019 年报刊费。甲公司应编制如下会计分录：

（1）预付报刊费时：

借：预付账款　　4 800

　贷：银行存款　　4 800

（2）2019 年每月摊销时：

借：管理费用　　400

　贷：预付账款　　400

【例题 10】 2018 年 11 月，甲公司以银行存款 500 000 元预付厂房建设款。甲公司应编制如下会计分录：

借：预付账款　　500 000

　贷：银行存款　　500 000

相关知识链接 6

> 对于预付货款业务不多的企业，也可以通过“应付账款”账户核算预付账款业务。“应付账款”账户的某些明细账户期末可能会出现借方余额，在资产负债表中列作资产项目，而各明细账的贷方余额才列为负债。

四、应收股利和应收利息的核算

（一）应收股利和应收利息的核算内容

应收股利核算企业应收取得现金股利和应收取其他单位分配的利润。应收利息是指企业根据合同或协议规定应向债务人收取的利息。

（二）应收股利和应收利息的账务处理

1. 为反映应收股利增减变动和结存情况，企业应当设置“应收股利”账户进行核算。该账户为资产类账户，借方登记应收股利的增加，贷方登记收到的现金股利或利润，期末余额一般在借方，反映企业尚未收到的现金股利或利润。

（1）企业持有交易性金融资产期间，被投资单位宣告发放现金股利时，按享有份额，应做如下账务处理：

借：应收股利

　　贷：投资收益

（2）企业持有长期股权投资期间，被投资单位宣告发放现金股利或分配利润时，按享有份额，应做如下账务处理：

①成本法：

借：应收股利

　　贷：投资收益

②权益法：

借：应收股利

　　贷：长期股权投资——损益调整

2. 为了反映应收利息增减变动及结存情况，企业应设置“应收利息”账户进行核算。该账户为资产类账户，借方登记应收利息的增加，贷方登记收到的利息，期末余额一般在借方，反映企业尚未收到的利息。

（三）应收股利和应收利息的会计处理实例

【例题 11】 甲公司持有 B 上市公司作为交易性金融资产投资的股票。2018 年 4 月 12 日 B 公司发放 2017 年现金股利，甲公司按持有的股份计算应分得现金股利为 300 000 元，假定不考虑其他相关税费。甲公司应编制如下会计分录：

借：应收股利——B 上市公司　　300 000

　　贷：投资收益　　300 000

【例题 12】 承例题 11，2018 年 4 月 23 日收到 B 公司发放现金股利 300 000 元，存入银行。甲公司应编制如下会计分录：

借：其他货币资金——存出投资款　　300 000

　　贷：应收股利——B上市公司　　300 000

【例题13】 甲公司持有C公司债券投资，2018年1月12日，甲公司收到C公司通知，向其拟支付2017年利息500 000元，款项尚未支付。假定不考虑相关税费。甲公司应编制如下会计分录：

借：应收利息——C公司　　500 000

　　贷：投资收益——C公司　　500 000

相关知识链接7

企业收到被投资单位现金股利时，如果是通过证券公司购入上市公司形成的股权投资取得的现金股利，通过“其他货币资金——存出投资款”科目核算；如果是企业持有的其他股权投资取得现金股利，通过“银行存款”科目核算。

五、其他应收款的核算

（一）其他应收款核算的内容

其他应收款是指企业除应收票据、应收账款、预付账款、应收股利、应收利息以外的其他各种应收及暂付款项。其主要内容包括：

（1）应收的各种赔款、罚款，如因企业财产等遭受意外损失而应向有关保险公司收取的赔款等；

（2）应收的出租包装物租金；

（3）应向职工收取的各种垫付款项，如为职工垫付的水电费、应由职工负担的医药费、房租费等；

（4）存出保证金，如租入包装物支付的押金；

（5）备用金（向企业各职能科室、车间等拨出的备用金）；

（6）其他各种应收、暂付款项。

相关知识链接8

备用金和定额备用金制：

备用金是企业预付给职工和企业内部有关单位作差旅费、零星采购、零星开支等用途的款项。定额备用金制是备用金管理的一种常见形式，主要适用于经常使用备用金的单位和个人。在定额备用金制下，报销时由财会部门对各项原始凭证进行审核，根据核定的报销数付给现金，补足备用金定额。除收回备用金或备用金定额变动外，账面上的备用金将经常保持核定的备用金定额，这是定额备用金制的主要核算特点。

（二）其他应收款的账务处理

为了反映和监督其他应收账款的增减变动及其结存情况，企业应当设置“其他应收款”账户进行核算。该账户借方登记其他应收款的增加，贷方登记其他应收款的收回，期末余额一般在借方，反映企业尚未收回的其他应收款项。

【例题 14】 甲公司对备用金采取定额备用金制。2018 年 8 月发生如下业务：

(1)5 日，设立管理部门定额备用金，由李红负责管理。管理部门的定额备用金核定定额为 1 000 元，财务科开出现金支票。甲公司应编制如下会计分录：

借：其他应收款——备用金（李红）　　1 000

　贷：银行存款　　1 000

(2)16 日，李红交来普通发票 520 元，报销管理部门购买办公用品的支出，财务科以现金补足该定额备用金。甲公司应编制如下会计分录：

借：管理费用　　520

　贷：库存现金　　520

(3)22 日，经批准减少管理部门定额备用金的核定定额 200 元，李红将 200 元交回财务科。甲公司应编制如下会计分录：

借：库存现金　　200

　贷：其他应收款——备用金（李红）　　200

(4)30 日，由于机构变动，经批准撤销管理部门定额备用金，李红交回购买办公用品支出的普通发票 300 元及现金 500 元。甲公司应编制如下会计分录：

借：管理费用　　300

　　库存现金　　500

　贷：其他应收款——备用金（李红）　　800

【例题 15】 甲公司在采购过程中发生材料毁损，按保险合同规定，应由保险公司赔偿损失 30 000 元，赔款尚未收到，应编制如下会计分录：

借：其他应收款——保险公司　　30 000

　贷：材料采购　　30 000

【例题 16】 甲公司以银行存款替××副总经理垫付应由其个人负担的医疗费 5 000 元，拟从其工资中扣回，应编制如下会计分录：

(1)垫付时：

借：其他应收款——××副总经理　　5 000

　贷：银行存款　　5 000

(2)扣款时：

借：应付职工薪酬——工资　　5 000

　贷：其他应收款——××副总经理　　5 000

【例题 17】 甲公司租入包装物一批，以银行存款向出租方支付押金 10 000 元，应编制如下会计分录：

借：其他应收款——存出保证金　　10 000

　贷：银行存款　　10 000

【随堂训练 5·多选题】 下列项目中应通过“其他应收款”核算的有（　　）。

A. 拨付给企业各内部单位的备用金
B. 应收的各种罚款
C. 收取的各种押金
D. 应向职工收取的各种垫付款项

六、应收款项减值

(一)应收款项减值损失的确认

企业的各项应收款项,可能会因购货人拒付、破产、死亡等原因而无法收回,这类无法收回的应收款项就是坏账。企业因坏账而遭受的损失为坏账损失或减值损失。企业应当在资产负债表日对应收款项的账面价值进行评估,若证明应收款项发生减值的,应当将该应收款项的账面价值减记至预计未来现金流量现值,减记的金额确认为减值损失,计提坏账准备。我国《企业会计准则》规定采用备抵法核算,不得采用直接转销法。

1. 直接转销法

采用直接转销法时,日常核算中应收款项可能发生的坏账损失不予考虑,只有实际发生时,才作为坏账损失计入当期损益,同时直接冲销应收款项,即借记"资产减值损失"科目,贷记"应收账款"等科目。

这种方法的优点是账务处理简单,缺点是不符合权责发生制原则,也与资产的定义相冲突。在这种方法下,只有坏账实际发生时,才将其确认为当期费用,导致资产不实,各期损益不实;另外,在资产负债表上,应收账款是按账面余额而不是账面价值反映,在一定程度上歪曲了期末财务状况。所以,企业会计准则不允许采用直接转销法。

2. 备抵法

备抵法是期末在检查应收款项收回的可能性的前提下,预计可能发生的坏账损失,并计提坏账准备,当某一应收款项全部或部分被确认为坏账时,将其金额冲减坏账准备并相应转销应收款项的方法。由于企业发生坏账损失带有很大的不确定性,所以只能以过去的经验为基础,参照当前的信用政策、市场环境和行业惯例,准确地估计每期应收款项未来现金流量现值,从而确定当期减值损失金额,计入当期损益。

相关知识链接9

在预计未来现金流量现值时,应选用合理的折现率,但短期应收款项由于预计的未来现金流量与其现值相差很小,故可不对其预计的未来现金流量进行折现。

(二)坏账准备的账务处理及实例

1."坏账准备"科目的设置

该科目核算应收款项坏账准备的计提、转销等情况。企业当期计提的坏账准备应计入资产减值损失。"坏账准备"账户的贷方登记当期计提的坏账准备金额,借方登记实际发生的坏账损失金额和冲销的坏账准备金额，期末余额一般在贷方，反应企业已计提但尚未转销的坏账。

相关知识链接 10

> 应收账款账面余额减去坏账准备贷方余额后的差额为应收账款账面价值，即为企业应收账款的未来现金流量现值。

2. 坏账准备的账务处理

（1）当期应计提的坏账准备金额的确定

当期应计提的坏账准备 = 期末应收款项的期末余额 × 估计比例 −（或 +）“坏账准备”科目贷方（或借方）余额

计算结果如为正数，企业应计提坏账准备，借记“信用减值损失——计提的坏账准备”科目，贷记“坏账准备”科目；计算结果如为负数，企业应冲减多计提的坏账准备，借记“坏账准备”科目，贷记“信用减值损失——计提的坏账准备”科目。

相关知识链接 11

> 计算结果为正数——补提（借记“资产减值损失”科目，贷记“坏账准备”科目）；计算结果为负数——冲销（相反分录）。

（2）企业确实无法收回的应收款项，按管理权限经批准后作为坏账转销时，应当冲减已计提的坏账准备。已确认并转销的应收款项以后又收回的，应当按照实际收到的金额增加坏账准备的账面余额。企业实际发生坏账损失时，借记“坏账准备”科目，贷记“应收账款”“其他应收款”等科目。

（3）已确认并转销的应收款项以后又收回的，应当按实际收到的金额增加坏账准备的账面余额。已确认并转销的应收款项以后又收回的，借记“应收账款”“其他应收款”等科目，贷记“坏账准备”科目；同时，借记“银行存款”科目，贷记“应收账款”“其他应收款”等科目。

3. 坏账准备账务处理实例

【例题 18】 甲公司为增值税一般纳税人，增值税税率为 16%。2018 年 12 月 1 日，“应收账款”科目借方余额为 500 万元，“坏账准备”科目贷方余额为 25 万元，公司通过对应收款项的信用风险特征进行分析，确定计提坏账准备的比例为期末应收账款余额的 5%。

12 月份，甲公司发生如下经济业务：

（1）12 月 5 日，向乙企业赊销商品一批，商品价目表标明的价格计算的金额为 1 000 万元（不含增值税），由于是成批销售，甲公司给予乙企业 10%的商业折扣。

（2）12 月 9 日，一客户破产，根据清算程序，有应收账款 40 万元不能收回，确认为坏账。

（3）12 月 11 日，收到乙企业的销货款 500 万元，存入银行。

（4）12 月 21 日，收到 2017 年已转销为坏账的应收账款 10 万元，存入银行。

(5)12 月 30 日，向丙企业销售商品一批，增值税专用发票上注明的售价为 100 万元，增值税税额为 16 万元，货款尚未收到。甲公司为了及早收回货款，在合同中规定现金折扣条件为 2/10、1/20、n/30(假定计算现金折扣不考虑增值税)。

要求：

(1)逐笔编制甲公司上述业务的会计分录；

(2)计算甲公司本期应计提的坏账准备，并编制会计分录(金额单位用万元表示)。

(1)①借：应收账款　　1 044
　　贷：主营业务收入　　900
　　　　应交税费——应交增值税(销项税额)　　144
②借：坏账准备　　40
　　贷：应收账款　　40
③借：银行存款　　500
　　贷：应收账款　　500
④借：银行存款　　10
　　贷：坏账准备　　10
⑤借：应收账款　　116
　　贷：主营业务收入　　100
　　　　应交税费——应交增值税(销项税额)　　16

(2)本期应计提坏账准备＝(500＋1 044－40－500＋116)×5%－(25－40＋10)
＝56＋5＝61(万元)

借：信用减值损失　　61
　　贷：坏账准备　　61

【随堂训练 6·核算题】 2018 年 12 月 31 日，甲公司对应收 A 公司的账款进行减值测试。应收账款余额为 1 000 000 元，已提坏账准备 40 000 元，甲公司根据 A 公司的资信情况确定按应收账款期末余额的 10%提取坏账准备。要求：编制甲公司 2018 年末提取坏账准备的会计分录。

扫码看资源

【随堂训练 7·多选题】 下列各项中，会引起应收账款账面价值发生变化的有(　　)。

A. 计提坏账准备

B. 收回应收账款

C. 确认坏账损失

D. 收回已转销的坏账

项目三　交易性金融资产的核算

扫码看资源

企业的金融资产包括货币资产(库存现金、银行存款和其他货币资金等)、应收款项(应收账款、应收票据、贷款、垫款、其他应收款、应收利息和应收股利等)、持有至到期投资、可供出售金融资产、以公允价值计量且其变动计入当期损益的金融资产等。企业应当结合自身业务特点和风险管理要求，将取得的金融资产分类核算。值得注意的是，“以公允价值计量且其变动计入当期损益的金融资产”项目只涉及以公允价值计量且其变动计入当期损益的金融资产中交易性金融资产的内容和账务处理。

一、交易性金融资产的内容

交易性金融资产主要是企业为了近期内出售而持有的金融资产，例如，企业以赚取差价为目的从二级市场购入的股票、债券和基金等。

二、交易性金融资产的账务处理

（一）设置的会计科目

企业通过设置“交易性金融资产”“公允价值变动损益”“投资收益”等科目，核算交易性金融资产的取得、收取现金股利或利息、出售等业务。

“交易性金融资产”科目核算企业持有的以公允价值计量，且其变动计入当期损益的金融资产，包括为交易目的所持有的债券投资、股票投资、基金投资、权证投资和直接指定为以公允价值计量且其变动直接计入当期损益的金融资产。其借方登记交易性金融资产取得的成本、资产负债表日其公允价值高于账面余额的差额，以及出售金融资产时结转公允价值低于账面余额的变动余额；贷方登记资产负债表日其公允价值低于账面余额的差额，以及企业出售交易性金融资产时结转的成本和公允价值高于账面余额的变动金额。企业应当按照交易性金融资产的类别、品种分别设置“成本”和“公允价值变动”等明细科目进行核算。

“公允价值变动损益”科目核算企业交易性金融资产等公允价值变动而形成的应计入当期损益的利得或损失。借方登记资产负债表日其公允价值低于账面余额的差额，贷方登记资产负债表日其公允价值高于账面余额的差额。

“投资收益”科目核算企业持有交易性金融资产等期间内取得的投资收益，以及出售交易性金融资产实现的投资收益或投资损失，其借方登记企业取得交易性金融资产时支付的交易费用、出售交易性金融资产等发生的投资损失，贷方登记企业持有期间内取得的投资收益以及出售交易性金融资产等实现的投资收益。

扫码看资源

（二）账务处理及实例

1. 交易性金融资产的取得

企业取得交易性金融资产时，应当按照该金融资产取得时的公允价值作为其初始入账金额。

相关知识链接

> 金融资产的公允价值，应当以市场交易价格为基础加以确定。

(1)企业取得交易性金融资产所支付价款中包含了已宣告但尚未发放的现金股利或已到付息期但尚未领取的债券利息的,应当单独确认为应收项目。

(2)企业取得交易性金融资产所发生的相关交易费用,应当在发生时计入当期损益,作为投资收益进行会计处理(记入"投资收益"科目借方)。

(3)发生交易费用取得增值税专用发票的,进项税额经认证后可从当月销项税额中扣除。交易费用是指可直接归属于购买、发行或者处置金融工具的增量费用。增量费用是指企业没有发生购买、发行或处置相关金融工具的情形就不会发生的费用,如表 1—1—3—1 所示。

表 1—1—3—1　　增量费用的内容

增量费用	包　括	支付给代理机构、咨询公司、券商、证券交易所、政府有关部门等的手续费、佣金、相关税费及其他必要支出
	不包括	债券溢价、折价、融资费用、内部管理成本和持有成本等与交易不直接相关的费用

账务处理如下:

借:交易性金融资产——成本(取得时的公允价值)

　应收股利/利息(已宣告但尚未发放的现金股利或债券利息)

　投资收益(交易费用)

　应交税费——应交增值税(进项税额)(交易费用增值税)

　贷:其他货币资金——存出投资款(实际支付金额)

【例题 1】 2018 年 3 月 1 日,甲公司从深圳证券交易所购入 A 上市公司股票 100 万股,该笔股票投资在购买日的公允价值为 1 000 万元,另支付相关交易费用金额为 2.5 万元,取得的增值税专用发票上注明的增值税税额为 0.15 万元。甲公司将其划分为交易性金融资产进行管理和核算。甲公司应编制如下会计分录(金额单位用万元表示):

(1)2018 年 3 月 1 日,购买 A 上市公司股票时:

借:交易性金融资产——成本　　1 000

　贷:其他货币资金——存出投资款　　1 000

(2)2018 年 3 月 1 日,支付相关交易费用时:

借:投资收益　　2.5

　应交税费——应交增值税(进项税额)　　0.15

　贷:其他货币资金——存出投资款　　2.65

【例题 2】 2018 年 4 月 1 日,甲公司从深圳证券交易所购入 A 上市公司股票 100 万股,支付价款 1 000 万元(其中包含已宣告尚未发放的现金股利 60 万元),另支付相关交易费用金额为 2.5 万元,取得的增值税专用发票上注明的增值税税额为 0.15 万元。甲公司将其划分为交易性金融资产进行管理和核算。甲公司应编制如下会计分录(金额单位用万元表示):

(1)2018 年 4 月 1 日,购买 A 上市公司股票时:

借:交易性金融资产——成本　　940

　应收股利　　60

　贷:其他货币资金——存出投资款　　1 000

(2)2018 年 4 月 1 日,支付相关交易费用时:

借：投资收益　　2.5

　应交税费——应交增值税(进项税额)　　0.15

　　贷：其他货币资金——存出投资款　　2.65

【随堂训练1·核算题】　某企业购入W上市公司股票180万股，并划分为交易性金融资产，共支付款项2 830万元，其中包括已宣告但尚未发放的现金股利126万元。另外，支付相关交易费用4万元，取得的增值税专用发票上注明的增值税税额为0.24万元。请编制该企业购入股票时的会计分录。

2. 持有期间交易性金融资产的现金股利和利息的处理

(1)企业在持有交易性金融资产的期间，取得被投资单位宣告发放的现金股利，或在资产负债表日按分期付息、一次还本债券投资的票面利率计算的利息收入，应当确认为应收项目，并计入投资收益。

借：应收股利/应收利息

　　贷：投资收益

实际收到上述股利或利息时：

借：其他货币资金——存出投资款

　　贷：应收股利/应收利息

【例题3】　承例题2，假定2018年4月20日，甲公司收到A上市公司向其发放的现金股利60万元，并存入银行。假定不考虑相关税费，甲公司应编制如下会计分录(金额单位用万元表示)：

借：其他货币资金——存出投资款　　60

　　贷：应收股利　　60

【例题4】　承例题2，假定2019年4月20日，A上市公司宣告发放2018年现金股利，甲公司按其持有该上市公司股份计算确定的应分得的现金股利为80万元。假定不考虑相关税费，甲公司应编制如下会计分录(金额单位用万元表示)：

借：应收股利　　80

　　贷：投资收益　　80

【例题5】　2018年1月1日，甲公司购入B公司发行的公司债券，支付价款为2 600万元(其中包含已到付息期但尚未领取的债券利息50万元)，另支付交易费用30万元，取得增值税专用发票上注明的增值税税额为1.8万元。

该项B公司债券于2017年7月1日发行，面值为2 500万元，票面利率为4%，上年债券利息于下年初支付。甲公司将其划分为交易性金融资产进行管理和核算。2018年1月31日，甲公司收到该项债券利息50万元。2019年初，甲公司收到债券利息100万元。假定债券利息不考虑相关税费，甲公司应该编制如下会计分录(金额单位用万元表示)：

(1)2018年1月1日，购入B公司的公司债券时：

借：交易性金融资产——成本　　2 550

　应收股利　　50

　投资收益　　30

　应交税费——应交增值税(进项税额)　　1.8

　贷：其他货币资金——存出投资款　　2 631.8

(2)2018 年 1 月 31 日,收到购买价款中包含的已到付息期但尚未领取的债券利息时:

借:其他货币资金——存出投资款　　50

　贷:应收股利　　50

(3)2018 年 12 月 31 日,确认 B 公司的公司债券利息收入 100 万元(2 500×4%)时:

借:应收利息　　100

　贷:投资收益　　100

(4)2019 年初,收到持有 B 公司的公司债券利息时:

借:其他货币资金——存出投资款　　100

　贷:应收利息　　100

3. 交易性金融资产的期末计量

资产负债表日,交易性金融资产应当按照公允价值计量,其公允价值与账面余额的差额计入当期损益。

(1)如果价格上涨(资产负债表日的公允价值高于其账面余额):

借:交易性金融资产——公允价值变动

　贷:公允价值变动损益(差额)

(2)如果价格下跌(资产负债表日的公允价值低于其账面余额):

借:公允价值变动损益

　贷:交易性金融资产——公允价值变动(差额)

【例题 6】 承例题 2 和例题 3,假定 2018 年 6 月 30 日,甲公司持有的 A 上市公司股票的公允价值为 920 万元(2018 年 4 月 1 日取得交易性金融资产的初始确认金额为 940 万元);2018 年 12 月 31 日,甲公司持有 A 上市公司股票的公允价值为 1 300 万元。甲公司应编制如下会计分录(金额单位用万元表示):

(1)2018 年 6 月 30 日,确认股票公允价值变动损益时:

借:公允价值变动损益(920−940)　　20

　贷:交易性金融资产——公允价值变动　　20

(2)2018 年 12 月 31 日,确认股票公允价值变动损益时:

借:交易性金融资产——公允价值变动(1 300−920)　　380

　贷:公允价值变动损益　　380

【例题 7】 承例题 5,假定 2018 年 6 月 30 日,甲公司购买的 B 公司债券的公允价值为 2 480 万元(2018 年 1 月 1 日,债券初始确认金额为 2 550 万元);2018 年 12 月 31 日,甲公司购买的 B 公司债券的公允价值为 2 570 万元。甲公司应编制如下会计分录(金额单位用万元表示):

(1)2018 年 6 月 30 日:

借:公允价值变动损益(2 480−2 550)　　70

　贷:交易性金融资产——公允价值变动　　70

(2)2018 年 12 月 31 日:

借:交易性金融资产——公允价值变动(2 570−2 480)　　90

　贷:公允价值变动损益　　90

4. 交易性金融资产的出售

出售交易性金融资产时，应当将该金融资产出售时的公允价值与其账面余额之间的差额确认为投资收益。

出售交易性金融资产时，按实际收到的金额，借记“其他货币资金”等科目，贷记“交易性金融资产——成本”“交易性金融资产——公允价值变动”科目，其差额计入投资收益。

【例题8】 承例题6，假定2019年5月30日，甲公司出售了所持有的全部A上市公司股票，价款为1 210万元。

解析 购入成本940万元——6月30日资产负债表日920万元——12月31日资产负债表日1 300万元——出售时1 210万元

甲公司应编制如下会计分录(金额单位用万元表示)：

借：其他货币资金——存出投资款(实际收到)　　1 210
　　投资收益(差额)　　90
　　贷：交易性金融资产——成本　　940
　　　　　　　　　　——公允价值变动　　360

【随堂训练2·单选题】 2018年6月25日，甲公司以每股1.3元购进某股票200万股，划分为交易性金融资产；6月30日，该股票市价为每股1.1元；11月2日，以每股1.4元的价格全部出售该股票。假定不考虑相关税费，甲公司出售该金融资产形成的投资收益为(　　)万元。

A. −20　　B. 20　　C. 10　　D. −10

【随堂训练3·判断题】 出售交易性金融资产发生的净损失应计入营业外支出。(　　)

【随堂训练4·判断题】 企业出售交易性金融资产时，应将其出售时实际收到的款项与其账面价值之间的差额计入当期投资损益，同时将原计入该金融资产的公允价值变动计入当期投资损益。(　　)

5. 转让金融商品应交增值税

金融商品转让按照卖出价扣除买入价(不需要扣除已宣告未发放现金股利和已到付息期尚未领取的利息)后的余额为销售额计算增值税。

转让金融商品出现的正负差，按盈亏相抵后的余额为销售额。若相抵后出现负差，可结转下一纳税期与下期转让金融商品销售额互抵，但年末时仍出现负差的，不得转入下一个会计年度。相关处理如表1−1−3−2所示。

表1−1−3−2　　**转让金融商品应交增值税的会计处理**

1. 转让金融商品当月月末	①如产生转让收益，则按应纳税额	借：投资收益 　贷：应交税费——转让金融商品应交增值税
	②如产生转让损失，则按可结转下月抵扣税额	借：应交税费——转让金融商品应交增值税 　贷：投资收益
2. 实际缴纳增值税		借：应交税费——转让金融商品应交增值税 　贷：银行存款等
3. 年末，“应交税费——转让金融商品应交增值税”科目如有借方余额		说明本年度的金融商品转让损失无法弥补，且本年度的金融商品转让损失不可转入下年度继续抵减转让金融商品的收益。因此，应将“应交税费——转让金融商品应交增值税”科目的借方余额转出： 借：投资收益 　贷：应交税费——转让金融商品应交增值税

【例题 9】 承例题 8,假定 2019 年 3 月 15 日,甲公司出售了所持有的 B 公司债券,售价为 2 640 万元。

要求:计算该项业务转让金融商品应交增值税。

解析 取得成本 2 550 万元——资产负债表日公允价 2 480 万元——资产负债表日公允价 2 570 万元——出售价 2 640 万元

转让金融商品应交增值税=(26 400 000－25 500 000)÷(1＋6%)×6%

=50 943.40(元)

甲公司应编制如下会计分录:

借:投资收益　　50 943.40

　贷:应交税费——转让金融商品应交增值税　　50 943.40

相关提示

转让金融资产收益为含税收益,计算增值税时应折算为不含税计算,即应交增值税额=含税收益÷(1＋6%)×6%。

【随堂训练 5·单选题】 2018 年 12 月 10 日,甲公司购入乙公司股票 10 万股,将其划分为交易性金融资产,购买日支付价款 249 万元,另支付交易费用 0.6 万元。2018 年 12 月 31 日,该股票的公允价值为 258 万元,不考虑其他因素,甲公司 2018 年度利润表"公允价值变动收益"项目本期金额为(　　)万元。

扫码看资源

A. 9　　B. 9.6　　C. 0.6　　D. 8.4

【随堂训练 6·单选题】 某企业 2018 年 7 月 1 日购入股票 100 万股,每股 21 元,其中包含已宣告尚未发放的股利为每股 0.4 元,另外支付交易费用 20 万元,企业将其划分为交易性金融资产。2018 年 12 月 31 日,股票的公允价值为 2 200 万元,不考虑其他因素,则 2018 年末该交易性金融资产的账面价值为(　　)万元。

A. 2 200　　B. 2 100　　C. 2 060　　D. 2 120

项目四　存货的核算

一、存货的概述

(一)存货的内容

按照《企业会计准则》存货的规定,存货包括以下三类有形资产:①在日常生产经营活动中持有的产品或商品;②为了出售仍然处在生产过程中的在产品;③将在生产过程或提供劳务过程中耗用的材料、物料等。其范围包括原材料、在途物资、在产品、库存商品、包装物、低值易耗品、委托加工物资、委托代销商品、受托代销商品、分期收款发出商品、发出商品等。在编制

扫码看资源

资产负债表时，企业的各项存货应合并以一个统一的存货项目列示。

（二）存货成本的确定

存货应当以其实际成本入账。存货成本包括采购成本、加工成本和其他成本。

1. 存货的采购成本一般包括采购价格、相关税费、运输费、装卸费、保险费以及其他可归属于存货采购成本的费用。

其中，采购价格是指企业购入的材料或商品的发票账单上列明的价款，但不包括按规定可以抵扣的增值税进项税额。

相关税费是指企业购买、自制或委托加工存货发生的进口关税、消费税、资源税和不能从销项税额中抵扣的增值税进项税额，以及相应的教育费附加等应计入存货的采购成本的税费。

其他可归属于存货采购成本的费用是指采购成本中除上述各项以外的可直接归属于存货采购成本的费用，如在存货采购过程中发生的仓储费、包装费、运输途中的合理损耗、入库前的挑选整理费用等。运输途中的合理损耗，是指商品在运输过程中，因商品性质、自然条件及技术设备等因素，所发生的自然的或不可避免的损耗。

2. 存货的加工成本是指在存货的加工过程中发生的追加费用，包括直接人工以及按照一定方法分配的制造费用。

3. 存货的其他成本是指除采购成本、加工成本以外的，使存货达到目前场所和状态所发生的其他支出。企业设计产品发生的设计费用通常应计入当期损益，但是为特定客户设计产品所发生的、可直接确定的设计费用应计入存货的成本。

相关知识链接 1

商品流通企业在采购商品过程中发生的运输费、装卸费、保险费以及其他可归属于存货采购成本的费用等进货费用，应当计入存货采购成本，也可以先进行归集，期末再进行分摊，对于已售商品的进货费用计入当期损益，对于未售商品的进货费用计入期末存货成本。如果进货费用金额较小也可以直接计入当期损益。

存货的来源不同，其实际成本的构成内容也不同。具体如下：

（1）购入的存货，按买价加运输费、装卸费、保险费、包装费、仓储费等费用，运输途中的合理损耗，入库前的挑选整理费用和按规定应计入成本的税金以及其他费用，作为实际成本。

（2）自制的存货，按制造过程中的各项实际支出，作为实际成本。

（3）委托外单位加工完成的存货，以实际耗用的原材料或者半成品及加工费、运输费、装卸费、保险费等费用，以及按规定应计入成本的税金，作为实际成本。

相关知识链接 2

小规模纳税人企业，无论是否取得增值税专用发票或完税证明，其采购物资支付的增值税，一律计入所购物资的采购成本；一般纳税人企业采购农产品，可以按照买价和规定扣除率 10% 计算进项税额单独核算，企业应按扣除这部分进项税额后的价款作为计入所购物资的采购成本。

相关提示 1

(1)非正常消耗的直接材料、直接人工和制造费用，应在发生时计入当期损益。

(2)企业在存货采购入库后发生的仓储费用，应在发生时计入当期损益。

(3)不能归属于使存货达到目前场所和状态的其他支出，应在发生时计入当期损益。

相关提示 2

(1)一般纳税人将货物销售给一般纳税人，开具增值税专用发票，购买方按照规定计算抵扣增值税进项税额，增值税不计入货物成本；

(2)小规模纳税人将货物销售给小规模纳税人，只能开具增值税普通发票，购买方需要将增值税计入货物成本；

(3)一般纳税人将货物销售给小规模纳税人，开具增值税普通发票，小规模纳税人将增值税计入货物成本；

(4)小规模纳税人将货物销售给一般纳税人，存在两种情况：一种是小规模纳税人开具普通发票给一般纳税人，此时增值税不能抵扣，应该计入货物成本；另外一种是小规模纳税人找税务机关代开增值税专用发票，此时，一般纳税人拿到的是增值税专用发票，是可以抵扣进项税额的，增值税不计入货物成本。

【随堂训练 1 · 单选题】 某企业为增值税一般纳税人，2018 年 5 月购入材料一批，增值税专用发票上标明的价款为 25 万元，增值税为 4 万元，另支付材料的保险费 2 万元、包装物押金 2 万元。该批材料的采购成本为(　　)万元。

A. 27　　B. 29　　C. 31　　D. 33

【随堂训练 2 · 单选题】 A 企业为增值税小规模纳税企业。A 企业购入甲材料 600 千克，每千克含税单价为 50 元，发生运杂费 2 000 元，运输途中发生合理损耗 10 千克，入库前发生挑选整理费用 450 元。该批甲材料的单位实际成本为(　　)元。

A. 50　　B. 50.85　　C. 54　　D. 55

(三)发出存货的计价方法

日常工作中,企业发出的存货,可以按实际成本核算,也可以按计划成本核算。如采用计划成本核算,会计期末应调整为实际成本。

企业应当根据各类存货的实物流转方式、企业管理的要求、存货的性质等实际情况,合理地确定发出存货成本的计算方法,以及当期发出存货的实际成本。对于性质和用途相同的存货,应当采用相同的成本计算方法确定发出存货的成本。在实际成本核算方式下,企业可以采用的发出存货成本的计价方法包括个别计价法、先进先出法、月末一次加权平均法和移动加权平均法等。

1. 个别计价法

个别计价法亦称个别认定法、具体辨认法。在这种方法下,是把每一种存货的实际成本作为计算发出存货成本和期末存货成本的基础。

个别计价法的成本计算准确,符合实际情况,但在存货收发频繁情况下,其发出成本分辨的工作量较大。因此,这种方法适用于为特定项目专门购入或制造的存货以及提供的劳务,如珠宝、名画等贵重物品。

2. 先进先出法

先进先出法是指以先购入的存货应先发出(销售或耗用)这样一种存货实物流动假设为前提。采用这种方法,先购入的存货成本在后购入存货成本之前转出,据此确定发出存货和期末存货的成本。具体方法是:收入存货时,逐笔登记收入存货的数量、单价和金额;发出存货时,按照先进先出的原则逐笔登记存货的发出成本和结存金额。

先进先出法可以随时结转存货发出成本,但较烦琐;如果存货收发业务较多且存货单价不稳定时,其工作量较大。在物价持续上升时,期末存货成本接近于市价,而发出成本偏低,会高估企业当期利润和库存存货价值;反之,会低估企业存货价值和当期利润。

【例题 1】 假设甲公司 D 商品本期收入、发出和结存情况如表 1—1—4—1 所示。

表 1—1—4—1　　D 商品购销明细账(先进先出法)　　金额单位:元

日期		摘要	收入			发出			结存		
月	日		数量	单价	金额	数量	单价	金额	数量	单价	金额
5	1	期初余额							150	10	1 500
	5	购入	100	12	1 200				150 100	10 12	1 500 1 200
	10	销售				150 50	10 12	1 500 600	50	12	600
	16	购入	200	14	2 800				50 200	12 14	600 2 800
	20	销售				50 50	12 14	600 700	150	14	2 100
	23	购入	100	15	1 500				150 100	14 15	2 100 1 500

续表

日期		摘要	收入			发出			结存		
月	日		数量	单价	金额	数量	单价	金额	数量	单价	金额
	27	销售				100	14	1 400	50 100	14 15	700 1 500
	30	本期合计	400	—	5 500	400	—	4 800	50 100	14 15	700 1 500

从表中看出，使用先进先出法得出的发出存货成本和期末存货成本分别为 4 800 元和 2 200 元。

3. 月末一次加权平均法

月末一次加权平均法是指以本月全部进货数量加上月初存货数量作为权数，去除本月全部进货成本加上月初存货成本，计算出存货的加权平均单位成本，以此为基础计算本月发出存货的成本和期末存货的成本的一种方法。计算公式如下：

$$\text{存货单位成本}=\frac{[\text{月初库存存货的实际成本}+\sum(\text{本月各批进货的实际单位成本}\times\text{本月各批进货的数量})]}{(\text{月初库存存货数量}+\text{本月各批进化数量之和})}$$

本月发出存货成本＝本月发出存货的数量×存货单位成本

本月月末库存存货成本＝月末库存存货的数量×存货单位成本

或

$$\text{本月月末库存存货成本}=\text{月初库存存货的实际成本}+\text{本月收入存货的实际成本}-\text{本月发出存货的实际成本}$$

采用加权平均法只在月末一次计算加权平均单价，比较简单，有利于简化成本计算工作，但由于平时无法从账上提供发出和结存存货的单价及金额，因此不利于存货成本的日常管理与控制。

【例题 2】 某企业月初库存材料 60 件，每件为 1 000 元，月中又购进两批，一次 200 件，每件 950 元，另一次 100 件，每件 1 046 元，则月末该材料的加权平均单价为：

加权平均单价＝(60×1 000＋200×950＋100×1 046)÷(60＋200＋100)＝985(元)

4. 移动加权平均法

移动加权平均法是指以每次进货的成本加上原有库存存货的成本，除以每次进货数量加上原有库存存货的数量，据以计算加权平均单位成本，作为在下次进货前计算各次发出存货成本依据的一种方法。计算公式如下：

$$\text{存货单位成本}=\frac{(\text{原有库存存货的实际成本}+\text{本次进货的实际成本})}{(\text{原有库存存货数量}+\text{本次进货数量})}$$

本次发出存货的成本＝本次发出存货数量×本次发货前存货的单位成本

本月月末库存存货成本＝月末库存存货的数量×本月月末存货单位成本

采用移动平均法能够使企业管理当局及时了解存货的结存情况，计算的平均单位成本以及发出和结存的存货成本比较客观。但由于每次收货都要计算一次平均单价，计算工作量较大，对收发货较频繁的企业不适用。

【例题 3】 承例题 1，假设甲公司采用移动加权平均法核算存货，则各购入存货后的平均单位成本计算如表 1—1—4—2 所示。

5 月 5 日购入存货后的平均单位成本＝(150×10＋100×12)÷(150＋100)＝10.8(元)

5 月 16 日购入存货后的平均单位成本＝(50×10.8＋200×14)÷(50＋200)
＝13.36(元)

5 月 23 日购入存货后的平均单位成本＝(150×13.36＋100×15)÷(150＋100)
＝14.016(元)

表 1—1—4—2　　D 商品购销明细账(移动加权平均法)　　金额单位:元

日期		摘要	收入			发出			结存		
月	日		数量	单价	金额	数量	单价	金额	数量	单价	金额
5	1	期初余额							150	10	1 500
5	5	购入	100	12	1 200				250	10.8	2 700
	10	销售				200	10.8	2 160	50	10.8	540
	16	购入	200	14	2 800				250	13.36	3 340
	20	销售				100	13.36	1 336	150	13.36	2 004
	23	购入	100	15	1 500				250	14.016	3 504
	27	销售				100	14.016	1 401.6	150	14.016	2 102.4
	30	本期合计	400	—	5 500	400	—	4 897.6	150	14.016	2 102.4

存货计价方法及科目设置情况如图 1—1—4—1 所示。

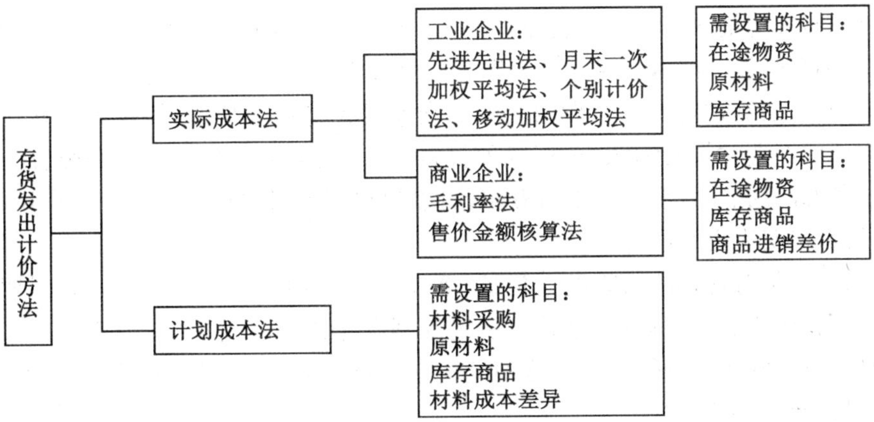

图 1—1—4—1　存货计价方法及科目设置

二、原材料的核算

原材料是指企业在生产过程中经过加工改变其形态或性质并构成产品主要实体的各种原料、主要材料及外购半成品,以及不构成产品实体但有助于产品形成的辅助材料。原材料具体包括原料及主要材料、辅助材料、外购半成品、修理用备件、包装材料、燃料等。

原材料的日常核算可以按实际成本核算,也可以按计划成本核算。

(一)实际成本法下原材料的核算

1. 原材料核算应设置的账户

材料采用实际成本核算时,材料的收、发、存。无论按总分类核算,还是明细分类核算,均按照实际成本计价,主要开设以下账户:

"原材料"账户,属资产类账户,用来核算企业库存的各种原材料的收发与结存情况。在按照实际成本核算时,该账户借方登记外购、自制、委托加工完成、其他单位投入、盘盈等原因增加的原材料实际成本;贷方登记领用、发出加工、对外销售以及盘亏、毁损等原因减少的库存原材料实际成本;月末余额在借方,表示库存原材料的实际成本。此科目应按材料的类别、品种和规格开设明细账。

"在途物资"账户,核算企业采用实际成本进行材料、商品等物资的日常核算,价款已付尚未验收入库的各种物资的采购成本,该账户借方登记企业购入的在途物资的实际成本,贷方登记验收入库的在途物资的实际成本,期末余额在借方,反映企业在途物资的采购成本。此账户应按供应单位和采购物资名称设置明细账。

"应付账款"账户,用于核算企业因购买材料、商品和接受劳务等经营活动应支付的款项。该账户贷方登记企业因购入材料、商品和接受劳务等尚未支付的款项,借方登记支付的应付账款,期末余额一般在贷方,表示企业尚未支付的应付账款。

2. 材料明细分类账的设置及登记

(1)材料明细分类账的设置

材料的明细分类核算应包括价值量核算和实物量核算两个方面。价值量的核算是由会计人员进行的,实物量的核算是由仓库管理人员进行的。据此,材料明细分类账的设置有两种方法,即"两账分设"(账卡分设)和"两账合一"(账卡合一)。

"两账分设"是对材料的核算设两套账。仓库设置材料卡片账,核算各种材料收发存的数量;财会部门设置材料明细账,核算各种材料收入、发出和结存的数量和金额。这种设账方法,便于各部门用账,并且两方平行登记,可以起到相互制约和相互控制的作用;但因其重复设账、登记,浪费人力及物力。

"两账合一"是对材料的核算设一套账。将仓库的材料卡片账和会计的材料明细账合并为一套账,由仓库负责登记数量,会计人员定期到仓库稽核收发料单,计算登记材料收发存金额,并对材料收发凭证进行计价。这种设账方法的优缺点与"两账分设"正好相反。

(2)材料明细分类账的登记

①材料卡片账。按材料的品种、规格开设,根据收发料凭单,逐日逐笔登记,序时地反映各种材料收发存的实物数量。

②材料明细账。按材料的品种、规格分户,进行明细核算。收入材料时,对不同来源的材料均应按实际成本填制收料凭证,并根据收料凭证,在材料明细账中逐笔登记收入材料的数量、单价和金额。发出材料时,应根据发料凭证,在材料明细账中逐笔登记发出材料的数量。发出材料的金额则需在个别计价法、月末一次加权平均法、移动加权平均法、先进先出法等方法中选择一种方法来确定。

③在途物资明细账。通常采用"横线登记法",在供应单位不多且比较固定时,可以按供应单位分户核算;在供应单位多、变动大的情况下,可以采用在途物资登记簿或在途物资登

记卡的形式进行明细核算。

在明细账中，应将购入物资的付款、收货等情况，登记在同一行内，以便反映货款支付和货物到达入库情况。付款栏应根据支付货款的记账凭证和所附原始凭证登记；收货栏应根据收货凭证编制的记账凭证登记。凡付款栏和收货栏都有记录的，就说明该项购货业务已经完结；如果只有付款记录，无收货记录，则是在途物资。月末，在途物资明细账的借方余额或在途物资登记簿付款和收料的差额应与“在途物资”总账的余额相等。

3. 原材料取得的账务处理

(1)企业购入的已验收入库的原材料，按下列情况分别处理：

①发票账单已到，并已支付款项的，借记“原材料”科目，贷记“在途物资”“预付账款”等科目。

②发票账单已到，但尚未支付货款和运杂费或尚未开出、承兑商业汇票的，借记“原材料”“应交税费——应交增值税(进项税额)”等科目，贷记“应付账款”等科目。

③发票账单与原材料同时到达，物资验收入库，同时支付货款和运杂费或开出承兑商业汇票，借记“原材料”“应交税费——应交增值税(进项税额)”等科目，贷记“银行存款”“应付票据”等科目。

④尚未收到发票账单的，按暂估价值入账，借记“原材料”等科目，贷记“应付账款——暂估应付账款”科目；下月初用红字做同样的记录，予以冲回，以便下月付款或开出承兑商业汇票后，按正常程序处理。

(2)自制或委托外单位加工完成的并已验收入库的原材料，按实际成本，借记“原材料”科目，贷记“生产成本”科目或“委托加工物资”科目。

(3)投资者投入的原材料，按确定的实际成本，借记“原材料”科目；按专用发票上注明的增值税额，借记“应交税费——应交增值税(进项税额)”科目；按其在注册资本中所占有的份额，贷记“实收资本”(或“股本”)等科目；按其差额，贷记“资本公积”科目。

(4)购入材料发生短缺和毁损。购入材料在验收入库时，如发生短缺或毁损，应及时查明原因，根据不同的情况进行处理。属于定额内的合理损耗应计入材料的采购成本，不另做账务处理。属于运输部门、保险公司或个人负责的损失，应根据赔偿请求单所列的索赔金额记入“其他应收款”账户；属于供货单位少发货造成的短缺，在货款未付的情况下，按实收货物的实际成本入账，在货款已经支付的情况下，应将短缺货物的实际成本计入“其他应收款”或“应付账款”账户；属于自然灾害等非常原因造成的损失，应将扣除残料价值和过失人、保险公司赔款后的净损失，记入“营业外支出”账户。材料入库的当时不能确定短缺毁损原因的，应按短缺材料的实际成本，先记入“待处理财产损溢”账户，同时将增值税进项税额转出，待查明原因后再结转到有关账户。

材料收入的总分类核算，可以根据收料凭证逐日逐笔编制记账凭证，登记总分类账，也可以根据收料凭证整理汇总，定期编制“收料凭证汇总表”，在月终一次登记总分类账，进行总分类核算。

【例题 4】 甲公司为增值税一般纳税人，2018 年 8 月 20 日，购入 C 材料一批，增值税专用发票上记载的货款为 500 000 元，增值税税额为 80 000 元，款项已用转账支票付讫，材料已验收入库。假设发票账单与材料同时到达，采用实际成本法进行材料日常核算。甲公司应编制如下会计分录：

借:原材料——C材料 500 000
　　应交税费——应交增值税(进项税额) 80 000
　　贷:银行存款 580 000

【例题5】 甲公司为增值税一般纳税人,2018年9月1日,采用汇兑结算方式购入F材料一批,发票及账单已收到,增值税专用发票上记载的货款为20 000元,增值税税额为3 200元。材料尚未到达。甲公司应编制如下会计分录:

借:在途物资 20 000
　　应交税费——应交增值税(进项税额) 3 200
　　贷:银行存款 23 200

【例题6】 承例题5,上述购入的F材料已收到,并验收入库。甲公司应编制如下会计分录:

借:原材料——F材料 20 000
　　贷:在途物资 20 000

【例题7】 甲公司为增值税一般纳税人,采用委托收款结算方式购入H材料一批,材料已验收入库,月末发票账单尚未收到也无法确定其实际成本,暂估价值为30 000元。甲公司应编制如下会计分录:

借:原材料——H材料 30 000
　　贷:应付账款——暂估应付账款 30 000

下月初做相反的会计分录予以冲回:

借:应付账款——暂估应付账款 30 000
　　贷:原材料——H材料 30 000

【例题8】 承例题7,上述购入的H材料于次月收到发票账单,增值税专用发票上记载的货款为31 000元,增值税税额为4 960元,已用银行存款付讫。甲公司应编制如下会计分录:

借:原材料——H材料 31 000
　　应交税费——应交增值税(进项税额) 4 960
　　贷:银行存款 35 960

【例题9】 某企业为增值税一般纳税人,2018年5月3日,从外地丙公司购进A材料1 000千克,单价为100元,取得增值税专用发票,货款为100 000元,增值税税额为16 000元,运费2 000元,运费的增值税税额为200元,款项已经用银行存款付清。5月25日,A材料运达企业,验收入库950千克,短缺50千克,其中,2千克属于定额内合理损耗,其余48千克短缺原因不明。企业应编制会计分录如下:

①5月3日,付款时:

借:在途物资——A材料 102 000
　　应交税费——应交增值税(进项税额) 16 200
　　贷:银行存款 118 200

②5月25日,A材料验收入库时:

借:原材料——A材料 97 104
　　待处理财产损溢——待处理流动资产损溢 5 673.6

贷：在途物资——A 材料　　102 000

　　应交税费——应交增值税（进项税额转出）　　777.6

各项目金额计算如下：

在途材料的单位成本＝102 000÷1 000＝102（元/千克）

验收入库材料的实际成本＝（1 000－48）×102＝97 104（元）

短缺材料的实际成本＝48×102＝4896（元）

进项税额转出＝16 200÷1 000×48＝777.6（元）

待处理财产损溢＝4 896＋777.6＝5 673.6（元）

数日后，假设上述短缺的 48 千克材料原因已查明，属于运输部门的责任，对方已经同意赔偿，款项尚未收到。编制会计分录如下：

借：其他应收款　　5 673.6

　贷：待处理财产损溢——待处理流动资产损溢　　5 673.6

4. 原材料发出的账务处理

企业发出材料主要有以下几种情形：①生产经营领用材料，企业按照领用材料的用途，借记“生产成本”“制造费用”“销售费用”“管理费用”等科目，贷记“原材料”科目。②出售材料结转成本，借记“其他业务成本”科目，贷记“原材料”科目。③发出委托外单位加工的材料，借记“委托加工物资”科目，贷记“原材料”科目。

【例题 10】 甲公司 2018 年 8 月 1 日结存 B 材料 3 000 千克，每千克实际成本为 10 元；8 月 5 日和 8 月 20 日分别购入该材料 9 000 千克和 6 000 千克，每千克实际成本分别为 11 元和 12 元；8 月 10 日和 8 月 25 日分别发出该材料 10 500 千克和 6 000 千克。按先进先出法核算时，发出和结存材料的成本如表 1—1—4—3 所示。

表 1—1—4—3　　**B 材料购销明细账（先进先出法）**　　金额单位：元

日期		摘要	收入			发出			结存		
月	日		数量	单价	金额	数量	单价	金额	数量	单价	金额
8	1	期初余额							3 000	10	30 000
	5	购入	9 000	11	99 000				3 000 9 000	10 11	30 000 99 000
	10	销售				3 000 7 500	10 11	30 000 82 500	1 500	11	16 500
	20	购入	6 000	12	72 000				1 500 6 000	11 12	16 500 72 000
	25	销售				1 500 4 500	11 12	16 500 54 000	1 500	12	18 000
	31	本期合计	15 000	—	171 000	16 500	—	183 000	1 500	12	18 000

从表 1—1—4—3 中看出，采用先进先出法，8 月 10 日发出的 B 材料 10 500 千克的实际成本为 112 500 元，由两部分组成：一是首先全部发出月初结存的 B 材料 3 000 千克，实际成本 30 000 元（3 000×10），二是不足部分再发出 8 月 5 日购入的 B 材料中的 7 500 千克

(10 500－3 000)的实际成本为 82 500 元(7 500×11)。以此类推,8 月 25 日发出 B 材料的 6 000 千克的实际成本为 70 500 元。8 月发出 B 材料的总成本为 183 000 元(112 500＋70 500)。

甲公司 2018 年 8 月发出的 B 材料用于生产车间生产产品,采用实际成本法进行材料的日常核算,应编制如下会计分录:

(1)8 月 10 日,发出材料时:

借:生产成本——基本生产成本　　112 500

　贷:原材料——B 材料　　112 500

(2)8 月 25 日,发出材料时:

借:生产成本——基本生产成本　　70 500

　贷:原材料——B 材料　　70 500

【例题 11】 承例题 10,假设采用月末一次加权平均法,计算 B 材料的成本如下:

B 材料平均单位成本＝(30 000＋171 000)÷(3 000＋15 000)＝11.17(元)

本月发出存货的成本＝16 500×11.17＝184 305(元)

月末库存存货的成本＝30 000＋171 000－184 305＝16 695(元)

甲公司 2018 年 8 月发出的 B 材料用于生产车间生产产品,采用实际成本法进行材料的日常核算,应编制如下会计分录:

8 月 31 日,结转 8 月发出 B 材料成本时:

借:生产成本——基本生产成本　　184 305

　贷:原材料——B 材料　　184 305

【例题 12】 承例题 10 和例题 11,假设采用移动加权平均法计算 B 材料的成本如下:

第一批收货后的平均单位成本＝(30 000＋99 000)÷(3 000＋9 000)＝10.75(元)

第一批发货的存货成本＝10 500×10.75＝112 875(元)

当时结存的存货成本＝1 500×10.75＝16 125(元)

第二批收货后的平均单位成本＝(16 125＋72 000)÷(1 500＋6 000)＝11.75(元)

第二批发货的存货成本＝6 000×11.75＝70 500(元)

当时结存的存货成本＝1 500×11.75＝17 625(元)

B 材料月末结存 1 500 千克,月末库存存货成本为 17 625 元;本月发出存货成本合计为 183 375 元(112 875＋70 500)。

甲公司 2018 年 8 月发出的 B 材料用于生产车间生产产品,采用实际成本法进行材料的日常核算,应编制如下会计分录:

(1)8 月 10 日,发出材料时:

借:生产成本——基本生产成本　　112 875

　贷:原材料——B 材料　　112 875

(2)8 月 25 日,发出材料时:

借:生产成本——基本生产成本　　70 500

　贷:原材料——B 材料　　70 500

【例题 13】 甲公司根据“发料凭证汇总表”的记录,1 月份基本生产车间领用 K 材料 500 000 元,辅助生产车间领用 K 材料 40 000 元,车间管理部门领用 K 材料 5 000 元,企业行政管理部门领用K材料4 000元，计549 000元。甲公司应编制如下会计分录：

借：生产成本——基本生产成本	500 000	
——辅助生产成本	40 000	
制造费用	5 000	
管理费用	4 000	
贷：原材料——K材料		549 000

（二）计划成本法下原材料的核算

1. 原材料核算应开设的账户

材料采用计划成本核算时，材料的收发存，无论总分类核算还是明细分类核算，均按计划成本计价。

扫码看资源

“原材料”账户属资产类账户，在计划成本法下，该账户借方登记验收入库材料的计划成本，贷方登记发出材料的计划成本，期末余额在借方，表示库存原材料的计划成本。

“材料采购”账户核算企业采用计划成本进行日常核算时购入材料的采购成本，该账户借方登记外购材料的实际成本（包括买家和采购费用）和实际成本小于计划成本的节约差异，贷方登记已验收入库的计划成本和实际成本大于计划成本的超支差异，期末借方余额表示尚未入库的在途材料的实际成本。

“材料成本差异”账户是“原材料”账户的调整账户，用来核算材料实际成本与计划成本的差异。借方登记验收入库材料的实际成本大于计划成本的超支差异以及发出材料应承担的节约差异，贷方登记验收入库材料的实际成本小于计划成本的节约差异以及发出材料应承担的超支差异。期末余额在借方，表示各种材料实际成本大于计划成本的超支差异，反之表示节约差异。

2. 基本核算程序

（1）采购时，按实际成本付款，记入“材料采购”账户借方；

（2）验收入库时，按计划成本记入“原材料”账户借方，“材料采购”账户贷方；

（3）差异结转，验收入库材料形成的材料成本差异超支差异记入“材料成本差异”账户的借方，节约差异记入“材料成本差异”账户的贷方；

（4）平时发出材料时，一律用计划成本；

（5）期末，计算材料成本差异率，结转发出材料应负担的差异额。

$$材料成本差异率=\frac{期初材料成本差异+本期购入材料的成本差异额}{期初材料的计划成本+本期购入材料的计划成本}\times 100\%$$

$$发出材料应负担的差异额=发出材料的计划成本\times 材料成本差异率$$

相关知识链接3

注意上述公式中，超支差异用“+”计算，节约差异用“−”计算。

3. 原材料取得的账务处理

【例题 14】 乙公司为增值税一般纳税人，购入 L 材料一批，专用发票上记载的货款为 3 000 000 元，增值税税额为 480 000 元，发票账单已收到，计划成本为 3 200 000 元，已验收入库，全部款项以银行存款支付。乙公司采用计划成本进行材料日常核算，应编制如下会计分录：

(1)付款时：

借：材料采购——L 材料　　3 000 000
　　应交税费——应交增值税(进项税额)　　480 000
　　贷：银行存款　　3480 000

(2)入库时：

借：原材料——L 材料　　3 200 000
　　贷：材料采购——L 材料　　3 200 000

(3)结转差异时：

借：材料采购——L 材料　　200 000
　　贷：材料成本差异——L 材料　　200 000

在计划成本法下，购入的材料无论是否验收入库，都要先通过“材料采购”科目进行核算，以反映企业所购材料的实际成本，从而与“原材料”科目相比较，计算确定材料差异成本。

4. 发出原材料的账务处理

在企业采用计划成本对材料进行日常核算的情况下，企业发出材料主要有以下几种情形：(1)生产经营领用材料，企业按照领用材料的用途，借记“生产成本”“制造费用”“销售费用”“管理费用”等科目，贷记“原材料”科目。(2)出售材料结转成本，借记“其他业务成本”科目，贷记“原材料”科目。(3)发出委托外单位加工的材料，借记“委托加工物资”科目，贷记“原材料”科目。

在实务中，为了简化核算，企业通常在月末，根据“发料凭证汇总表”结转发出材料的计划成本，按计划成本分别记入“生产成本”“制造费用”“销售费用”“管理费用”“其他业务成本”“委托加工物资”等科目，贷记“原材料”科目，同时结转材料成本差异。

企业日常采用计划成本核算的，发出材料成本应由计划成本调整为实际成本，通过“材料成本差异”科目进行结转，按发出材料的用途，分别记入“生产成本”“制造费用”“销售费用”“管理费用”“其他业务成本”“委托加工物资”等科目。发出材料应负担的成本差异应当按期(月)分摊，不得在季末或年末一次计算。

【例题 15】 乙公司为增值税一般纳税人，根据“发料凭证汇总表”的记录，本月 L 材料的消耗(计划成本)情况如下：基本生产车间领用 2 000 000 元，辅助生产车间领用 600 000 元，车间管理部门领用 250 000 元，企业行政管理部门领用 50 000 元。乙公司采用计划成本进行材料日常核算，材料成本差异率为 1%，应编制如下会计分录：

借：生产成本——基本生产成本　　2 000 000
　　　　　　——辅助生产成本　　600 000
　　制造费用　　250 000
　　管理费用　　50 000

贷:原材料——L材料　　2 900 000

结转发出材料成本差异,应编制如下会计分录:

借:生产成本——基本生产成本　　20 000

——辅助生产成本　　6 000

制造费用　　2 500

管理费用　　500

贷:材料成本差异——L材料　　29 000

【例题16】 企业月初“原材料”账户借方余额为24 000元,本月收入原材料的计划成本为176 000元,本月发出原材料的计划成本为150 000元,“材料成本差异”月初贷方余额300元,本月收入材料的超支差4 300元,则本月发出材料应负担的材料成本差异为:

当月材料成本差异率=(−300+4300)÷(24 000+176 000)×100%=2%

本月发出材料应负担的材料成本差异额=150 000×2%=3 000(元)

【随堂训练3·核算题】 某企业对材料采用计划成本核算。2018年12月1日,结存材料的计划成本为400万元,材料成本差异贷方余额为6万元;本月入库材料的计划成本为2 000万元,材料成本差异借方发生额为12万元;本月发出材料的计划成本为1 600万元。该企业2018年12月31日结存材料的实际成本为多少万元?

三、库存商品的核算

(一)库存商品核算的内容

库存商品是指企业完成全部生产过程并已验收入库、合乎标准规格和技术条件,可以按照合同规定的条件送交订货单位,或可以作为商品对外销售的产品以及外购或委托加工完成验收入库用于销售的各种商品。具体包括库存产成品、外购商品、存放在门市部准备出售的商品、发出展览的商品、寄存在外的商品、接受来料加工制造的代制品和为外单位加工修理的代修品等。已完成销售手续但购买单位在月末未提取的产品,不应作为企业的库存商品,而应作为代管商品处理,单独设置“代管商品”备查簿进行登记。

为了反映和监督库存商品增减变动及其结存情况,企业应当设置“库存商品”账户,本账户应按库存商品的种类、品种和规格设置明细账,借方登记验收入库的库存商品成本,贷方登记发出库存商品成本,期末借方余额,反映企业各种库存商品的实际成本(或进价)或售价。委托外单位加工的商品及委托其他单位代销的商品,不在本科目核算。

库存商品的核算包括生产型企业和商品流通型企业的核算。

(二)生产型企业库存商品的核算

从事工业生产的企业,其库存商品主要指产成品。产成品,是指已经完成全部生产过程并已验收入库符合标准规格和技术条件,可以作为商品对外销售的产品。企业接受外来原材料加工制造的代制品和为外单位加工修理的代修品,制造和修理完成验收入库后,视同本企业的产成品,所发生的支出,也在本科目核算。

1. 验收入库商品

对于库存商品采用实际成本核算的企业,当产品完成生产并验收入库时,应按实际成本,借记“库存商品”科目,贷记“生产成本——基本生产成本”科目。

【例题 17】 甲公司“商品入库汇总表”记载，某月已验收入库 A 产品 1 000 台，实际单位成本为 5 000 元，共计 5 000 000 元；B 产品 2 000 台，实际单位成本为 1 000 元，共计 2 000 000 元。甲公司应编制如下会计分录：

借：库存商品——A 产品　　5 000 000
　　　　　　——B 产品　　2 000 000
　贷：生产成本——基本生产成本——A 产品　　5 000 000
　　　　　　　　　　　　　　——B 产品　　2 000 000

2. 发出商品

企业销售商品、确认收入、结转销售成本时，借记“主营业务成本”等科目，贷记“库存商品”科目。

【例题 18】 甲公司月末汇总的发出商品中，当月已实现销售的 A 产品有 500 台，B 产品有 1 500 台。该月 A 产品实际单位成本为 5 000 元，B 产品实际单位成本为 1 000 元。在结转其销售成本时，甲公司应编制如下会计分录：

借：主营业务成本　　4 000 000
　贷：库存商品——A 产品　　2 500 000
　　　　　　　——B 产品　　1 500 000

企业的库存商品既可以按实际成本核算，也可以按计划成本核算，按计划成本核算时，需增设“产品成本差异”科目。

（三）商品流通企业库存商品的核算

从事商品流通的企业，其库存商品主要指外购或委托加工完成验收入库用于销售的各种商品。

从事商品流通的企业购入商品抵达仓库前发生的包装费、运杂费、运输存储过程中的保险费、装卸费、运输途中的合理损耗和入库前的挑选整理费用等采购费用，不计入购入商品的实际成本，应于发生时确认为当期的销售费用。

商品流通企业的库存商品的核算主要有：进价金额核算法、毛利率法和售价金额核算法。

商品批发企业通常采用进价金额和毛利率法核算，商品零售企业通常采用售价金额进行核算。

1. 库存商品采用进价金额核算

（1）企业库存商品采用进价核算的，购入的商品在到达验收入库后，按商品进价，借记“库存商品”科目，按专用发票上注明的增值税额，借记“应交税费——应交增值税（进项税额）”科目，按实际应付款项，贷记“银行存款”或“应付账款”等科目。企业委托外单位加工收回的商品，按委托加工商品的实际成本，借记“库存商品”科目，贷记“委托加工物资”科目。

（2）销售发出的商品结转销售成本时，可按先进先出法、月末一次加权平均法、移动加权平均法、个别计价法等方法计算已销商品的销售成本，核算方法一经确定，不得随意变更；如需变更，应在会计报表附注中予以说明。企业结转发出商品的成本，借记“主营业务成本”科目，贷记“库存商品”科目。

2. 库存商品采用毛利率法核算

(1)毛利率法

毛利率＝销售毛利÷销售净额×100%

销售净额＝销售收入－销售退回－销售折让

销售成本＝销售净额－销售净额×毛利率

＝销售净额×(1－毛利率)

期末存货成本＝期初存货成本＋本期购货成本－本期销售成本

【例题19】 某企业采用毛利率法计算发出存货成本。该企业2018年6月份实际毛利率为30%,本年度7月1日的存货成本为1 200万元,7月份购入存货成本为2 800万元,销售收入为3 000万元,销售退回为300万元。该企业7月末存货成本为:

销售净额＝3 000－300＝2 700(万元)

本期销售成本＝2 700×(1－30%)＝1 890(万元)

7月末存货成本＝1 200＋2 800－1 890＝2 110(万元)

用毛利率法计算本期销售成本和期末存货成本适用于商业批发企业。采用这种方法,商品销售成本按商品大类销售额计算,计算手续简便,但计算结果往往不准确。

3. 库存商品采用售价金额核算

(1)企业库存商品采用售价金额核算的,购入的商品到达验收入库后,按商品售价,借记"库存商品"科目,按专用发票上注明的增值税额,借记"应交税费——应交增值税(进项税额)"科目,按商品进价和增值税进项税额的合计金额,贷记"银行存款"或"应付账款"等科目,按商品售价与进价的差额,贷记"商品进销差价"科目。企业委托外单位加工收回的商品,按商品售价,借记"库存商品"科目,按委托加工商品的实际成本,贷记"委托加工物资"科目,按商品售价与进价的差额,贷记"商品进销差价"科目。

(2)销售发出的商品,平时可按商品售价结转销售成本,借记"主营业务成本"科目,贷记"库存商品"科目。月度终了,按商品进销差价率计算分摊本月已销商品应分摊的进销差价,借记"商品进销差价"科目,贷记"主营业务成本"科目。

本期销售商品的实际成本＝本期商品销售收入－本期已销商品应分摊的进销差价

期末结存商品的实际成本＝期初库存商品的进价成本＋本期购进商品的进价成本－本期销售商品的实际成本

本期已销商品应分摊的进销差价＝本期销售收入×进销差价率

或　销售成本＝本期销售收入(售价)×进价率

$$\text{进价率}=\frac{\text{期初存货的进价成本}+\text{本期购进存货的进价成本}}{\text{期初存货的售价成本}+\text{本期购进存货的售价成本}}$$

【例题20】 某商场采用售价金额核算法对库存商品进行核算。本月月初库存商品进价成本总额为30万元,售价总额为46万元;本月购进商品进价成本总额为40万元,售价总额为54万元;本月销售商品售价总额为80万元。假设不考虑相关税费,该商场本月销售商品的实际成本为:

销售商品应该结转的实际成本＝[(30＋40)÷(46＋54)]×80＝56(万元)

或　商品进销差价率＝[(46－30)＋(54－40)]÷(46＋54)×100%＝30%

销售商品应该结转的实际成本＝80×(1－30%)＝56(万元)

四、委托加工物资的核算

(一)委托加工物资的内容及成本的确定

委托加工物资是指企业委托外单位加工的各种材料、商品等物资。

企业委托外单位加工物资的成本包括:

(1)加工中实际耗用物资的成本;

(2)支付的加工费用及应负担的运杂费等;

(3)支付的税费,包括委托加工物资所应负担的消费税(指属于消费税应税范围的加工物资)等。

扫码看资源

需要缴纳消费税的委托加工物资,加工物资收回后直接用于销售的,由受托方代收代交的消费税应计入加工物资成本;如果收回的加工物资用于继续加工的,由受托方代收代交的消费税应先记入"应交税费——应交消费税"科目的借方,按规定用以抵扣加工的消费品销售后所负担的消费税。

相关知识链接 4

如果以计划成本核算,在发出委托加工物资时,同时结转发出材料应负担的材料成本差异。收回委托加工物资时,应视同材料购入结转采购形成的材料成本差异。

相关知识链接 5

关于增值税的处理:一般纳税人增值税不计入委托加工成本,小规模纳税人增值税计入委托加工成本。

(二)委托加工物资的账务处理及实例

(1)发给外单位加工的物资,按实际成本:

借:委托加工物资

　　贷:原材料、库存商品等

(2)支付加工费用、应负担的运杂费等:

借:委托加工物资

　　应交税费——应交增值税(进项税额)

　　贷:银行存款等

(3)需要缴纳消费税的委托加工物资,收回后直接用于销售的,应将受托方代收代交的消费税计入委托加工物资成本:

借:委托加工物资

　　贷:应付账款

银行存款等

(4)收回后用于连续生产的物资,按规定准予抵扣的,按受托方代收代交的消费税:

借:应交税费——应交消费税

贷:应付账款

银行存款等

(5)收到加工完成验收入库的物资和剩余物资,按实际成本:

借:原材料、库存商品等

贷:委托加工物资

【例题 21】 2018 年,甲公司委托丁公司加工一批商品(属于应税消费品)100 000 件,有关经济业务如下:

(1)6 月 2 日,发出材料一批,计划成本为 6 000 000 元,材料成本差异率为-3%。

(2)6 月 20 日,支付商品加工费 120 000 元,支付应当缴纳的消费税 660 000 元,该商品收回后用于连续生产,消费税可抵扣,甲公司和丁公司均为一般纳税人,适用增值税税率为 16%。

(3)6 月 21 日,用银行存款支付往返运费 10 000 元(不考虑运费抵扣的情况)。

(4)6 月 23 日,上述商品 100 000 件(每件计划成本为 65 元)加工完毕,公司已办理验收入库手续。

会计分录如下:

(1)6 月 2 日

①发出委托加工材料时:

借:委托加工物资	6 000 000	
贷:原材料		6 000 000

②结转发出材料应分摊的材料成本差异时:

借:材料成本差异	180 000	
贷:委托加工物资		180 000

(2)6 月 20 日

借:委托加工物资	120 000	
应交税费——应交消费税	660 000	
——应交增值税(进项税额)	19 200	
贷:银行存款		799 200

(3)6 月 21 日

借:委托加工物资	10 000	
贷:银行存款		10 000

(4)6 月 23 日

借:库存商品	6 500 000	
贷:委托加工物资		5 950 000
材料成本差异		550 000

五、周转材料的核算

（一）周转材料的核算内容

周转材料，是指企业能够多次使用，不符合固定资产定义，逐渐转移其价值但仍保持原有形态，不确认为固定资产的材料，如包装物和低值易耗品。企业的包装物、低值易耗品，可以单独设置“包装物”“低值易耗品”科目，也可以在“周转材料”下分设“包装物”“低值易耗品”明细科目进行核算。本科目可按周转材料的种类，分设“在库”“在用”“摊销”进行明细核算。

周转材料既可以采用实际成本核算，也可以采用计划成本核算。企业购入、自制、委托外单位加工完成并已验收入库的周转材料等，比照“原材料”科目的相关规定进行处理。采用计划成本进行日常核算的，领用、发出周转材料时，还应同时结转应分摊的成本差异。

本教材主要阐述包装物、低值易耗品的核算。

（二）包装物的核算

包装物是指生产经营过程中为包装本企业产品而储存的各种包装容器，如桶、箱、瓶、坛、袋等。包括：

（1）生产过程中用于包装产品作为产品组成部分的包装物；

（2）随同商品出售而不单独计价的包装物；

（3）随同商品出售而单独计价的包装物；

（4）出租或出借给购买单位使用的包装物。

相关知识链接 6

> 生产领用的包装物，记入“生产成本”科目；随同产品出售但不单独计价的、出借的包装物，记入“销售费用”科目；随同产品出售且单独计价的、出租的包装物，记入“其他业务成本”科目。

【例题 22】 甲公司对包装物采用计划成本核算，某月生产产品领用包装物的计划成本为 100 000 元，材料成本差异率为－3%，则（一次摊销法）会计分录为：

借：生产成本	97 000	
材料成本差异	3 000	
贷：周转材料——包装物		100 000

【例题 23】 甲公司某月销售商品领用不单独计价包装物的计划成本为 50 000 元，材料成本差异率为－3%，则（一次摊销法）会计分录为：

借：销售费用	48 500	
材料成本差异	1 500	
贷：周转材料——包装物		50 000

【例题 24】 甲公司某月销售商品领用单独计价包装物的计划成本为 80 000 元，销售收入为 100 000 元，增值税税额为 16 000 元，款项已存入银行。该包装物的材料成本差异率为 3%，则（一次摊销法）会计分录为：

(1)出售单独计价包装物时:

借:银行存款 116 000

贷:其他业务收入 100 000

应交税费——应交增值税(销项税额) 16 000

(2)结转所售单独计价包装物的成本时:

借:其他业务成本 82 400

贷:周转材料——包装物 80 000

材料成本差异 2 400

(三)低值易耗品的核算

低值易耗品是指单位价值较低或容易毁损的,不能作为固定资产的各种用具和物品,如工具、管理用具、玻璃器皿以及在经营过程中使用的包装容器等。其特点是它可以多次参加周转并不改变其原有的实物形态,在使用过程中需要进行维护、修理、报废时也有一定的残值。

思 考

固定资产与低值易耗品有哪些异同点?

低值易耗品的核算与原材料核算相似,企业应该设置“周转材料——低值易耗品”科目进行核算。

低值易耗品可采用一次摊销法或分次摊销法。摊销时,记入“制造费用”等科目。

1. 一次摊销法

一次摊销法是将其价值在领用时一次计入有关资产成本或当期损益。

(1)领用低值易耗品,按计划成本或实际成本结转:

借:制造费用

管理费用

其他业务成本等

贷:低值易耗品

(2)低值易耗品报废时,将报废的残料价值冲减当月相应的费用账户:

借:原材料等

贷:制造费用

管理费用

其他业务成本等

(3)月末,按计划成本核算的企业,分摊领用低值易耗品的成本差异(实际成本小于计划成本的差异用红字):

借:制造费用

管理费用

其他业务成本

待摊费用等

贷:材料成本差异

2. 分次摊销法

分次摊销法是指低值易耗品在领用时先摊销其账面价值的单次平均摊销额。分次摊销法适用于可供多次反复使用的低值易耗品。在采用分次摊销下，应设置“周转材料——低值易耗品——在用”“周转材料——低值易耗品——在库”“周转材料——低值易耗品——摊销”三个明细科目进行核算。

【例题 25】 甲公司生产车间领用 400 件专用用具，每件 100 元，共计 40 000 元。不符合固定资产定义，采用分次摊销法进行摊销，该专用工具估计使用次数为两次，报废时残料作价 500 元入库。（用分次摊销法核算）

领用时：

借：周转材料——低值易耗品——在用　　40 000

　　贷：周转材料——低值易耗品——在库　　40 000

第一次摊销价值的 50%：

借：制造费用　　20 000

　　贷：周转材料——低值易耗品——摊销　　20 000

第二次再摊销其余 50%：

借：制造费用　　20 000

　　贷：周转材料——低值易耗品——摊销　　20 000

同时冲销明细账上的在用数和摊销数：

借：周转材料——低值易耗品——摊销　　40 000

　　贷：周转材料——低值易耗品——在用　　40 000

报废残料作价 500 元，入库时：

借：原材料　　500

　　贷：制造费用　　500

对在用低值易耗品以及使用部门退回仓库的低值易耗品，应加强管理，并在备查账簿进行登记。

【随堂训练 4 · 核算题】 请用上述资料，采用一次摊销法做出相关会计分录。

六、存货清查的核算

（一）存货清查概述

存货清查是通过对存货进行实物清点并与各存货明细账上所记录的结存数进行核对，确定各项存货的实存数与账存数是否相符的一种专门方法。

由于存货流动性较大，企业应在年末对存货进行全面的清查，在年度中间，还要区别不同情况对存货进行定期或不定期的清查或重点的抽查。

在对存货清查前，应将各存货明细账登记齐全，账证核对相符，账账核对相符，在此基础上通过点数、过磅、量尺、计方等方法确定各种存货的实存数量，进行账实核对。发现账实不符或有超储积压、残损变质的存货，要进一步找出原因，分清责任。对于存货清查的结果，应编制“存货盘点报告表”，将账实不符的存货记入表内，列出盘盈或盘亏的数量，并注明盘盈、盘亏的原因，报企业领导和有关部门审批。

(二)存货清查账务处理及实例

企业应设置“待处理财产损溢”账户，核算清查财产过程中查明的各种财产物资的盘盈、盘亏和毁损情况。该账户属资产类账户，借方登记盘亏和毁损的财产净值及转销盘盈财产的价值；贷方登记盘盈财产的净值及转销盘亏和毁损的价值，期末处理后该账户无余额。该账户下设“待处理固定资产损溢”“待处理流动资产损溢”两个明细账户。

扫码看资源

流动资产盘盈，在按照规定程序批准转销时，冲减管理费用。如果是流动资产盘亏，要区别不同的原因进行处理：如是自然损耗引起的定额内合理损耗，或者是计量差错和管理不善造成的超定额损耗，其发生的净损失一般计入管理费用，因自然灾害和意外事故造成的存货损失，由保险公司赔偿部分，记入“其他应收款”账户，差额部分列营业外支出。

相关知识链接 7

存货清查核算时分两步：第一步，批准前调整为账实相符；第二步，批准后结转处理。

【例题 26】　甲公司 2018 年 12 月 10 日对库存原材料进行全面盘点，列出“库存材料盈亏明细表”，盘盈的材料按确定的实际成本 5 600 元入账，盘亏材料的实际成本为 6 500 元。

批准前的处理：

①借：原材料　　5 600
　　贷：待处理财产损溢——待处理流动资产损溢　　5 600
②借：待处理财产损溢——待处理流动资产损溢　　6 500
　　贷：原材料　　6 500

甲公司 2018 年 12 月 31 日按规定管理权限报经批准，对盘盈材料 5 600 元，冲减管理费用；盘亏材料 6 500 元，经查属于管理方面的原因，按规定的管理权限报经批准进行处理。

批准后的处理：

借：待处理财产损溢——待处理流动资产损溢　　5 600
　　贷：管理费用——存货盘亏与盘盈　　5 600
借：管理费用——存货盘亏与盘盈　　6 500
　　贷：待处理财产损溢——待处理流动资产损溢　　6 500

【例题 27】　某企业于 2018 年 6 月 20 日由于自然灾害毁损的原材料实际成本为 10 000 元，该批毁损原材料的进项税额为 1 600 元，其残值处置收入为 2 000 元。

批准前的处理：

①借：待处理财产损溢——待处理流动资产损溢　　11 600
　　贷：原材料　　10 000
　　　　应交税费——应交增值税——进项税额转出　　1 600
②借：银行存款　　2 000
　　贷：待处理财产损溢——待处理流动资产损溢　　2 000

批准后的处理：

③借：营业外支出——非常损失　　9 600

　　贷：待处理财产损溢——待处理流动资产损溢　　9 600

如果企业存货采用计划成本核算的，还应当同时结转成本差异。

相关知识链接 8

> 购进货物发生非常损失时，其进项税不能抵扣。

七、存货减值的核算

（一）存货跌价准备的计提和转回

资产负债表日，存货应按照成本与可变现净值孰低计量。当存货成本低于可变现净值时，存货按成本计量；当存货成本高于可变现净值时，存货按可变现净值计量，同时按照成本高于可变现净值的差额计提存货跌价准备，计入资产减值损失。如果减值因素已经消失，减值的金额应在原已计提的存货跌价准备金额内予以转回，转回的金额计入当期损益。

扫码看资源

可变现净值＝存货的估计售价－进一步加工成本－估计销售费用－税费

相关提示 3

> 如果存货是直接用于出售的，则不需用减去进一步加工成本。

相关提示 4

> 成本是指存货的历史成本，即期末存货的实际成本。

（二）存货跌价准备的账务处理及实例

企业应设置“存货跌价准备”科目核算，其借方登记冲减投资恢复的减值准备、发出存货应转出的减值准备，贷方登记计提的减值准备。余额在贷方，反映企业已计提但尚未转销的存货跌价准备。跌价损失记入“资产减值损失”科目。

当期应计提的存货跌价准备＝（存货成本－可变现净值）－存货跌价准备已有贷方余额

结果大于零为当期补提，小于零应在已计提的存货跌价准备范围内转回。

计提减值准备时：

借：资产减值损失

　　贷：存货跌价准备

【例题 28】 甲公司 2018 年 12 月 31 日乙存货的实际成本为 100 万元，加工该存货至完工产成品估计还将发生成本为 20 万元，估计销售费用和相关税费为 2 万元，估计用该存货生产的产成品售价为110万元。假定乙存货月初"存货跌价准备"科目余额为0,该公司2018年12月31日应计提的存货跌价准备的账务处理为:

乙存货的成本=100(万元)

乙存货的可变现净值=110－20－2=88(万元)

成本高于可变现净值,计提跌价准备=100－88=12(万元)

借:资产减值损失　　　　　　　　　　12

　　贷:存货跌价准备　　　　　　　　　　12

【随堂训练5·核算题】 承例题26,假定乙存货月初"存货跌价准备"科目贷方余额为20万元,请编制会计分录;如果乙存货月初"存货跌价准备"科目贷方余额为8万元,会计分录又如何编制?

思　考

"存货跌价准备"科目会出现借方余额吗?为什么?

项目五　持有至到期投资的核算

一、持有至到期投资的核算内容

持有至到期投资,是指到期日固定、回收金额固定或可确定,且企业有明确意图和能力持有至到期的非衍生金融资产。通常情况下,包括企业持有的、在活跃市场上有公开报价的国债、企业债券、金融债券等。

到期日固定、回收金额固定或可确定,是指相关合同明确了投资者在确定的期间内获得或应收取现金流量的金额和时间(例如,投资利息和本金等)。因此,持有至到期投资只能是债券,权益工具(股票)投资不能划分为持有至到期投资。

有明确意图持有至到期,是指投资者在取得投资时意图就是明确的。下列情况属于没有意图持有至到期:

(1)期限不确定;

(2)发生市场利率变化、流动性需要变化、替代投资机会及投资收益率变化、融资来源和条件变化、外汇风险变化等情况(总结就是没有能力持有至到期)时,将出售该金融资产,但是无法控制、预期不会重复发生且难以合理预计的独立事项引起的金融资产除外;

(3)该金融资产的发行方可以按照明显低于其摊余成本的金额清偿;

(4)其他表明企业没有意图持有至到期的情况。

有能力持有至到期,是指企业有足够的财务资源,并不受外部因素影响将投资持有至到期。存在下列情况之一的,表明企业没有能力将具有固定期限的金融资产投资持有至到期:

(1)没有可利用的财务资源持续地为该金融资产投资提供资金支持,以使该金融资产持有至到期;

(2)受法律、行政法规的限制,使企业难以将该金融资产投资持有至到期;

(3)其他表明企业没有能力将具有固定期限的金融资产投资持有至到期的情况。

【随堂训练1·多选题】 以下关于持有至到期投资,表述正确的有(　　)。

A. 到期日固定

B. 企业持有的、在活跃市场上没有公开报价的国债、企业债券、金融债券等

C. 企业持有的、在活跃市场上有公开报价的国债、股票等

D. 回收金额固定或可确定

二、持有至到期投资的账务处理

(一)设置的账户

为了反映和监督持有至到期投资的取得、收取利息和出售等情况,企业应当设置“持有至到期投资”“投资收益”等科目进行核算,并按照持有至到期投资的类别、品种,分别设置“成本”“利息调整”和“应计利息”等明细账户进行核算。

“持有至到期投资”科目核算企业持有至到期投资的摊余成本。其借方登记取得成本、一次还本付息债券投资按票面利率计算应收未收的利息等,贷方登记出售时结转的成本。

企业的持有至到期投资发生减值的,还应当设置“持有至到期投资减值准备”科目进行核算。

(二)账务处理及实例

1. 取得时的核算

企业取得持有至到期投资应当按照公允价值计量,取得持有至到期投资所发生的交易费用计入持有至到期投资的初始确认金额(提示:交易性金融资产的交易费用,记入“投资收益”科目)。

借:持有至到期投资——成本(面值)

　　应收利息(按照支付的价款中包含的已到付息期但尚未领取的利息)

　　贷:其他货币资金——存出投资款

按照其差额,借记或贷记“持有至到期投资——利息调整”科目。

相关提示

应收利息不构成持有至到期投资的初始确认金额。

【例题1】 2018年1月1日,甲公司购入C公司发行的债券,面值100万元,5年期,票面年利率5%。每年付息,到期还本,准备持有至到期。发行日支付价款105万元,实际利率为3.89%。甲公司应做如下会计分录(金额单位用万元表示):

借:持有至到期投资——C公司债券——成本(面值)　　100

　　　　　　　　——C公司债券——利息调整　　5

　　贷:其他货币资金——存出投资款(实际支付)　　105

【例题 2】 承例题 1，若发行价为 95 万元，该债券投资的实际利率为 6.19%，则甲公司应做如下会计分录(金额单位用万元表示)：

借：持有至到期投资——C 公司债券——成本(面值) 100

贷：其他货币资金——存出投资款(实际支付) 95

持有至到期投资——C 公司债券——利息调整 5

【例题 3】 2018 年 1 月 1 日，甲公司支付价款 2 000 000 元(含交易费用)从上海证券交易所购入 C 公司同日发行的 5 年期公司债券 12 500 份，债券票面价值总额为 2 500 000 元，票面年利率为 4.72%，于年末支付本年度债券利息(即每年利息为 118 000 元)，本金在债券到期时一次性偿还。甲公司将其划分为持有至到期投资。该债券投资的实际利率为 10%。甲公司应编制如下会计分录：

借：持有至到期投资——C 公司债券——成本 2 500 000

贷：其他货币资金——存出投资款 2 000 000

持有至到期投资——C 公司债券——利息调整 500 000

2. 持有期间的核算

(1)持有至到期投资的债券利息收入的核算

企业在持有至到期投资的会计期间，应当按照摊余成本对持有至到期投资进行计量。在资产负债表日，按照持有至到期投资摊余成本和实际利率计算确定的债券利息收入，应当作为投资收益进行会计处理。

第一种情况：摊销溢价。

持有至到期投资为分期付息、一次还本债券投资的，企业应当在资产负债表日进行如下处理：

借：应收利息(面值×票面利率)

贷：投资收益(摊余成本×实际利率)

持有至到期投资——利息调整(差额)

持有至到期投资为一次还本付息债券投资的，企业应当在资产负债表日进行如下处理：

借：持有至到期投资——应计利息(面值×票面利率)

贷：投资收益(摊余成本×实际利率)

持有至到期投资——利息调整(差额)

【例题 4】 承例题 1，溢价发行 105 万元，每年摊销时的分录如下(金额单位用万元表示)：

①2018 年 12 月 31 日摊销时：

票面利息＝100×5%＝5(万元)

实际利息＝105×3.89%＝4.08(万元)

借：应收利息(面值×票面利率) 5

贷：投资收益(摊余成本×实际利率) 4.08

持有至到期投资——利息调整(差额) 0.92

2018 年 12 月 31 日的摊余成本＝105－0.92＝104.08(万元)

②2019 年 12 月 31 日摊销时：

票面利息＝100×5%＝5(万元)

实际利息＝104.08×3.89%＝4.05(万元)

借：应收利息（面值×票面利率）　　5

　　贷：投资收益（摊余成本×实际利率）　　4.05

　　　　持有至到期投资——利息调整（差额）　　0.95

2019 年 12 月 31 日的摊余成本＝104.08－0.95＝103.13（元）

③2020 年 12 月 31 日摊销时：

票面利息＝100×5%＝5（万元）

实际利息＝103.13×3.89%＝4.01（万元）

借：应收利息（面值×票面利率）　　5

　　贷：投资收益（摊余成本×实际利率）　　4.01

　　　　持有至到期投资——利息调整（差额）　　0.99

2020 年 12 月 31 日的摊余成本＝103.13－0.99＝102.14（万元）

④2021 年 12 月 31 日摊销时：

票面利息＝100×5%＝5（万元）

实际利息＝102.14×3.89%＝3.97（万元）

借：应收利息（面值×票面利率）　　5

　　贷：投资收益（摊余成本×实际利率）　　3.97

　　　　持有至到期投资——利息调整（差额）　　1.03

2021 年 12 月 31 日的摊余成本＝102.14－1.03＝101.11（万元）

⑤2022 年 12 月 31 日摊销时：

票面利息＝100×5%＝5（万元）

借：应收利息（面值×票面利率）　　5

　　贷：投资收益（摊余成本×实际利率）　　3.89

　　　　持有至到期投资——利息调整（差额）　　1.11

2022 年 12 月 31 日的摊余成本是 100 万元，在第 5 年的时候，投资收益的金额是倒挤出来的，即：5－0.92－0.95－0.99－1.03＝1.11（万元）。

第二种情况：摊销折价。

持有至到期投资为分期付息、一次还本债券投资的，企业应当在资产负债表日进行如下会计处理：

借：应收利息（面值×票面利率）

　　持有至到期投资——利息调整（差额）

　　贷：投资收益（摊余成本×实际利率）

持有至到期投资为一次还本付息债券投资的，企业应当在资产负债表日进行如下会计处理：

借：持有至到期投资——应计利息（面值×票面利率）

　　持有至到期投资——利息调整（差额）

　　贷：投资收益（摊余成本×实际利率）

【随堂训练 2 · 实务题】 做例题 2 债券持有期间的折价摊销的会计分录。

【例题 5】 承例题 3，根据约定，2018 年 12 月 31 日，甲公司按期收到 C 公司支付的第 1 年债券利息为 118 000 元，并按照摊余成本和实际利率确认的投资收益为 200 000 元；2019 年 12 月 31 日，甲公司按期收到 C 公司支付的第 2 年债券利息为 118 000 元，并按照摊余成本和实际利率确认的投资收益为 208 200 元;2020 年 12 月 31 日,甲公司按期收到 C 公司支付的第 3 年债券利息为 118 000 元,并按照摊余成本和实际利率确认的投资收益为 217 220 元;2021 年 12 月 31 日,甲公司按期收到 C 公司支付的第 4 年债券利息为 118 000 元,并按照摊余成本和实际利率确认的投资收益为 227 142 元。甲公司应做如下会计分录:

①2018 年 12 月 31 日,确认 C 公司债券实际利息收入,收到债券利息时:

借:应收利息——C 公司	118 000	
持有至到期投资——C 公司债券——利息调整	82 000	
贷:投资收益——C 公司债券		200 000

同时:

借:其他货币资金——存出投资款	118 000	
贷:应收利息——C 公司		118 000

②2019 年 12 月 31 日,确认 C 公司债券实际利息收入,收到债券利息时:

借:应收利息——C 公司	118 000	
持有至到期投资——C 公司债券——利息调整	90 200	
贷:投资收益——C 公司债券		208 200

同时:

借:其他货币资金——存出投资款	118 000	
贷:应收利息——C 公司		118 000

③2020 年 12 月 31 日,确认 C 公司债券实际利息收入,收到债券利息时:

借:应收利息——公司	118 000	
持有至到期投资——C 公司债券——利息调整	99 220	
贷:投资收益——C 公司债券		217 220
借:其他货币资金——存出投资款	118 000	
贷:应收利息——C 公司		118 000

④2021 年 12 月 31 日,确认 C 公司债券实际利息收入,收到债券利息时:

借:应收利息——C 公司	118 000	
持有至到期投资——C 公司债券——利息调整	109 142	
贷:投资收益——C 公司债券		227 142
借:其他货币资金——存出投资款	118 000	
贷:应收利息——C 公司		118 000

(2)持有期间投资减值的核算

资产负债表日,持有至到期投资的账面价值高于预计未来现金流量现值的,企业应当将该持有至到期投资的账面价值减记至预计未来现金流量现值。

已计提减值准备的持有至到期投资价值以后又得以恢复的,应当在原已计提的减值准备金额内予以转回,转回的金额计入当期损益(类似于存货跌价准备),如表 1—1—5—1 所示。

表 1—1—5—1　　持有至到期投资减值准备

在原计提范围内转回的准备	计提的准备
	余额:已计提未转销的准备

持有至到期投资减值准备的账务处理如下：

在资产负债表日，计提准备：

借：资产减值损失

贷：持有至到期投资减值准备

已计提减值准备得以恢复的，应当在原已计提的减值准备金额范围内，按照已恢复的金额：

借：持有至到期投资减值准备

贷：资产减值损失

企业结转出售持有至到期投资的账面价值时，对于已计提持有至到期投资减值准备的，还应当同时借记“持有至到期投资减值准备”科目。

相关知识链接

坏账准备、存货跌价准备、持有至到期投资减值准备、可供出售金融资产减值准备能转回。

【例题6】 承例题3，2018年12月31日，有客观证据表明C公司发生了严重财务困难，假定甲公司对债券投资确定的减值损失为766 000元；2020年12月31日，有客观证据表明C公司债券价值已恢复，且客观上与确认该损失后发生的事项有关的，假定甲公司确定的应恢复的金额为700 000元。甲公司应编制如下会计分录：

①2018年12月31日，确认C公司债券投资的减值损失时：

借：资产减值损失——计提的持有至到期投资减值准备　　766 000

贷：持有至到期投资减值准备——C公司债券　　766 000

②2020年12月31日，确认C公司债券投资减值损失的转回时：

借：持有至到期投资减值准备——C公司债券　　700 000

贷：资产减值损失——计提的持有至到期投资减值准备　　700 000

【随堂训练3·单选题】 下列各项中，属于资产负债表日计算持有至到期投资实际利息的是(　　)。

A. 持有至到期投资公允价值乘以实际利率

B. 持有至到期投资票面价值乘以票面利率与实际利率的差额

C. 持有至到期投资公允价值乘以票面利率

D. 持有至到期投资摊余成本乘以实际利率

3. 出售的核算

企业出售持有至到期投资，应当按照实际收到的金额，借记“银行存款”等科目，按照该持有至到期投资的账面余额，贷记“持有至到期投资——成本(利息调整、应计利息)”科目，按照其差额，贷记或借记“投资收益”科目。已计提减值准备的，还应同时结转减值准备。

借：银行存款

持有至到期投资减值准备

贷：持有至到期投资——成本

——利息调整(可能在借方)

——应计利息

投资收益(可能在借方)

【例题 7】 承例题 3 和例题 5,2018 年 1 月 5 日,甲公司将所持有的 12 500 份 C 公司债券全部出售,取得价款 2 400 000 元。在该日,甲公司该债券投资的账面余额为 2 380 562 元,其中,成本明细科目为借方余额 2 500 000 元,利息调整明细科目为贷方余额 119 438 元。假定该债券投资在持有期间未发生减值,甲公司应编制如下会计分录:

借:其他货币资金——存出投资款　　2 400 000

持有至到期投资——C 公司债券——利息调整　　119 438

(500 000－82 000－90 200－99 220－109 142＝119 438)

贷:持有至到期投资——C 公司债券——成本　　2 500 000

投资收益——C 公司债券　　19 438

解析　甲公司在全部出售持有的 C 公司债券时,应当将债券投资的账面余额 2 380 562 元全部结转,使其余额及各明细科目余额变为 0,以计算确定处置收益。其中,利息调整明细科目为贷方余额 119 438 元,应通过借方结转,也使其余额变为 0。

【随堂训练 4·核算题】 2018 年 1 月 1 日,甲公司自证券市场购入面值总额为 2 000 万元的债券。购入时实际支付价款 2 078.98 万元,另外支付交易费用 10 万元。该债券发行日为 2018 年 1 月 1 日,系分期付息、到期还本债券,期限为 5 年,票面年利率为 5%,实际年利率为 4%,每年 12 月 31 日支付当年利息。甲公司将该债券作为持有至到期投资核算。假定不考虑其他因素。

要求:分别计算 2018 年 1 月 1 日、2018 年 12 月 31 日、2019 年 12 月 31 日该债券的账面价值。

项目六　长期股权投资的核算

一、长期股权投资的内容和核算方法

(一)长期股权投资的概念

长期股权投资,是指投资企业对被投资单位实施控制、重大影响的权益性投资,以及对其合营企业的权益性投资。除此之外,其他权益性投资不作为长期股权投资进行核算,而应当按照《企业会计准则第 22 号——金融工具确认和计量》的规定进行会计核算。

控制,是指投资方拥有对被投资方的权力,通过参与被投资方的相关活动而享有可变回报,并且有能力运用对被投资方的权力影响其回报金额。被投资单位为本公司的子公司,投资比例大于 50%。

共同控制,是指按照相关约定对某项安排所共有的控制,并且该安排的相关活动必须经过分享控制权的参与方一致同意后才能决策。本投资单位为本公司的合营企业,投资比例等于 50%。

重大影响,是指投资企业对被投资单位的财务和经营政策有参与决策的权力,但并不能够控制或者与其他方一起共同控制这些政策的制定。被投资单位为本企业的联营企业，投资比例在大于20%、小于50%之间。

投资企业通过以下一种或几种情形来判断是否对被投资单位具有重大影响：

①在被投资单位的董事会或类似权力机构中派有代表。

②参与被投资单位财务和经营政策的制定过程。

③与被投资单位之间发生重要交易。

④向被投资单位派出管理人员。

⑤向被投资单位提供关键技术资料。

但是，需要注意的是，存在上述一种或多种情形并不意味着投资方一定对被投资方具有重大影响。投资企业需要综合考虑所有事实和情况来做出恰当的判断。

【随堂训练1·判断题】 控制是指投资方拥有对被投资方的权力，通过参与被投资方的相关活动而享有可变回报，并且有能力运用对被投资方的权力影响其回报金额。（ ）

【随堂训练2·多选题】 下列各项中，判断投资企业是否对被投资单位具有重大影响应考虑的情形有（ ）。

A. 参与被投资单位财务和经营政策的制定过程

B. 向被投资单位提供关键技术资料

C. 向被投资单位派管理人员

D. 向被投资单位的董事会或者类似权力机构派代表

（二）长期股权投资的核算方法

长期股权投资的核算方法有两种：一是成本法，二是权益法。

成本法核算的长期股权投资的范围：企业能够对被投资单位实施控制（子公司）的长期股权投资。

权益法核算的长期股权投资的范围：企业对被投资单位具有共同控制（合营企业）或对被投资单位具有重大影响（联营企业）长期股权投资。

投资企业对间接持有（通过风险投资机构、共同基金等）的投资按照《企业会计准则第22号——金融工具确认和计量》的有关规定，选择以公允价值计量且其变动计入当期损益。

【随堂训练3·多选题】 按长期股权投资准则规定，下列事项中，投资企业应采用权益法核算的有（ ）。

A. 投资企业能够对被投资单位实施控制的长期股权投资

B. 企业对被投资单位具有共同控制的长期股权投资

C. 企业对被投资单位具有重大影响的长期股权投资

D. 投资企业对联营企业的权益性投资，其中一部分通过风险投资机构、共同基金、信托公司或包括投连险基金在内的类似主体间接持有的，而且主体对这部分投资具有重大影响

二、成本法核算长期股权投资账务处理及实例

企业能够对被投资单位实施控制（子公司）的长期股权投资，即企业对子公司的长期股权投资，采用成本法进行核算。

(一)长期股权投资初始投资成本的确定

除企业合并形成的长期股权投资以外,以支付现金取得的长期股权投资,应当按照实际支付的购买价款作为初始投资成本。企业所发生的与取得长期股权投资直接相关的费用、税金及其他必要支出应计入长期股权投资的初始投资成本。

相关知识链接 1

长期股权投资与交易性金融资产的区别。

此外企业取得长期股权投资,实际支付的价款或对价中包含的已宣告但尚未发放的现金股利或利润,作为应收项目处理,不构成长期股权投资的成本。

(二)长期股权投资的取得

长期股权投资取得时,应按照初始投资成本计价。

借:长期股权投资

　　应收股利(已宣告但尚未发放的现金股利)

　　贷:其他货币资金等

【例题 1】 甲公司 2018 年 1 月 10 日从上海证券交易所购买长信股份有限公司发行的股票 500 000 股准备长期持有,从而拥有长信股份有限公司 51%的股份,每股买入价为 6 元,另外购买该股票时发生有关税费 50 000 元,款项已支付。

甲公司应编制购入股票的如下会计分录:

借:长期股权投资	3 050 000	
贷:其他货币资金		3 050 000

(三)长期股权投资持有期间被投资单位宣告发放现金股利或利润

当被投资单位宣告发放现金股利时,投资方按投资持股比例计算的份额,应做如下会计分录:

借:应收股利

　　贷:投资收益

【例题 2】 甲公司 2018 年 5 月 15 日在上海证券交易所购买诚远股份有限公司的股票 100 000 股作为长期投资,每股买入价为 10 元,每股价格中包含有 0.2 元的已宣告分派的现金股利,另支付相关税费 7 000 元。甲公司相关账务处理如下:

(1)计算初始投资成本。

股票成交金额(100 000×10)	1 000 000
加:相关税费	7 000
减:已宣告分派的现金股利(100 000×0.2)	20 000
	987 000

(2)编制购入股票的会计分录。

借:长期股权投资　　987 000

应收股利　　20 000

贷:其他货币资金　　1 007 000

(3)假定甲公司2018年6月20日收到诚远股份有限公司分来的购买该股票时已宣告分派的股利20 000元,此时,应做如下会计处理:

借:其他货币资金　　20 000

贷:应收股利　　20 000

【例题3】 如果甲公司于2018年6月20日收到诚远股份有限公司宣告发放现金股利的通知,应分得现金股利5 000元,甲公司应编制如下会计分录:

借:应收股利　　5 000

贷:投资收益　　5 000

相关知识链接2

属于长期股权投资持有期间被投资单位宣告发放现金股利或利润时,企业按应享有的部分确认投资收益。

借:应收股利

贷:投资收益

【随堂训练4·单选题】 某企业采用成本法核算长期股权投资,被投资单位宣告发放现金股利时,投资企业应按所持股份份额进行会计处理,正确的是(　　)。

A. 冲减投资收益　　B. 增加投资收益

C. 冲减长期股权投资　　D. 增加资本公积

【随堂训练5·单选题】 甲公司长期持有乙公司60%的股权,采用成本法核算。2018年1月1日,该项投资账面价值为1 300万元。2018年度乙公司实现净利润2 000万元,宣告发放现金股利1 200万元。假设不考虑其他因素,2018年12月31日该项投资账面价值为(　　)万元。

A. 1 300　　B. 1 380

C. 1 500　　D. 1 620

(四)长期股权投资的处置

处置长期股权投资时,按实际取得的价款与长期股权投资账面价值的差额确认为投资损益,并应同时结转已计提的长期股权投资减值准备。

借:银行存款

长期股权投资减值准备

贷:长期股权投资

应收股利

投资收益(亏损在借方)

【例题4】 甲公司在上海证券交易所将其作为长期投资持有的远海股份有限公司15 000股股票,以每股10元的价格卖出,支付相关税费1 000元,取得价款149 000元,款项已由银行收妥。该长期股权投资账面价值为 140 000 元,假定没有计提减值准备。

甲公司应编制如下会计分录:

(1)计算投资收益。

股票转让取得价款	149 000
减:投资账面余额	140 000
	9 000

(2)编制出售股票时的会计分录。

借:其他货币资金　　149 000

　　贷:长期股权投资　　140 000

　　　　投资收益　　9 000

【随堂训练 6·多选题】 下列关于长期股权投资会计处理的表述中,正确的有(　　)。

A. 对子公司长期股权投资应采用成本法核算

B. 处置长期股权投资时应结转其已计提的减值准备

C. 成本法下,按被投资方实现净利润应享有的份额确认投资收益

D. 成本法下,按被投资方宣告发放现金股利应享有的份额确认投资收益

三、权益法核算长期股权投资账务处理及实例

当企业对被投资单位具有共同控制(合营企业)或对被投资单位具有重大影响(联营企业)时,长期股权投资应采用权益法核算。

(一)长期股权投资的取得

1. 科目设置

采用权益法核算长期股权投资,应开设"长期股权投资——投资成本""长期股权投资——损益调整""长期股权投资——其他综合收益""长期股权投资——其他权益变动""投资收益""其他综合收益"等会计科目进行核算。

2. 账务处理

(1)当长期股权投资的初始成本大于投资时应享有被投资单位可辨认净资产公允价值份额时,其差额部分是投资企业在取得投资过程中通过作价体现出的与所取得股权份额相对应的商誉价值,这种情况下,不要求调整长期股权投资的初始投资成本:

借:长期股权投资——投资成本

　　贷:银行存款

(2)当长期股权投资的初始成本小于投资时应享有被投资单位可辨认净资产公允价值份额时,其差额部分体现为双方在交易作价过程中转让方的让步,该部分经济利益流入应计入取得长期股权投资当期的营业外收入,同时调整增加长期股权投资的成本:

借:长期股权投资——投资成本

　　贷:银行存款

　　　　营业外收入

【例题 5】 A 公司以 1 000 万元取得 B 公司 30%的股权,取得投资时被投资单位可辨认净资产的公允价值为 3 000 万元。

要求：

(1)如A公司能够对B公司施加重大影响，要求做出相应的会计处理。

(2)如投资时B公司可辨认净资产的公允价值为3 500万元，要求做出相应的会计处理。

解析

(1)如A公司能够对B公司施加重大影响，则A公司应进行的会计处理为：

借：长期股权投资——投资成本　　1 000

　贷：其他货币资金　　1 000

注：商誉100万元(1 000－3 000×30%)体现在长期股权投资成本中，不调整长期股权投资成本。

(2)如投资时B公司可辨认净资产的公允价值为3 500万元，则A公司应进行的会计处理为：

借：长期股权投资——投资成本　　1 050

　贷：其他货币资金　　1 000

　　营业外收入　　50

【例题6】 甲公司2018年1月20日在上海证券交易所购买东方股份有限公司发行的股票50 000 000股准备长期持有，占东方股份有限公司股份的30%。每股买入价为6元，另外，购买该股票时发生相关税费500 000元，款项已由银行存款支付。2018年12月31日，东方股份有限公司所有者权益的账面价值(与其公允价值不存在差异)为1 000 000 000元。甲公司应编制如下会计分录：

(1)计算初始投资成本。

股票成交金额(50 000 000×6)	300 000 000
加：相关税费	500 000
	300 500 000

(2)编制购入股票的会计分录

借：长期股权投资——投资成本　　300 500 000

　贷：银行存款　　300 500 000

【随堂训练7·单选题】 甲公司购买乙公司的股票300万股，每股5元，另外支付相关税费4万元，占乙公司20%的股份，对乙公司有重大影响，当日乙公司可辨认净资产的公允价值为8 000万元，则甲公司对该股票投资的入账价值是(　　)万元。

A. 1 604　　B. 1 500　　C. 1 600　　D. 1 504

(二)持有期间被投资单位实现净利润或发生净亏损和其他综合收益

(1)按照被投资单位实现的净利润中享有的份额，做如下会计处理：

借：长期股权投资——损益调整

　贷：投资收益

(2)发生净亏损做相反的会计分录，但以长期股权投资的账面价值(4个明细)减记至零为限：

借：投资收益

　贷：长期股权投资——损益调整

　　长期应收款(还需承担的损失)

预计负债(上一账户账面价值减至零,按合同或协议约定将承担的损失)

除上述情况仍未确认的应分担被投资单位的损失,应在备查簿中登记。

长期应收款通常是指投资企业对被投资单位的长期债权,实质上构成对被投资单位的净投资。不包括投资企业与被投资单位之间因销售商品、提供劳务等日常活动所产生的长期债权。

(3)发生亏损的被投资单位以后实现净利润的,应按与上述相反的顺序进行处理,即先弥补备查簿中未确认的应分担被投资单位的损失,再编制如下会计处理:

借:预计负债

长期应收款

长期股权投资——损益调整

贷:投资收益

【例题7】 甲公司持有乙公司28%的股份,对乙公司具有重大影响,采用权益法核算长期股权投资。2018年初,甲公司"长期股权投资——乙公司"余额为260万元,当年乙公司亏损1 600万元,不考虑其他因素,则甲公司2017年应冲减长期股权投资的账面价值为多少万元?

解析 甲公司应承担的乙公司亏损额=1 600×28%=448(万元),大于长期股权投资的账面价值260万元,所以只能冲减长期股权投资的账面价值260万元。

(4)被投资单位以后宣告分派现金股利或利润时,投资企业计算应分得的部分,做如下会计处理:

借:应收股利

贷:长期股权投资——损益调整

【例题8】 2018年东方股份有限公司实现净利润10 000 000元。甲公司按照持股比例确认投资收益3 000 000元。2018年5月15日,东方股份有限公司已宣告发放现金股利,每10股派0.3元,甲公司可分派到1 500 000元。2018年6月15日,甲公司收到东方股份有限公司分派的现金股利。甲公司应编制如下会计分录:

(1)确认东方股份有限公司实现的投资收益时:

借:长期股权投资——损益调整	3 000 000	
贷:投资收益		3 000 000

(2)东方股份有限公司宣告发放现金股利时:

借:应收股利	1 500 000	
贷:长期股权投资——损益调整		1 500 000

(3)收到东方股份有限公司宣告发放的现金股利时:

借:银行存款	1 500 000	
贷:应收股利		1 500 000

【随堂训练8·单选题】 2018年1月1日,甲公司以1 600万元购入乙公司30%的股份,另支付相关费用8万元,采用权益法核算。取得投资时,乙公司所有者权益的账面价值为5 000万元(与可辨认净资产的公允价值相同)。乙公司2018年度实现净利润300万元。假定不考虑其他因素。要求:甲公司做购入、被投资单位实现净利时的账务处理;甲公司该长期股权投资2018年12月31日的账面余额为多少万元?

（三）持有期间被投资单位所有者权益的其他变动

投资企业对于被投资单位除净损益、其他综合收益和利润分配外所有者权益的其他变动，应当按照持股比例计算应享有的份额，做如下会计处理：

借：长期股权投资——其他权益变动

　贷：资本公积——其他资本公积

或反之。

（四）长期股权投资的处置

分三步进行账务处理：

第一步，处置“长期股权投资”及相关账户：

借：其他货币资金

　长期股权投资减值准备

　贷：长期股权投资

　　应收股利

　　投资收益（亏损在借方）

第二步，结转“其他综合收益”账户：

借：其他综合收益

　贷：投资收益

或反之。

第三步，结转“资本公积——其他资本公积”账户：

借：资本公积——其他资本公积

　贷：投资收益

或反之。

【例题 9】 承例题 6，2018 年 7 月 20 日，甲公司出售所持东方股份有限公司的股票 50 000 000 股，每股出售价为 10 元，款项已收回。甲公司应编制如下会计分录：

借：其他货币资金	500 000 000	
贷：长期股权投资——投资成本		300 500 000
——损益调整		1 500 000
——其他综合收益		1 200 000
投资收益		196 800 000

同时：

借：其他综合收益	1 200 000	
贷：投资收益		1 200 000

【随堂训练 9 · 多选题】 下列各项中，权益法下会导致长期股权投资账面价值发生增减变动的有（　　）。

A. 确认长期股权投资减值损失

B. 投资持有期间被投资单位实现净利润

C. 投资持有期间被投资单位提取盈余公积

D. 投资持有期间被投资单位宣告发放现金股利

四、长期股权投资减值

(一)长期股权投资减值金额的确定

投资企业应当按照《企业会计准则第 8 号——资产减值》对长期股权投资进行减值测试,其可收回金额低于账面价值的,应当将该长期股权投资的账面价值减记至可收回金额,减记的金额确认为减值损失,计入当期损益,同时计提相应的资产减值准备。

(二)长期股权投资减值的会计处理

企业计提长期股权投资减值准备时:

借:资产减值损失

　　贷:长期股权投资减值准备

长期股权投资减值损失一经确认,在以后会计期间不得转回。

【例题 10】 2018～2019 年甲公司发生的有关业务资料如下:

(1)2018 年 1 月 5 日,甲公司从上海证券交易所购买乙公司的股票 2 000 万股准备长期持有,占乙公司股份的 25%,能够对乙公司施加重大影响,每股买入价为 9.8 元。另发生相关税费总额为 30 万元,款项已支付。当日,乙公司可辨认净资产的账面价值为 80 000 万元(与公允价值一致)。

(2)2018 年乙公司实现净利润 4 000 万元。

(3)2018 年 3 月 20 日,乙公司宣告发放现金股利,每 10 股派发 0.3 元,甲公司应分得现金股利 60 万元。2018 年 4 月 20 日,甲公司收到乙公司分派的现金股利。

(4)2018 年 3 月 31 日,乙公司可供出售金融资产的公允价值下降了 200 万元(未出现减值迹象)并入账。

(5)2018 年 4 月 30 日,甲公司将持有的乙公司股份全部售出,每股售价为 12 元。

要求:

根据上述资料,不考虑其他因素,分析回答下列小题(金额单位用万元表示)。

1. 根据资料(1)确认长期股权投资的初始成本及营业外收入。

2. 根据资料(2)至(5),做相关会计分录。

解析

1. 初始投资成本=2 000×9.8+30=19 630(万元)

　营业外收入=20 000－19 630=370(万元)

①2018 年度乙公司实现净利润时:

借:长期股权投资——损益调整	1 000	
贷:投资收益		1 000

②2019 年 4 月 20 日,甲公司收到乙公司分派的现金股利时:

借:其他货币资金——存出投资款	60	
贷:应收股利		60

③2019 年 3 月 20 日,乙公司宣告发放现金股利时:

借:应收股利	60	
贷:投资收益		60

④2019 年 3 月 31 日,乙公司可供出售金融资产公允价值下降时:

借:其他综合收益　50

　贷:长期股权投资——其他综合收益　50

2. 根据资料(1)至(5),下列各项中,甲公司出售长期股权投资的会计分录如下:

借:银行存款(2 000×12)　24 000

　长期股权投资——其他综合收益　50

　贷:长期股权投资——投资成本　20 000

　　——损益调整(1 000−60)　940

　　投资收益　3 110

借:投资收益　50

　贷:其他综合收益　50

项目七　可供出售金融资产的核算

一、可供出售金融资产的核算内容

可供出售金融资产是指初始确认时即被指定为可供出售的非衍生金融资产(基本金融工具:货币、商业及银行票据、股票和债券等),以及没有划分为持有至到期投资、贷款和应收款项、以公允价值计量且其变动计入当期损益的金融资产(主要是交易性金融资产)。

通常情况下,可供出售金融资产包括企业从二级市场上购入的债券投资、股票投资、基金投资等,但这些金融资产没有被划分为交易性金融资产或持有至到期投资。

【随堂训练 1 · 单选题】 下列金融资产中,在活跃的交易市场中没有报价的是(　　)。

A. 交易性金融资产　　B. 持有至到期投资

C. 贷款和应收款项　　D. 可供出售金融资产

二、可供出售金融资产的账务处理及实例

(一)应设置的会计科目

为了反映和监督可供出售金融资产的取得、收取现金股利(或利息)和出售等情况,企业应当设置“可供出售金融资产”“其他综合收益”和“投资收益”等科目进行核算,并按照设置可供出售金融资产的类别、品种分别设置“成本”“利息调整”“应计利息”和“公允价值变动”等明细科目。

“可供出售金融资产”科目核算企业持有的可供出售金融资产的公允价值。借方登记取得时的成本、资产负债表日公允价值高于账面余额的差额、转回的减值损失等,贷方登记资产负债表日公允价值低于账面余额的差额、发生的减值损失、出售时结转的成本和公允价值的变动。

“其他综合收益”科目核算可供出售金融资产公允价值变动而形成的应计入所有者权益的利得或损失。借方登记资产负债表日公允价值低于账面余额的差额等,贷方登记资产负债表日公允价值高于账面余额的差额等。

可供出售金融资产发生减值的，也可以单独设置“可供出售金融及资产减值准备”科目。

（二）账务处理及实例

1. 取得时的核算

企业取得的可供出售金融资产应当按照公允价值计量，取得可供出售金融资产所发生的交易费用应当计入可供出售金融资产的初始入账金额。支付价款中包含的应收股利或应收利息，不构成可供出售金融资产的初始入账金额。

（1）企业取得可供出售金融资产（股票）时：

借：可供出售金融资产——成本（公允价值＋交易费用）

应收股利（已宣告但尚未发放的现金股利）

贷：其他货币资金——存出投资款等

相关知识链接

区别取得交易性金融资产的账务处理。

【例题1】 A公司于2018年4月5日从证券市场上购入B公司发行在外的股票200万股作为可供出售金融资产，每股支付价款4元（含已宣告但尚未发放的现金股利0.5元），另支付相关费用12万元。A公司可供出售金融资产取得时的入账价值为（　　）万元。

解析 A公司支付价款中包含的已宣告但尚未发放的现金股利作为应收项目，不计入可供出售金融资产的入账价值；而发生的交易费用要计入成本，入账价值＝200×（4－0.5）＋12＝712（万元）。

【例题2】 A公司于2018年4月5日从证券市场上购入B公司发行在外的股票200万股作为交易性金融资产，每股支付价款4元（含已宣告但尚未发放的现金股利0.5元），另支付相关费用12万元。A公司交易性金融资产取得时的入账价值为多少万元？

解析 A公司取得股票作为交易性金融资产，发生的交易费用计入投资收益，不作为交易性金融资产的入账价值；而且支付价款中包含的已宣告但尚未发放的现金股利要作为应收项目，不计入交易性金融资产的入账价值，入账价值＝200×（4－0.5）＝700（万元）。

（2）企业取得可供出售金融资产（债券）时：

借：可供出售金融资产——成本

应收利息（已到付息期但尚未领取的利息）

贷：银行存款

可供出售金融资产——利息调整（溢价在借方）

【例题3】 2018年1月20日，甲公司从上海证券交易所购入A上市公司股票1 000 000股，并将其划分为可供出售金融资产。该笔股票投资在购买日的公允价值为10 000 000元。另支付相关交易费用金额为25 000元。甲公司应编制如下会计分录：

（1）2018年1月20日，购买A上市公司股票时：

借：可供出售金融资产——A上市公司——成本　　10 000 000

贷：其他货币资金——存出投资款　　10 000 000

（2）支付相关交易费用时：

借:可供出售金融资产——A上市公司——成本　　25 000

　贷:其他货币资金——存出投资款　　25 000

【例题4】 2019年1月1日,甲公司购入B公司发行的公司债券。该笔债券于2018年7月1日发行,面值为25 000 000元,票面利率为4%。上年债券利息于下年初支付。甲公司将其划分为可供出售金融资产,支付价款为26 000 000元(其中包含已到付息期但尚未领取的债券利息500 000元),另支付交易费用300 000元。2019年1月8日,甲公司收到该笔债券利息500 000元;2020年初,甲公司又收到债券利息1 000 000元。甲公司应编制如下会计分录:

(1)2019年1月1日,购入B公司的公司债券时:

借:可供出售金融资产——B公司债券——成本(面值)　　25 000 000

　　　　　　　　　——B公司债券——利息调整　　800 000

　应收利息——B公司　　500 000

　贷:其他货币资金——存出投资款　　26 300 000

(2)2019年1月8日,收到购买价款中包含的已到付息期但尚未领取债券利息时:

借:其他货币资金——存出投资款　　500 000

　贷:应收利息——B公司　　500 000

(3)2019年12月31日,对B公司的公司债券确认利息收入时:

借:应收利息——B公司　　1 000 000

　贷:投资收益　　1 000 000

(4)2020年初,收到持有B公司的公司债券利息时:

借:其他货币资金——存出投资款　　1 000 000

　贷:应收利息——B公司　　1 000 000

【随堂训练2·单选题】 2018年11月5日,以890万元购入可供出售金融资产100万股,其中包含已宣告未发放的每股股利0.8元,另外支付交易费用2万元,12月31日公允价值为960万元,该可供出售金融资产的账面价值为(　　)万元。

A. 890　　B. 960　　C. 812　　D. 892

2. 持有期间的核算

(1)企业在持有可供出售金融资产期间取得的现金股利或债券利息,应当作为投资收益进行会计处理:

分期付息、一次还本债券投资的,在资产负债表日:

借:应收利息(面值×票面利率)

　贷:投资收益(期初摊余成本×实际利率)

　　可供出售金融资产——利息调整(或借记)

一次还本付息债券投资的,在资产负债表日:

借:可供出售金融资产——应计利息(面值×票面利率)

　贷:投资收益(摊余成本×实际利率)

　　可供出售金融资产——利息调整(或借记)

(2)资产负债表日,公允价值高于其账面余额的差额,应做如下会计处理:

借:可供出售金融资产——公允价值变动

　贷:其他综合收益

公允价值低于其账面余额，做相反的会计处理：

借：其他综合收益

　　贷：可供出售金融资产——公允价值变动

【例题 5】 承例题 4，假定 2019 年 6 月 30 日，甲公司购买的 B 公司债券的公允价值（市价）为 27 800 000 元；2019 年 12 月 31 日，甲公司购买的 B 公司债券的公允价值（市价）为 25 600 000 元。

假定不考虑其他因素。甲公司应编制如下会计分录：

①2019 年 6 月 30 日，确认 B 公司债券的公允价值变动时：

借：可供出售金融资产——公允价值变动	2 000 000	
贷：其他综合收益		2 000 000

②2019 年 12 月 31 日，确认 B 公司债券的公允价值变动时：

借：其他综合收益	2 200 000	
贷：可供出售金融资产——公允价值变动		2 200 000

(3)资产负债表日，确定可供出售金融资产发生减值的，应当将应减记的金额作为资产减值损失进行会计处理，同时直接冲减可供出售金融资产或计提相应的资产减值准备。

对于已确认减值损失的可供出售金融资产，在随后会计期间内公允价值已上升且客观上与确认原减值损失事项有关的，应当在原已确认的减值损失范围内转回，同时调整资产减值损失或所有者权益。

资产负债表日，计提减值准备：

借：资产减值损失

　　贷：其他综合收益(原公允价值下跌)

　　　　可供出售金融资产——减值准备

或：

借：资产减值损失

　　其他综合收益(原公允价值上涨)

　　贷：可供出售金融资产——减值准备

公允价值已上升，且客观上与确认原减值损失事项有关：

①债券。

借：可供出售金融资产——减值准备(原计提范围内)

　　贷：资产减值损失

②股票等权益工具投资。

借：可供出售金融资产——减值准备(原计提范围内)

　　贷：其他综合收益

3. 处置的核算

借：银行存款

　　投资收益(借或贷)

　　可供出售金融资产——公允价值变动(借或贷)

　　贷：可供出售金融资产——成本

　　　　其他综合收益(借或贷)

项目八　固定资产的核算

一、固定资产概述

（一）固定资产的定义

固定资产是指同时具有以下特征的有形资产：第一，为生产商品、提供劳务、出租或经营管理而持有的；第二，使用年限超过一个会计年度。

扫码看资源

（二）固定资产的确认

固定资产同时满足以下条件，才能予以确认：

（1）与该固定资产有关的经济利益很可能流入企业；

（2）该固定资产的成本能够可靠计量。

相关知识链接 1

第一，固定资产各组成部分具有不同使用寿命或以不同方式为企业提供经济利益，适用不同折旧率或折旧方法的，应当分别将各组成部分确认为单项固定资产。第二，与固定资产有关的后续支出，满足固定资产确认条件的，应当计入固定资产成本；不满足固定资产确认条件的，应当在发生时计入当期损益。

（三）固定资产的分类

企业固定资产的种类繁多、规格不一，为加强管理，便于组织会计核算，有必要对固定资产进行科学、合理的分类。固定资产的分类方法主要有以下几种：

1. 按固定资产经济用途分类

（1）生产经营用固定资产，是指直接服务于企业生产经营过程的固定资产，如生产经营用房屋、建筑物、机器、设备等。

（2）非生产经营用固定资产，是指不直接服务于企业生产经营过程的固定资产，如职工宿舍、食堂、子弟学校使用的房屋、建筑物和其他固定资产等。

2. 综合分类

（1）生产经营用固定资产。

（2）非生产经营用固定资产。

（3）租出固定资产（是指企业在经营租赁方式下出租给外单位使用的固定资产）。

（4）未使用的固定资产（是指已完工或已购建的尚未交付使用的固定资产以及因进行改建、扩建等原因暂停使用的固定资产）。

（5）不需用的固定资产（是指企业多余或不适用的固定资产）。

(6)土地(是指过去已经估价单独入账的土地。因征地而支付的补偿费,应计入与土地有关的房屋、建筑物的价值内,不单独作为土地价值入账。企业取得的土地使用权,应作为无形资产管理,不作为固定资产管理)。

(7)融资租入固定资产(是指企业以融资租赁方式租入的固定资产,在租赁期内,应视同自有固定资产进行管理)。

由于企业的经营性质、经营规模等各不相同,对固定资产的分类也不可能强求完全一致,各企业应结合各自的具体情况,制定适合本企业实际情况的固定资产目录、分类方法、每类或每项固定资产的折旧年限、折旧方法,以作为固定资产核算的依据。实际工作中,企业大多采用综合分类的方法作为编制固定资产的目录、进行固定资产核算的依据。

二、固定资产的账务处理及实例

(一)固定资产核算设置的会计科目

为了核算固定资产,企业一般需设置"固定资产""累计折旧""工程物资""在建工程""固定资产清理"等科目。

1."固定资产"科目

该科目属于资产类科目,核算固定资产的原价,借方登记企业增加的固定资产的原价,贷方登记企业减少的固定资产原价,期末余额在借方,反映企业期末固定资产的账面原价。企业应当设置固定资产卡片和固定资产登记簿,按固定资产的使用类别、使用部门和每项固定资产进行明细核算。

相关知识链接 2

> 固定资产卡片一般一式两份,一份由使用部门登记保管,另一份由财会部门保管。为防止固定资产卡片丢失,固定资产管理部门还应设立固定资产卡片登记簿,逐一登记卡片的开设和注销情况。

2."累计折旧"科目

该科目属于"固定资产"的调整科目,核算企业固定资产的累计折旧,贷方登记企业计提的固定资产折旧,借方登记处置固定资产转出的累计折旧,期末余额在贷方,反映企业固定资产的累计折旧额。

3."在建工程"科目

该科目属于资产类科目,核算企业基建、更新改造等在建工程发生的支出,借方登记企业各项在建工程的实际支出,贷方登记完工工程转出的成本,期末借方余额反映企业尚未达到预定可使用状态的在建工程的成本。

4."工程物资"科目

该科目属于资产类科目,核算企业为在建工程而准备的各种物资的实际成本。该科目借方登记企业购入工程物资的成本,贷方登记领用工程物资的成本,期末借方余额,反映企业为在建工程准备的各种物资的成本。

5."固定资产清理"科目

该科目核算企业因出售、报废、毁损、对外投资、非货币性交换、债务重组等原因转出的固定资产价值以及在清理过程中发生的费用等,借方登记转出的固定资产价值、清理过程中应支付的相关税费及其他费用,贷方登记处置固定资产的价款、残料、变价收入和应由保险公司赔偿的损失,期末借方余额,反映尚未清理完毕的固定资产清理净损失。该科目应按被清理的固定资产项目设置明细账,进行明细核算。

此外,企业固定资产、在建工程、工程物资发生减值的,还应当设置"固定资产减值准备""在建工程减值准备"和"工程物资减值准备"等科目进行核算。

(二)固定资产取得的核算

1. 外购固定资产

企业外购的固定资产,应按实际支付的购买价款、相关税费、使固定资产达到预定可使用状态前所发生的可归属于该项资产的运输费、装卸费、安装费和专业人员服务费等,作为固定资产的取得成本,其中,相关税费不包括按照现行增值税制度规定,可以从销项税额中抵扣的进项税额。

(1)一般纳税人购入不需要安装的机器设备等动产时,按照实际支付的购买价款、相关税费、使固定资产达到预定可使用状态前所发生的可归属于该项资产的运输费、装卸费、专业人员的服务费等,作为固定资产的成本,借记"固定资产"科目,取得增值税专用发票等增值税扣税凭证,并经税务机关认证可以抵扣的,应按专用发票上注明的进项税额,借记"应交税费——应交增值税(进项税额)"科目,贷记"银行存款""应付账款"等科目。

【例题1】 甲公司为一般纳税人,2018年7月1日,购入一台不需安装即可投入使用的设备,取得增值税专用发票上注明买价30 000元,增值税税额4 800元;另支付包装费并取得增值税专用发票,注明包装费等2 000元,增值税税额120元,款项以银行存款支付。则甲公司编制如下会计分录:

①计算固定资产成本:

30 000+2 000=32 000(元)

②编制购入固定资产的会计分录:

借:固定资产　　32 000

　　应交税费——应交增值税(进项税额)　　4 920

　　贷:银行存款　　36 920

(2)一般纳税人购入需要安装的机器设备等动产时,应在购入固定资产取得成本的基础上加上安装调试成本等,作为购入固定资产的成本,先通过"在建工程"科目归集其成本,待达到预定可使用状态时,再由"在建工程"科目转入"固定资产"科目。

购入需要安装的固定资产应做如下会计处理:

①购入时:

借:在建工程

　　应交税费——应交增值税(进项税额)

　　贷:银行存款

②支付安装费用等时：

借:在建工程

应交税费——应交增值税(进项税额)

贷:银行存款

③耗用本单位的材料或人工时：

借:在建工程

贷:原材料、应付职工薪酬等

④安装完毕,达到预定可使用状态时：

借:固定资产

贷:在建工程

【例题2】 甲公司为一般纳税人,2018年7月5日,购入一台需安装的设备,取得增值税专用发票上注明买价50 000元,增值税税额8 000元;另支付运输费取得增值税专用发票上注明运输费用1 000元,税率10%,增值税税额100元,款项以银行存款支付。7月7日,该设备安装时,领用企业原材料2 000元,安装过程中发生安装费用取得增值税专用发票上注明安装费用3 000元,税率16%,增值税税额480元,以银行存款支付。7月8日,设备安装完毕交付使用。甲公司应编制如下会计分录：

①7月5日,购入时：

借:在建工程	51 000	
应交税费——应交增值税(进项税额)	8 100	
贷:银行存款		59 100

②7月7日,安装领用原材料时：

借:在建工程	2 000	
贷:原材料		2 000

③支付安装费时：

借:在建工程	3 000	
应交税费——应交增值税(进项税额)	480	
贷:银行存款		3 480

④设备安装完毕,交付使用时：

确定固定资产成本=51 000+2 000+3 000=56 000(元)

借:固定资产	56 000	
贷:在建工程		56 000

【随堂训练1·核算题】 甲公司为增值税一般纳税人,2018年7月购入一台不需要安装的设备,取得的增值税专用发票上注明的设备价款为30 000元,增值税税额为4 800元;另支付运杂费700元,增值税税额42元,款项以银行存款支付。购进固定资产时的增值税进项税额可以从销项税额中抵扣。请编制甲公司的会计分录。

【随堂训练2·核算题】 甲公司为增值税一般纳税人,2018年7月用银行存款购入一台需要安装的设备,增值税专用发票上注明的设备买价为200 000元,增值税税额为32 000元;支付运费,取得增值税专用发票注明运费10 000元,增值税税额1 000元;支付安装费,取得增值税专用发票注明安装费30 000元,增值税税额4 800元。请编制甲公司的会计分录。

相关知识链接 3

当纳税人购进的货物或接受的应税劳务不是用于增值税应税项目，而是用于非应税项目、免税项目或用于集体福利、个人消费等情况时，其支付的进项税额不能从销项税额中抵扣，应将购进货物或应税劳务的进项税额从当期发生的进项税额中扣除，在会计处理中记入“进项税额转出”。

(3)一般纳税人购进不动产或不动产在建工程时，自 2016 年 5 月 1 日后取得并按固定资产核算的不动产或者 2016 年 5 月 1 日后取得的不动产在建工程，其进项税额按现行增值税制度规定自取得之日起分 2 年从销项税额中抵扣的，第一年抵扣比例为 60%，第二年(第 13 个月)抵扣比例为 40%。

一般纳税人购进不动产或不动产在建工程时的基本账务处理如下：

①购入时，取得增值税专用发票并通过税务机关认证：

借：固定资产(或在建工程)

　　应交税费——应交增值税(进项税额)(60%)

　　　　　　——待抵扣进项税额 (40%)

　贷：银行存款等

②下年度同月允许抵扣时，即第 13 月：

借：应交税费——应交增值税(进项税额)(40%)

　贷：应交税费——待抵扣进项税额

【例题 3】 2018 年 7 月 1 日，甲公司购入一幢商业大楼作为生产车间并交付使用，取得的增值税专用发票上注明价款为 200 000 000 元，增值税税额为 20 000 000 元，款项以银行存款支付。甲公司为增值税一般纳税人，进项税额分 2 年从销项税额中抵扣，当年可抵扣 60%，下一年可抵扣 40%。甲公司应编制如下会计分录：

①2018 年 7 月 1 日，购入固定资产时：

借：固定资产　200 000 000

　　应交税费——应交增值税(进项税额)(20 000 000×60%)　12 000 000

　　　　　　——待抵扣进项税额 (20 000 000×40%)　8 000 000

　贷：银行存款　220 000 000

②2019 年 7 月 1 日(第 13 个月)，进项税额可以抵扣销项税额时：

借：应交税费——应交增值税(进项税额)　8 000 000

　贷：应交税费——待抵扣进项税额　8 000 000

(4)以一笔款项购入多项没有单独标价的固定资产，应将各项资产单独确认为固定资产，并按各项固定资产公允价值的比例对总成本进行分配，分别确定各项固定资产的成本。

【例题 4】 2018 年 7 月，甲公司向乙公司一次购进了 3 台不同型号且具有不同生产能力的设备 A、B、C，增值税专用发票上注明价款 100 000 000 元，增值税税额 16 000 000 元；另支付包装费 750 000 元，增值税税额 45 000 元，全部以银行存款转账支付。假定设备 A、

B、C均满足固定资产的定义及确定条件，公允价值分别为45 000 000元、38 500 000元和16 500 000元。甲公司为增值税一般纳税人，应编制如下会计分录：

①确定固定资产成本。

100 000 000+750 000=100 750 000(元)

②确定设备A、B、C的固定资产价值分配比例。

A：45 000 000÷(450 000 000+38 500 000+16 500 000)×100%=45%

B：38 500 000÷(450 000 000+38 500 000+16 500 000)×100%=38.5%

C：16 500 000÷(450 000 000+38 500 000+16 500 000)×100%=16.5%

③确定设备A、B、C的成本。

A=100 750 000×45%=45 337 500(元)

B=100 750 000×38.5%=38 788 750(元)

C=100 750 000×16.5%=16 623 750(元)

或　C=100 750 000−45 337 500−38 788 750=16 623 750(元)

④会计分录为：

借：固定资产——A设备	45 337 500	
——B设备	38 788 750	
——C设备	16 623 750	
应交税费——应交增值税(进项税额)	16 045 000	
贷：银行存款		116 795 000

【随堂训练3·核算题】 企业以100万元购入A、B、C三项没有单独标价的固定资产。这三项资产的公允价值分别为30万元、40万元和50万元。A、B、C固定资产的入账成本分别为多少万元？

相关知识链接4

企业作为小规模纳税人，购入固定资产发生的增值税进项税额应计入固定资产成本，借记“固定资产”或“在建工程”科目，不通过“应交税费——应交增值税”科目核算。

【随堂训练4·核算题】 2018年7月1日，甲公司购入一台不需安装即可投入使用的设备，取得增值税专用发票上注明买价30 000元，增值税4 800元；另支付包装费并取得增值税专用发票，注明包装费等2 000元，增值税税额120元，款项以银行存款支付。假设甲公司为小规模纳税人，请编制甲公司的会计分录。

2. 建造固定资产

企业自行建造固定资产，应按建造该项资产达到预定可使用状态前所发生的必要支出，作为固定资产的成本入账。在核算时应先通过“在建工程”科目，待达到预定可使用状态时再转入“固定资产”科目。

企业自行建造固定资产，主要有自营和出包两种方式，由于采用的建设方式不同，其会计处理也不同。

相关知识链接5

> “在建工程”归集为建造某项资产达到预定使用状态前发生的必要支出，包含工程耗用的工程物资、工程人员的薪酬、使用的企业自产产品或生产材料、符合资本化条件的借款费用、其他费用。

(1)自营工程

自营工程，是指企业自行组织工程物资采购、自行组织施工人员施工的建筑工程和安装工程。主要通过“工程物资”和“在建工程”账户进行核算。购入工程物资时，借记“工程物资”科目，按增值税专用发票上注明的增值税进项税额的60%，借记“应交税费——应交增值税(进项税额)”，按增值税专用发票上注明的增值税进项税额的40%，借记“应交税费——待抵扣进项税额”，按实际支付或应付的金额，贷记“银行存款”等科目。领用工程物资时，借记“在建工程”科目，贷记“工程物资”科目。在建工程领用本企业原材料时，借记“在建工程”科目，贷记“原材料”等科目。在建工程领用本企业生产的商品时，借记“在建工程”科目，贷记“库存商品”等科目。自营工程发生的其他费用(如分配工程人员工资等)，借记“在建工程”科目，贷记“银行存款”“应付职工薪酬”等科目。自营工程达到预定可使用状态时，按其成本，借记“固定资产”科目，贷记“在建工程”科目。

A. 自营工程(动产)基本分录如下：

①购入工程物资时：

　借：工程物资

　　　应交税费——应交增值税(进项税额)

　　　贷：银行存款/应付账款等

②领用工程物资时：

　借：在建工程

　　　贷：工程物资

③在建工程领用本企业外购原材料时：

　借：在建工程

　　　贷：原材料/库存商品

④在建工程领用本企业自产的原材料、商品时：

　借：在建工程

　　　贷：库存商品(成本价)

⑤自营工程发生其他费用(如分配工程人员工资等)时：

　借：在建工程

　　　贷：银行存款

　　　　　应付职工薪酬等

⑥自营工程达到预定可使用状态时：

借：固定资产

　　贷：在建工程

【例题 5】 甲公司发生如下经济业务：

(1)2018 年 8 月 1 日，自建设备一台，购入为工程准备的各种物资 500 000 元，支付的增值税税额为 80 000 元，全部用于工程建设。

购入工程物资时：

借：工程物资　　500 000

　　应交税费——应交增值税(进项税额)　　80 000

　　贷：银行存款　　580 000

领用工程物资时：

借：在建工程　　500 000

　　贷：工程物资　　500 000

(2)领用一批本企业生产的水泥，实际成本为 80 000 元。

工程领用本企业生产的水泥，确定应计入在建工程成本的金额＝80 000(元)

借：在建工程　　80 000

　　贷：库存商品　　80 000

(3)分配工程人员工资 100 000 元，支付其他费用 30 000 元。

分配工程人员工资时：

借：在建工程　　100 000

　　贷：应付职工薪酬　　100 000

支付发生的其他费用时：

借：在建工程　　30 000

　　贷：银行存款　　30 000

(4)工程完工并达到预定可使用状态。

工程转入固定资产＝500 000＋80 000＋100 000＋30 000

　　　　　　　　＝710 000(元)

借：固定资产　　710 000

　　贷：在建工程　　710 000

相关知识链接 6

关于印发《增值税会计处理规定》的通知(财会〔2016〕22 号)：购进不动产或不动产在建工程按规定进项税额分年抵扣的账务处理。一般纳税人自 2016 年 5 月 1 日后取得并按固定资产核算的不动产或者 2016 年 5 月 1 日后取得的不动产在建工程，其进项税额按现行增值税制度规定自取得之日起分 2 年从销项税额中抵扣。

B. 自营工程(不动产)基本分录如下：

①购入工程物资时：

借：工程物资

应交税费——应交增值税（进项税额）（60%）

——待抵扣进项税额（40%）

贷：银行存款/应付账款等

②领用工程物资时：

借：在建工程

贷：工程物资

③在建工程领用本企业外购原材料时：

借：在建工程

贷：原材料/库存商品

借：应交税费——待抵扣进项税额（40%）

贷：应交税费——应交增值税（进项税额转出）

④在建工程领用本企业自产的原材料、商品时：

借：在建工程

贷：库存商品（成本价）

⑤自营工程发生其他费用（如分配工程人员工资等）时：

借：在建工程

贷：银行存款

应付职工薪酬等

⑥自营工程达到预定可使用状态时：

借：固定资产

贷：在建工程

【例题 6】 2018 年 8 月 15 日，某企业自建厂房一幢，购入为工程准备的各种物资 500 000 元，支付的增值税税额为 80 000 元，全部用于工程建设。领用本企业生产的水泥一批，实际成本为 80 000 元，相关进项税额为 8 000 元，税务部门确定的计税价格为 100 000 元，增值税税率 16%，领用本企业生产耗用的原料一批，实际成本为 20 000 元，原进项税额为 3 200 元。工程人员应计工资 100 000 元，支付其他费用 30 000 元。工程完工并达到预定可使用状态。

(1)购入工程物资时（进项税额不计入成本）：

借：工程物资	500 000	
应交税费——应交增值税（进项税额）	48 000	
应交税费——待抵扣进项税额	32 000	
贷：银行存款		580 000

(2)工程领用工程物资时：

借：在建工程	500 000	
贷：工程物资		500 000

(3)工程领用本企业生产的水泥、材料时：

借：在建工程	100 000	

　　贷:库存商品　　80 000
　　　原材料　　20 000
　借:应交税费——待抵扣进项税额　　4 480
　　贷:应交税费——进项税额转出[(8 000+3 200)×40%]　　4 480

(4)分配工程人员工资时:

　借:在建工程　　100 000
　　贷:应付职工薪酬　　100 000

(5)支付工程发生的其他费用时:

　借:在建工程　　30 000
　　贷:银行存款　　30 000

(6)工程完工时:

500 000+100 000+100 000+30 000=730 000(元)

　借:固定资产　　730 000
　　贷:在建工程　　730 000

思考1

对于自行建造的固定资产,其成本如何确定?

【随堂训练5·判断题】 企业自行建造固定资产,应按建造该项资产竣工决算前所发生的必要支出,作为固定资产的成本。(　　)

【随堂训练6·多选题】 在采用自营方式建造固定资产的情况下,下列项目中应计入固定资产取得成本的有(　　)。

A. 工程项目耗用的工程物资

B. 在建工程人员工资

C. 生产车间为工程提供的水、电等费用

D. 企业行政管理部门为组织和管理生产经营活动而发生的费用

(2)出包工程

出包工程是指企业通过招投标方式将工程项目发包给建造承包商,由建造承包商组织施工的建筑工程和安装工程。如果企业建造固定资产采用了出包方式,企业支付给建造商的工程价款通过“在建工程”科目核算,工程达到预定可使用状态时,按实际发生的全部支出,由“在建工程”科目转入“固定资产”科目。

出包工程基本分录如下:

①向建造承包商结算的进度款,并由对方开具增值税专用发票时:

借:在建工程
　应交税费——应交增值税(进项税额)(60%)
　　　　——待抵扣进项税额(40%)
　贷:银行存款

②工程达到预定可使用状态时：

借：固定资产

贷：在建工程

【例题 7】 甲公司为增值税一般纳税人，2018 年 7 月 1 日，将一幢厂房的建造工程出包给丙公司（增值税一般纳税人）承建，按合理估计的发包工程进度和合同规定向丙公司结算进度款并取得丙公司开具的增值税专用发票，注明工程款 600 000 元，税率 10%，增值税税额 60 000 元。2019 年 7 月 1 日，工程完工后，收到丙公司有关工程结算单据和增值税专用发票，补付工程款 400 000 元，税率 10%，增值税税额 40 000 元。工程完工并达到预定可使用状态。

（1）按合理估计的发包工程进度和合同规定向丙公司结算进度款时：

借：在建工程　600 000

应交税费——应交增值税（进项税额）　36 000

——待抵扣进项税额　24 000

贷：银行存款　660 000

（2）补付工程款时：

借：在建工程　400 000

应交税费——应交增值税（进项税额）　24 000

——待抵扣进项税额　16 000

贷：银行存款　440 000

（3）工程完工并达到预定可使用状态时：

借：固定资产　1 000 000

贷：在建工程　1 000 000

（三）固定资产折旧

1. 固定资产折旧概述

扫码看资源

企业应当在固定资产的使用寿命内，按照确定的方法对应计折旧额进行的系统分摊。应计折旧额是指应当计提折旧的固定资产原价扣除其预计净残值后的金额，已计提减值准备的固定资产，还应当扣除已计提的固定资产减值准备累计金额。企业应当根据固定资产的性质和使用情况，合理确定固定资产的使用寿命和预计净残值。固定资产的使用寿命、预计净残值一经确定，不得随意变更，但是符合《企业会计准则第 4 号——固定资产》第十九条规定除外。经股东大会或董事会、经理（厂长）会议或类似机构批准后，作为计提折旧的依据，并按照法律、行政法规等的规定报送有关各方备案。

（1）影响固定资产折旧的因素

①固定资产原价，是指固定资产的成本（计提折旧时，应以月初应计折旧的固定资产账面原值为依据）。

②预计净残值，是指固定资产预计使用寿命已满并处于使用寿命终了时的预期状态，企业目前从该项固定资产处置中获得的扣除预计处置费用后的金额。

③固定资产减值准备，是指固定资产已计提的固定资产减值准备累计金额。

④固定资产的使用寿命，是指企业使用固定资产的预计期间，或者该固定资产所能生产产品或提供劳务的数量。

企业确定固定资产使用寿命，应当考虑下列因素：预计生产能力或实物产量，预计有形损耗和无形损耗，法律或者类似规定对资产使用的限制。

(2)计提折旧的范围

根据《企业会计准则第 4 号——固定资产》的规定，企业除以下情况外，应对所有固定资产计提折旧：

①已提足折旧继续使用的固定资产；

②单独估价作为固定资产入账的土地。

相关知识链接 7

以前不计提折旧的“未使用、不需用的固定资产”也纳入了固定资产计提折旧的范围，计提的折旧额记入“管理费用”科目。

企业在确定折旧范围时，应注意以下几点：

第一，固定资产按月计提折旧，当月增加的固定资产当月不计提折旧，从下月起计提折旧；当月减少的固定资产当月照提折旧，从下月起不提折旧。

第二，固定资产提足折旧后，不论能否继续使用，均不再计提折旧；提前报废的固定资产，不再补提折旧。

第三，已达到预定可使用状态但尚未办理竣工决算的固定资产，应当按照估计价值确定其成本，并计提折旧；待办理竣工决算后，再按实际成本调整原来的暂估价，但不需调整原已计提的折旧额。

第四，企业至少应当于每年年度终了，对固定资产的使用寿命、预计净残值和折旧方法进行复核。使用寿命预计数与原先估计数有差异的，应当调整固定资产使用寿命。预计净残值预计数与原先估计数有差异的，应当调整预计净残值。与固定资产有关的经济利益预期实现方式有重大改变的，应当改变固定资产折旧方法。

2. 固定资产的折旧方法

固定资产计提折旧的方法主要包括平均年限法、工作量法、双倍余额递减法和年数总和法。企业应当根据与固定资产有关的经济利益的预期实现方式，合理选择固定资产折旧方法。折旧方法的选择应当遵循可比性原则，如需变更，在会计报表附注中予以说明。

(1)年限平均法

年限平均法又称直线法、平均法，是指将固定资产的折旧按照预计使用寿命平均分摊到各期的一种方法。其计算公式如下：

年折旧额＝(固定资产原值－预计净残值)÷预计使用年限

年折旧率＝(1－预计净残值率)÷预计使用寿命(年)

月折旧率＝年折旧率÷12

月折旧额＝固定资产原值×月折旧率

相关知识链接 8

在实际核算中，通常以折旧率计算固定资产的折旧额。

【例题 8】 甲公司一栋楼房，原值 1 200 000 元，预计净残值率为 5%，预计使用年限 20 年。

年折旧额＝120 000×(1－5%)÷20＝57 000(元)

月折旧额＝57 000÷12＝4 750(元)

(2)工作量法

工作量法是指按照固定资产在整个使用期间预计可完成的总工作量计提折旧额的方法。其计算公式如下：

单位工作量折旧额＝固定资产原值×(1－预计净残值率)÷预计工作总量

月折旧额＝该固定资产当月工作量×单位工作量折旧额

【例题 9】 某企业的一辆运货卡车的原价为 600 000 元，预计总行驶里程为 500 000 千米，预计报废时的净残值率为 5%，本月行驶 4 000 千米。

该辆汽车的月折旧额计算如下：

单位里程折旧额＝600 000×(1－5%)÷500 000＝1.14(元/千米)

本月折旧额＝4 000×1.14＝4 560(元)

本例采用工作量法计提固定资产折旧，工作量法是指根据实际工作量计算每期应提折旧额的一种方法。

(3)双倍余额递减法

双倍余额递减法是指在不考虑固定资产净残值的情况下，根据每期固定资产账面净值和双倍的平均法折旧率计算固定资产折旧的一种方法，它是一种加速折旧法。

其计算公式如下：

年折旧率＝2÷预计使用年限×100%(直线折旧率的两倍)

年折旧额＝固定资产账面净值×年折旧率

月折旧率＝年折旧率÷12

月折旧额＝年折旧额÷12

在固定资产折旧年限到期的前 2 年内，将固定资产的账面净值扣除预计净残值后的净值平均摊销，即在最后 2 年改用直线法计算折旧额。

相关知识链接 9

需要注意的是，这里的折旧年度是指从固定资产开始计提折旧的月份开始计算的 1 个年度期间，如某公司 4 月取得某项固定资产，其折旧年度是指从 5 月至第二年 4 月的期间。

【例题 10】 某企业一项固定资产的原价为 1 000 000 元，预计使用年限为 5 年，预计净残值为 4 000 元。按双倍余额递减法计提折旧，每年的折旧额计算如下：

年折旧率＝2÷5×100%＝40%

第 1 年应提的折旧额＝1 000 000×40%＝400 000(元)

第 2 年应提的折旧额＝(1 000 000－400000)×40%＝240 000(元)

第 3 年应提的折旧额＝(600 000－240 000)×40%＝144 000(元)

从第 4 年起改用年限平均法(直线法)计提折旧。

第 4 年、第 5 年的年折旧额＝[(1 000 000－400 000－240 000－144 000)－4 000]÷2
＝106 000(元)

每年各月折旧额根据年折旧额除以 12 来计算。

(4)年数总和法

年数总和法是指以固定资产尚可使用年限除以使用年限的逐年数字总和作为本年的折旧率，去乘固定资产应计提折旧总额(固定资产原值－预计净残值)，也称年限合计法，它也是一种加速折旧方法。其计算公式如下：

$$年折旧率＝\frac{尚可使用年限(预计使用寿命－已使用年限)}{预计使用年限的年数总和}×100\%$$

月折旧率＝年折旧率÷12

月折旧额＝(固定资产原值－预计净残值)×月折旧率

【例题 11】 承例题 10，若采用年数总和法，计算的各年折旧额如表 1－1－8－1 所示。

表 1－1－8－1　　**年数总和法各年折旧额**　　金额单位：元

年数	尚可使用年限	原价－净残值	变动折旧率	年折旧额	累计折旧
1	5	996 000	5/15	332 000	332 000
2	4	996 000	4/15	265 600	597 600
3	3	996 000	3/15	199 200	796 800
4	2	996 000	2/15	132 800	929 600
5	1	996 000	1/15	66 400	996 000

【随堂训练 7·计算题】 某项固定资产的原值为 200 000 元，预计净残值为 2 000 元，预计使用年限为 5 年。要求：分别计算双倍余额递减法、年数总和法第 2 年的折旧额。

双倍余额递减法和年数总和法两种方法的不同之处如下：

(1)采用双倍余额递减法，在折旧年限内需要进行方法的转换，即从倒数第 2 年起改用直线法；而采用年数总和法则不需要进行方法的转换。

(2)采用双倍余额递减法，在不需要改用直线法计提折旧的各年，其折旧基数是固定资产净值，即固定资产原值减去累计已计提折旧额，没有扣除预计净残值；而采用年数总和法时，其折旧基数是固定资产应计提折旧总额，即固定资产原值减去预计净残值，已经扣除预计净残值。

(3)采用双倍余额递减法，在不需要改用直线法计提折旧的各年，其折旧率是固定不变的，而与折旧率相乘的折旧基数是逐年递减的；而采用年数总和法时，其折旧率是逐年递减的，而与折旧率相乘的折旧基数是固定不变的。

相关知识链接 10

(1)不管采用何种折旧方法，对于同一固定资产计算出来的整个使用年限内计提的折旧额肯定是相等的。

(2)采用双倍余额递减法和年数总和法计提折旧，当会计年度与折旧年度不一致时，年折旧额需要调整。

【例题 12】 甲公司 2018 年 3 月 31 日购入不需要安装的设备一台，该固定资产入账价值 860 万元，当即投入使用。假定该设备预计使用年限为 5 年，预计净残值为 2 万元，采用双倍余额递减法计提折旧。2020 年 3 月 31 日，因调整经营方向，将该设备出售。

要求：计算该设备 2018 年、2019 年、2020 年应计提的折旧额(金额单位用万元表示)。

年折旧率＝2÷5×100％＝40％

2018 年应计提的折旧额＝860×40％×9÷12＝258(万元)

2019 年应计提的折旧额＝860×40％×3÷12＋(860－344)×40％×9÷12＝240.8(万元)

2020 年应计提的折旧额＝(860－344)×40％×3÷12＝51.6(万元)

解析 第一个折旧年度(2018.4.1—2019.3.31)，其折旧额＝860×40％＝344(万元)

第二个折旧年度(2019.4.1—2020.3.31)，其折旧额＝(860－344)×40％＝206.4(万元)

则 2018 年计提折旧额＝344×9÷12＝258(万元)

2019 年计提折旧额＝344÷12×3＋206.4÷12×9＝240.8(万元)

2020 年应计提的折旧额＝206.4÷12×3＝51.6(万元)

思考 2

如果甲公司 2020 年不出售该设备，则 2020 年、2021 年、2022 年、2023 年计提的折旧额分别是多少？

3. 折旧的账务处理

固定资产应当按月计提折旧，计提的折旧应当贷方记入“累计折旧”科目，借方应该根据固定资产的用途计入相关资产的成本或者当期损益。如果是基本生产车间使用，应记入“制造费用”科目；如果是管理部门使用，应记入“管理费用”科目；如果是销售部门使用，应记入“销售费用”科目；如果是经营出租，应记入“其他业务成本”科目。

【例题 13】 某企业 2018 年 1 月份各生产车间应分配的固定资产折旧额为：一车间 150 万元，二车间 240 万元，三车间 360 万元。该企业应编制如下会计分录(金额单位用万元表示)：

借：制造费用——一车间	150	
——二车间	240	
——三车间	360	
贷：累计折旧		750

【例题 14】　乙公司 2018 年 3 月份管理部门、销售部门应分配的固定资产折旧额为：管理部门房屋建筑物计提折旧 1 480 万元，运输工具计提折旧 240 万元；销售部门房屋建筑物计提折旧 320 万元，运输工具计提折旧 263 万元。当月新购置管理用机器设备一台，成本为 540 万元，预计使用寿命为 10 年，预计净残值 4 000 元，该企业同类设备计提折旧采用年限平均法，应编制如下会计分录（金额单位用万元表示）：

借：管理费用（1 480＋240）	1 720	
销售费用（320＋263）	583	
贷：累计折旧		2 303

相关知识链接 11

新购置的机器设备本月不计提折旧，下月开始计提折旧。

【随堂训练 8·单选题】　下列关于企业计提固定资产折旧会计处理的表述中，不正确的是（　　）。

A. 对管理部门使用的固定资产计提的折旧应计入管理费用

B. 对财务部门使用的固定资产计提的折旧应计入财务费用

C. 对生产车间使用的固定资产计提的折旧应计入制造费用

D. 对专设销售机构使用的固定资产计提的折旧应计入销售费用

【随堂训练 9·多选题】　企业计提固定资产折旧时，下列会计分录正确的有（　　）。

A. 计提行政管理部门固定资产折旧：借记“管理费用”科目，贷记“累计折旧”科目

B. 计提生产车间固定资产折旧：借记“制造费用”科目，贷记“累计折旧”科目

C. 计提专设销售机构固定资产折旧：借记“销售费用”科目，贷记“累计折旧”科目

D. 计提自建工程使用的固定资产折旧：借记“在建工程”科目，贷记“累计折旧”科目

（四）固定资产后续支出的核算

1. 固定资产后续支出核算的内容

固定资产的后续支出，是指固定资产在使用过程中发生的更新改造支出、修理费用等。固定资产的更新改造等后续支出，满足固定资产确认条件的，应当计入固定资产成本。如有被替换的部分，应同时将被替换部分的账面价值从该固定资产原账面价值中扣除。不满足固定资产确认条件的后续支出，如固定资产修理费用等，应当在发生时计入当期损益。

2. 固定资产后续支出的账务处理及实例

（1）对于发生的可资本化的后续支出，应当通过“在建工程”科目核算。企业应将该固定资产的原价、已计提的累计折旧和减值准备转销，将固定资产的账面价值转入在建工程。发生支出时应先记入“在建工程”等科目，待达到预定可使用状态时（以下简称“工程完工”或“工程结束”），再转入固定资产。

①对固定资产进行改良时，按原固定资产的账面价值，借记“在建工程”科目，按被改良的固定资产已提折旧（改良期间不提折旧）和减值准备，借记“累计折旧”“固定资产减值准

备”科目，按被改造的固定资产原价，贷记“固定资产”科目。

②发生可资本化的后续支出时，借记“在建工程”科目，发生后续支出取得增值税专用发票的，应按前述规定区分动产和不动产分别进行核算，如为动产，按增值税专用发票上注明的进项税额，借记“应交税费——应交增值税(进项税额)”科目，如为不动产，增值税进项税额分别按照60%、40%的比例分2年抵扣，借记“应交税费——应交增值税(进项税额)”“应交税费——待抵扣进项税额”科目，按实际支付的金额，贷记“银行存款”“应付职工薪酬”“原材料”和“工程物资”等科目。

③扣除被替换部分的账面价值，贷记“在建工程”，按残料收入，借记“银行存款”或“原材料”科目，差额借记“营业外支出”科目。

④工程完工并达到预定可使用状态时，借记“固定资产”科目，贷记“在建工程”科目。

(2)对于发生的不符合资本化条件的后续支出，应当在发生时计入当期损益。企业生产车间和行政管理部门等发生的固定资产日常修理费用及其可以抵扣的增值税进项税额，借记“管理费用”“应交税费——应交增值税(进项税额)”科目，贷记“银行存款”等科目；企业发生的与专设销售机构相关的固定资产修理费用及其可以抵扣的增值税进项税额，不符合资本化条件的，借记“销售费用”“应交税费——应交增值税(进项税额)”科目，贷记“银行存款”等科目。

【例题15】 某企业2018年3月对某生产线改造，该生产线原价1 800万元，已提折旧500万元，2017年12月31日已提减值准备100万元。在改造过程中，领用工程物资155万元，发生人工费用50万元，耗用其他费用60万元(以银行存款支付)。在试运行中取得净收入15万元。2019年3月改造完工投入使用，改造后生产线可使其产品质量实质性提高，该改造支出予以资本化。该企业应编制如下会计分录：

(1)固定资产转入改造，结转固定资产账面价值时：

借：在建工程	12 000 000	
累计折旧	5 000 000	
固定资产减值准备	1 000 000	
贷：固定资产		18 000 000

(2)发生的改造支出，在实际发生时：

借：在建工程	2 650 000	
贷：工程物资		1 550 000
应付职工薪酬		500 000
银行存款		600 000

(3)取得试运行净收入，冲减工程成本时：

借：银行存款	150 000	
贷：在建工程		150 000

(4)完工结转，将更新改造后的固定资产重新入账时：

更新改造后的固定资产价值＝12 000 000＋2 650 000－150 000＝14 500 000(元)

借：固定资产	14 500 000	
贷：在建工程		14 500 000

【例题16】 企业对一条生产线进行更新改造。该生产线的原价为120万元，已提折旧

为60万元。改造过程中发生支出30万元,被替换部分的账面价值15万元。计算该生产线更新改造后的成本。

改造后的入账价值=(120－60)＋30－15=75(万元)

【例题17】 甲航空公司2009年4月购入一架飞机总计花费8 000万元(含发动机),发动机当时的购买价为500万元。公司未将发动机作为一项单独的固定资产进行核算。2018年5月,公司开辟新航线,航程增加,为延长飞机的空中飞行时间,公司决定更换一部性能更为先进的发动机。新发动机购价700万元,增值税专用发票上注明增值税税额为112万元;另支付安装费用并取得增值税专用发票,注明安装费10万元,税率16%,增值税税额1.6万元。假定飞机的年折旧率为3%,不考虑预计净残值和相关税费的影响,甲公司应编制如下会计分录:

(1)2018年初飞机的累计折旧金额=80 000 000×3%×8=19 200 000(元),将固定资产转入在建工程时:

借:在建工程	60 800 000	
累计折旧	19 200 000	
贷:固定资产		80 000 000

(2)安装新发动机时:

借:在建工程	7 000 000	
应交税费——应交增值税(进项税额)	1 120 000	
贷:工程物资		8 120 000

(3)支付安装费用时:

借:在建工程	100 000	
应交税费——应交增值税(进项税额)	16 000	
贷:银行存款		116 000

(4)2018年5月,老发动机的账面价值如下:

5 000 000－5 000 000×3%×8=3 800 000(元)

终止确认老发动机的账面价值时:

借:营业外支出	3 800 000	
贷:在建工程		3 800 000

(5)新发动机安装完毕,投入使用,固定资产的入账价值如下:

60 800 000＋7 000 000＋100 000－3 800 000=64 100 000(元)

借:固定资产	64 100 000	
贷:在建工程		64 100 000

【例题18】 2018年10月1日,甲公司对现有一台管理用设备进行日常维修,维修过程中发生应付维修人员的工资为20 000元。甲公司应编制如下会计分录:

借:管理费用	20 000	
贷:应付职工薪酬		20 000

(五)固定资产处置的核算

1. 固定资产处置核算的内容

企业在生产经营过程中,可能将不适用或不需用的固定资产对外出售转让,或因磨损、技术进步等原因对固定资产进行报废，或因遭受自然灾害而对毁损的固定资产进行处理。对于上述事项在进行会计核算时，应按规定程序办理有关手续，结转固定资产的账面价值，计算有关清理收入、清理费用及残料价值。

固定资产的处置包括固定资产出售、报废、毁损、对外投资、非货币性资产交换、债务重组等。处置固定资产应通过“固定资产清理”科目核算，清理的净损益计入当期损益。净损益属于筹建期间的，记入“管理费用”科目；属于生产经营期间的，记入“营业外收入”“营业外支出”等科目。

2. 固定资产处置的账务处理及实例

处置固定资产的账务处理具体包括以下几个环节：

(1)固定资产转入清理。企业因出售、报废、毁损、对外投资、非货币性资产交换、债务重组等转出的固定资产，按该项固定资产的账面价值，借记“固定资产清理”科目，按已计提的累计折旧，借记“累计折旧”科目，按已计提的减值准备，借记“固定资产减值准备”科目，按固定资产的账面原价，贷记“固定资产”科目。

(2)发生的清理费用等。固定资产清理过程中发生的应支付的清理费用及其可抵扣的增值税进项税额，借记“固定资产清理”“应交税费——应交增值税(进项税额)”科目，贷记“银行存款”等科目。

(3)收回出售固定资产的价款、残料价值和变价收入等，借记“银行存款”“原材料”等科目，贷记“固定资产清理”“应交税费——应交增值税(销项税额)”科目。

(4)保险公司赔偿等的处理。应由保险公司或过失人赔偿的损失，借记“其他应收款”等科目，贷记“固定资产清理”科目。

(5)结转清理净损益的处理。固定资产清理完成后，“固定资产清理”账户如为借方余额表示处理净损失，如为借方余额表示处理净收益。属于正常出售、转让所产生的利得或损失，借记或贷记“资产处置损益”科目，贷记或借记“固定资产清理”科目；属于已丧失功能正常报废所产生的利得或损失，借记或贷记“营业外支出——非流动资产报废”科目，贷记或借记“固定资产清理”科目；属于自然灾害等非正常原因造成的，借记或贷记“营业外支出——非常损失”科目，贷记或借记“固定资产清理”科目。结转后“固定资产清理”账户无余额。

【例题 19】 甲公司出售一座建筑物，原价为 2 000 000 元，已计提折旧 1 000 000 元，未计提减值准备，实际出售价格为 1 200 000 元，已通过银行收回价款。甲公司编制应处置固定资产相关的如下会计分录：

(1)将出售固定资产转入清理时：

借：固定资产清理	1 000 000	
累计折旧	1 000 000	
贷：固定资产		2 000 000

(2)收回出售固定资产的价款时：

借：银行存款	1 200 000	
贷：固定资产清理		1 200 000

(3)计算应纳增值税时：

1 200 000×5%＝60 000(元)

借：固定资产清理	60 000	

贷:应交税费——应交增值税 60 000

(4)结转固定资产清理净损益时:

1 200 000－(1 000 000＋60 000)＝140 000(元)

借:固定资产清理 140 000

贷:资产处置损益 140 000

【例题20】 乙公司现有一台设备由于性能等原因决定提前报废,原价为500 000元,已计提折旧450 000元,未计提减值准备。报废时残值变价收入为20 000元,报废清理过程中发生清理费用3 500元。乙公司做如下会计处理:

(1)将报废固定资产转入清理时:

借:固定资产清理 50 000

累计折旧 450 000

贷:固定资产 500 000

(2)收回残料变价收入时:

借:银行存款 20 000

贷:固定资产清理 20 000

(3)支付清理费用时:

借:固定资产清理 3 500

贷:银行存款 3 500

(4)结转报废固定资产发生的净损益:

固定资产净损益＝20 000－(50 000＋3 500)＝－33 500元,即净损失33 500元。

借:营业外支出——非流动资产报废 33 500

贷:固定资产清理 33 500

【随堂训练10·多选题】 下列各项中,影响固定资产清理净损益的有(　　)。

A. 清理固定资产发生的税费　　B. 清理固定资产的变价收入

C. 清理固定资产的账面价值　　D. 清理固定资产耗用的材料成本

(六)固定资产清查的核算

企业应定期或者至少于每年年末对固定资产进行清查盘点,以保证固定资产核算的真实性,充分挖掘企业现有固定资产的潜力。在固定资产清查过程中,如果发现盘盈、盘亏的固定资产,应填制固定资产盘盈、盘亏报告表。清查固定资产的损溢,应及时查明原因,并按照规定程序报批处理。

1. 固定资产盘盈的账务处理

根据《企业会计准则第28号——会计政策、会计估计变更和差错更正》的规定,固定资产盘盈作为会计差错,不作为本期损益。盘盈时,不考虑固定资产折旧,直接按重置成本确定其入账价值,借记"固定资产"科目,贷记"以前年度损益调整"科目;查明原因后,根据具体情况进行相应账务处理。

【例题21】 2019年1月丁公司在财产清查过程中,发现2018年12月购入的一台设备尚未入账,重置成本为30 000元(假定与其计税基础不存在差异),根据《企业会计准则第28号——会计政策、会计估计变更和差错更正》规定,该盘盈固定资产作为前期差错进行处理,假定丁公司按净利润的10%计提法定盈余公积，不考虑相关税费的影响。丁公司应编制如下会计分录：

(1)盘盈固定资产时：

借：固定资产　　30 000

　　贷：以前年度损益调整　　30 000

(2)结转为留存收益时：

借：以前年度损益调整　　30 000

　　贷：盈余公积——法定盈余公积　　3 000

　　　　利润分配——未分配利润　　27 000

2. 固定资产盘亏的账务处理

固定资产盘亏是不仅要考虑固定资产的折旧，而且还要考虑固定资产的净值。盘亏时，借方按照盘亏净值记入“待处理财产损溢——待处理固定资产损溢”账户，按照已经计提的折旧记入“累计折旧”账户，如计提有减值准备的，将“固定资产减值准备”科目计入借方，贷方按照固定资产的账面原值记入“固定资产”账户。查明原因批准后，借方记入“营业外支出”账户，贷方记入“待处理财产损溢——待处理固定资产损溢”账户。

【例题22】 乙公司进行财产清查时发现短缺一台笔记本电脑，原价为10 000元，已计提折旧7 000元。乙公司应做如下会计处理：

(1)盘亏固定资产时：

借：待处理财产损溢——待处理固定资产损溢　　3 000

　　累计折旧　　7 000

　　贷：固定资产　　10 000

(2)报经批准转销时：

借：营业外支出——盘亏损失　　3 000

　　贷：待处理财产损溢　　3 000

现场操作

> 某企业盘亏生产设备一台，该设备的账面原值为150 000元，已提折旧24 000元，取得相关保管员的责任赔款5 000元，已存入银行。请编制相关会计分录。

(七)固定资产减值的核算

固定资产减值是指资产可收回金额低于其账面价值。固定资产可收回金额，是根据资产的公允价值减去处置费用后的净额，与资产预计未来现金流量的现值，两者之间较高者确定。资产可收回金额低于其账面价值的差额为资产减值损失，计入当期损益，同时计提相应的资产减值准备，借记“资产减值损失——计提的固定资产减值准备”科目，贷记“固定资产减值准备”科目。资产减值损失一经确认，在以后会计期间不得转回。

【例题23】 2018年12月31日，甲公司的某生产线存在可能发生减值的迹象。经计算，该机器的可收回金额合计为 1 200 000 元，账面价值为 1 350 000 元，以前年度未对该生产线计提过减值准备。

可收回金额低于账面价值，应按两者之间的差额 150 000 元(1 350 000－1 200 000)计提固定资产减值准备。甲公司应编制如下分录：

借：资产减值损失——计提的固定资产减值准备　　150 000

　贷：固定资产减值准备　　150 000

【随堂训练 11·单选题】 下列不会导致固定资产账面价值发生增减的是(　　)。

A. 盘盈固定资产　　B. 经营性租入设备

C. 以固定资产对外投资　　D. 计提减值准备

扫码看资源

【随堂训练 12·单选题】 某企业 2018 年 12 月 31 日购入一台设备，入账价值为 200 万元，预计使用寿命为 10 年，预计净残值为 20 万元，采用年限平均法计提折旧。2019 年 12 月 31 日该设备存在减值迹象，经测试预计可收回金额为 120 万元。2019 年 12 月 31 日该设备账面价值为(　　)万元。

A. 120　　B. 160　　C. 180　　D. 182

【随堂训练 13·不定项选择】 甲公司为从事机械设备加工生产与销售的一般纳税人，适用的增值税税率为 16%，所得税税率为 25%。2018 年度至 2019 年度发生的有关固定资产业务如下：

(1)2018 年 12 月 20 日，甲公司向乙公司一次购进 3 台不同型号且具有不同生产能力的 A 设备、B 设备和 C 设备，共支付价款 4 000 万元，增值税税额为 640 万元，包装费及运输费 30 万元，另支付 A 设备的安装费 18 万元，B、C 设备不需安装，同时，支付购置合同签订、差旅费等相关费用 2 万元。全部款项已由银行存款支付。

(2)2018 年 12 月 28 日 3 台设备均达到预定可使用状态，3 台设备的公允价值分别为 2 000 万元、1 800 万元和 1 200 万元。该公司按每台设备公允价值的比例对支付的价款进行分配，并分别确定其入账价值。

(3)3 台设备预计的使用年限均为 5 年，预计净残值率为 2%，使用双倍余额递减法计提折旧。

(4)2019 年 3 月份，支付 A 设备、B 设备和 C 设备日常维修费分别为 1.2 万元、0.5 万元和 0.3 万元。

(5)2018 年 12 月 31 日，对固定资产进行减值测试，发现 B 设备实际运行效率和生产能力验证已完全达到预计的状况，存在减值迹象，其预计可收回金额低于账面价值的差额为 120 万元。其他各项固定资产未发生减值迹象。

要求：根据上述资料，不考虑其他因素，分析回答下列小题。

1. 根据资料(1)、(2)，下列各项中，关于固定资产取得的会计处理，表述正确的是(　　)。

A. 固定资产应按公允价值进行初始计量

B. 支付的相关增值税税额不应计入固定资产的取得成本

C. 固定资产取得成本与其公允价值差额应计入当期损益

D. 购买价款、包装费、运输费、安装费等费用应计入固定资产的取得成本

2. 根据资料(1)、(2)，下列各项中，计算结果正确的是(　　)。

A. A 设备的入账价值为 1 612 万元

B. B 设备的入账价值为 1 450.8 万元

C. C 设备的入账价值为 967.2 万元

D. A 设备分配购进固定资产总价款的比例为 40%

3. 根据资料(1)、(2)，固定资产购置业务引起下列科目增减变动正确的是(　　)。

A. “银行存款”减少 4 050 万元

B. “管理费用”增加 2 万元

C. “制造费用”增加 2 万元

D. “应交税费——应交增值税(进项税额)”增加 640 万元

4. 根据资料(3)，下列各项中，关于甲公司固定资产折旧，表述正确的是(　　)。

A. 前 3 年计提折旧所使用的折旧率为 40%

B. A 设备 2018 年度应计提折旧额为 652 万元

C. B 设备 2018 年度应计提折旧额为 580.32 万元

D. 计提前 3 年折旧额时不需要考虑残值的影响

5. 根据资料(4)，甲公司支付设备日常维修费引起下列科目变动正确的是(　　)。

A. “固定资产”增加 2 万元　　B. “管理费用”增加 2 万元

C. “在建工程”增加 2 万元　　D. “营业外支出”增加 2 万元

6. 根据资料(5)，甲公司计提资产减值准备对其利润表项目的影响是(　　)。

A. 资产减值损失增加 120 万元　　B. 营业利润减少 120 万元

C. 利润总额减少 120 万元　　D. 净利润减少 120 万元

项目九　投资性房地产的核算

一、投资性房地产核算的内容

扫码看资源

投资性房地产，是指为赚取租金或资本增值，或两者兼有而持有的房地产。投资性房地产应当能够单独计量和出售。

投资性房地产业务是一种经营性活动，其主要形式有两种：一是出租建筑物、出租土地使用权，这实质上属于一种让渡资产使用权行为；二是持有并准备增值后转让的土地使用权(在我国实务中，持有并准备增值后转让的土地使用权这种情况较少)。

就某些企业而言，投资性房地产属于日常经营性活动，形成的租金收入或转让增值收益确认为企业的主营业务收入，但对于大部分企业而言，属于与经营性活动相关的其他经营活动，形成的租金收入或转让增值收益构成企业的其他业务收入。投资性房地产租金收入的确认、计量和披露适用《企业会计准则第 21 号——租赁》的规定。

（一）投资性房地产的范围

1. 已出租的土地使用权

已出租的土地使用权，是指企业通过出让或转让方式取得的、以经营租赁方式出租的土地使用权。企业取得的土地使用权通常包括在一级市场上以缴纳土地出让金的方式取得的土地使用权，也包括在二级市场上接受其他单位转让的土地使用权。例如，甲公司与乙公司签署了土地使用权租赁协议，甲公司以年租金720万元租赁使用乙公司拥有的40万平方米土地使用权。那么，自租赁协议约定的租赁期开始日起，这项土地使用权属于乙公司的投资性房地产。

相关知识链接1

①企业以经营方式租入建筑物或土地使用权再转租给其他单位或个人的，不属于投资性房地产，也不能确认为企业的资产。②已出租的投资性房地产租赁期届满，因暂时空置但继续用于出租的，仍作为投资性房地产。③持有并准备增值后转让的建筑物不是投资性房地产。

2. 持有并准备增值后转让的土地使用权

持有并准备增值后转让的土地使用权，是指企业取得的、准备增值后转让的土地使用权。这类土地使用权很可能给企业带来资本增值收益，符合投资性房地产的定义。

相关知识链接2

按照国家有关规定认定的闲置土地，不属于投资性房地产。

3. 已出租的建筑物

已出租的建筑物是指企业拥有产权的、以经营租赁方式出租的建筑物，包括自行建造或开发活动完成后用于出租的建筑物。企业在判断和确认已出租的建筑物时，应当把握以下要点：

（1）用于出租的建筑物是指企业拥有产权的建筑物。企业以经营租赁方式租入再转租的建筑物，不属于投资性房地产。

（2）已出租的建筑物是企业已经与其他方签订了租赁协议，约定以经营租赁方式出租的建筑物。一般应自租赁协议规定的租赁期开始日起，经营租出的建筑物才属于已出租的建筑物。通常情况下，对企业持有以备经营出租的空置建筑物，如董事会或类似机构作出书面决议，明确表明将其用于经营租出且持有意图短期内不再发生变化的，即使尚未签定租赁协议，也应视为投资性房地产。这里的空置建筑物，是指企业新购入、自行建造或开发完成但尚未使用的建筑物，以及不再用于日常生产经营活动且经整理后达到可经营出租状态的建筑物。

(3)企业将建筑物出租,按租赁协议向承租人提供的相关辅助服务在整个协议中不重大的,应当将该建筑物确认为投资性房地产。

【例题 1】 甲企业与乙企业签订了一项经营租赁合同,乙企业将其持有产权的一栋办公楼出租给甲企业,为期 5 年。甲企业一开始将该办公楼装修后用于自行经营餐馆。2 年后,由于连续亏损,甲企业将餐馆转租给丙公司,以赚取租金差价。这种情况下,对于甲企业而言,该栋楼不属于其投资性房地产;对于乙企业而言,则属于其投资性房地产。

(二)不属于投资性房地产的项目

不属于投资性房地产的项目如图 1—1—9—1 所示。

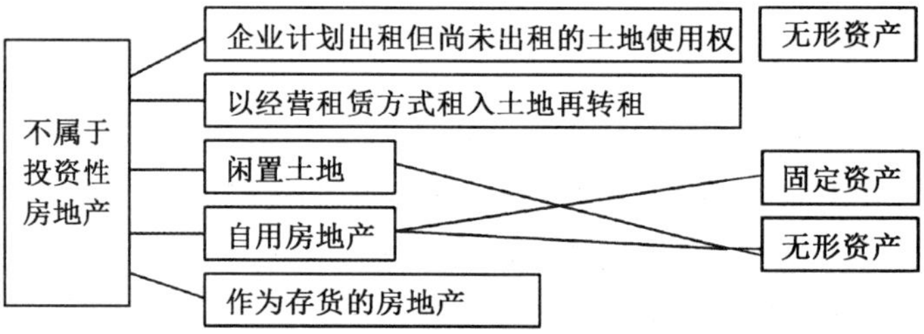

图 1—1—9—1 不属于投资性房地产的项目

1. 自用房地产

自用房地产是指为生产商品、提供劳务或者经营管理而持有的房地产,如企业生产经营用的厂房和办公楼属于固定资产,企业生产经营用的土地使用权属于无形资产。

例如,企业出租给本企业职工居住的宿舍,虽然也收取租金,但间接为企业自身的生产经营服务,因此具有自用房地产的性质。

2. 作为存货的房地产

作为存货的房地产,通常是指房地产开发企业在正常经营过程中销售的或为销售而正在开发的商品房和土地。这部分房地产属于房地产开发企业的存货,其生产、销售构成企业的主营业务活动,产生的现金流量也与企业的其他资产密切相关。因此,具有存货性质的房地产不属于投资性房地产。

从事房地产经营开发的企业依法取得的、用于开发后出售的土地使用权,属于房地产开发企业的存货,即使房地产开发企业决定待增值后再转让其开发的土地,也不得将其确认为投资性房地产。

实务中,存在某项房地产部分自用或作为存货出售、部分用于赚取租金或资本增值的情形。如某项投资性房地产不同用途的部分能够单独计量和出售的,应当分别确认为固定资产(或无形资产、存货)和投资性房地产。

【例题 2】 甲开发商建造了一栋商住两用楼盘,一层出租给一家大型超市,已签订经营租赁合同;其余楼层均为普通住宅,正在公开销售中。这种情况下,如果一层商铺能够单独计量和出售,应当确认为甲企业的投资性房地产,其余楼层为甲企业的存货,即开发产品。

【随堂训练 1·多选题】 下列各项中,不属于投资性房地产的有(　　)。

A. 房地产开发企业开发的准备出售的房屋
B. 房地产开发企业拥有的已出租建筑物
C. 企业持有的准备建造房屋的土地使用权
D. 企业持有并准备增值后转让的土地使用权

二、投资性房地产账务处理及实例

投资性房地产应当按照成本进行初始确认，一项资产在符合投资性房地产的概念并同时满足下列两个条件时，才能确认为投资性房地产：①与该投资性房地产相关的经济利益很可能流入企业；②该投资性房地产的成本能够可靠计量。

（一）投资性房地产的取得

1. 外购的投资性房地产

外购的投资性房地产应当按照取得时的实际成本进行初始计量，其成本包括购买价款、相关税费和可直接归属于该资产的其他支出。外购取得投资性房地产时，按照取得时的实际成本，借记“投资性房地产”科目，贷记“银行存款”等科目。即：

外购成本＝购买成本＋相关税费＋可直接归属于该资产的其他支出

基本分录如下：

借：投资性房地产（价税费）（成本模式）
　　或投资性房地产——成本（公允价值模式）
　　贷：银行存款等

【例题 3】 2018 年 3 月，甲企业计划购入一栋写字楼用于对外出租。3 月 15 日，甲企业与乙企业签订了经营租赁合同，约定自写字楼购买日起将这栋写字楼出租给乙企业，为期 5 年。4 月 5 日，甲企业实际购入写字楼，支付价款共计 1 200 万元。假设不考虑其他因素，甲企业采用成本模式进行后续计量。

甲企业的账务处理如下：

借：投资性房地产——写字楼　　　　12 000 000
　　贷：银行存款　　　　　　　　　　12 000 000

【随堂训练 2·核算题】 2018 年 1 月 1 日，甲公司购入一幢建筑物用于出租，取得发票上注明的价款为 100 万元，款项以银行存款支付。购入该建筑物发生的谈判费用为 0.2 万元，差旅费为 0.3 万元。该投资性房地产的入账价值为多少万元？

2. 自行建造的投资性房地产

自行建造的投资性房地产，其成本由建造该项资产达到预定可使用状态前发生的必要支出构成，包括土地开发费、建筑成本、安装成本、应予以资本化的借款费用、支付的其他费用和分摊的间接费用等。建造过程中发生的非正常性损失，直接计入当期损益，不计入建造成本。建造完工后，应按照确定的成本，借记“投资性房地产”科目，贷记“在建工程”等科目。

基本分录如下：

借：投资性房地产（价税费）（成本模式）
　　或投资性房地产——成本（公允价值模式）
　　贷：在建工程等

【例题4】 2018年1月,乙企业从其他单位购入一块土地的使用权,并在这块土地上开始自行建造3栋厂房。2018年10月,乙企业预计厂房即将完工,与丙公司签订了经营租赁合同,将其中的一栋厂房租赁给丙公司使用。租赁合同约定,该厂房于完工(达到预定可使用状态)时开始起租。2018年11月1日,3栋厂房同时完工(达到预定可使用状态)。该块土地使用权的成本为600万元;3栋厂房的实际造价均为1 000万元,能够单独出售。假设乙企业采用成本计量模式。

乙企业的账务处理如下:

土地使用权中的对应部分同时转换为投资性房地产=[600×(1 000÷3 000)]

=200(万元)

借:投资性房地产——厂房　　10 000 000

　贷:在建工程　　10 000 000

借:投资性房地产——土地使用权　　2 000 000

　贷:无形资产——土地使用权　　2 000 000

3. 内部转换形成的投资性房地产

(1)企业将作为存货的房地产转换为投资性房地产的,应当按照该项存货在转换日的账面余额或公允价值进行核算。

①成本模式。

借:投资性房地产

　存货跌价准备

　贷:开发产品(账面余额)

②公允价值模式。

借:投资性房地产——成本

　贷:开发产品(账面余额)

　　其他综合收益(贷方差额情况下,盈)

或:

借:投资性房地产——成本

　公允价值变动损益(借方余额情况下,亏)

　存货跌价准备

　贷:开发产品(账面余额)

(2)企业将自用的建筑物等转换为投资性房地产。

①成本模式。

借:投资性房地产

　累计折旧

　固定资产减值准备

　贷:固定资产

　　投资性房地产累计折旧

　　投资性房地产减值准备

②公允价值模式。

A. 盈:

借:投资性房地产——成本(转换日的公允价值)
　　累计折旧
　　固定资产减值准备
　　贷:固定资产
　　　其他综合收益(贷方余额情况下)

B. 亏:

借:投资性房地产——成本(转换日的公允价值)
　　累计折旧
　　公允价值变动损益(借方余额情况下)
　　固定资产减值准备
　　贷:固定资产

【例题5】 企业将房地产存货转为采用公允价值计量的投资性房地产,转换日存货公允价值小于原账面价值差额记入(　　)科目。

A.“营业外支出”　　B.“其他综合收益”

C.“公允价值变动损益”　　D.“其他业务成本”

答案 C

解析 企业将作为存货的房地产转换为投资性房地产的,采用公允价值计量,应当按照该项存货在转换日的公允价值,借记“投资性房地产——成本”科目,按照其账面余额,贷记“开发产品”科目,按照其差额,贷记“其他综合收益”科目(贷方差额)或借记“公允价值变动损益”科目(借方差额)。

(二)投资性房地产的后续计量

投资性房地产的后续计量有成本模式和公允价值模式,企业通常应当采用成本模式对投资性房地产进行后续计量,也可采用公允价值模式对投资性房地产进行后续计量。

相关知识链接3

同一企业只能采用一种模式对所有投资性房地产进行后续计量,不得同时采用两种计量模式。

1. 采用成本模式进行后续计量的投资性房地产

采用成本模式进行后续计量的投资性房地产,应当按照《企业会计准则第4号——固定资产》或《企业会计准则第6号——无形资产》的有关规定,按期(月)计提折旧或摊销,借记“其他业务成本”等科目,贷记“投资性房地产累计折旧(摊销)”科目。取得的租金收入,借记“银行存款”等科目,贷记“其他业务收入”等科目。

投资性房地产存在减值迹象的,经减值测试后确定发生减值的,应当计提减值准备,借记“资产减值损失”科目,贷记“投资性房地产减值准备”科目。已经计提减值准备的投资性房地产,其减值损失在以后的会计期间不得转回。

基本分录如下:

(1)计提折旧或摊销时：

借：其他业务成本

　　贷：投资性房地产累计折旧(摊销)

(2)取得租金收入时：

借：银行存款

　　贷：其他业务收入

(3)计提减值准备时：

借：资产减值损失

　　贷：投资性房地产减值准备

相关知识链接 4

投资性房地产作为企业主营业务，应通过“主营业务收入”和“主营业务成本”科目核算相关的损益。

【例题 6】 甲企业的一栋办公楼出租给乙企业使用，已确认为投资性房地产，采用成本模式进行后续计量。假设这栋办公楼的成本为 1 800 万元，按照直线法计提折旧，使用寿命为 20 年，预计净残值为零。按照经营租赁合同，乙企业每月支付甲企业租金 8 万元。当年 12 月，这栋办公楼发生减值迹象，经减值测试，其可收回金额为 1 200 万元，此时办公楼的账面价值为 1 500 万元，以前未计提减值准备。

甲企业的账务处理如下：

(1)计提折旧时：

每月计提的折旧＝1 800÷20÷12＝7.5(万元)＝75 000(元)

借：其他业务成本　　75 000

　　贷：投资性房地产累计折旧　　75 000

(2)确认租金时：

借：银行存款(或其他应收款)　　80 000

　　贷：其他业务收入　　80 000

(3)计提减值准备时：

借：资产减值损失　　3 000 000

　　贷：投资性房地产减值准备　　3 000 000

【随堂训练 3 · 多选题】 下列各项资产减值准备中，一经确认在相应资产持有期间内均不得转回的有(　　)。

A. 坏账准备　　B. 固定资产减值准备

C. 存货跌价准备　　D. 投资性房地产减值准备

【随堂训练 4 · 判断题】 采用成本模式进行后续计量的投资性房地产，其后续计量原则与固定资产或无形资产相同。　　(　　)

2. 采用公允价值模式进行后续计量的投资性房地产

企业有确凿证据表明其投资性房地产的公允价值能够持续可靠取得的，可以对投资性房地产采用公允价值模式进行后续计量。

(1)投资性房地产采用公允价值模式进行后续计量。

不计提折旧或进行摊销，企业应当以资产负债表日的公允价值为基础，调整其账面余额。

(2)资产负债表日，公允价值高于其账面余额的差额，应做如下会计分录：

借：投资性房地产——公允价值变动

　贷：公允价值变动损益

公允价值低于其账面余额的差额，则为：

借：公允价值变动损益

　贷：投资性房地产——公允价值变动

(3)取得租金收入时：

借：银行存款/其他应收款

　贷：其他业务收入

【随堂训练5·判断题】 投资性房地产采用公允价值模式进行后续计量的，应按资产负债表日该资产的公允价值调整其账面价值。　(　　)

【例题7】 甲公司为从事房地产经营开发的企业。2018年8月，甲公司与乙公司签订租赁协议，约定将甲公司开发的一栋精装修写字楼于开发完成的同时开始租赁给乙公司使用，租赁期为10年。当年10月1日，该写字楼开发完成并开始起用，写字楼的造价为1 000万元。2018年12月31日，该写字楼的公允价值为1 200万元。甲公司采用公允价值计量模式。

甲公司应编制如下会计分录：

(1)2018年10月1日，甲公司开发完成写字楼并出租时：

借：投资性房地产——成本　　10 000 000

　贷：开发产品　　10 000 000

(2)2018年12月31日：

借：投资性房地产——公允价值变动　　2 000 000

　贷：公允价值变动损益　　2 000 000

【随堂训练6·核算题】 某企业对投资性房地产采用公允价值计量模式。2018年1月1日购入一幢房屋用于出租。该房屋的成本为510万元，用银行存款支付。房屋预计使用年限为20年。预计净残值为10万元。2018年6月30日，该房屋的公允价值为508万元。请做2018年6月30日的会计处理。

3. 投资性房地产后续计量模式的变更

(1)为保证会计信息的可比性，企业对投资性房地产的计量模式一经确定，不得随意变更。

(2)存在确凿的证据表明投资性房地产的公允价值能够持续可靠取得，且能够满足采用公允价值模式条件的情况下，才允许企业对投资性房地产从成本模式计量变更为公允价值模式计量。

成本模式转为公允价值模式的，应当作为会计政策变更处理，将计量模式变更时公允价值与账面价值的差额，调整期初留存收益(未分配利润)。

(3)已采用公允价值模式计量的投资性房地产，不得从公允价值模式转为成本模式。

【例题 8】 2018 年,甲企业将一栋写字楼对外出租,采用成本模式进行后续计量。2020 年 2 月 1 日,假设甲企业持有的投资性房地产满足采用公允价值模式条件,甲企业决定采用公允价值模式计量对该写字楼进行后续计量。2020 年 2 月 1 日,该写字楼的原价为 9 000 万元,已计提折旧 270 万元,账面价值为 8 730 万元,公允价值为 9 500 万元。甲企业按净利润的 10%计提盈余公积。

甲企业的账务处理如下:

借:投资性房地产——成本(公允价值) 95 000 000
　　累计折旧(已提的折旧) 2 700 000
　　贷:投资性房地产(账面原值) 90 000 000
　　　　利润分配——未分配利润(借贷差额×90%) 6 930 000
　　　　盈余公积(借贷差额×10%) 770 000

解析

利润分配——未分配利润=(95 000 000+2 700 000−90 000 000)×90%=6 930 000(元)

盈余公积=(95 000 000+2 700 000−90 000 000)×10%=770 000(元)

4. 投资性房地产的处置

企业出售、转让、报废投资性房地产或者发生投资性房地产毁损,应当将处置收入扣除其账面价值和相关税费后的金额计入当期损益。实际收到的处置收入计入其他业务收入;处置投资性房地产的账面价值计入其他业务成本。

(1)采用成本模式计量的投资性房地产的处置

取得处置收入时:

借:银行存款(处置收入净额)
　　贷:其他业务收入

结转投资性房地产账面余额时:

借:其他业务成本
　　投资性房地产累计折旧(摊销)
　　投资性房地产减值准备
　　贷:投资性房地产

【例题 9】 甲公司将其出租的一栋写字楼确认为投资性房地产,采用成本模式计量。租赁期届满后,甲公司将该栋写字楼出售给乙公司,合同价款为 15 000 万元,乙公司已用银行存款付清。出售时,该栋写字楼的成本为 14 000 万元,已计提折旧 1 000 万元。假定不考虑税费等因素。

甲公司应编制如下会计分录:

①收取处置收入时:

借:银行存款 150 000 000
　　贷:其他业务收入 150 000 000

②结转处置成本时:

借:其他业务成本 130 000 000
　　投资性房地产累计折旧 10 000 000
　　贷:投资性房地产——写字楼 140 000 000

(2)采用公允价值模式计量的投资性房地产的处置

第一步,处置收入。

借:银行存款

　　贷:其他业务收入

第二步,结转成本。

借:其他业务成本

　　投资性房地产——公允价值变动(跌价)

　　贷:投资性房地产——成本

　　　　　　　　　——公允价值变动(涨价)

第三步,结转公允价值变动损益。

借:公允价值变动损益

　　贷:其他业务成本

或:

借:其他业务成本

　　贷:公允价值变动损益

第四步,结转其他综合收益(如果存在转换日记入其他综合收益的金额,也一并结转)。

借:其他综合收益

　　贷:其他业务成本

【例题10】 甲公司将其出租的一栋写字楼确认为投资性房地产,采用公允价值模式计量。租赁期届满后,甲公司将该栋写字楼出售给乙公司,合同价款为15 000万元,乙公司已用银行存款付清。出售时,该栋写字楼的成本为12 000万元,公允价值变动为借方余额1 000万元。假定不考虑相关税费等。

甲公司应编制如下会计分录:

①收取处置收入时:

借:银行存款　　150 000 000

　　贷:其他业务收入　　150 000 000

②结转处置成本时:

借:其他业务成本　　130 000 000

　　贷:投资性房地产——××写字楼(成本)　　120 000 000

　　　　　　　　　——××写字楼(公允价值变动)　　10 000 000

③结转投资性房地产累计公允价值变动损益时:

借:公允价值变动损益　　10 000 000

　　贷:其他业务成本　　10 000 000

扫码看资源

项目十　无形资产及其他资产的核算

一、无形资产

（一）无形资产的特征及构成

1. 无形资产的概念及特征

无形资产是指企业拥有或者控制的没有实物形态的可辨认非货币性资产。

扫码看资源

无形资产具有以下特征：

（1）由企业拥有或者控制并能为其带来未来经济利益的资源。预计能为企业带来未来经济利益，是作为一项资产的本质特征，无形资产也不例外。

（2）不具有实物形态。无形资产通常表现为某种权利、某项技术或是某种获取超额利润的综合能力。它们不具有实物形态，看不见、摸不着，如土地使用权、非专利技术等。

（3）具有可辨认性。作为无形资产进行核算，该资产必须是能够区别于其他资产可单独辨认的，如企业持有的专利权、非专利技术、商标权、土地使用权、特许权等。

（4）属于非货币性长期资产。无形资产属于非货币性长期资产，且能够在多个会计期间为企业带来经济利益。无形资产使用年限在一年以上，其价值将在各个受益期间逐渐摊销。

相关知识链接 1

商誉的存在无法与企业自身分离，不具有可辨认性，不构成无形资产。

2. 无形资产的构成

无形资产主要包括专利权、商标权、土地使用权、非专利技术、著作权、特许权等。

（1）专利权

专利权是指国家专利主管机关依法授予发明创造专利申请人对其发明创造在法定期限内所享有的专有权利，包括发明专利权、实用新型专利权和外观设计专利权。它给予持有者独家使用或控制某项发明的特殊权利。一般而言，只有从外单位购入的专利或者自行开发并按法律程序申请取得的专利，才能作为无形资产管理和核算。这种专利可以降低成本，或者提高产品质量，或者将其转让出去获得转让收入。

扫码看资源

企业从外单位购入的专利权，应按实际支付的价款作为专利权的成本。企业自行开发并按法律程序申请取得的专利权，应按照无形资产准则确定的金额作为成本。

（2）商标权

商标是用来辨认特定的商品或劳务的标记。企业自创的商标并将其注册登记，所花费用一般不大，是否将其资本化并不重要。能够给拥有者带来获利能力的商标，往往是通过多年的广告宣传和其他传播商标名称的手段，以及客户的信赖等树立起来的。广告费一般不作为商标权的成本，而是在发生时直接计入当期损益。如果企业购买他人的商标，一次性支出费用较大的，可以将其资本化，作为无形资产管理。这时，应根据购入商标的价款、支付的手续费及有关费用作为商标的成本。

(3)土地使用权

土地使用权是指国家准许某一企业或单位在一定期间内对国有土地享有开发、利用、经营的权利。企业取得土地使用权，应将取得时发生的支出资本化，作为土地使用权的成本，记入“无形资产”科目。

(4)非专利技术

非专利技术即专有技术，或技术秘密、技术诀窍，是指先进的、未公开的、未申请专利、可以带来经济效益的技术及诀窍。

企业的非专利技术，有些是自己开发研究的，有些是根据合同规定从外部购入的。如果是企业自己开发研究的，应将符合《企业会计准则第 6 号——无形资产》规定的开发支出资本化条件的，确认为无形资产。对于从外部购入的非专利技术，应将实际发生的支出予以资本化，作为无形资产入账。

(5)著作权

著作权又称版权，制作者对其创作的文学、科学和艺术作品依法享有的某种特殊权利。著作权包括两方面的权利，即精神权利(人身权利)和经济权利(财产权利)。前者指作品署名权、发表作品、确认作者身份、保护作品完整性、修改已经发表的作品等各项权利，包括发表权、署名权、修改权和保护作品完整权；后者指以出版、表演、广播、展览、录制唱片、摄制影片等方式使用作品以及因授权他人使用作品而获得经济利益的权利。

(6)特许权

特许权，又称经营特许权、专营权，指企业在某一地区经营或销售某种特定商品的权利或是一家企业接受另一家企业使用其商标、商号、技术秘密等的权利。前者一般是指政府机关授权、准许企业使用或在一定地区享有经营某种业务的特权，如水、电、邮电通信等专营权、烟草专卖权等；后者指企业间依照签订的合同，有期限或无期限使用另一家企业的某些权利，如连锁店分店使用总店的名称等。

(二)无形资产账务处理及实例

1. 无形资产核算应设置的会计科目

为了核算无形资产的取得、摊销、处置等情况，企业应当设置“无形资产”“累计摊销”等科目。

“无形资产”科目核算企业持有的无形资产成本，借方登记取得无形资产的成本，贷方登记出售无形资产转出的无形资产账面余额，期末借方余额，反映企业无形资产的成本。“无形资产”科目应按无形资产项目设置明细账，进行明细核算。

“累计摊销”科目属于“无形资产”的调整科目，核算企业对使用寿命有限的无形资产计提的累计摊销，贷方登记企业计提的无形资产摊销，借方登记处置无形资产转出的累计摊销，期末贷方余额，反映企业无形资产的累计摊销额。

此外，企业无形资产发生减值的，还应当设置“无形资产减值准备”科目进行核算。

2. 无形资产取得的核算

企业无形资产取得的方式主要有外购、自行研究开发等。取得的方式不同，其会计处理也有所差别。无形资产应按成本进行初始计量。

（1）外购的无形资产，其成本包括购买价款、相关税费以及直接归属于使该项资产达到预定用途前所发生的其他支出。其中，相关税费不包括可以从销项税额中抵扣的增值税进项税额。

【例题 1】 甲公司为增值税一般纳税人，购入一项非专利技术，取得的增值税专用发票上注明价款为 900 000 元，税率 6%，增值税税额 54 000 元，以银行存款支付。甲公司应编制如下会计分录：

借：无形资产——非专利技术　　900 000
　　应交税费——应交增值税(进项税额)　　54 000
　　贷：银行存款　　954 000

（2）企业自行研究开发的无形资产，其成本包括在满足资本化条件的时点至无形资产达到预定用途前所发生的可直接归属于该无形资产的创造、生产并使该资产能够以管理层预定的方式运作的必要支出总和。

企业内部研究开发项目所发生的支出应区分研究阶段支出和开发阶段支出。研究阶段支出计入当期管理费用。开发阶段支出符合资本化条件的，应当确认为无形资产；不符合资本化条件的，应当计入当期管理费用。

企业自行开发无形资产应设置“研发支出”科目进行核算，核算企业进行研究与开发无形资产过程中发生的各项支出。“研发支出”科目应当按照研究开发项目，分别“费用化支出”与“资本化支出”进行明细核算。

①企业自行开发无形资产发生的研发支出，不满足资本化条件的，借记“研发支出——费用化支出”科目；满足资本化条件的，借记“研发支出——资本化支出”，贷记“原材料”“银行存款”“应付职工薪酬”等科目，应费用化的支出转入“管理费用”科目。

②企业以其他形式取得的正在进行中的研究开发项目，应按确定的金额，借记“研发支出——资本化支出”科目，贷记“银行存款”等科目，以后发生的研发支出，比照上述第①条进行处理。

③研究开发项目达到预定用途形成无形资产的，应按“研发支出——资本化支出”科目的余额，借记“无形资产”科目，贷记“研发支出——资本化支出”科目。

期末，企业应将“研发支出”科目归集的费用化支出金额转入“管理费用”科目，借记“管理费用”科目，贷记“研发支出”科目（费用化支出）。无法可靠区分研究阶段的支出和开发阶段的支出，应将其所发生的研发支出全部费用化，计入当期损益。

“研发支出”科目期末借方余额，反映企业正在进行中的研究开发项目中满足资本化条件的支出。

【例题 2】 甲公司自行研究、开发一项技术，截至 2018 年 12 月 31 日，发生研发支出 2 000 000 元，经测试，该项研发完成了研究阶段，从 2019 年 1 月 1 日进入开发阶段。2019 年发生开发支出 400 000 元，全部符合开发支出资本化的条件，取得的增值税专用发票上注明的增值税税额为 64 000 元。2019 年 6 月 30 日，该项研发活动结束，开发形成一项非专利技术。甲公司应编制如下会计分录：

(1)2018 年发生的研发支出。

借：研发支出——费用化支出　　2 000 000

　贷：银行存款等　　2 000 000

(2)2018 年 12 月 31 日，发生的研发支出全部属于研究阶段的支出。

借：管理费用　　2 000 000

　贷：研发支出——费用化支出　　2 000 000

(3)2019 年，发生开发支出并符合资本化确认条件。

借：研发支出——资本化支出　　400 000

　应交税费——应交增值税(进项税额)　　64 000

　贷：银行存款等　　464 000

(4)2019 年 6 月 30 日，该技术研究完成并形成无形资产。

借：无形资产　　400 000

　贷：研发支出——资本化支出　　400 000

【随堂训练 1·单选题】 2018 年 8 月 1 日，某企业开始研究开发一项新技术，当月共发生研发支出 800 万元，其中，费用化的金额 650 万元，符合资本化条件的金额 150 万元。8 月末，研发活动尚未完成。该企业 2018 年 8 月应计入当期利润总额的研发支出为(　　)万元。

A. 0　　B. 150

C. 650　　D. 800

【随堂训练 2·判断题】 对自行开发并按法律程序申请取得的无形资产，按在研究与开发过程中发生的材料费用、直接参与开发人员的工资及福利费、开发过程中发生的租金、借款费用，以及注册费、聘请律师费等费用，作为无形资产的实际成本。(　　)

3. 无形资产的摊销

(1)企业应当于取得无形资产时分析判断其使用寿命。使用寿命有限的无形资产应进行摊销，使用寿命不确定的无形资产不应摊销(期末进行减值测试)。

(2)无形资产应自可供使用当月起开始摊销，处置当月不再摊销；其摊销金额一般计入当期损益。企业自用的无形资产，其摊销额计入管理费用；出租的无形资产，其摊销额计入其他业务成本；某项无形资产包含的经济利益用过所产生的产品或其他资产实现的，其摊销额应当计入相关资产成本。

(3)无形资产摊销方法包括直线法、生产总量法等。

(4)无形资产摊销的会计处理。

借：管理费用

　其他业务成本等

　贷：累计摊销

【例题 3】 甲公司购买了一项特许权，成本为 4 800 000 元，合同规定受益年限为 10 年，甲公司每月应摊销 40 000 元。每月摊销时，甲公司应编制如下会计分录：

借：管理费用　　40 000

贷：累计摊销　　40 000

【例题 4】 2018 年 1 月 1 日，甲公司将其自行开发搞定的非专利技术出租给丁公司，该非专利技术成本为 3 600 000 元，双方约定的租赁期限为 10 年，甲公司每月应摊销 30 000 元。每月摊销时，甲公司应做如下会计处理：

借：其他业务成本　　30 000

　贷：累计摊销　　30 000

相关知识链接 2

无形资产的摊销应关注其摊销范围、时间、摊销额的去向。

【随堂训练 3 · 多选题】 公司对使用寿命有限的无形资产进行摊销时，其摊销额应根据不同情况分别计入(　　)。

A. 管理费用　　B. 制造费用

C. 财务费用　　D. 其他业务成本

4. 无形资产处置的核算

(1)无形资产出售

企业出售无形资产，应当将所收到或应收的金额与其账面价值(成本减去累计摊销和计提的减值)的差额，确认为处置非流动资产的利得或损失，记入“资产处置损益”科目。

【例题 5】 甲公司所拥有的某项商标权的成本为 5 000 000 元，已摊销金额为 3 000 000 元，已计提的减值准备为 500 000 元。该公司于当期出售该商标权的所有权，取得出售收入 2 000 000 元，增值税税额 120 000 元。甲公司的账务处理如下：

借：银行存款　　2 000 000

　累计摊销　　3 000 000

　无形资产减值准备　　500 000

　贷：无形资产　　5 000 000

　　应交税费——应交增值税(销项税额)　　120 000

　　资产处置损益　　380 000

(2)无形资产出租

企业让渡无形资产使用权形成的租金收入和发生的相关费用，分别确认为其他业务收入和其他业务成本。

(3)无形资产报废

如果无形资产预期不能为企业带来未来经济利益，例如，该无形资产已被其他新技术所替代，则应将其报废并予转销，其账面价值转作当期损益，计入营业外支出。

【例题 6】 2018 年 12 月 31 日，甲企业某项专利权的账面余额为 6 000 000 元。该专利权的摊销期限为 10 年，采用直线法进行摊销，已摊销 5 年。该专利权的残值为零，已累计计提减值准备 1 600 000 元。假定以该专利权生产的产品没有市场，预期不能为企业带来经济利益。假定不考虑其他相关因素，甲企业的账务处理如下：

借：累计摊销　　3 000 000
　　无形资产减值准备　　1 600 000
　　营业外支出——处置非流动资产损失　　1 400 000
　　贷：无形资产——专利权　　6 000 000

【随堂训练 4·单选题】 某企业转让一项土地使用权，与此有关的资料如下：该土地使用权的账面余额 50 万元，已摊销 20 万元，计提资产减值准备 5 万元，取得转让价款 28 万元，应交增值税 2.8 万元。假设不考虑其他因素，该企业应确认的转让无形资产净收益为（　　）万元。

A. −2　　B. 1.6　　C. 3　　D. 8

(4)无形资产减值

无形资产在资产负债表日存在可能发生减值的迹象时，其可收回金额低于账面价值的，企业应当将该无形资产的账面价值减记至可收回金额，减记的金额确认为减值损失，计入当期损益，同时计提相应的资产减值准备，按应减记的金额，借记"资产减值损失——计提的无形资产减值准备"科目，贷记"无形资产减值准备"科目。无形资产减值损失一经确认，在以后会计期间不得转回。

【例题 7】 2018 年 12 月 31 日，市场上某项技术生产的产品势头较好，已对甲公司产品的销售产生重大不利影响。甲公司外购的类似专利技术的账面价值为 800 000 元，剩余摊销年限为 4 年，经减值测试，该专利技术的可收回金额为 750 000 元。

甲公司应做如下会计分录：

借：资产减值损失——计提的无形资产减值准备　　50 000
　　贷：无形资产减值准备　　50 000

【随堂训练 5·单选题】 甲公司 2018 年年初开始进行新产品研究开发，2018 年度投入研究费用 300 万元，2019 年度投入开发费用 600 万元（假定均符合资本化条件），至 2020 年年初获得成功，并向国家专利局提出专利权申请且获得专利权，实际发生包括注册登记费等 90 万元。该项专利权法律保护年限为 10 年，预计使用年限 12 年。则甲公司对该项专利权 2020 年度应摊销的金额为（　　）万元。

A. 55　　B. 69　　C. 80　　D. 96

【随堂训练 6·判断题】 使用寿命有限的无形资产应当自达到预定用途的下月起开始摊销。（　　）

【随堂训练 7·判断题】 专门用于生产某产品的无形资产，其所包含的经济利益通过所生产的产品实现的，该无形资产的摊销额应计入产品成本。（　　）

【例题 8】 甲上市公司自行研究开发一项专利技术，与该项专利技术有关的资料如下：

1. 2018 年 1 月，该项研发活动进入开发阶段，以银行存款支付开发费用 280 万元，其中满足资本化条件的为 150 万元。2018 年 7 月 1 日，开发活动结束，并按法律程序申请取得专利权，供企业行政管理部门使用。

(1)编制甲上市公司发生开发支出的会计分录（金额单位用万元表示）：

借：研发支出——资本化支出　　150
　　　　　　——费用化支出　　130
　　贷：银行存款　　280

(2)编制甲上市公司转销费用化开发支出的会计分录(金额单位用万元表示):

借:管理费用　130

　贷:研发支出——费用化支出　130

(3)编制甲上市公司形成专利权的会计分录(金额单位用万元表示):

借:无形资产　150

　贷:研发支出——资本化支出　150

2. 该项专利权法律规定有效期为5年,采用直线法摊销。2018年12月1日,将该项专利权转让,实际取得价款159万元,款项已存入银行。

(4)编制甲上市公司2018年7月专利权摊销金额的会计分录(金额单位用万元表示):

2018年7月专利权摊销金额=150÷5÷12=2.5(万元)

借:管理费用　2.5

　贷:累计摊销　2.5

(5)编制甲上市公司转让专利权的会计分录(金额单位用万元表示):

借:银行存款　159

　累计摊销(2.5×5)　12.5

　贷:无形资产　150

　　资产处置损益　21.5

二、其他资产的核算

其他资产,是指除货币资金、交易性金融资产、应收及预付款项、存货、长期投资、固定资产、无形资产等以外的资产,主要包括开办费、长期待摊费用和其他长期资产。

开办费指企业在筹建期间,除应计入有关财产物资价值以外所发生的各项费用,包括人员工资、办公费、培训费、差旅费、印刷费、注册登记费以及不计入固定资产价值的借款费用等。企业在筹建期间发生的开办费,在发生时直接计入当期管理费用。

长期待摊费用指摊销期在一年以上的已付费用,如经营性租入固定资产发生的改良支出等。企业发生的长期待摊费用,借记“长期待摊费用”科目,贷记有关科目。摊销时,借记“管理费用”“销售费用”等科目,贷记“长期待摊费用”科目。该科目如有借方余额,反映企业尚未摊销完毕的长期待摊费用。但是,如果长期待摊的费用项目不能使以后会计期间受益的,应当将尚未摊销的该项目的摊余价值全部转入当期损益。

其他长期资产一般包括国家批准储备的特种物资、银行冻结存款以及临时设施和涉及诉讼中的财产等。

【例题9】 2018年6月1日,某公司对其以经营租赁方式新租入的办公楼进行装修,发生以下有关支出:领用生产用材料500 000元,购进该批原材料时支付的增值税进项税额为80 000元;辅助生产车间为该装修工程提供的劳务支出为180 000元;有关人员工资等职工薪酬435 000元。2018年12月1日,该办公楼装修完工,达到预定可使用状态并交付使用,并按租赁期10年开始进行摊销。假定不考虑其他因素,该公司应做如下会计处理:

(1)装修领用原材料时:

借:长期待摊费用　500 000

　贷:原材料　500 000

同时，领用原材料的进项税额中以后期间可抵扣的部分(40%)。

借：应交税费——待抵扣进项税额　　32 000

　　贷：应交税费——应交增值税(进项税额转出)　　32 000

(2)辅助生产车间为装修工程提供劳务时：

借：长期待摊费用　　180 000

　　贷：生产成本——辅助生产成本　　180 000

(3)确认工程人员职工薪酬时：

借：长期待摊费用　　435 000

　　贷：应付职工薪酬　　435 000

(4)2018 年摊销装修支出时：

借：管理费用[(580 000+180 000+435 000)÷10÷12]

　　9 958.33

　　贷：长期待摊费用　　9 958.33

扫码看资源

课后思考

(1)交易性金融资产处置损益与持有期间损益的区别是什么？

(2)“材料成本差异”科目借方、贷方的核算内容分别是什么？

(3)判断一项资产为投资性房地产时应注意哪些事项？

(4)分析资产的账面价值与账面余额的关系。

扫码看资源

单元二　负债的核算

本单元基本内容框架

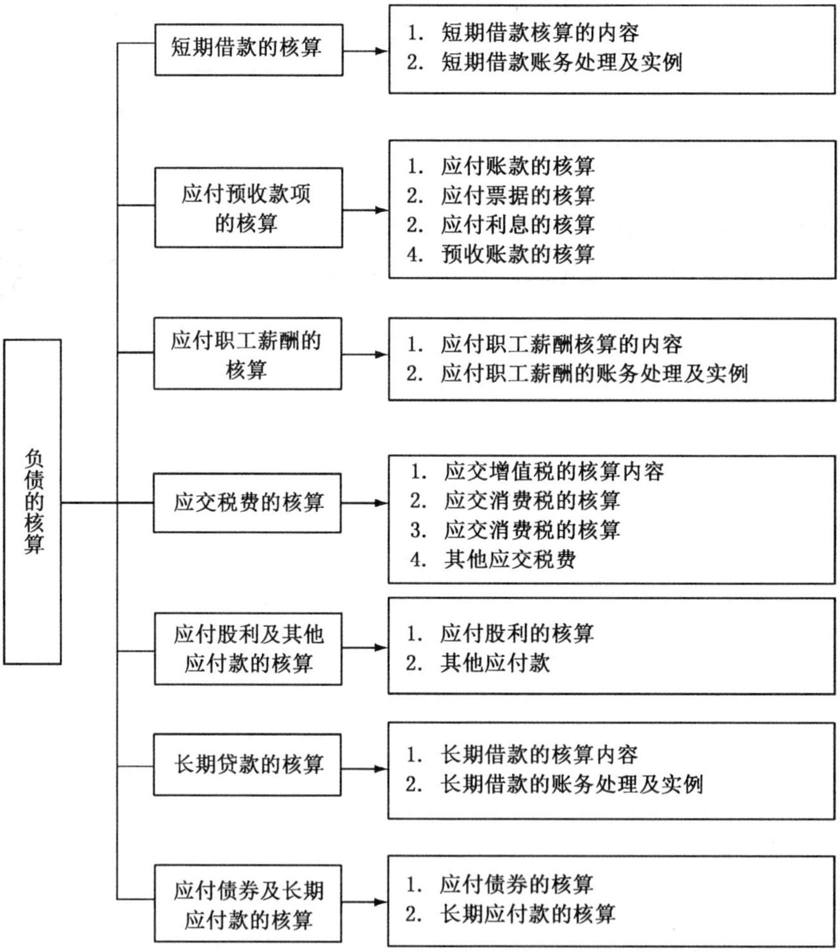

本单元学习目标

- 掌握短期借款、应付票据、应付账款和预收账款的核算内容及账务处理；
- 掌握应付职工薪酬的核算内容及账务处理；
- 掌握应交增值税、应交消费税、应交所得税的核算内容及相关账务处理；
- 熟悉应付股利、应付利息和其他应付款的核算内容及账务处理；
- 熟悉应交税费的内容、其他应交税费的核算；
- 熟悉长期借款、应付债券和长期应付款的核算内容及账务处理；
- 熟悉负债的概念及分类。

负债是指企业过去的交易或者事项形成的，预期会导致经济利益流出企业的现时义务。

负债按期流动性可分为流动负债和非流动负债两类。流动负债是指将在一年或超过一年的一个营业周期内偿还的债务，主要包括短期借款、应付票据、应付账款、应付利息、预收账款、应付职工薪酬、应交税费、应付股利、其他应付款等。非流动负债是指流动负债以外的负债，包括长期借款、应付债券、长期应付款等。负债按其偿还方式不同，可分为货币性负债与非货币性负债。

项目一　短期借款的核算

一、短期借款核算的内容

短期借款是指企业向银行或其他金融机构等借入的期限在一年以下（含一年）的各种借款。短期借款一般是企业为维持正常的生产经营所需的资金。

扫码看资源

企业通过“短期借款”账户核算短期借款的取得、偿还等情况。该账户按借款单位（个人）的户名（人名）设置明细账。该账户的贷方反映短期借款本金的借入数，借方反映短期借款本金的偿还数；期末余额在贷方，表示企业尚未归还的短期借款本金余数。

短期借款的核算内容包括借款的取得、利息的计提及偿还、本金的偿还。

二、短期借款账务处理及实例

（一）短期借款的取得

企业借入各种短期借款，按借入的实际本金数，借记“银行存款”科目，贷记“短期借款——××”科目。

（二）短期借款利息及还本的核算

在实际工作中，企业的短期借款利息一般采用月末预提，按季度支付，短期借款利息属于筹资费用，应记入“财务费用”科目。

(1)企业应在资产负债表日预提按照计算确定的短期借款利息费用(计提利息)：

借：财务费用

　　贷：应付利息

(2)实际支付时(支付利息)：

借：应付利息

　　贷：银行存款

(3)短期借款到期偿还本金时(还本)：

借：短期借款

　　贷：银行存款

相关知识链接

最后一期的利息在实际支付时直接借记“财务费用”科目，不通过“应付利息”科目核算。

【例题】 甲公司于2018年1月1日向银行借入80万元用于生产经营的短期借款，期限9个月，年利率6%，该借款到期时按期如数归还，利息分月预提，按季支付。

甲公司有关账务处理如下：

(1)1月1日借入款项时：

借：银行存款	800 000	
贷：短期借款		800 000

(2)1月末预提当月利息费用时：

800 000×6%÷12=4 000(元)

借：财务费用	4 000	
贷：应付利息		4 000

2月末预提当月利息的处理相同。

(3)3月末支付本季度利息时：

借：财务费用	4 000	
应付利息	8 000	
贷：银行存款		12 000

第二、三季度的账务处理同上。

(4)10月1日偿还借款本金时：

借：短期借款	800 000	
贷：银行存款		800 000

如果上述借款期限是8个月，则到期日为9月1日，8月末之前的会计处理与上述相同。9月1日偿还本金，同时支付7、8月已提未付的利息：

借：短期借款	800 000	

应付利息　　8000

贷:银行存款　　808 000

如果企业的短期借款利息是按月支付的,或者利息是在借款到期时连同本金一起归还,但是数额不大的,可以不采用预提的方法,而在实际支付或收到银行的计息通知时,直接计入当期损益,即:

借:财务费用

贷:银行存款(或库存现金)

【随堂训练1·单选题】 某公司2018年7月1日向银行借入资金60万元,期限6个月,年利率为6%,到期还本,按月计提利息,按季付息。该企业7月31日应计提的利息为(　　)万元。

A. 0.3　　B. 0.6

C. 0.9　　D. 3.6

扫码看资源

【随堂训练2·判断题】 短期借款的利息无论是前几期还是最末一期,都必须通过"应付利息"科目核算。(　　)

项目二　应付及预收款项的核算

一、应付账款的核算

(一)应付账款的核算内容

应付账款是指企业因购买材料、商品或接受劳务供应等经营活动而应付给供应单位的款项。应付账款一般应在与所购买物资所有权相关的主要风险和报酬已经转移,或所购买的劳务已经接受时确认。

扫码看资源

企业应设置"应付账款"科目,核算应付账款的发生、偿还、转销等情况。该科目贷方登记企业购买材料、商品和接受劳务等而发生的应付账款,借方登记偿还的应付账款,或开出商业汇票抵付应付账款的款项,或已冲销的无法支付的应付账款。该余额一般在贷方,表示企业尚未支付的应付账款余额。本科目可按债权人设置明细账,进行明细核算。

应付账款的核算环节主要包括发生应付账款、偿还应付账款和转销应付账款三个环节。

(二)应付账款账务处理及实例

1. 发生应付账款

(1)货物与发票账单同时到达,待货物验收入库后,按发票账单登记入账。

借:原材料等

贷:应付账款

(2)货物与发票账单不同时到达,待月份终了时暂估入账,下月初红字冲销。

月末暂估入账:

借:原材料等

贷:应付账款——暂估应付账款

下月初做以上红字分录转销,待发票到后,按实际金额入账。

相关知识链接 1

应付账款一般按应付金额入账,而不按到期应付金额的现值入账。应付账款附有现金折扣的,按照折扣前的应付账款总额入账,享有的现金折扣,在偿付应付账款时冲减财务费用。

【例题 1】 甲企业为增值税一般纳税人。2018 年 3 月 1 日,从乙企业购入一批材料,货款为 100 000 元,增值税税额为 16 000 元,对方代垫运杂费 1 000 元。材料已运到,并验收入库(该企业材料按实际成本计价),款项尚未支付。甲企业做如下会计分录:

借:原材料　101 000
　应交税费——应交增值税(进项税额)　16 000
　贷:应付账款——乙公司　117 000

【例题 2】 根据供电部门通知,甲企业本月应支付电费 48 000 元。其中生产车间电费 32 000 元,企业行政管理部门电费 16 000 元,款项尚未支付。甲企业做如下会计分录:

借:制造费用　32 000
　管理费用　16 000
　贷:应付账款——××电力公司　48 000

【例题 3】 甲企业 2018 年 6 月 1 日从钢厂购进钢材价值 50 000 元,增值税税额 8 000 元,已验收入库,合同规定 20 日内付款,钢厂给予 1%的折扣(假定现金折扣不考虑增值税),20 日后付款全价,甲企业于 6 月 15 日付款。做会计分录如下:

钢材验收入库时:

借:原材料　50 000
　应交税费——应交增值税(进项税额)　8 000
　贷:应付账款——××钢厂　58 000

2. 偿还应付账款

企业偿还应付账款或开具商业汇票抵付应付账款时,借记"应付账款"科目,贷记"银行存款""应付票据"等科目。

【例题 4】 承例题 3,甲企业 6 月 15 日支付款项时:

借:应付账款——××钢厂　58 000
　贷:银行存款　57 420
　　财务费用　580

如果甲企业 25 日付款,做会计分录如下:

借:应付账款——××钢厂　58 000
　贷:银行存款　58 000

3. 转销应付账款

企业转销确实无法支付的应付账款，按其账面余额直接转入营业外收入。

【例题5】 2018年12月31日，甲企业确定一笔应付账款5 000元为无法支付的款项，应予转销。甲企业做如下分录：

借：应付账款	5 000	
贷：营业外收入——其他		5 000

实务中，企业外购动力、燃气等，在每月付款时先做暂付款处理，月末按照外购动力的用途进行摊销。

【例题6】 2018年5月20日，丙企业收到银行转来供电部门收费单据，支付电费38 000元。月末，该企业经计算，本月应付电费38 400元，其中生产车间电费25 600元，企业行政管理部门电费12 800元，款项尚未支付。不考虑相关税费。该企业应编制如下会计分录：

(1)支付外购动力费：

借：应付账款——××电力公司	38 000	
贷：银行存款		38 000

(2)月末分配外购动力费：

借：制造费用	25 600	
管理费用	12 800	
贷：应付账款——××电力公司		38 400

【随堂训练1·单选题】 企业发生赊购商品业务，下列各项中不影响应付账款入账金额的是(　　)。

A. 商品价款　　B. 增值税进项税额

C. 现金折扣　　D. 销货方代垫运杂费

【随堂训练2·单选题】 企业因债权人撤销而转销的无法支付的应付账款时，应将所转销的应付账款计入(　　)。

A. 资本公积　　B. 营业外收入　　C. 盈余公积　　D. 管理费用

二、应付票据的核算

(一)应付票据的核算内容

应付票据是指企业购买材料、商品和接受劳务供应等而开出、承兑的商业汇票，包括商业承兑汇票和银行承兑汇票。在会计核算中应通过"应付票据"科目，核算应付票据的发生、偿还等情况，并按债权人进行明细核算。该科目贷方登记开出、承兑汇票的面值及带息票据的预提利息，借方登记支付票据的金额，余额在贷方，表示企业尚未到期的商业汇票的票面金额和应计未付的利息。

企业还应当设置应付票据备查簿，详细登记商业汇票的种类、号数和出票日期、到期日、票面金额、交易合同号、收款人姓名或单位名称以及付款日期和金额等资料。应付票据到期结清时，在备查簿中应予注销。

商业汇票分为带息票据和不带息票据，不带息票据，其面值就是企业到期时应支付的金额；带息票据的票面金额仅表示本金，票据到期时除按面值支付外，还应另行支付利息。

相关提示 1

“应付票据”科目核算的内容是商业汇票(包括商业承兑汇票和银行承兑汇票)。

相关提示 2

应付票据的利息应该记入“应付票据”科目，不通过“应付利息”科目核算。

相关知识链接 2

商业汇票的付款期限不超过 6 个月，因此在会计上作为流动负债管理和核算。

(二)应付票据的账务处理及实例

1. 不带息票据的账务处理

(1)取得商业汇票时，按面值记入“应付票据”科目的贷方。如果开出的是银行承兑汇票，应将支付的手续费计入财务费用。

(2)到期按面值支付款项。

(3)开出并承兑的商业承兑汇票如果不能如期支付的，应在票据到期时，将“应付票据”票面金额转入“应付账款”科目。企业应付银行承兑汇票到期不能支付，应将应付票据的账面余额转作“短期借款”。

扫码看资源

【例题 7】 2018 年 6 月 1 日，某企业购进一批钢材已入库(按实际成本计价)，价值 60 000 元，增值税税额为 9 600 元，双方协议货到后签发 3 个月不带息的商业承兑汇票，支付银行手续费 10 元。该企业账务处理如下：

(1)根据进货发票和商业汇票存根：

借：原材料	60 000	
应交税费——应交增值税(进项税额)	9 600	
贷：应付票据		69 600

(2)支付银行手续费时：

借：财务费用	10	
贷：银行存款		10

(3)到期收到银行支付通知时：

借：应付票据	69 600	
贷：银行存款		69 600

【例题8】 假设上述业务票据到期无力支付时，委托人开户银行收到退回委托收款凭证和汇票时，该公司账务处理如下：

借：应付票据　　69 600

　贷：应付账款　　69 600

【例题9】 假设上述业务票据是银行承兑汇票，到期无力支付时，该公司账务处理如下：

借：应付票据　　69 600

　贷：短期借款　　69 600

2. 带息票据的账务处理

(1)取得商业汇票时，按面值记入"应付票据"科目的贷方。

(2)带息票据应于期末计算应付利息，计入当期财务费用，同时增加应付票据的账面余额。

【例题10】 某公司于2018年11月1日从丙企业购入原材料一批，其价款为50 000元，增值税税额为8 000元，该公司同时出具一张期限为3个月的带息商业票据，年利率为9%。该公司账务处理如下：

2018年11月1日购入材料时：

借：原材料　　50 000

　应交税费——应交增值税(进项税额)　　8 000

　贷：应付票据　　58 000

2018年12月31日计提两个月的利息费用(58 000×9%×2÷12)时：

借：财务费用——利息支出　　870

　贷：应付票据　　870

2019年2月1日到期付款时：

借：财务费用——利息支出　　435

　应付票据　　58 870

　贷：银行存款　　59 305

【随堂训练3·单选题】 下列有关应付票据处理的表述中，不正确的是(　　)。

A. 企业开出并承兑商业汇票时，应按其票面金额贷记"应付票据"科目

B. 不带息应付票据到期支付时，按票面金额结转

C. 企业支付的银行承兑手续费，计入当期财务费用

D. 企业到期无力支付的银行承兑汇票，应按账面金额转入应付账款

【随堂训练4·单选题】 企业开出并承兑的商业承兑汇票到期无力支付时，正确的会计处理是将应付票据(　　)。

A. 转作短期借款　　B. 转作应付账款

C. 转作其他应付款　　D. 仅做备查登记

三、应付利息的核算

(一)应付利息核算的内容

应付利息核算企业按照合同约定应支付的利息，包括短期借款、分期付息到期还本的长

期借款、企业债券等应支付的利息。企业应当设置“应付利息”科目，按照债权人设置明细科目进行明细核算，该科目期末贷方余额表示企业按照合同约定应支付但尚未支付的利息。

企业采用合同约定的名义利率计算确定利息费用时，应按合同约定的名义利率计算确定的应付利息的金额，借记“在建工程”“财务费用”等科目，贷记“应付利息”科目；实际支付利息时，借记“应付利息”科目，贷记“银行存款”等科目。

（二）应付利息账务处理及实例

企业采用合同约定的利率计算确定利息费用时：

借：在建工程

　　财务费用

　　研发支出等

　　贷：应付利息

实际支付利息时：

借：应付利息

　　贷：银行存款

【例题 11】 某企业借入 5 年期到期还本、每年付息的长期借款 5 000 000 元，合同约定年利率为 3.5%。则该企业有关会计分录如下：

（1）每年计算确定的利息费用时：

企业每年应支付利息＝5 000 000×3.5%＝175 000（元）

借：财务费用	175 000	
贷：应付利息		175 000

（2）每年实际支付利息时：

借：应付利息	175 000	
贷：银行存款		175 000

相关知识链接 3

企业向银行或其他金融机构借入的各种款项所发生的利息不一定全部计入财务费用，如果是符合资本化条件的利息，应该计入相关资产成本；如果是筹建期间不符合资本化条件的，其利息费用计入管理费用。

四、预收账款的核算

（一）预收账款核算的内容

预收账款核算企业按照合同规定向购货单位预收的款项。与应付账款不同，预收账款所形成的负债不是以货币偿还，而是以货物偿付。

预收到货款时，借记“银行存款”科目，贷记“预收账款”科目；销售实现时，借记“预收账款”科目，按照实现的营业收入，贷记“主营业务收入”科目，按照增值税专用发票上注明的增值税税额，贷记“应交税费——应交增值税（销项税额）”等科目。

企业预收账款业务不多时，可以不设置"预收账款"科目，直接将预收到的款项记入"应收账款"科目的贷方。

（二）预收账款核算的账务处理及实例

【例题 12】 甲企业为增值税一般纳税人。2018 年 6 月 3 日，甲公司与乙公司签供货合同，向其出售一批产品，货款金额共计 100 000 元，应交增值税税额 16 000 元。根据购货合同的规定，乙公司在购货合同签订后一周内，应当向甲公司预付货款 60 000 元，剩余货款在交货后付清。6 月 9 日，甲公司受到乙公司交来的预付货款 60 000 元并存入银行，6 月 19 日甲公司将货物发到乙公司并开出增值税专用发票，乙公司验收后付清了剩余货款。甲公司有关的会计分录如下：

（1）6 月 9 日收到乙公司交来的预付货款 60 000 元时：

借：银行存款　　60 000

　　贷：预收账款——乙公司　　60 000

（2）6 月 19 日按合同规定，向乙公司发出货物时：

借：预收账款——乙公司　　116 000

　　贷：主营业务收入　　100 000

　　　　应交税费——应交增值税（销项税额）　　16 000

（3）收到乙公司补付的货款时：

借：银行存款　　56 000

　　贷：预收账款　　56 000

【例题 13】 承例题 12 的资料，假设甲公司不设置"预收账款"科目，通过"应收账款"科目核算有关业务。甲公司的有关会计分录如下：

（1）6 月 9 日收到乙公司交来的预付货款 60 000 元时：

借：银行存款　　60 000

　　贷：应收账款——乙公司　　60 000

（2）6 月 19 日按合同规定，向乙公司发出货物时：

借：应收账款——乙公司　　116 000

　　贷：主营业务收入　　100 000

　　　　应交税费——应交增值税（销项税额）

（3）收到乙公司补付的货款时：

借：银行存款　　56 000

　　贷：应收账款——乙公司　　56 000

扫码看资源

相关知识链接 4

对于企业间的同一项交易一般只设置一个往来账户，即对于一项业务一般不会出现既有预收账款又有应收账款的情况。

【随堂训练5·多选题】 “预收账款”科目贷方登记(　　)

A. 预收货款的金额

B. 企业向购货方发货后冲销的预收货款的金额

C. 收到购货单位补付货款的金额

D. 退回购货方多付货款的金额

扫码看资源

项目三　应付职工薪酬的核算

一、应付职工薪酬核算的内容

职工薪酬，是指企业为获得职工提供的服务或解除劳动合同关系而给予各种形式的报酬或补偿。职工薪酬包括短期薪酬、离职后福利、辞退福利和其他长期职工福利。

扫码看资源

企业提供给职工配偶、子女、受赡养人、已故员工遗属及其他受益人等的福利，也属于职工薪酬。

“职工”主要包括三类人员：一是与企业订立劳动合同的所有人员，含全职、兼职和临时职工；二是未与企业订立劳动合同、但由企业正式任命的企业治理层和管理层人员，如董事会成员、监事会成员等；三是在企业的计划和控制下，虽未与企业订立劳动合同或未由其正式任命，但向企业所提供服务与职工所提供服务类似的人员，也属于职工的范畴，包括通过企业与劳务中介公司签订用工合同而向企业提供服务的人员。

职工薪酬主要包括以下内容：

(一)短期薪酬

短期薪酬，是指企业在职工提供相关服务的年度报告期间结束后12个月内需要全部予以支付的职工薪酬，因解除与职工的劳动关系给予的补偿除外。

短期薪酬具体包括：

(1)职工工资、奖金、津贴和补贴；

(2)职工福利费；

(3)医疗保险费、工伤保险费和生育保险费等社会保险费。

不包括：

(1)养老保险和失业保险；

(2)住房公积金；

(3)工会经费和职工教育经费；

(4)短期带薪缺勤；

(5)短期利润分享计划；

(6)其他短期薪酬。

(二)离职后福利

离职后福利，是指企业为获得职工提供的服务而在职工退休或与企业解除劳动关系后，提供的各种形式的报酬和福利，短期薪酬和辞退福利除外。

离职后福利计划分类为设定提存计划和设定受益计划。

设定提存计划，是指向独立的基金缴存固定费用后，企业不再承担进一步支付义务的离职后福利计划，如养老保险和失业保险。设定受益计划，是指除设定提存计划以外的离职后福利计划。

（三）辞退福利

辞退福利，是指企业在职工劳动合同到期之前解除与职工的劳动关系，或者为鼓励职工自愿接受裁减而给予职工的补偿。

（四）其他长期职工福利

其他长期职工福利，是指除短期薪酬、离职后福利、辞退福利之外所有的职工薪酬，包括长期带薪缺勤、长期残疾福利、长期利润分享计划等。

相关链接 1

"五险一金"是什么？"五险"指的是五种保险，包括养老保险、医疗保险、失业保险、工伤保险和生育保险；"一金"指的是住房公积金。其中养老保险、医疗保险和失业保险，这三种险是由企业和个人共同缴纳的保费，工伤保险和生育保险完全是由企业承担的。

相关链接 2

企业为职工提供的商业保险也通过"应付职工薪酬"科目核算，但与"五险一金"不同的是，商业保险不允许税前扣除。

二、应付职工薪酬的账务处理及实例

企业通过"应付职工薪酬"科目核算应付职工薪酬的提取、结算、使用等情况。该科目的贷方登记已分配计入有关成本费用项目的职工薪酬的数额，借方登记实际发放的职工薪酬数额，包括扣还的款项等；该科目期末贷方余额，反映企业应付未付的职工薪酬。

"应付职工薪酬"应当按照内容设置明细科目。"应付职工薪酬——工资、奖金、津贴和补贴""职工福利费""非货币性福利""社会保险费""住房公积金""工会经费和职工教育经费""带薪缺勤""利润分享计划""设定提存计划""设定受益计划义务"和"辞退福利"等明细账进行明细核算。

（一）短期薪酬的核算

1. 货币性职工薪酬

（1）工资、奖金、津贴和补贴

①计提货币性职工薪酬时：

借：管理费用

生产成本

制造费用

劳务成本等

贷:应付职工薪酬——工资、奖金、津贴和补贴

【例题 1】 甲企业 2018 年 7 月份应付工资总额 693 000 元,工资费用分配汇总表中列示的产品生产人员工资为 480 000 元,车间管理人员工资为 105 000 元,企业行政管理人员工资为 90 600 元,专设销售机构人员工资为 17 400 元。该企业应编制如下会计分录:

借:生产成本——基本生产成本	480 000	
制造费用	105 000	
管理费用	90 600	
销售费用	17 400	
贷:应付职工薪酬——职工工资、奖金、津贴和补贴		693 000

②支付工资时:

借:应付职工薪酬——工资、奖金、津贴和补贴(支付工资、奖金、津贴、补贴等)

贷:银行存款

库存现金

其他应收款(扣还代垫的各种款项)

应交税费——应交个人所得税(代扣个人所得税)

【例题 2】 承例题 1,甲企业根据"工资费用分配汇总表"结算本月应付职工工资总额 693 000 元,其中企业代扣职工房租 32 000 元、代垫职工家属医药费 8 000 元,实发工资 653 000 元。

甲企业应编制如下会计分录:

①向银行提取现金时:

借:库存现金	653 000	
贷:银行存款		653 000

②用现金发放工资时:

借:应付职工薪酬——工资、奖金、津贴和补贴	653 000	
贷:库存现金		653 000

如果通过银行发放工资,该企业应编制如下会计分录:

借:应付职工薪酬——工资、奖金、津贴和补贴	653 000	
贷:银行存款		653 000

③支付代扣款项时:

借:应付职工薪酬——工资、奖金、津贴和补贴	40 000	
贷:其他应收款——职工房租		32 000
——代垫医药费		8 000

(2)职工福利费

对于职工福利费,企业应当在实际发生时根据实际发生额计入当期损益或相关资产成本:

借:生产成本

制造费用

管理费用

销售费用

贷:应付职工薪酬——职工福利费

【例题3】 乙企业下设一所职工食堂,每月根据在岗职工数量及岗位分布情况、相关历史经验数据等计算需要补贴食堂的金额,从而确定企业每期因补贴职工食堂需要承担的福利费金额。2018年9月,企业在岗职工共计200人,其中管理部门30人,生产车间170人,企业的历史经验数据表明,每个职工每月需补贴食堂150元。乙企业应编制如下会计分录:

借:生产成本　　25 500

管理费用　　4 500

贷:应付职工薪酬——职工福利费　　30 000

本例中,乙企业应当计提的职工福利费=150×200=30 000(元)

【例题4】 承例题3,2018年10月,乙企业支付30 000元补贴给食堂。乙企业应编制如下会计分录:

借:应付职工薪酬——职工福利费　　30 000

贷:银行存款　　30 000

(3)国家规定计提标准的职工薪酬

对于国家规定了计提基础和计提比例的社会保险费和住房公积金,以及按规定提取的工会经费和职工教育经费,应做如下会计处理:

借:生产成本

制造费用

管理费用

贷:应付职工薪酬

【例题5】 承例题1,2018年7月份,甲企业根据相关规定,分别按照职工工资总额的2%和2.5%的计提标准,确认应付工会经费和职工教育经费。甲企业应编制如下会计分录:

借:生产成本——基本生产成本　　21 600

480 000×(2%+2.5%)=21 600(元)

制造费用　　4 725

105 000×(2%+2.5%)=4 725(元)

管理费用　　4 077

90 600×(2%+2.5%)=4 077(元)

销售费用　　783

17 400×(2%+2.5%)=783(元)

贷:应付职工薪酬——工会经费和职工教育经费——工会经费　　13 860

(480 000+105 000+90 600+17 400)×2%=13 860(元)

——工会经费和职工教育经费——职工教育经费　17 325

(480 000+105 000+90 600+17 400)×2.5%=17 325(元)

【例题6】 2018年12月,丙企业根据国家规定的计提标准计算,应向社会保险经办机构缴纳职工基本医疗保险费共计97 020元,其中,应计入基本生产车间生产成本的金额为67 200元,应计入制造费用的金额为14 700元,应计入管理费用的金额为15 120元。丙企业应编制如下会计分录：

借：生产成本——基本生产成本　　67 200
　　制造费用　　14 700
　　管理费用　　15 120
　贷：应付职工薪酬——社会保险费——基本医疗保险　　97 020

(4)短期带薪缺勤

①累积带薪缺勤，是指带薪权利可以结转下期的带薪缺勤，本期尚未用完的带薪缺勤权利可以在未来期间使用。

企业应当在职工提供了服务从而增加了其未来享有的带薪缺勤权利时：

借：管理费用等
　贷：应付职工薪酬——带薪缺勤——短期带薪缺勤——累积带薪缺勤

【例题7】 丁企业共有2 000名职工，从2018年1月1日起，该企业实行累积带薪缺勤制度。该制度规定，每个职工每年可享受5个工作日带薪年休假，未使用的年休假只能向后结转一个公历年度，超过一年未使用的权利作废，在职工离开企业时也无权获得现金支付；职工休年休假时，首先使用当年可享受的权利，再从上年结转的带薪年休假中扣除。

2018年12月31日，丁企业预计2019年有1 900名职工将享受不超过5天的带薪年休假，剩余100名职工每人将平均享受6.5天年休假，假定这100名职工全部为总部各部门经理，该企业平均每名职工每个工作日工资为300元。不考虑其他相关因素。

2018年12月31日，丁企业应编制如下会计分录：

借：管理费用　　45 000
　贷：应付职工薪酬——带薪缺勤——短期带薪缺勤——累积带薪缺勤　　45 000

丁企业在2018年12月31日应当预计由于职工累积未使用的带薪年休假权利而导致的预期支付的金额，即相当于150天[100×(6.5－5)]的年休假工资金额45 000元(150×300)。

②非累积带薪缺勤，是指带薪权利不能结转下期的带薪缺勤，本期尚未用完的带薪缺勤权利将予以取消，并且职工离开企业时也无权获得现金支付。我国企业职工休婚假、产假、丧假、探亲假、病假期间的工资通常属于非累积带薪缺勤。

企业确认职工享有的与非累积带薪缺勤权利相关的薪酬，视同职工出勤确认的当期损益或相关资产成本，不必额外做相应的账务处理。

2. 非货币性职工薪酬

(1)企业以其自产产品作为非货币性福利发放给职工

第一步，确认收入。

借：应付职工薪酬——非货币性福利
　贷：主营业务收入
　　　应交税费——应交增值税(销项税额)

第二步，结转产品成本。

借：主营业务成本
　贷：库存商品

第三步，确认应付职工薪酬。

借：生产成本

　　管理费用

　　销售费用等

　　贷：应付职工薪酬——非货币性福利

(2)将企业拥有的房屋等资产无偿提供给职工使用

借：管理费用、生产成本、制造费用

　　贷：应付职工薪酬——非货币性福利

同时：

借：应付职工薪酬——非货币性福利

　　贷：累计折旧

(3)租赁住房等资产供职工无偿使用

①确认应付职工薪酬时：

借：管理费用、生产成本、制造费用

　　贷：应付职工薪酬——非货币性福利

②支付房租时：

借：应付职工薪酬——非货币性福利

　　贷：银行存款

【例题8】 甲公司为家电生产企业，共有职工200名，其中170名为直接参加生产的职工，30名为总部管理人员。2018年12月，甲公司以其生产的每台成本为900元的电暖器作为春节福利发放给公司每名职工。该型号的电暖器市场售价为每台1 000元，甲公司适用的增值税税率为16%。甲公司应编制如下会计分录：

第一步，确认收入。

借：应付职工薪酬——非货币性福利	232 000	
贷：主营业务收入		200 000
应交税费——应交增值税(销项税额)		32 000

第二步，结转产品成本。

借：主营业务成本	180 000	
贷：库存商品——电暖器		180 000

第三步，确认应付职工薪酬。

借：生产成本	197 200	
管理费用	34 800	
贷：应付职工薪酬——非货币性福利		232 000

应确认的应付职工薪酬＝200×1 000×16%＋200×1 000＝232 000(元)

应记入“生产成本”科目的金额＝170×1 000×16%＋170×1 000＝197 200(元)

应记入“管理费用”科目的金额＝30×1 000×16%＋30×1 000＝34 800(元)

【例题9】 甲公司为总部各部门经理级别以上职工提供汽车免费使用，同时为副总裁以上高级管理人员每人租赁一套住房。甲公司总部共有部门经理以上职工20名，每人提供一辆桑塔纳汽车免费使用，假定每辆桑塔纳汽车每月计提折旧1 000元；该公司共有副总裁以上高级管理人员 5 名，公司为其每人租赁一套面积为 200 平方米公寓，月租金为每套 8 000 元。该企业应编制如下会计分录：

(1)确认提供汽车的非货币性福利时：

借：管理费用　　20 000

　　贷：应付职工薪酬——非货币性福利　　20 000

借：应付职工薪酬——非货币性福利　　20 000

　　贷：累计折旧　　20 000

企业提供汽车供职工使用的非货币性福利＝20×1000＝20 000(元)

(2)确认为职工租赁住房的非货币性福利时：

借：管理费用　　40 000

　　贷：应付职工薪酬——非货币性福利　　40 000

企业租赁住房供职工使用的非货币性福利＝5×8 000＝40 000(元)

(3)甲公司每月支付副总裁以上高级管理人员住房租金时，应编制如下会计分录：

借：应付职工薪酬——非货币性福利　　40 000

　　贷：银行存款　　40 000

【随堂训练 1·单选题】 2018 年 10 月，某企业将自产的 300 台空调作为福利发放给职工，每台成本为 0.18 万元，市场售价为 0.2 万元(不含增值税)，该企业适用的增值税税率为 16%，假定不考虑其他因素，该企业由此而贷记“应付职工薪酬”科目的发生额为(　　)万元。

A. 69.6　　B. 62.64　　C. 54　　D. 60

(二)设定提存计划的核算

对于设定提存计划，企业应当根据在资产负债表日为换取职工在会计期间提供的服务而应向单独主体缴存的提存金。

借：生产成本

　　制造费用

　　管理费用

　　销售费用

　　贷：应付职工薪酬——设定提存计划

【例题 10】 承例题 1，甲企业根据所在地政府规定，按照职工工资总额的 12%计提基本养老保险费，缴存当地社会保险经办机构。2018 年 7 月份，甲企业缴存的基本养老保险费，应计入生产成本的金额为 57 600 元，应计入制造费用的金额为 12 600 元，应计入管理费用的金额为 10 872 元，应计入销售费用的金额为 2 088 元。甲企业应编制如下会计分录：

借：生产成本——基本生产成本　　57 600

　　制造费用　　12 600

　　管理费用　　10 872

　　销售费用　　2 088

　　贷：应付职工薪酬——设定提存计划——基本养老保险费　　83 160

【随堂训练 2·不定项选择题】 甲企业为增值税一般纳税人，适用的增值税税率为16%。2018年8月份该企业发生的有关职工薪酬的资料如下：

扫码看资源

(1)当月应付职工工资总额为500万元，“工资费用分配汇总表”中列示的产品生产工人工资为350万元，车间管理人员工资为70万元，企业行政管理人员工资为50万元，专设销售机构人员工资为30万元。

(2)根据“工资结算汇总表”，本月企业应付职工工资总额为500万元，扣回代垫的职工家属医疗费6万元，按税法规定代扣代缴职工个人所得税共计15万元；企业以银行存款支付工资479万元。

(3)根据国家规定的计提基础和计提标准，当月应计提的基本养老保险费用为60万元，基本医疗保险费为50万元，其他保险费为40万元以及住房公积金为50万元。

(4)当月企业以其生产的电风扇作为福利发放给500名直接参加产品生产的职工，该型号电风扇市场销售价为每台600元，每台成本为400元。

要求：根据上述资料，不考虑其他因素，分析回答下列小题(答案中的金额单位以万元表示)。

1. 根据资料(1)，下列各项中，关于该企业分配工资费用会计处理正确的是(　　)。

A.“制造费用”科目增加70万元　　B.“生产成本”科目增加350万元

C.“销售费用”科目增加30万元　　D.“管理费用”科目增加50万元

2. 根据资料(2)，下列各项中，关于企业发放工资会计处理正确的是(　　)。

A. 代扣个人所得税时：

借：应付职工薪酬　　15

　贷：其他应付款　　15

B. 扣回代垫的家属医疗费时：

借：应付职工薪酬　　6

　贷：其他应收款——代垫医疗费　　6

C. 通过银行发放工资时：

借：应付职工薪酬　　479

　贷：银行存款　　479

D. 代扣个人所得税时：

借：应付职工薪酬　　15

　贷：应交税费——应交个人所得税　　15

3. 根据资料(3)，下列关于企业计提基本养老保险的会计处理表述正确的是(　　)。

A. 企业计提的基本养老保险费属于短期薪酬

B. 企业计提的基本养老保险费属于离职后福利

C. 应贷记“应付职工薪酬——社会保险——基本养老保险”科目60万元

D. 应贷记“应付职工薪酬——设定提存计划——基本养老保险”科目60万元

4. 根据资料(4)，下列各项中，关于该企业会计处理结果正确的是(　　)。

A. 主营业务收入增加30万元　　B. 主营业务成本增加20万元

C. 生产成本增加20万元　　D. 应付职工薪酬增加35.1万元

5. 根据资料(1)至(4)，下列各项中，该企业“应付职工薪酬”科目发生额是(　　)万元。

A. 700　　B. 735.1　　C. 679　　D. 725.1

项目四　应交税费的核算

一、应交税费的核算内容

企业按照税法规定应缴纳的各种税费，包括增值税、消费税、城市维护建设税、教育费附加、地方教育费附加、资源税、城镇土地使用税、企业所得税、土地增值税、房产税、车船税、土地使用税、矿产资源补偿费、印花税、耕地占用税、契税、关税、烟叶税、船舶吨税等。

扫码看资源

企业通过设置“应交税费”科目，总括反映各种税费的应交、缴纳等情况，本科目应当按照应交税费的税费项目进行明细核算。该科目贷方登记应缴纳的各种税费等，借方登记实际缴纳的税费；期末余额一般在贷方，反映企业尚未缴纳的税费，期末余额如在借方，反映企业多交或尚未抵扣的税费。

企业代扣代缴的个人所得税等，也通过“应交税费”科目核算。而企业不需要预计应交数的税金，如印花税、耕地占用税等，不通过“应交税费”科目核算。

二、应交增值税的核算

（一）增值税的核算内容

增值税是以商品（含应税劳务、应税服务）在流转过程中产生的增值额作为计税依据而征收的一种流转税。

我国增值税相关法规规定，在我国境内销售货物或提供加工、修理修配劳务（简称“应税劳务”），交通运输业、邮政业、电信业、现代服务、生活服务（简称“应税服务”），以及进口货物的企业单位和个人，为增值税纳税人。

相关知识链接 1

> 增值税的征税范围：①销售货物；②应税劳务（提供加工、修理修配劳务）；③销售应税服务，包括交通运输业、邮政服务、电信服务、金融服务、现代服务、生活服务；④应税行为（销售无形资产和不动产）；⑤进口货物。

根据纳税人的经营规模大小及会计核算的健全程度，增值税纳税人分为一般纳税人和小规模纳税人。

一般纳税人采用购进扣税法计算当期增值税应纳税额，即先按当期销售额和适用税率计算出销项税额，然后对当期购进项目向对方支付的税款进行抵扣，从而间接计算出当期的应纳税额。

公式为：

当期应纳税额＝当期销项税额－当期进项税额

公式中的“当期应纳税额”是指纳税人当期销售货物、提供劳务和应税服务，按照销售额和增值税税率计算的增值税额。“当期销项税额”是指纳税人当期购进货物、接受应税劳务和应税服务支付或负担的增值税额。“当期进项税额”是指纳税人当期购进货物、接受应税劳务和应税服务支付或负担的增值税税额。

相关知识链接 2

准予从销项税额中抵扣的进项税额通常包括：①从销售方或提供方取得的增值税专用发票上注明的增值税额；②从海关取得的海关进口增值税专用缴款书上注明的增值税；③购进农产品除取得的增值税专用发票或海关进口增值税专用缴款书外，可根据农产品收购发票或者农产品销货发票上注明的农产品买价和10%的扣除率计算的进项税；④代扣代缴增值税的完税凭证上注明的增值税税额；⑤公路、桥、闸通行费发票(暂时)注明的增值税税额。

当期销项税额小于进项税额不足抵扣时，其不足部分可以结转下期继续抵扣。

一般纳税人应纳增值税人采用的税率分为基本税率、低税率和零税率三种。

一般纳税人销售或者进口货物、提供应税劳务、提供应税服务、有形动产租赁服务除低税率使用范围外，税率一律为16%，即基本税率。

一般纳税人销售或者购进农产品、自来水、暖气、石油液化气、天然气、食用植物油、冷气、热水、煤气、居民用煤炭制品、食用盐、农机、饲料、农药、农膜、化肥、沼气、二甲醚、图书、报纸、杂志、音像制品、电子出版物；提供交通运输业服务、邮政业服务、基础电信服务适用10%的低税率；提供增值电信服务、现代服务业服务，适用6%的低税率。

一般纳税人出口货物和财政部、国家税务总局规定的应税服务，税率为零。

小规模纳税人销售货物、提供应税劳务和应税服务，实行按照销售额和征收率计算应纳税额的简易办法，但不得抵扣进项税额。应纳税额计算公式为：

$$应纳税额=销售额\times征收率$$

小规模纳税人的增值税征收率为5%和3%。

相关知识链接 3

增值税税率及征收率：

①基本税率16%：销售或进口货物，提供加工修理修配劳务，有形动产租赁；

②纳税人销售或者进口下列货物，低税率为10%：农产品(含粮食)、自来水、暖气、石油液化气、天然气、食用植物油、冷气、热水、煤气、居民用煤炭制品、食用盐、农机、饲料、农药、农膜、化肥、沼气、二甲醚、图书、报纸、杂志、音像制品、电子出版物；交通运输、邮政、基础电信、建筑、不动产租赁，销售不动产、转让土地使用权；

③低税率6%：增值电信服务、金融服务、现代服务、生活服务、转让土地使用权以外的无形资产；

④征收率5%：简易办法计税的销售不动产、不动产经营租赁，小规模纳税人征收率；

⑤征收率3%：简易办法计税的除5%以外的情况，小规模纳税人征收率；

⑥零税率。

相关知识链接4

计算增值税的的销售额为不含税的销售额，即不含增值税的销售额，若为含税销售额需折算为不含税的销售额，公式为：

不含税销售额＝含税的销售额÷(1＋税率或征收率)。

（二）一般纳税人的增值税科目设置

增值税一般纳税人应当在“应交税费”科目下设置“应交增值税”“未交增值税”“预交增值税”“待抵扣进项税额”“待认证进项税额”“待转销项税额”“增值税留抵税额”“简易计税”“转让金融商品应交增值税”“代扣代交增值税”等明细科目。

(1)增值税一般纳税人应在“应交增值税”明细账内设置“进项税额”“销项税额抵减”“已交税金”“转出未交增值税”“减免税款”“出口抵减内销产品应纳税额”“销项税额”“出口退税”“进项税额转出”“转出多交增值税”等专栏。其中：

①“进项税额”专栏，记录一般纳税人购进货物、加工修理修配劳务、服务、无形资产或不动产而支付或负担的、准予从当期销项税额中抵扣的增值税额；

②“销项税额抵减”专栏，记录一般纳税人按照现行增值税制度规定因扣减销售额而减少的销项税额；

③“已交税金”专栏，记录一般纳税人当月已缴纳的应交增值税额；

④“转出未交增值税”和“转出多交增值税”专栏，分别记录一般纳税人月度终了转出当月应交未交或多交的增值税额；

⑤“减免税款”专栏，记录一般纳税人按现行增值税制度规定准予减免的增值税额；

⑥“出口抵减内销产品应纳税额”专栏，记录实行“免、抵、退”办法的一般纳税人按规定计算的出口货物的进项税抵减内销产品的应纳税额；

⑦“销项税额”专栏，记录一般纳税人销售货物、加工修理修配劳务、服务、无形资产或不动产应收取的增值税额；

⑧“出口退税”专栏，记录一般纳税人出口货物、加工修理修配劳务、服务、无形资产按规定退回的增值税额；

⑨“进项税额转出”专栏，记录一般纳税人购进货物、加工修理修配劳务、服务、无形资产或不动产等发生非正常损失以及其他原因而不应从销项税额中抵扣、按规定转出的进项税额。

(2)“未交增值税”明细科目，核算一般纳税人月度终了从“应交增值税”或“预交增值税”明细科目转入当月应交未交、多交或预交的增值税额，以及当月缴纳以前期间未缴的增值税额。

(3)“预交增值税”明细科目，核算一般纳税人转让不动产、提供不动产经营租赁服务、提供建筑服务、采用预收款方式销售自行开发的房地产项目等，以及其他按现行增值税制度规定应预缴的增值税额。

(4)“待抵扣进项税额”明细科目，核算一般纳税人已取得增值税扣税凭证并经税务机关认证，按照现行增值税制度规定准予以后期间从销项税额中抵扣的进项税额。包括：一般纳税人自 2016 年 5 月 1 日后取得并按固定资产核算的不动产或者 2016 年 5 月 1 日后取得的不动产在建工程，按现行增值税制度规定准予以后期间从销项税额中抵扣的进项税额；实行纳税辅导期管理的一般纳税人取得的尚未交叉稽核比对的增值税扣税凭证上注明或计算的进项税额。

(5)“待认证进项税额”明细科目，核算一般纳税人由于未经税务机关认证而不得从当期销项税额中抵扣的进项税额。包括：一般纳税人已取得增值税扣税凭证、按照现行增值税制度规定准予从销项税额中抵扣，但尚未经税务机关认证的进项税额；一般纳税人已申请稽核但尚未取得稽核相符结果的海关缴款书进项税额。

(6)“待转销项税额”明细科目，核算一般纳税人销售货物、加工修理修配劳务、服务、无形资产或不动产，已确认相关收入(或利得)但尚未发生增值税纳税义务而需于以后期间确认为销项税额的增值税额。

(7)“增值税留抵税额”明细科目，核算兼有销售服务、无形资产或者不动产的原增值税一般纳税人，到纳入营改增试点之日前的增值税期末留抵税额，按照现行增值税制度规定不得从销售服务、无形资产或不动产的销项税额中抵扣的增值税留抵税额。

(8)“简易计税”明细科目，核算一般纳税人采用简易计税方法发生的增值税计提、扣减、预缴、缴纳等业务。

(9)“转让金融商品应交增值税”明细科目，核算增值税纳税人转让金融商品发生的增值税额。

(10)“代扣代缴增值税”明细科目，核算纳税人购进在境内未设经营机构的境外单位或个人在境内的应税行为代扣代缴的增值税。为了核算企业应交增值税的发生、抵扣、缴纳、退税及转出等情况，应在“应交税费”科目下设置“应交增值税”明细科目进行核算。“应交增值税”明细科目的借方发生额，反映企业购进货物或接受应税劳务支付的进项税额、实际已缴纳的增值税等，借方分别设置“进项税额”“已交税金”等专栏；贷方发生额，反映销售货物或提供应税劳务应缴纳的销项税额、出口货物退税、转出已支付或应分担的增值税等，贷方分别设置“销项税额”“出口退税”“进项税额转出”等专栏。“应交增值税”明细科目期末贷方余额，反映企业尚未缴纳的增值税；期末如为借方余额，反映企业多交或尚未抵扣的增值税。

(三)一般纳税人的账务处理及实例

1. 采购商品与接受应税劳务和应税服务(进项税额)

一般纳税企业从国内采购物资或接受应税劳务和应税服务等，按增值税专用发票上记载的应当计入采购成本或应计入加工、修理修配等物资成

扫码看资源

本的金额，借记“材料采购”“在途物资”“原材料”“生产成本”“制造费用”和“管理费用”等科目，按增值税专用发票上注明的可抵扣的增值税税额，借记“应交税费——应交增值税（进项税额）”科目，按应付或实际支付的金额，贷记“应付账款”“应付票据”“银行存款”等科目。购入物资发生的退货，做相反会计分录。

在进行增值税进项税额核算时，要注意以下几点：

（1）企业购入固定资产（有形动产）支付的增值税符合抵扣的，记入“应交税费——应交增值税（进项税额）”科目，在购置当期全部一次性扣除。

（2）一般纳税人2018年5月1日后购进的农产品，从按照简易计税方法依照3%征收率计算缴纳增值税的小规模纳税人取得增值税专用发票的，以增值税专用发票上注明的金额和10%的扣除率计算进项税额，公式为：

进项税额＝发票金额×扣除率（10%）

一般纳税人购进的农产品，取得农产品销售发票或自行开具农产品收购发票的，以农产品销售发票或收购发票上注明农产品买价和扣除率计算进项税额，公式为：

进项税额＝买价×扣除率（10%）

（3）属于购进货物时即能认定进项税额不能抵扣的，直接将增值税专用发票上注明的增值税额计入购入货物及接受劳务的成本。

【例题1】 甲企业为增值税一般纳税企业，适用的增值税税率为16%，原材料按实际成本核算，销售商品价格为不含增值税的公允价格。2018年8月份发生经济交易或事项以及相关的会计分录如下（增值税专用发票已通过认证或已查询确认）：

（1）5日购入原材料一批，增值税专用发票上注明货款120 000元，增值税税额19 200元，货物尚未到达，货款和进项税额已用银行存款支付。用银行存款支付运输公司的运输费用5 000元，增值税税额500元。

借：材料采购	125 000	
应交税费——应交增值税（进项税额）	19 700	
贷：银行存款		144 700

进项税额＝19 200＋5000×10%＝19 700（元）

材料成本＝120 000＋5 000＝125 000（元）

（2）15日，购入不需要安装设备一台，增值税专用发票上注明的价款为180 000元，增值税税额28 800元，款项尚未支付。

借：固定资产	180 000	
应交税费——应交增值税（进项税额）	28 800	
贷：应付账款		208 800

（3）20日，购入免税农产品一批，价款200 000元，规定的扣除率为10%，货物尚未到达，货款已用银行存款支付。

借：材料采购	180 000	
应交税费——应交增值税（进项税额）	20 000	
贷：银行存款		200 000

进项税额＝购买价款×扣除率＝200 000×10%＝20 000（元）

（4）25日，生产车间委托外单位修理机器设备，增值税专用发票上注明修理费用20 000

元,增值税税额 3 200 元,款项已用银行存款支付。

借:管理费用　　20 000

　　应交税费——应交增值税(进项税额)　　3 200

　　贷:银行存款　　23 200

相关知识链接 5

若增值税专用发票尚未认证或尚未查询确认,会计分录中的“应交税费——应交增值税(进项税额)”应为“应交税费——待认证进项税额”;在增值税专用发票通过认证或查询确认后,借记“应交税费——应交增值税(进项税额)”科目,贷记“应交税费——待认证进项税额”科目。

2. 购进不动产或不动产在建工程的进项税额的分年抵扣

自 2016 年 5 月 1 日后,一般纳税人取得并按固定资产核算的不动产或者不动产在建工程,其进项税额自取得之日起分 2 年从销项税额中抵扣的,第一年抵扣比例为 60%,第二年抵扣比例为 40%。

其会计处理分为两步:

第一步,购进不动产或不动产用于在建工程时,增值税专用发票取得当月通过认证或查询确认时:

借:固定资产、在建工程

　　应交税费——应交增值税(进项税额)(税额×60%)

　　　　　　——待抵扣进项税额(税额×40%)

　　贷:银行存款、应付账款、应付票据等

第二步,第二年,即取得增值税专用发票的当月起第 13 个月时:

借:应交税费——应交增值税(进项税额)

　　贷:应交税费——待抵扣进项税额

【例题 2】 承例题 1,2018 年 8 月 10 日,该公司购进一幢简易办公楼,并于当月投入使用。6 月 25 日纳税人取得该大楼的增值税专用发票并认证相符,专用发票注明的价款为 800 000 元,增值税进项税额为 80 000 元,款项已用银行存款支付。不考虑其他相关因素,做会计处理如下:

本月该办公楼应抵扣的进项税额=80 000×60%=48 000(元)

借:固定资产　　800 000

　　应交税费——应交增值税(进项税额)　　48 000

　　　　　　——待抵扣进项税额　　32 000

　　贷:银行存款　　880 000

第二年,即取得增值税专用发票的当月起第 13 个月时:

借:应交税费——应交增值税(进项税额)　　32 000

　　贷:应交税费——待抵扣进项税额　　32 000

3. 货物等已验收入库但尚未取得增值税扣税凭证

一般纳税人购进货物已验收入库，但尚未取得增值税扣税凭证且未付款的，平时可不做账务处理；如果月末仍未取得增值税扣税凭证，可按货物清单或相关合同协议上的价格暂估入账，但不得估算抵扣进项税额。月底，借记“原材料”等科目，贷记“应付账款——暂估应付账款”科目，下月初，用红字冲销。待取得增值税扣税凭证并经认证后，按其采购成本，借记“原材料”等科目，按可抵扣的增值税税额，借记“应交税费——应交增值税（进项税额）”科目，按应付金额，贷记“应付账款”等科目。

【例题 3】 承例题 1，2018 年 8 月 25 日，该公司购进原材料一批已验收入库，但尚未收到增值税扣税凭征，款项也未支付。随货同行的材料清单列明的原材料销售价格为 260 000 元，估计未来可抵扣的增值税税额为 41 600 元。

第一步，暂估入账，该企业应编制如下会计分录：

借：原材料　　260 000

　　贷：应付账款　　260 000

第二步，下月初，编制红字会计分录：

借：原材料　　260 000

　　贷：应付账款　　260 000

第三步，取得相关增值税扣税凭证并经认证后：

借：原材料　　260 000

　　应交税费——应交增值税（进项税额）　　41 600

　　贷：应付账款　　301 600

4. 进项税额转出

企业购进的货物发生非正常损失（不含自然灾害），以及将购进货物改变用途（如用于适用简易计税方法计税项目、免征增值税项目、集体福利或个人消费等），其进项税额不能抵扣，应通过“应交税费——应交增值税（进项税额转出）”科目转入有关科目。借记“待处理财产损溢”“在建工程”“应付职工薪酬”等科目，贷记“应交税费——应交增值税（进项税额转出）”科目；属于转作待处理财产损失的进项税额，应与遭受非常损失的购进货物、产品或库存商品的成本一并处理。

相关说明

①非正常损失，是指因管理不善造成货物被盗、丢失、霉烂变质，以及因违反法律法规造成货物或者不动产被依法没收、销毁、拆除的情形。②购进货物改变用途，通常是指是指购进货物在没有进行任何加工的情况下，对内改变用途的行为，如企业下属医务室领用原材料、将建筑材料用于适用简易计税方法的建筑工程项目等。

相关知识链接 6

进项税额不需转出：自然灾害造成的原材料损失。

【例题 4】 承例题 1，2018 年 8 月份发生进项税额转出事项及相关会计分录如下：

(1)10 日，库存材料因意外火灾毁损一批，有关增值税专用发票确认的成本为 20 000 元，增值税税额为 3 200 元。

借：待处理财产损溢——待处理流动资产损溢　　23 200
　贷：原材料　　20 000
　　应交税费——应交增值税(进项税额转出)　　3 200

(2)18 日，企业所属的职工宿舍维修领用原材料 6 000 元，购入原材料时支付的增值税税额为 960 元。

借：应付职工薪酬——非货币性福利　　6 960
　贷：原材料　　6 000
　　应交税费——应交增值税(进项税额转出)　　960

【随堂训练 1・实务题】 某企业所属的职工医院维修领用原材料 5 000 元，其购入时支付的增值税税额为 800 元。请做企业的有关会计分录。

5. 企业销售货物、提供加工修理修配劳务、销售服务、无形资产或不动产(销项税额)

企业销售商品或提供应税劳务，按照不含税收入和增值税税率计算确认销项税额。借记“应收账款”“应收票据”“银行存款”等科目，按增值税专用发票上注明的增值税额，贷记“应交税费——应交增值税(销项税额)”科目，按实现的营业收入，贷记“主营业务收入”“其他业务收入”等科目。发生的销售退回，做相反会计分录。

基本分录如下：

借：应收账款
　　应收票据
　　银行存款
　贷：主营业务收入
　　其他业务收入
　　应交税费——应交增值税(销项税额)

【例题 5】 承例题 1，2018 年 8 月份，该公司发生与销售相关的交易以及相关会计分录如下：

(1)15 日，销售产品一批，价款 500 000 元，按规定应收取增值税税额 80 000 元，提货单和增值税专用发票已交给买方，款项尚未收到。

借：应收账款　　580 000
　贷：主营业务收入　　500 000
　　应交税费——应交增值税(销项税额)　　80 000

(2)28 日，为外单位代加工电脑桌 500 个，每个收取加工费 80 元，加工完成，增值税专用发票上注明的价款为 40 000 元，增值税税额 6 400 元，款项已收到并存入银行。

借：银行存款　　46 400
　　贷：主营业务收入　　40 000
　　　　应交税费——应交增值税（销项税额）　　6 400

相关知识链接 7

如果企业销售货物或者提供劳务采用销售额和销项税额合并定价方法的，按公式“不含税销售额＝含税销售额÷(1＋税率)”还原为不含税销售额，并按不含税销售额计算销项税额。

6. 视同销售行为

企业的有些交易和事项从会计角度看不属于销售行为，不能确认销售收入，但是按照税法规定，应视同对外销售进行处理，计算应交增值税。如企业将自产或委托加工的货物用于集体福利或个人消费，将自产、委托加工或购进的货物作为投资、分配给股东或投资者，无偿赠送其他单位或个人等，税法上视同销售行为，计算确认销项税额。借记“在建工程”“长期股权投资”“营业外支出”等科目，贷记“应交税费——应交增值税（销项税额）”科目等。

相关知识链接 8

单位或者个体工商户的下列行为，视同销售货物：①将货物交付其他单位或者个人代销；②销售代销货物；③设有两个以上机构并实行统一核算的纳税人，将货物从一个机构移送其他机构用于销售，但相关机构设在同一县（市）的除外；④将自产或委托加工的货物用于集体福利或个人消费；⑤将自产、委托加工或购进的货物作为投资，提供其他单位或者个体工商户；⑥将自产、委托加工或购进的货物分配给股东或者投资者；⑦将自产、委托加工或购进的货物无偿赠送其他单位或个人。

【例题 6】 承例题 1，2018 年 8 月份，该公司发生的视同销售交易或事项，以及相关的会计分录如下：

①10 日，该公司将自己生产的产品用于自营工程。该批产品的成本为 180 000 元，计税价格为 250 000 元。

借：在建工程　　180 000
　　贷：库存商品　　180 000

假设本例，该公司将自己生产的产品用于免税工程。该批产品的成本为 180 000 元，计税价格为 250 000 元。

借：在建工程　　220 000
　　贷：库存商品（成本价）　　180 000

应交税费——应交增值税(销项税额) 40 000

该公司免税工程领用自己生产的产品的销项税额＝250 000×16%＝40 000(元)

7. 出口退税

企业出口产品按规定退税的，按应收的出口退税额，借记“其他应收款”科目，贷记“应交税费——应交增值税(出口退税)”科目。

8. 缴纳增值税

企业缴纳增值税，借记“应交税费——应交增值税(已交税金)”科目，贷记“银行存款”科目。

“应交税费——应交增值税”科目贷方余额，表示企业应缴纳的增值税。

【例题 7】 2018 年 8 月份，甲公司发生销项税额合计为 261 800 元，进项税额转出合计为 13 600 元，进项税额合计为 85 350 元。

应交增值税税额＝261 800＋13 600－85 350＝190 050(元)

当月，该公司用银行存款缴纳增值税税额 190 050 元，应编制如下会计分录：

借:应交税费——应交增值税(已交税金) 190 050

贷:银行存款 190 050

【例题 8】 某企业本月发生销项税额合计 84 770 元，进项税额转出 24 578 元，进项税额 20 440 元，已交增值税 60 000 元。

该企业本月“应交税费——应交增值税”科目余额为：

84 770＋24 578－20 440－60 000＝28 908(元)

该余额在贷方，表示企业尚未缴纳的增值税 28 908 元。

借:应交税费——应交增值税(转出未交增值税) 28 908

贷:应交税费——未交增值税 28 908

若为多交，借记“应交税费——未交增值税”科目，贷记“应交税费——应交增值税(转出多交增值税)”科目。

相关知识链接 9

企业购入材料不能取得增值税专用发票的，发生的增值税计入材料采购成本。

【例题 9】 东方家具公司为增值税一般纳税人。2018 年 8 月，该公司发生以下经济业务：

(1)外购用于生产家具的木材一批，全部价款已付并验收入库。对方开具的增值税专用发票注明的货款(不含增值税)为 40 万元，运输单位开具的货运发票注明的运费金额为 1 万元。

(2)外购建筑涂料用于装饰公司办公楼，取得对方开具的增值税发票上注明的增值税税额为 9 万元，已办理验收入库手续。

(3)进口生产家具用的辅助材料一批，关税完税价格 8 万元，已纳关税 1 万元。

(4)销售家具一批，取得销售额(含增值税)92.8万元。

已知：该公司月初增值税进项税余额为零，增值税税率为16%；支付的运输费用按10%的扣除率计算进项税额。

要求：

(1)计算该公司进口辅助材料应纳增值税税额，并列出计算过程。

(2)计算该公司8月份增值税销项税额，并列出计算过程。

(3)计算该公司8月份增值额进项税额，并列出计算过程。

(4)计算该公司8月份应纳增值税税额，并列出计算过程。

解析

(1)进口辅助材料应纳增值税税额＝(8＋1)×16%＝1.44(万元)

(2)8月份销项税额＝92.8÷(1＋16%)×16%＝12.8(万元)

(3)8月份可以抵扣的进项税额＝40×16%＋1×10%＋(8＋1)×16%
＝7.94(万元)

扫码看资源

(4)8月份应纳增值税税额＝12.8－7.94＝4.86(万元)

(四)小规模纳税企业的账务处理及实例

小规模纳税企业的特点：小规模纳税企业销售货物或者提供应税劳务，一般情况下，只能开具普通发票，不能开具增值税专用发票；小规模纳税企业销售货物或提供应税劳务，实行简易办法计算应纳增值税税额。

小规模纳税企业只需在“应交税费”科目下设“应交增值税”明细科目，不需要在“应交增值税”明细科目中设置专栏，其科目贷方登记应缴纳的增值税，借方登记已缴纳的增值税，期末贷方余额为尚未缴纳的增值税，借方余额为多缴纳的增值税。

相关提示1

小规模纳税企业购入货物无论是否具有增值税专用发票，其支付的增值税额均不计入进项税额，不得由销项税额抵扣，而计入购入货物的成本。

相关提示2

小规模纳税企业的销售收入按不含税价格计算。不含税销售额＝含税销售额÷(1＋征收率)，应纳税额＝不含税销售额×征收率。适用于小规模纳税人的增值税的征收率为3%。

相关提示3

企业购入材料不能取得增值税专用发票的，比照小规模纳税企业进行处理，发生的增值税计入材料采购成本。

【随堂训练2·计算题】 某商店为增值税小规模纳税人，2018年5月，购进童装280套，“六一”儿童节之前以每套128元的含税价格全部零售出去，请计算该商店当月销售这批童装应纳增值税税额。

【例题10】 某街道工厂为小规模纳税人，生产瓶盖，适用增值税税率3%。根据该工厂2018年6月份业务情况编制如下会计分录：

(1)6月4日，企业销售瓶盖一批，获得含税收入30 900元。

销售额＝30 900÷(1＋3%)＝30 000(元)

应纳增值税税额＝30 000×3%＝900(元)

借：银行存款	30 900	
贷：主营业务收入		30 000
应交税费——应交增值税		900

(2)6月6日，企业购进材料一批，价格为8 000元，支付增值税税额为1 280元，材料入库，款项已付。假定该企业按实际成本计价。

借：原材料	9 280	
贷：银行存款		9 280

(3)6月20日，企业接受委托加工特制瓶盖一批，收取加工费(含税)20 600元。

借：银行存款	20 600	
贷：主营业务收入		20 000
应交税费——应交增值税		600

(4)6月30日，企业缴纳本月增值税税额1 500元(900＋600)。

借：应交税费——应交增值税	1 500	
贷：银行存款		1 500

三、应交消费税的核算

(一)消费税概述

消费税是指在我国境内生产、委托加工和进口应税消费品的单位和个人，按其流转额缴纳的一种税。在核算消费税时要把握以下几点：

第一，消费税是价内税，对生产、委托加工、进口应税消费品征收的；

第二，征收方法有从价定率和从量定额两种；

第三，从价定率征收的，按不含增值税的销售额乘以消费税税率。

(二)应交消费税的账务处理及实例

企业应在“应交税费”科目下设置“应交消费税”明细科目，核算应交消费税的发生、缴纳情况。该科目贷方登记应缴纳的消费税，借方登记已缴纳的消费税；期末贷方余额为尚未缴纳的消费税，借方余额为多缴纳的消费税。

1. 销售应税消费品

企业销售应税消费品应交的消费税，应借记“税金及附加”科目，贷记“应交税费——应交消费税”科目。

【例题11】 甲公司销售其生产的高档化妆品，价款1 000 000元，增值税税额160 000

元，适用消费税税率为15%，款项已收存入银行。甲公司应编制如下会计分录：

(1)取得价款和税款时：

借：银行存款　　1 160 000

　贷：主营业务收入　　1 000 000

　　应交税费——应交增值税(销项税额)　　160 000

(2)计算应缴纳的消费税时：

应缴纳的消费税＝1 000 000×15%＝150 000(元)

借：税金及附加　　150 000

　贷：应交税费——应交消费税　　150 000

2. 自产自用应税消费品

企业将生产的应税消费品用于在建工程等非生产机构时，按规定应缴纳的消费税，借记"在建工程"等科目，贷记"应交税费——应交消费税"科目。

【例题12】 某企业在建工程领用自产柴油，成本为50 000元，应纳消费税6 000元。不考虑其他相关税费。该企业应做会计分录如下：

借：在建工程　　56 000

　贷：库存商品　　50 000

　　应交税费——应交消费税　　6 000

【例题13】 A企业下设的职工食堂享受企业提供补贴，本月领用自产产品一批，该产品账面成本20 000元，售价30 000元，适用增值税税率16%、消费税税率10%。A企业应编制如下会计分录：

借：应付职工薪酬——职工福利费　　34 800

　贷：主营业务收入　　30 000

　　应交税费——应交增值税(销项税额)　　4 800

借：税金及附加　　3 000

　贷：应交税费——应交消费税　　3 000

借：主营业务成本　　20 000

　贷：库存商品　　20 000

3. 委托加工应税消费品

企业如有应交消费税的委托加工物资，一般应由受托方代收代缴税款，受托方按照应交税款金额，借记"应收账款""银行存款"等科目，贷记"应交税费——应交消费税"科目。

受托加工或翻新改制金银首饰，按照规定由受托方缴纳消费税。

委托加工物资收回后，用于直接销售的，应将受托方代收代缴的消费税计入委托加工物资的成本，借记"委托加工物资"等科目，贷记"应付账款""银行存款"等科目；委托加工物资收回后用于连续生产的，按规定准予抵扣的，应按已由受托方代收代缴的消费税，借记"应交税费——应交消费税"科目，贷记"应付账款""银行存款"等科目。委托加工应税消费品的会计分录如图1—2—4—1所示。

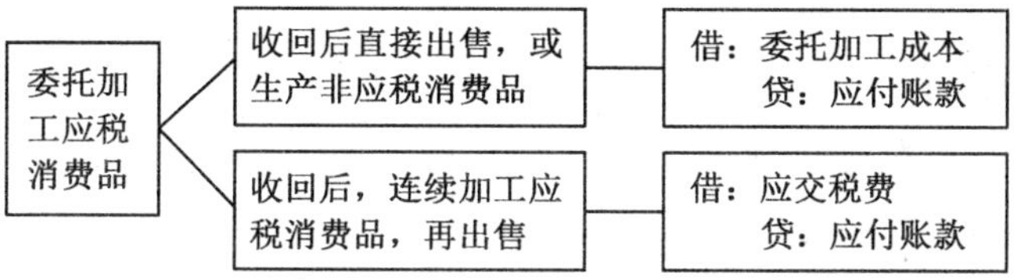

图 1—2—4—1　委托加工应税消费品的会计分录

相关提示 4

建议此处与“单元一 资产的核算”中的“委托加工物资”知识点结合起来学习。

相关提示 5

组成计税价格＝(材料成本＋加工费)÷(1－消费税税率)

【例题 14】　某工业企业委托乙企业代为加工一批应交消费税的材料。该企业的材料成本为 800 000 元，加工费为 150 000 元，增值税税率为 16%，由乙企业代收代缴的消费税为 80 000 元。材料已经加工完成，并由该企业收回验收入库，加工费尚未支付。该企业采用实际成本法进行原材料的核算。

①如果收回的委托加工物资用于继续生产应税消费品，该企业应做会计分录如下：

借：委托加工物资　　800 000
　　贷：原材料　　800 000
借：委托加工物资　　150 000
　　应交税费——应交消费税　　80 000
　　　　　　——应交增值税(进项税额)　　24 000
　　贷：应付账款　　254 000
借：原材料　　950 000
　　贷：委托加工物资　　950 000

②如果收回的委托加工物资直接用于对外销售，该企业应做会计分录如下：

借：委托加工物资　　800 000
　　贷：原材料　　800 000
借：委托加工物资　　230 000
　　贷：应付账款　　230 000
借：原材料　　1 030 000
　　贷：委托加工物资　　1 030 000

③乙企业对应收取的受托加工代收代缴的消费税做会计分录如下：

借：应收账款　　80 000

　　贷：应交税费——应交消费税　　　　　　　　　　　　80 000

4. 进口应税消费品

企业进口应税物资在进口环节应交的消费税，计入该项物资的成本，借记“材料采购”“固定资产”等科目，贷记“银行存款”科目。

【例题 15】 某工业企业从国外进口一批需要缴纳消费税的商品，商品价值 200 000 元，进口环节需要缴纳的消费税为 50 000 元（不考虑增值税），采购的商品已经验收入库，货款尚未支付，税款已经用银行存款支付。甲企业应做会计分录如下：

借：库存商品　　　　　　　　　　　　250 000
　　贷：应付账款　　　　　　　　　　　　200 000
　　　　银行存款　　　　　　　　　　　　50 000

本例中，企业进口应税物资在进口环节应缴消费税 50 000 元，应计入该项物资的成本。

【随堂训练 3·单选题】 A 企业为一般纳税人，委托 C 单位加工 B 材料（非金银首饰），发出原材料价款 20 000 元，支付加工费 10 000 元，取得的增值税专用发票上注明增值税税额为 1 600 元，由受托方代收代缴的消费税为 1 000 元，材料已加工完毕验收入库，款项均已支付。委托方收回后的 B 材料用于继续生产应税消费品，该 B 材料收回时的成本为（　　）元。

A. 30 000　　　　B. 31 000
C. 32 600　　　　D. 22 600

四、其他应交税费

其他应交税费，主要包括应交资源税、应交城市维护建设税、应交土地增值税、应交所得税、应交房产税、应交土地使用税、应交车船使用税、应交教育费附加、应交矿产资源补偿费、应交个人所得税等。

企业应该在“应交税费”科目下设置相应的明细科目进行核算，贷方登记应缴纳的有关税费，借方登记已缴纳的有关税费，期末贷方余额表示尚未缴纳的有关税费。

（一）应交资源税

资源税是对我国境内开采矿产品或者生产盐的单位和个人征收的税。资源税按照应税产品的课税数量和规定的单位税额计算。

对外销售应税产品应交的资源税应记入“税金及附加”科目，自产自用的应记入“生产成本”“制造费用”科目。借记“税金及附加”科目，贷记“应交税费——应交资源税”科目；借记“生产成本”“制造费用”等科目，贷记“应交税费——应交资源税”科目。

相关知识链接 10

在学习消费税的时候应该注意“税金及附加”科目的使用，该科目核算企业日常经营活动发生的消费税、城市维护建设税、资源税和教育费附加等相关税金。而处置固定资产、无形资产等非日常经营活动发生的相关税费，不通过此科目核算。

【例题 16】 甲企业本期对外销售资源税应税矿产品 3 600 吨，将自产资源税应税矿产品 800 吨用于其产品生产，税法规定每吨矿产品应交资源税 5 元。该企业应编制如下会计分录：

(1)计算对外销售应税矿产品应交资源税时：

借：税金及附加　　18 000

　贷：应交税费——应交资源税　　18 000

企业对外销售应税产品应缴纳的资源税＝3 600×5＝18 000(元)

(2)计算自产自用应税矿产品应交资源税时：

借：生产成本　　4 000

　贷：应交税费——应交资源税　　4 000

企业自产自用应税矿产品应缴纳的资源税＝800×5＝4 000(元)

(3)缴纳资源税时：

借：应交税费——应交资源税　　22 000

　贷：银行存款　　22 000

(二)应交城市维护建设税

城市维护建设税是以增值税、消费税为计征依据征收的一种税。其纳税人为缴纳增值税、消费税的单位和个人，税率因纳税人所在的地不同，从 1%～7%不等。计算公式为：

应纳税额＝(应交增值税＋应交消费税)×适用税率

企业应交的城市维护建设税，借记“税金及附加”科目，贷记“应交税费——应交城市维护建设税”科目。实际上交时，借记“应交税费——应交城市维护建设税”科目，贷记“银行存款”科目。

【例题 17】 某企业 2018 年 6 月末计算出当月企业应交增值税 16 000 元，消费税 23 000 元，假设该地区城市维护建设税税率为 7%，该企业的有关会计分录如下：

借：税金及附加　　2 730

　贷：应交税费——应交城市维护建设税　　2 730

应纳税额＝(16 000＋23 000)×7%＝39 000×7%＝2 730(元)

实际缴纳时，做如下会计分录：

借：应交税费——应交城市维护建设税　　2 730

　贷：银行存款　　2 730

(三)应交教育费附加

教育费附加是为了发展教育事业而向企业征收的附加费。企业按应交流转税的一定比例计算出应交的教育费附加，借记“税金及附加”科目，贷记“应交税费——应交教育费附加”科目。实际上交时，借记“应交税费——应交教育费附加”科目，贷记“银行存款”科目。

【例题 18】 某企业按税法规定计算，2018 年度第 4 季度应缴纳教育费附加 300 000 元。款项已经用银行存款支付。该企业的有关会计处理如下：

借：税金及附加　　300 000

　贷：应交税费——应交教育费附加　　300 000

借：应交税费——应交教育费附加　　300 000

贷:银行存款　　300 000

（四）应交土地增值税

土地增值税是指在我国境内有偿转让土地使用权及地上建筑物和其他附着物产权的单位和个人，就其土地增值额征收的一种税。土地增值额是指转让收入减去规定扣除项目金额后的余额。转让收入包括货币收入、实物收入和其他收入。扣除项目主要包括取得土地使用权所支付的金额、开发土地的费用、新建及配套设施的成本、旧房及建筑物的评估价格等。

企业应交的土地增值税视情况记入不同科目，企业转让的土地使用权连同地上建筑物及其附着物一并在“固定资产”等科目核算的。转让时应交的土地增值税，借记“固定资产清理”科目，贷记“应交税费——应交土地增值税”科目；土地使用权在“无形资产”科目核算的，按实际收到的金额，借记“银行存款”科目，按应交的土地增值税，贷记“应交税费——应交土地增值税”科目，同时冲销土地使用权的账面价值。贷记“无形资产”科目，按其差额，借记或贷记“资产处置损益”科目。

【例题 19】 某企业对外转让一栋厂房，根据税法规定计算的应交土地增值税为 27 000 元。有关会计处理如下：

(1)计算应缴纳的土地增值税时：

借:固定资产清理　　27 000

贷:应交税费——应交土地增值税　　27 000

(2)用银行存款缴纳应交土地增值税时：

借:应交税费——应交土地增值税　　27 000

贷:银行存款　　27 000

（五）应交房产税、城镇土地使用税、车船税和矿产资源补偿费

企业应交的房产税、城镇土地使用税、车船税、矿产资源补偿费记入“税金及附加”科目，借记“税金及附加”科目，贷记“应交税费——应交房产税（或应交城镇土地使用税、应交车船税、应交矿产资源补偿费）”科目。

（六）应交个人所得税

企业按规定计算的代扣代缴的职工个人所得税，借记“应付职工薪酬”科目，贷记“应交税费——应交个人所得税”科目；企业缴纳个人所得税时，借记“应交税费——应交个人所得税”等科目，贷记“银行存款”等科目。

【例题 20】 某企业结算本月应付职工工资总额 300 000 元，按税法规定应代扣代缴的职工个人所得税共计 3 000 元，实发工资 297 000 元。该企业应编制如下会计分录：

(1)代扣个人所得税时：

借:应付职工薪酬——工资　　3 000

贷:应交税费——应交个人所得税　　3 000

(2)缴纳个人所得税时：

借:应交税费——应交个人所得税　　3 000

贷:银行存款　　3 000

扫码看资源

相关提示 6

不是所有的税金都通过"应交税费"科目核算，企业发生的印花税、契税、耕地占用税和车辆购置税不需要通过"应交税费"科目核算，发生时借记"管理费用(或在建工程、固定资产等)"科目，贷记"银行存款"科目。

【随堂训练 4·单选题】 某企业为增值税一般纳税人，2018 年应交各种税金为：增值税 350 万元，消费税 150 万元，城市维护建设税 35 万元，房产税 10 万元，车船税 5 万元，企业所得税 250 万元。上述各项税金应计入管理费用的金额为(　　)万元。

A. 5　　　　B. 15

C. 50　　　　D. 185

【随堂训练 5·多选题】 下列各项中，可以记入利润表"税金及附加"项目的有(　　)。

A. 增值税　　　　B. 城市维护建设税

C. 教育费附加　　　　D. 资源税

项目五　应付股利及其他应付款的核算

一、应付股利的核算

(一)应付股利的核算内容

在会计核算中设置"应付股利"科目，并按投资者开设明细科目。该科目核算企业根据股东大会或类似机构审议批准的利润分配方案确定分配给投资者的现金股利或利润。应付股利包括应付给投资者的现金股利、应付给国家以及其他单位的个人的利润等。应支付给其他单位或个人的利润也通过"应付股利"科目核算。

扫码看资源

相关知识链接

企业董事会或类似机构通过的利润分配方案中拟分配的现金股利或利润，不做账务处理，在附注中披露；企业分配的股票股利，不通过"应付股利"科目核算。

(二)应付股利的账务处理及实例

(1)根据批准的利润分配方案，确认应付给投资者的现金股利或利润时：

借：利润分配——应付股利

　　贷：应付股利——某某股东

(2)向投资者实际支付现金股利或利润时：

借:应付股利——某某股东

贷:银行存款

【例题 1】 A有限责任公司有甲、乙两个股东，分别占注册资本的40%和60%。2018年度实现的净利润为8 000 000元，经过股东会批准，决定2019年分配股利5 000 000元。股利已经用银行存款支付。A有限责任公司的有关会计分录如下：

(1)股东批准，确认分配时：

借:利润分配——应付股利	5 000 000	
贷:应付股利——甲股东		2 000 000
——乙股东		3 000 000

(2)实际支付时：

借:应付股利——甲股东	2 000 000	
——乙股东	3 000 000	
贷:银行存款		5 000 000

二、其他应付款

(一)其他应付款的核算内容

其他应付款是指除应付账款、应付票据、预收账款、应付职工薪酬、应交税费、应付股利等经营活动以外的其他应付、暂收款项，如应付租入包装物租金、存入保证金等。

企业通过开设"其他应付款"科目核算其增减变动和结存情况，并按照其他应付款的项目和对方单位(或个人)设置明细科目进行明细核算。该科目的贷方登记发生的各种应付、暂收款项，借方登记偿还或转销的各种应付、暂收款项；余额在贷方，反映企业应付未付的其他应付款项。

(二)其他应付款的账务处理及实例

企业发生的其他各种应付、暂收款项，借记"管理费用"等科目，贷记"其他应付款"科目；支付的其他各种应付、暂收款项，借记"其他应付款"科目，贷记"银行存款"等科目。

【例题 2】 甲公司出租给某企业机器设备一台，收到租用押金6 000元。甲公司账务处理如下：

借:银行存款	6 000	
贷:其他应付款		6 000

【例题 3】 承例题2，某企业租赁期结束，退还该机器设备，甲公司退还押金。甲公司账务处理如下：

借:其他应付款	6 000	
贷:银行存款		6 000

【例题 4】 甲公司从2018年1月1日起，以经营租赁方式租入管理用办公设备一批，每月租金5 000元，按季支付。3月31日，甲公司以银行存款支付应付租金。甲公司的有关会计分录如下：

(1)1月31日计提应付经营租入固定资产租金时：

借：管理费用　　5 000

　　贷：其他应付款　　5 000

2 月底计提应付经营租入固定资产租金的会计处理同上。

(2)3 月 31 日支付租金时：

借：其他应付款　　10 000

　　管理费用　　5 000

　　贷：银行存款　　15 000

【随堂训练·多选题】 下列各项中，计入其他应付款的有(　　)。

A. 根据法院判决应支付的合同违约金

B. 租入包装物应支付的租金

C. 根据购销合同预收的货款

D. 租入包装物支付的押金

扫码看资源

项目六　长期借款的核算

一、长期借款的核算内容

扫码看资源

长期借款是指企业向银行或其他金融机构借入的期限在 1 年以上(不含 1 年)的各种借款。其会计处理的基本要求是反映和监督长期借款的借入、借款利息的结算和借款本息的归还情况。借款利息费用及所记科目的处理见图 1—2—6—1 所示。

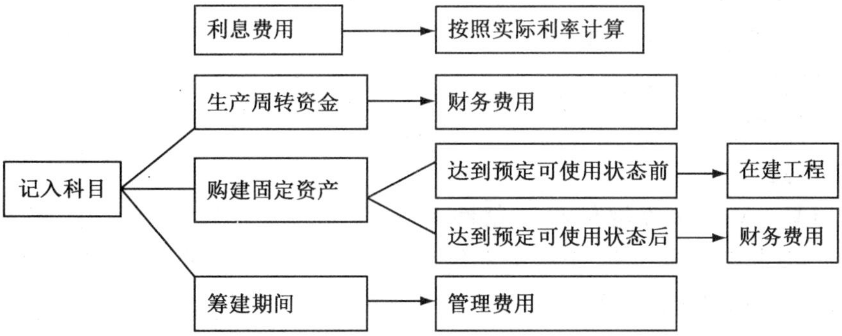

图 1—2—6—1　借款利息费用及所记科目的处理

二、长期借款的账务处理及实例

企业应通过“长期借款”科目核算长期借款的取得和偿还情况，并分别设置“本金”“利息调整”等进行明细核算。该科目的贷方登记长期借款本息的增加额，借方登记本息的减少额，贷方余额表示企业尚未偿还的长期借款。

长期借款的账务处理包括取得长期借款、发生长期借款利息、归还长期借款环节。

（一）取得长期借款的核算

企业取得长期借款时：

借：银行存款（实际收到金额）

　　长期借款——利息调整（如存在差额）

　　贷：长期借款——本金（借款本金）

相关知识链接

当取得借款与合同约定的数额不一致时，则有“利息调整”，也就意味着实际利率与合同利率不一致，后续期间涉及利息调整的摊销；若取得的借款就是借款合同约定的数额，则没有“利息调整”，也就意味着实际利率和合同利率是相同的。

（二）发生长期借款利息的核算

长期借款利息费用应当在资产负债表日按照实际利率法计算确定。利息费用应按以下原则计入有关成本、费用：属于筹建期间的，计入管理费用；属于生产经营期间的，计入财务费用。如果长期借款用于购建固定资产的，在固定资产尚未达到预定可使用状态前所发生的应当资本化的利息支出数，计入在建工程成本。长期借款的应付利息按合同利率计算确定，分期付息，到期还本的记入“应付利息”科目，到期一次还本付息的记入“长期借款——应计利息”科目。

（三）归还借款的核算

企业归还长期借款的本金时：

借：长期借款——本金

　　应付利息

　　贷：银行存款

【例题 1】 A 企业为增值税一般纳税人，于 2018 年 11 月 30 日从银行借入资金 4 000 000 元，借款期限为 3 年，年利率为 8.4%（到期一次还本付息，不计复利）。所借款项已存入银行，A 企业用该借款于当日购买不需安装的设备一台，价款 3 000 000 元，增值税税额 480 000 元，另支付保险等费用 100 000 元，设备于当日投入使用。A 企业的有关会计分录如下：

（1）取得借款时：

借：银行存款　　　　4 000 000

　　贷：长期借款——本金　　　　4 000 000

（2）支付设备款保险费时：

借：固定资产　　　　3 100 000

　　应交税费——应交增值税（进项税额）　　　　480 000

　　贷：银行存款　　　　3 580 000

【例题2】 承例题1,A企业于2018年12月31日计提长期借款利息。该企业的有关会计分录如下:

借:财务费用　　28 000

　贷:长期借款——应计利息　　28 000

2018年12月31日计提的长期借款利息=4 000 000×8.4%÷12=28 000(元)

2019年1月至2021年10月末预提利息分录同上。

【例题3】 承例题2,2021年11月30日,企业偿还该笔银行借款本息。该企业的有关会计分录如下:

借:财务费用　　28 000

　长期借款——本金　　4 000 000

　　　　——应计利息　　980 000

　贷:银行存款　　5 008 000

解析 借款时间为3年,则"长期借款——应计利息"科目的贷方余额=28 000×35=980 000(元),当月支付的利息直接计入财务费用。

扫码看资源

【随堂训练·多选题】 企业长期借款的利息费用,可能涉及的科目有(　　)。

A. 在建工程　　B. 管理费用

C. 财务费用　　D. 固定资产

项目七　应付债券及长期应付款的核算

一、应付债券的核算

(一)应付债券概述

应付债券是企业依照法定程序发行,约定在一定期限内还本付息的具有一定价值的证券。发行债券是企业筹集长期资金的方式之一。

扫码看资源

发行债券的企业,应按债券载明的付息日期和票面利率向持券人支付利息,在债券到期时按债券面值偿还本金。债券发行有面值发行、溢价发行和折价发行三种,见图1—2—7—1所示。

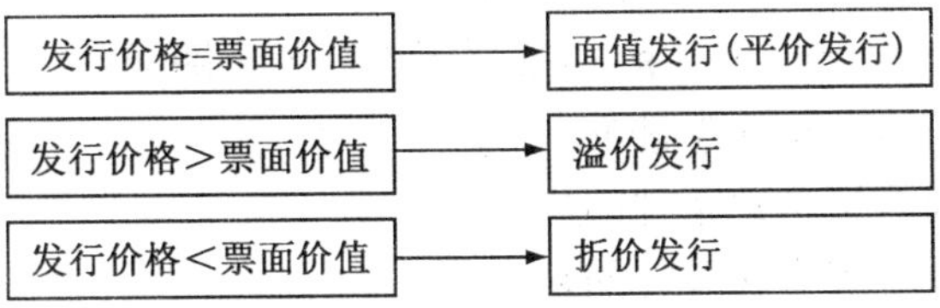

图1—2—7—1　债券发行的方式

当债券票面利率高于市场利率时,意味着企业每期要按高于市场利率的票面利率多付出利息。这时,企业可以提高债券的售价,即债券溢价发行,超过面值部分的收入,称为债券溢价，债券溢价实质上是向购买者预收的一笔款项，作为发行债券的企业今后多付利息的一种补偿，这笔款项应在债券存续期内分期摊销，以抵销按票面利率计算而多计的利息费用。

当债券票面利率低于市场利率时，意味着购买债券者按票面利率所得到的收益要低于市场利率水平，为补偿购买者的这种损失，企业可以降低债券的售价，以低于面值的价格出售债券，即债券折价发行，低于面值的部分称为债券折价。债券折价实质上是预先付给购买者一笔利息，以补偿购买者今后少得利息的损失，债券折价应在债券的存续期内分期摊销，以追加按债券票面利率计算而少计的利息费用。

本教材只讲解按照面值发行的应付债券的会计处理。

（二）应付债券账务处理及实例

为了反映企业发行债券筹资的情况，应设置“应付债券”科目，在“应付债券”科目下设置了“面值”“利息调整”“应计利息”等明细科目核算。

1. 发行债券

借：银行存款（实际收到的金额）

贷：应付债券——面值

如有差额，应记入“应付债券——利息调整”科目（可能在借方，也有可能在贷方）。

相关知识链接 1

只有溢价发行或折价发行债券时，才通过“应付债券——利息调整”科目核算。平价发行不存在“利息调整”。

2. 发生债券利息

应付债券按实际利率（实际利率与票面利率差异较小时也可按票面利率）计算确定的利息费用，应按照与长期借款相一致的原则计入有关成本、费用。其中，对于分期付息、到期一次还本的债券，其按票面利率计算确定的应付未付利息通过“应付利息”科目核算；对于一次还本付息的债券，其按票面利率计算确定的应付未付利息通过“应付债券——应计利息”科目核算。

发生利息时：

（1）对于分期付息，到期还本，其分录如下：

借：财务费用（不符合资本化条件，且属于生产经营期间）

在建工程（符合资本化条件的）

制造费用（符合资本化条件的）

研发支出（符合资本化条件的）

管理费用（不符合资本化条件，且属于筹建期间）

贷：应付利息（面值×票面利率）

（2）对于一次还本付息，其分录如下：

借：财务费用（不符合资本化条件，且属于生产经营期间）

在建工程（符合资本化条件的）
制造费用（符合资本化条件的）
研发支出（符合资本化条件的）
管理费用（不符合资本化条件，且属于筹建期间）
贷：应付债券——应计利息（面值×票面利率）

（3）债券还本付息。长期债券到期，企业支付债券本息时：

借：应付债券——面值
　　　　　　——应计利息（或应付利息）
　　贷：银行存款

【例题 1】 B 企业发行债券及还本付息情况如下：

（1）企业于 2018 年 7 月 1 日发行三年期、到期时一次还本付息、年利率为 8%（不计复利）、发行面值总额为 40 000 000 元的债券。该债券按面值发行。

（2）企业发行债券所筹资金于当日用于建造固定资产，至 2018 年 12 月 31 日时工程尚未完工，计提本年长期债券利息。企业按照《企业会计准则第 17 号——借款费用》的规定计算，该期债券产生的实际利息费用应全部资本化，作为在建工程成本。

（3）2021 年 7 月 1 日，B 企业偿还债券本金和利息。

B 企业的有关会计分录如下：

①发行债券时：

借：银行存款　　40 000 000
　　贷：应付债券——面值　　40 000 000

②2018 年计提利息时：

借：在建工程　　1 600 000
　　贷：应付债券——应计利息（40 000 000×8%÷12×6）　　1 600 000

（2019、2020 年计提利息的分录略）

③2021 年 7 月 1 日，偿还债券本金和利息时：

借：应付债券——面值　　40 000 000
　　　　　　——应计利息（40 000 000×8%×3）　　9 600 000
　　贷：银行存款　　49 600 000

【随堂训练·单选题】 2018 年 7 月 1 日，甲公司为扩大生产按面值发行 3 年期、到期一次还本付息、票面利率为 5%（不计复利）的债券，该债券已于当日全部售出，其面值为 1 000 万元，票面利率等于实际利率。2018 年 12 月 31 日应付债券的账面余额为（　　）万元。

A. 1 000　　B. 975　　C. 1 050　　D. 1 025

二、长期应付款的核算

长期应付款是指企业除长期借款和应付债券以外的其他各种长期应付款，包括应付融资租入固定资产的租赁费、以分期付款方式购入固定资产发生的应付款项。

企业应设置“长期应付款”科目，用以核算企业融资租入固定资产和以分期付款方式购入固定资产时应付的款项及偿还情况。该科目可按长期应付款的种类和债权人进行明细核算。

(一)应付融资租赁款

应付融资租赁款是指在租赁开始日承租人应向出租人支付的最低租赁付款额。

(1)融资租入固定资产时,在租赁期开始日:

借:在建工程(或固定资产)

(凭资产公允价值与最低租赁付款额现值两者中较低者,加上初始直接费用)

未确认融资费用(差额)

贷:长期应付款(最低租赁付款额)

银行存款(发生的初始直接费用)

(2)按其支付融资租赁款时:

借:长期应付款

贷:银行存款

相关知识链接 2

未确认融资费用应当在租赁期内各个期间进行分摊;企业应当采用实际利率法计算确认当期的融资费用。

(二)具有融资性质的延期付款

企业购买资产有可能延期支付有关价款。如果延期支付的购买价款超过正常信用条件,实质上具有融资性质的,所购资产的成本应当以延期支付购买价款的现值为基础确定。实际支付的价款与购买价款的现值之间的差额,应当在信用期间内采用实际利率法进行摊销,计入相关资产成本或当期损益。具体来说,企业购入资产超过正常信用条件延期付款实质上具有融资性质时,应按购买价款的现值,借记“固定资产”“在建工程”等科目,按应支付的价款总额,贷记“长期应付款”科目,按其差额,借记“未确认融资费用”科目。企业在信用期间内采用实际利率法摊销未确认融资费用,借记“在建工程”“财务费用”等科目,贷记“未确认融资费用”科目。

扫码看资源

课后思考

(1)所有税金都必须通过“应交税费”科目核算吗?企业缴纳的哪些税金不通过“应交税费”科目核算?

(2)不得抵扣进项税额的情况包括哪些?

(3)常见税费的会计处理有哪些?

(4)与固定资产有关的增值税如何处理?

扫码看资源

单元三　所有者权益的核算

本单元基本内容框架

- 所有者权益的核算
  - 实收资本的核算
    - 1. 实收资本的内容
    - 2. 实收资本的账务处理及实例
  - 资本公积的核算
    - 1. 资本公积的内容
    - 2. 资本公积的账务处理及实例
  - 留存收益的核算
    - 1. 留存收益的内容
    - 2. 留存收益的账务处理及实例

本单元学习目标

- ⊙ 熟悉所有者权益的概念及分类；
- ⊙ 掌握实收资本的核算内容及账务处理；
- ⊙ 掌握资本公积的核算内容及账务处理，了解资本公积的来源；
- ⊙ 掌握留存收益的核算内容及账务处理；
- ⊙ 熟悉利润分配的内容；
- ⊙ 熟悉盈余公积和未分配利润的概念及内容。

所有者权益是指企业资产扣除负债后由所有者享有的剩余权益，又称股东权益。所有者权益包括：所有者投入的资本、直接计入所有者权益的利得和损失、留存收益，即实收资本（或股本）、资本公积、盈余公积和未分配利润。所有者权益具有以下特征：①除非发生减值、清算或分派现金股利，企业不需要偿还所有者权益；②企业清算时，只有在清偿所有的负债后，所有者权益才返还给所有者；③所有者凭借所有者权益能够参与企业利润分配。

项目一 实收资本的核算

一、实收资本的内容

实收资本是企业按照章程规定或合同、协议约定，接受投资者投入企业的资本。实收资本的构成比例或股东的股权比例，是确定所有者在企业所有者权益中份额的基础，也是企业进行利润或股利分配的主要依据。

扫码看资源

《中华人民共和国公司法》规定，股东可以用货币出资，也可以用实物、知识产权、土地使用权等可以用货币估价并可以依法转让的非货币财产作价出资；但是，法律、行政法规中规定不得作为出资的财产除外。企业应当对作为出资的非货币财产评估作价，核实财产，不得高估或者低估作价。法律、行政法规对评估作价有规定的，从其规定。全体股东的货币出资金额不得低于有限责任公司注册资本的30%。不论以何种方式出资，投资者如在投资过程中违反投资合约或协议约定，不按规定如期缴足出资额，企业可以依法追究投资者的违约责任。

企业收到所有者投入企业的资本后，应根据有关原始凭证（如投资清单、银行通知单等），分别以不同的出资方式进行会计处理。

相关知识链接1

注册资本与实收资本的区别：注册资本是法律上规定的强制性要求，而实收资本是公司成立时实际收到的股东的出资总额，是公司现实拥有的资本，由于公司认购股份以后，可以一次全部缴清，也可以分期缴纳，所以实收资本在某段时间内可能小于注册资本，但公司的注册资本与实收资本最终是应当一致的。

二、实收资本的账务处理及实例

企业应通过“实收资本”科目，股份有限公司通过“股本”科目，并按投资人设置明细科目，核算投资者投入资本的增减变动情况。其科目贷方登记企业实际收到投资人投入的资本，若为股份有限公司则核算股东投入的按股票面值确认的股本，借方登记投资人抽回投资额，期末贷方余额表示公司收到投资人的资本额。

扫码看资源

（一）接受现金资产投资

企业接受现金资产投资时，应按照投资合同或协议约定的投资者在企业注册资本中所占份额的部分作为实收资本（股本）入账，企业实际收到的或存入开户银行的金额超过投资者在企业注册资本或股本中所占份额的部分，记入“资本公积——资本溢价（股本溢价）”科目。

1. 股份有限公司以外的企业接受现金资产投资

【例题 1】 甲、乙、丙共同投资设立 A 有限责任公司，注册资本为 2 000 000 元，甲、乙、丙持股比例分别为 60%、25%和 15%。按照章程规定。甲、乙、丙投入资本分别为 1 200 000 元、500 000 元和 300 000 元。A 公司已如期收到各投资者一次缴足的款项。

A 公司在进行会计处理时，应编制如下会计分录：

借：银行存款　　2 000 000
　贷：实收资本——甲　　1 200 000
　　　　　　——乙　　500 000
　　　　　　——丙　　300 000

【随堂训练 1·单选题】 ABC 公司注册资本为 450 万元，现有 D 出资者出资现金 200 万元，使得注册资本增加到 600 万元，其中 D 出资者占注册资本的比例为 25%。ABC 公司接受 D 出资者出资时，应计入资本公积的金额为(　　)万元。

A. 0　　B. 50　　C. 150　　D. 200

2. 股份有限公司接受现金资产投资

【例题 2】 B 股份有限公司发行普通股 10 000 000 股，每股面值 1 元，每股发行价格 5 元。假定股票发行成功，股款 50 000 000 元已全部收到，不考虑发行过程中的税费等因素。

B 公司应做如下账务处理：

借：银行存款　　50 000 000
　贷：股本　　10 000 000
　　　资本公积——股本溢价　　40 000 000

“资本公积”科目的金额＝50 000 000－10 000 000＝40 000 000(元)

相关知识链接 2

股份有限公司发行股票支付的手续费、佣金等发行费用，股票溢价发行的，从发行股票的溢价中抵扣，冲减资本公积(股本溢价)；没有溢价或溢价金额不足以支付发行费用的部分，应将不足支付的发行费用冲减“盈余公积”和“利润分配——未分配利润”等科目。

【例题 3】 某上市公司发行普通股 1 000 万股，每股面值 1 元，每股发行价格 5 元，支付手续费 20 万元。该公司应做如下分录：

(1)发行时：

借：银行存款　　50 000 000
　贷：股本　　10 000 000
　　　资本公积——股本溢价　　40 000 000

(2)支付手续费时：

借：资本公积——股本溢价　　200 000
　贷：银行存款　　200 000

（二）接受非现金资产投资

企业接受投资者作价投入的非现金资产，应按投资合同或协议约定价值确定入账价值（但投资合同或协议约定价值不公允的除外）和在注册资本中应享有的份额。

对于投资合同或协议约定的价值（不公允的除外）超过其在注册资本中所占份额的部分，应当计入资本公积。

相关知识链接 3

如果接受投资者投入的固定资产和材料物资按规定可以抵扣，应将增值税记入“进项税额”。

1. 接受投入固定资产

【例题 4】 甲有限责任公司于设立时收到乙公司作为资本投入的不需要安装的机器设备一台，合同约定该机器设备的价值为 2 000 000 元，增值税进项税额为 320 000 元。经约定甲公司接受乙公司的投入资本为 2 320 000 元。合同约定的固定资产价值与公允价值相符，不考虑其他因素。甲公司进行会计处理时，应编制如下会计分录：

借：固定资产　　2 000 000

　　应交税费——应交增值税（进项税额）　　320 000

　　贷：实收资本——乙公司　　2 320 000

【例题 5】 甲企业（有限责任）收到乙企业以设备出资，该设备的原价为 50 万元，已提折旧 6 万元，投资合同约定该设备价值为 40 万元（假定是公允的且不考虑增值税），占注册资本 30 万元，则甲企业的会计处理为：

借：固定资产　　400 000

　　贷：实收资本　　300 000

　　　　资本公积　　100 000

【随堂训练 2·核算题】 乙有限责任公司于设立时收到 B 公司作为资本投入的原材料一批，该批原材料投资合同或协议约定价值（不含可抵扣的增值税进项税额部分）为 100 000 元，增值税进项税额为 16 000 元。B 公司已开具了增值税专用发票。假设合同约定的价值与公允价值相符，该进项税额允许抵扣。不考虑其他因素，原材料按实际成本进行日常核算。请编制该公司的会计分录。

2. 接受投入材料物资

【例题 6】 乙有限责任公司于设立时收到 B 公司作为资本投入的原材料一批，该批原材料投资合同或协议约定价值（不含可抵扣的增值税进项税额部分）为 100 000 元，增值税进项税额为 16 000 元。B 公司已开具了增值税专用发票。假设合同约定的价值与公允价值相符，该进项税额允许抵扣，不考虑其他因素，原材料按实际成本进行日常核算。

乙公司应编制如下会计分录：

借：原材料　　100 000

应交税费——应交增值税(进项税额)　　16 000

贷:实收资本——B公司　　116 000

3. 接受无形资产投资

【例题7】 丙有限责任公司于设立时收到A公司作为资本投入的非专利技术一项,该非专利技术投资合同约定价值为60 000元,增值税税额3 600元;同时收到B公司作为资本投入的土地使用权一项,投资合同约定价值为80 000元,增值税税额8 000元。假设丙公司接受该非专利技术和土地使用权符合国家注册资本管理的有关规定,可按合同约定作实收资本入账,合同约定的价值与公允价值相符,不考虑其他因素。丙公司应编制如下会计分录:

借:无形资产——非专利技术　　60 000

——土地使用权　　80 000

应交税费——应交增值税(进项税额)　　11 600

贷:实收资本——A公司　　63 600

——B公司　　88 000

(三)实收资本(或股本)的增减变动

一般情况下,企业的实收资本应相对固定不变,但在某些情况下,实收资本也可能发生增减变化。我国《企业法人登记管理条例》中规定,除国家另有规定外,企业的注册资本应与实收资本相一致,当实收资本比原注册资金增加或减少的幅度超过20%时,应持资金使用证明或者验资证明,向原登记主管机关申请变更登记。如擅自改变注册资本或抽逃资金,要受到工商行政部门的处罚。

1. 实收资本(或股本)的增加

企业增加资本主要有三个途径:投资者追加投资、资本公积转增资本和盈余公积转增资本。

(1)企业接受投资者追加投资的,与初次投资的处理原则一致。

(2)资本公积和盈余公积转增资本时,按转增的资本金额确认实收资本或股本。

【例题8】

(1)甲、乙、丙三人共同投资设立A有限责任公司,原注册资本为4 000 000元,甲、乙、丙分别出资500 000元、2 000 000元和1 500 000元。为扩大经营规模,经批准,A公司注册资本扩大为5 000 000元,甲、乙、丙按照原出资比例分别追加投资125 000元、500 000元和375 000元。A公司如期收到甲、乙、丙追加的现金投资。

(2)因扩大经营规模需要,经批准,A公司按原出资比例将资本公积1 000 000元转增资本。

(3)因扩大经营规模需要,经批准,A公司按原出资比例将盈余公积1 000 000元转增资本。

A公司应编制如下会计分录:

(1)首期收到出资者出资时:

借:银行存款　　4 000 000

贷:实收资本——甲　　500 000

——乙　　2 000 000

——丙　　1 500 000

出资者按原出资比例追加投资100万元时：

借：银行存款	1 000 000	
贷：实收资本——甲		125 000
——乙		500 000
——丙		375 000

(2)资本公积转增资本时：

借：资本公积	1 000 000	
贷：实收资本——甲		125 000
——乙		500 000
——丙		375 000

(3)盈余公积转增资本时：

借：盈余公积	1 000 000	
贷：实收资本——甲		125 000
——乙		500 000
——丙		375 000

2. 实收资本(或股本)的减少

企业按法定程序报经批准减少注册资本的，按减少的注册资本金额减少实收资本。股份有限公司以收购本企业股票方式减资的，按注销股票的面值总额减少股本，购回股票支付的价款超过面值总额的部分，依次冲减“资本公积”“盈余公积”和“利润分配——未分配利润”等科目；相反增加资本公积(股本溢价)。

【例题9】 A公司2018年12月31日股本为100 000 000股，面值为1元，资本公积(股本溢价)为30 000 000元，盈余公积为40 000 000元。经股东大会批准，A公司以现金回购本公司股票20 000 000股并注销。假定A公司按每股2元回购股票，不考虑其他因素，A公司应编制如下会计分录：

(1)回购本公司股份时：

借：库存股	40 000 000	
贷：银行存款		40 000 000

库存股成本＝20 000 000×2＝40 000 000(元)

(2)注销本公司股份时：

借：股本	20 000 000	
资本公积	20 000 000	
贷：库存股		40 000 000

应冲减的资本公积＝20 000 000×2－20 000 000×1＝20 000 000(元)

【例题10】 承例题9，假定A公司按每股3元回购股票，其他条件不变，A公司应编制如下会计分录：

(1)回购本公司股份时：

借：库存股	60 000 000	
贷：银行存款		60 000 000

库存股成本＝20 000 000×3＝60 000 000(元)

(2)注销本公司股份时：

借：股本　　20 000 000

　资本公积　　30 000 000

　盈余公积　　10 000 000

　贷：库存股　　60 000 000

应冲减的资本公积＝20 000 000×3－20 000 000×1＝40 000 000(元)

由于应冲减的资本公积大于公司现有的资本公积，所以只能冲减资本公积 30 000 000 元，剩余的 10 000 000 元应冲减盈余公积。

相关知识链接 4

如果是折价回购，股本与库存股的差额作为资本公积增加处理，记入该科目贷方。

【例题 11】 承例题 9，假定 A 公司按每股 0.9 元回购股票，其他条件不变，A 公司应编制如下会计分录：

(1)回购本公司股份时：

借：库存股　　18 000 000

　贷：银行存款　　18 000 000

库存股成本＝20 000 000 ×0.9＝18 000 000(元)

(2)注销本公司股份时：

借：股本　　20 000 000

　贷：库存股　　18 000 000

　　资本公积　　2 000 000

【随堂训练 3·多选题】 甲股份有限公司以银行存款收购本企业股票方式减资，在进行会计处理时，可能涉及的会计科目有(　　)。

A.“股本”　　B.“资本公积”

C.“财务费用”　　D.“盈余公积”

扫码看资源

项目二　资本公积的核算

一、资本公积的内容

(一)资本公积的来源

资本公积是企业收到投资者出资额超出其在注册资本(或股本)中所占份额的部分，以及其他资本公积等。资本公积包括资本溢价(或股本溢价)和其他资本公积等。

扫码看资源

形成资本溢价(或股本溢价)的原因有:溢价发行股票、投资者超额缴入资本等。

其他资本公积是指除资本溢价(或股本溢价)、净损益、其他综合收益和利润分配以外所有者权益的其他变动。比如,企业长期股权投资采用权益法核算时,因被投资单位除净损益、其他综合收益、利润分配以外的所有者权益的其他变动,投资企业按应享有份额而增加或减少的资本公积,直接记入“资本公积——其他资本公积”科目。

资本公积的核算包括资本溢价(或股本溢价)的核算、其他资本公积的核算、资本公积转增资本的核算等内容。

相关知识链接

> 利得和损失包括直接计入所有者权益的利得和损失、计入利润的利得和损失。直接计入所有者权益的利得和损失一般通过“资本公积——其他资本公积”“其他综合收益”科目核算,计入利润的利得和损失一般通过“营业外收入”“营业外支出”科目核算。

(二)资本公积与实收资本(或股本)、留存收益、其他综合收益的区别

1. 资本公积与实收资本(或股本)的区别

(1)从来源和性质看。实收资本(或股本)是企业按照章程规定或合同、协议约定,接受投资者投入企业的资本,它体现了企业所有者对企业的基本产权关系。资本公积是投资者的出资中超出其再注册资本中所占份额的部分,以及直接计入所有者权益的利得和损失,它不直接表明所有者对企业的基本产权关系。

(2)从用途看。实收资本(或股本)的构成比例是确定所有者参与企业财务经营决策的基础,也是企业进行利润分配或股利分配的依据,同时还是企业清算时确定所有者对净资产的要求权的依据。资本公积的用途主要是用来转增资本(或股本)。资本公积不体现各所有者的占有比例,也不能作为所有者参与企业财务经营决策或进行利润分配(或股利分配)的依据。

2. 资本公积与留存收益的区别

留存收益是企业从历年实现的利润中提取或形成的留存于企业的内部积累,来源于企业生产经营活动实现的利润。资本公积的来源不是企业实现的利润,而主要来自资本溢价(或股本溢价)等。

3. 资本公积与其他综合收益的区别

其他综合收益是指企业根据会计准则规定未在当期损益中确认的各项利得和损失。资本公积和其他综合收益都会引起所有者权益发生增减变化,资本公积不会影响企业的损益,而部分其他综合收益项目在满足企业会计准则规定的条件时,可以重分类进损益,从而形成利润的一部分。

二、资本公积的账务处理及实例

企业形成的资本公积在“资本公积”账户核算。该账户按“资本溢价”和“其他资本公积”

两个明细科目进行会计核算。其贷方登记企业资本公积的增加数，借方登记资本公积的减少数，期末余额在贷方，反映企业资本公积实有数。

（一）资本溢价（或股本溢价）

1. 资本溢价

对于一般企业（包括有限责任公司）而言，在企业创立时，出资者认缴的出资额即为其注册资本，应全部记入“实收资本”科目。此时不会出现资本溢价。而当企业重组并有新投资者加入时，常常会出现资本溢价，新加入的投资者要付出大于原有投资者的出资额，才能取得与原有投资者相同的投资比例，投资者的出资额大于按其投资比例计算的部分，作为资本溢价记入“资本公积”科目。

【例题1】 东方有限责任公司已创立5年，注册资本为800万元，现有一新投资者甲有意出资向该企业投资，准备占有东方公司注册资本的20%，东方公司也准备增资200万元，使其注册资本扩充到1 000万元。东方公司已同意甲向公司投资并占有20%的投资比例。经协商，甲以现金180万元和一套生产线设备向公司投资，经双方确定生产线设备的价值为270万元。东方公司已将现金收存银行，生产线设备已交付车间使用。有关增资手续已办妥。假设不考虑其他因素，东方公司应编制如下会计分录：

借：银行存款	1 800 000	
固定资产	2 700 000	
贷：实收资本——甲		2 000 000
资本公积——资本溢价		2 500 000

解析 东方公司收到甲投资的4 500 000元中，2 000 000元（10 000 000×20%）属于其再注册资本中享有的份额，记入“实收资本”科目，其余属于资本溢价，记入“资本公积——资本溢价”科目。

2. 股本溢价

股本溢价，主要指股份有限公司溢价发行股票而产生的，股票发行收入超过所发股票面值的部分扣除发行费后的余额。

【例题2】 甲股份有限公司委托乙证券公司发行普通股，股票面值总额4 000万元，发行总额16 000万元，发行费按发行总额的2%计算（不考虑其他因素），股票发行净收入全部收到。

甲股份有限公司应编制如下会计分录（分录计量单位为万元）：

应计入资本公积的金额＝16 000－4 000－16 000×2%＝11 680（万元）

（1）借：银行存款	16 000	
贷：股本		4 000
资本公积——资本溢价		12 000
（2）借：资本公积——资本溢价	320	
贷：银行存款		320

以上分录也可以合并为一笔分录：

借：银行存款（16 000－320）	15 680	
贷：股本		4 000
资本公积——资本溢价		11 680

(二)其他资本公积的核算

其他资本公积,是指股本溢价(或资本溢价)以外的资本公积,主要是直接计入所有者权益的利得和损失。本书以被投资单位所有者权益的其他变动产生的利得或损失为例,介绍相关的其他资本公积的核算。

企业采用权益法核算长期股权投资时,长期股权投资的账面价值将随着被投资单位所有者权益的增减而增加或减少。企业应按其持股比例计算应享有的份额,借记“长期股权投资——所有者权益其他变动”账户,贷记“资本公积——其他资本公积”账户。

(三)资本公积转增资本的核算

经股东大会或类似机构决议,用资本公积转增资本时,应冲减资本公积,将转增金额记入“实收资本(或股本)”科目。

扫码看资源

【随堂训练1·判断题】 股份有限公司发行股票相关的交易费用,应当计入当期损益。 ( )

【随堂训练2·多选题】 下列各项中,应记入“资本公积”科目贷方的有( )。

A. 无法支付的应付账款

B. 以资本公积转增资本

C. 接受投资者以现金投资200万元,其中属于资本溢价的80万元

D. 接受投资者投入材料一批,投资双方确认的价值超过该投资者在注册资本中所占的份额

思　考

企业按面值与按溢价发行股票,在会计处理上有何不同?

项目三　留存收益的核算

扫码看资源

一、留存收益的内容

留存收益是指企业从历年实现的利润中提取或留存于企业的内部积累,它来源于企业的生产经营活动所实现的净利润,包括企业的盈余公积和未分配利润两个部分(如图1—3—3—1)。

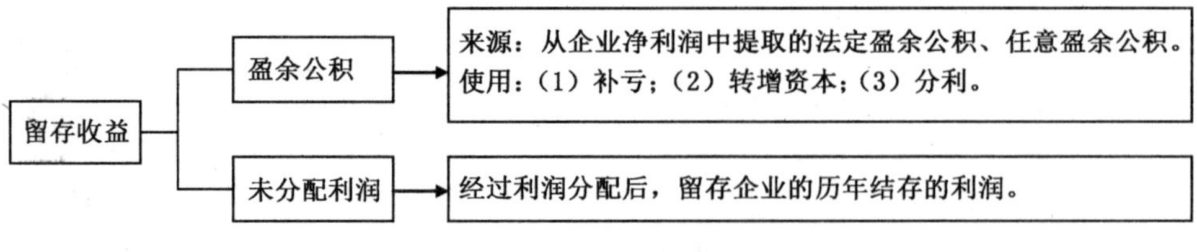

图1—3—3—1　留存收益的来源及使用

二、留存收益的账务处理及实例

（一）利润分配

1. 利润分配的顺序

利润分配是指企业根据国家有关规定和企业章程、投资者的决议等，对企业当年可供分配的利润所进行的分配。

可供分配的利润＝本年实现的净利润（或亏损）＋年初未分配利润（或减年初未弥补亏损＋其他转入）

可供分配的利润，按下列顺序分配：①提取法定盈余公积；②提取任意盈余公积；③向投资者分配利润。

2. 设置的科目

企业核算留存收益应设置“盈余公积”和“利润分配”科目。在“利润分配”科目下，设置“提取法定盈余公积”“提取任意盈余公积”“应付现金股利”“盈余公积补亏”和“未分配利润”等明细科目。

年度终了，企业应将全年实现的净利润，自“本年利润”科目转入“利润分配——未分配利润”科目，并将“利润分配”科目下的其他有关明细科目的余额，转入“未分配利润”明细科目。结转后，“未分配利润”明细科目的贷方余额，就是累积未分配的利润数额；如为借方余额，则表示累积未弥补的亏损数额，其他明细科目均无余额。具体分录如下：

①结转当年实现的净利润时：

借：本年利润

　　贷：利润分配——未分配利润

（如为亏损，做相反分录。）

②提取法定盈余公积、任意盈余公积、投资者分配利润时：

借：利润分配——提取法定盈余公积

　　　　　　——提取任意盈余公积

　　　　　　——应付现金股利

　　贷：盈余公积

　　　　应付股利

③将利润分配各明细科目余额转入“利润分配——未分配利润”科目时：

借：利润分配——未分配利润

　　贷：利润分配——提取法定盈余公积

　　　　　　　　——提取任意盈余公积

　　　　　　　　——应付现金股利

相关提示 1

"利润分配——未分配利润"科目如出现借方余额，则表示累积未弥补的亏损数额。对于未弥补亏损可以用以后年度实现的税前利润进行弥补，但弥补期限不得超过 5 年，超过 5 年以后可以用税后利润弥补，也可以用盈余公积补亏。

相关提示 2

用利润弥补亏损，不需要做账务处理，属于"利润分配——未分配利润"借贷方自动抵减；以盈余公积补亏时，分录如下：

借：盈余公积

　　贷：利润分配——盈余公积补亏

借：利润分配——盈余公积补亏

　　贷：利润分配——未分配利润

【例题 1】 D股份有限公司年初未分配利润为 0，本年实现净利润 2 000 000 元，本年提取法定盈余公积 200 000 元，宣告发放现金股利 800 000 元。假定不考虑其他因素，D股份有限公司应编制如下会计分录：

(1)结转实现净利润时：

借：本年利润　　2 000 000

　　贷：利润分配——未分配利润　　2 000 000

如企业当年发生亏损，则应借记"利润分配——未分配利润"科目，贷记"本年利润"科目。

(2)提取法定盈余公积、宣告发放现金股利时：

借：利润分配——提取法定盈余公积　　200 000

　　　　　　——应付现金股利　　800 000

　　贷：盈余公积　　200 000

　　　　应付股利　　800 000

同时：

借：利润分配——未分配利润　　1 000 000

　　贷：利润分配——提取法定盈余公积　　200 000

　　　　　　　　——应付现金股利　　800 000

本例中，"利润分配——未分配利润"明细科目的余额在贷方，此贷方余额 1 000 000 元(本年利润 2 000 000－提取法定盈余公积 200 000－应付现金股利 800 000)即为D股份有限公司本年年末的累计未分配利润。

【例题 2】 某企业年初未分配利润为 1 100 万元，当年利润总额为 1 200 万元，所得税费用为 200 万元，该企业按 10%提取法定盈余公积。假设不考虑其他因素，计算该企业可供投资者分配的利润为多少万元？

该企业可供投资者分配的利润＝1 100＋1 200－200－(1 200－200)×10%

＝2 000(万元)

【随堂训练1·计算题】 某企业年初未分配利润为100万元，本年实现的净利润为200万元，分别按10%提取法定盈余公积和任意盈余公积，向投资者分配利润150万元，该企业未分配利润为多少万元？

【随堂训练2·判断题】 未分配利润的数额等于企业当年实现的税后利润加年初未分配利润。（　　）

(二)盈余公积

公司制企业的法定盈余公积按照规定比例10%从净利润(减弥补以前年度亏损)中提取。任意盈余公积主要是公司制企业按照股东会或股东大会的决议提取，其他企业也可根据需要提取任意盈余公积。

法定盈余公积累计额已达注册资本的50%时，可以不再提取。在计算提取法定盈余公积的基数时，不应包括企业年初未分配利润。

企业提取的盈余公积可用于弥补亏损、扩大生产经营、转增资本(或股本)或派送新股等。

1. 提取盈余公积

企业按规定提取的盈余公积，应通过“利润分配”和“盈余公积”等科目核算。

【例题3】 A股份有限公司本年实现净利润为5 000 000元，年初未分配利润为零。经股东大会批准，该公司按当年净利润的10%提取法定盈余公积。假设不考虑其他因素，该公司应编制如下分录：

借：利润分配——提取法定盈余公积	500 000	
贷：盈余公积——法定盈余公积		500 000

2. 盈余公积补亏

【例题4】 经股东大会批准，B公司用以前年度提取的盈余公积弥补当年亏损600 000元。假设不考虑其他因素，该公司应编制如下分录：

借：盈余公积	600 000	
贷：利润分配——盈余公积补亏		600 000

3. 盈余公积转增资本

【例题5】 因扩大经营规模需要，C公司将盈余公积400 000元转增股本。假设不考虑其他因素，该公司应编制如下分录：

借：盈余公积	400 000	
贷：股本		400 000

4. 用盈余公积发放现金股利或利润

【例题6】 D股份有限公司2018年12月31日普通股股本为50 000 000股，每股面值1元，可供投资者分配的利润为5 000 000元，盈余公积为20 000 000元。2019年3月20日，股东大会批准了2018年度利润分配方案，以2018年12月31日为登记日，按每股0.2元发放现金股利。D公司共需要分派10 000 000元现金股利，其中动用可供投资者分配的利润5 000 000元、盈余公积5 000 000元。假设不考虑其他因素，该公司应编制如下分录：

(1)发放现金股利时：

借：利润分配——应付现金股利	5 000 000	
盈余公积	5 000 000	
贷：应付股利		10 000 000

(2)支付股利时：

借：应付股利	10 000 000	
贷：银行存款		10 000 000

【随堂训练 3 · 单选题】 下列各项，会影响所有者权益总额发生增减变动的是(　　)。

A. 支付已宣告的现金股利

B. 股东大会宣告派发现金股利

C. 实际发放股票股利

D. 盈余公积补亏

扫码看资源

【随堂训练 4 · 单选题】 2018 年 1 月 1 日某企业所有者权益情况如下：实收资本 200 万元，资本公积 17 万元，盈余公积 38 万元，未分配利润 32 万元。则该企业 2018 年 1 月 1 日留存收益为(　　)万元。

A. 32　　B. 38　　C. 70　　D. 87

思　考

法定盈余公积的提取依据是什么？有哪些用途？

课后思考

扫码看资源

(1)盈余公积提取的基数是什么？如果以前年度有未弥补完的亏损，是否可扣除以前年度的亏损？

(2)股票发行过程中的手续费如何处理？

单元四　收入的核算

本单元基本内容框架

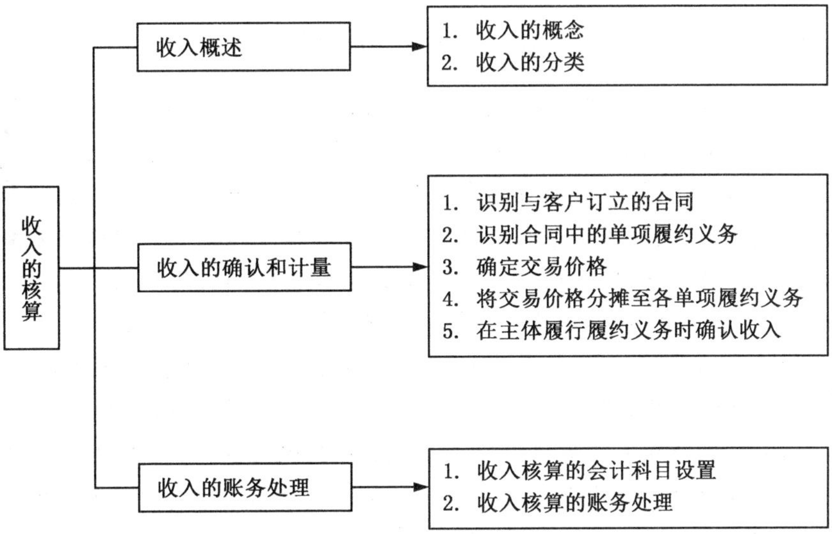

本单元学习目标

- 掌握收入的概念及分类；
- 掌握收入的确认和计量；
- 掌握收入核算的账务处理。

项目一　收入概述

扫码看资源

一、收入的概念

收入，是指企业在日常活动中形成的、会导致所有者权益增加的、与所有者投入资本无关的经济利益的总流入。其中，日常活动，是指企业为完成其经营目标所从事的经常性活动以及与之相关的其他活动。

二、收入的分类

收入按企业经营业务的主次不同，分为主营业务收入和其他业务收入。主营业务收入是指企业为完成其经营目标所从事的经常性活动所实现的收入；其他业务收入是指企业为完成其经营目标所从事的与经常性活动相关的活动实现的收入。

本节不涉及企业对外出租资产收取的租金、进行债权投资收取的利息、进行股权投资取得的现金股利、保险合同取得的保费收入，以及企业除以存货换取客户固定资产、无形资产、长期股权投资等以外的其他非货币性资产交换取得的收入等。

拓展阅读

新收入准则改革背景

扫码看资源

2006 年 2 月，财政部发布《企业会计准则第 14 号——收入》和《企业会计准则第 15 号——建造合同》(以下分别简称“收入准则”和“建造合同准则”)，对企业的收入确认、计量和相关信息的披露进行了规范。其中，《收入准则》规范企业销售商品、提供劳务和让渡资产使用权取得的收入，《建造合同准则》规范企业建造合同取得的收入；销售商品收入主要以风险和报酬转移为基础确认，提供劳务收入和建造合同收入主要采用完工百分比法确认。然而，随着市场经济的日益发展、交易事项的日趋复杂，实务中收入确认和计量面临越来越多的问题。例如，如何划分《收入准则》和《建造合同准则》的边界，如何区分销售商品收入和提供劳务收入，如何判断商品所有权上的主要风险和报酬转移，如何区分按总额还是净额确认收入，对于包含多重交易安排或可变对价的复杂合同如何进行会计处理，等等。这从客观上要求完善现行收入相关准则，切实满足实践需要。

2014 年 5 月，国际会计准则理事会发布了《国际财务报告准则第 15 号——与客户之间的合同产生的收入》(以下简称“IFRS 15”)，自 2018 年 1 月 1 日起生效。该准则改革了现有的收入确认模型，突出强调了主体确认收入的方式应当反映其向客户转让商品或服务的模式，确认金额应当反映主体因交付该商品或服务而预期有权获得的金额，并设定了统一的收入确认计量的五步法模型，即识别与客户订立的合同、识别合同中的单项履约义务、确定交易价格、将交易价格分摊至各单项履约义务、履行每一单项履约义务时确认收入。

为切实解决我国现行准则实施中存在的具体问题，进一步规范收入确认、计量和相关信息披露，并保持我国企业会计准则与国际财务报告准则持续趋同，财政部借鉴《IFRS 15》，并结合我国实际情况，修订形成了新《收入准则》，并于 2017 年 7 月发布，于 2018 年 1 月 1 日起施行。

项目二 收入的确认和计量

扫码看资源

新《企业会计准则》改革了现有的收入确认模型，突出强调了主体确认收入的方式应当反映其向客户转让商品或服务的模式，确认金额应当反映主体因交付该商品或服务而预期有权获得的金额，并设定了统一的收入确认计量的五步法模型：识别与客户订立的合同、识别合同中的单项履约义务、确定交易价格、将交易价格分摊至各单项履约义务、在主体履行履约义务时确认收入。

一、识别与客户订立的合同

合同，是指双方或多方之间订立有法律约束力的权利义务的协议。合同有书面形式、口头形式以及其他形式。客户，是指与企业订立合同以向该企业购买其日常活动产出的商品或服务（以下简称“商品”）并支付对价的一方。

（一）合同应满足的条件

当企业与客户之间的合同同时满足下列条件时，企业应当在履行了合同中的履约义务，即客户取得相关商品控制权时确认收入：

（1）合同各方已批准该合同并承诺将履行各自义务。

（2）该合同明确了合同各方与所转让商品或提供劳务（以下简称“转让商品”）相关的权利和义务。

（3）该合同有明确的与所转让商品相关的支付条款。

（4）该合同具有商业实质，即履行该合同将改变企业未来现金流量的风险、时间分布或金额；与客户之间的不具有商业实质的非货币性资产交换不应确认收入，如两家石油公司之间签订的交换石油以便及时满足其位于不同指定地点的客户需求的合同，不应确认收入。

（5）企业因向客户转让商品而有权取得的对价很可能收回。企业应综合考虑以下两个方面来评估是否很可能取得对价金额：一是客户支付主体因向其转让商品或服务而有权获得的对价金额的能力，即其财务能力；二是客户支付对价金额的意图，包括该客户或客户类别的过往实务情况。

相关知识链接 1

上述“企业因向客户转让商品而有权取得的对价很可能收回”，“很可能”通常为可能性大于50%。该条件的设置是为了防止企业对收回价款有问题的合同应用收入模型，在确认收入的同时确认大额减值损失。

在合同开始日（合同生效日）即满足上述条件的合同，企业在后续期间无须对其进行重新评估，除非有迹象表明相关事实和情况发生重大变化，如客户支付对价的能力显著恶化等；在合同开始日不满足上述条件的合同，企业应当对其进行持续评估，并在其满足上述条件时按照规定进行会计处理。

对于不满足上述条件的合同，企业只有在不再负有向客户转让商品的剩余义务，且已向客户收取的对价无须退回时，才能将已收取的对价确认为收入；否则，应当将已收取的对价作为负债进行会计处理。

（二）合同合并

企业与同一客户（或该客户的关联方）同时订立或在相近时间内先后订立的两份或多份合同，在满足下列条件之一时，应当合并为一份合同进行会计处理：

（1）该两份或多份合同基于同一商业目的而订立并构成一揽子交易。

（2）该两份或多份合同中的一份合同的对价金额取决于其他合同的定价或履行情况。

（3）该两份或多份合同中所承诺的商品（或每份合同中所承诺的部分商品）构成单项履约义务。

（三）合同变更

合同变更，是指经合同各方批准对原合同范围或价格做出的变更。企业应当区分下列三种情形对合同变更分别进行会计处理：

（1）合同变更增加了可明确区分的商品及合同价款，且新增合同价款反映了新增商品单独售价的，应当将该合同变更部分作为一份单独的合同进行会计处理。

（2）合同变更不属于第一条规定的情形，且在合同变更日已转让的商品或已提供的服务（以下简称“已转让的商品”）与未转让的商品或未提供的服务（以下简称“未转让的商品”）之间可明确区分的，应当视为原合同终止，同时，将原合同未履约部分与合同变更部分合并为新合同进行会计处理。

（3）合同变更不属于第一条规定的情形，且在合同变更日已转让的商品与未转让的商品之间不可明确区分的，应当将该合同变更部分作为原合同的组成部分进行会计处理，由此产生的对已确认收入的影响，应当在合同变更日调整当期收入。

二、识别合同中的单项履约义务

合同开始日，企业应当对合同进行评估，识别该合同所包含的各单项履约义务。履约义务，是指合同中企业向客户转让可明确区分商品的承诺。履约义务既包括合同中明确的承诺，也包括由于企业已公开宣布的政策、特定声明或以往的习惯做法等导致合同订立时客户合理预期企业将履行的承诺，即隐含的承诺。企业为履行合同而应开展的初始活动，如长期供应合同中企业需要开展的前期工程设计服务等，通常不构成履约义务，除非该活动向客户转让了承诺的商品。

【例题 1】 某汽车制造商一直以来都向通过经销商购买汽车的最终用户提供两年免费维修服务，该项服务并未列示该汽车制造商与其经销商签订的合同中，而是在其宣传广告中说明。

该项两年免费维修服务虽然未在企业与其客户签订的合同中明确说明，但导致客户形成了企业将向其最终用户提供服务的有效预期，因此该维修服务应当作为合同中已承诺的商品或服务的一项。

企业应当将下列向客户转让商品的承诺视为单项履约义务：

(1)企业向客户转让可明确区分商品的承诺

企业向客户转让可明确区分商品的承诺作为单项履约义务。企业向客户承诺的商品同时满足下列条件的，应当作为可明确区分商品：①客户能够从该商品本身或从该商品与其他易于获得资源一起使用中受益；②企业向客户转让该商品的承诺与合同中其他承诺可单独区分。

下列情形通常表明企业向客户转让该商品的承诺与合同中其他承诺不可单独区分：①企业需提供重大的服务以将该商品与合同中承诺的其他商品整合成合同约定的组合产出转让给客户；②该商品将对合同中承诺的其他商品予以重大修改或定制；③该商品与合同中承诺的其他商品具有高度关联性。

(2)企业向客户转让一系列实质相同且转让模式相同的、可明确区分商品的承诺

企业应当将实质相同且转让模式相同的一系列商品作为单项履约义务，即使这些商品可明确区分。所谓"转让模式相同"，是指每一项可明确区分商品均属于在某一时段内履行履约义务，且采用相同的方法确定其履约进度。

三、确定交易价格

企业应当按照分摊至各单项履约义务的交易价格计量收入。交易价格是指企业因向客户转让商品而预期有权收取的对价金额。企业代第三方收取的款项(如增值税)，以及企业预期将退还给客户的款项，应当作为负债进行会计处理，不计入交易价格。

企业应当根据合同条款，并结合其以往的习惯做法确定交易价格。在确定交易价格时，企业应当考虑可变对价、合同中存在的重大融资成分、非现金对价、应付客户对价等因素的影响。

(一)可变对价

与客户订立的合同中约定的对价金额可以是固定金额，也可能因为折扣、价格折让、退款、信贷、激励措施、业绩奖金等因素而变化。合同中存在可变对价的，企业应当按照期望值或最可能发生金额确定可变对价的最佳估计数。

期望值是按照各种可能发生的对价金额及相关概率计算确定的金额。按期望值确定可变对价的最佳估计数，适用于企业拥有大量类似特征的合同，且估计可能产生多个结果的情况。

最可能发生额是一系列可能发生的对价金额中最可能发生(发生概率最大)的单一金额，即合同最可能产生的单一结果。按最可能发生额确定可变对价的最佳估计数，适用于企业与客户订立的合同仅有两个可能结果的情况。

确定可变对价后，将其纳入交易价格时还需注意：包含可变对价的交易价格，应当不超过在相关不确定性消除时，累计已确认收入极可能不会发生重大转回的金额。企业在评估累计已确认收入是否极可能不会发生重大转回时，应当同时考虑收入转回的可能性及其比重。

每一资产负债表日，企业应当重新估计应计入交易价格的可变对价金额。

【例题 2】 某服装制造企业与其分销商客户订立一项合同，合同约定：该企业应在合同

开始日转让1 000件服装，每件服装价格为300元；客户将在这些服装销售给最终客户时向该服装制造企业支付价款。

为了维护与客户的关系，并使客户能够为产品销售提供折扣从而使产品在分销链中顺利流转，该服装制造企业预计给分销商客户价格折让。该服装制造企业根据其销售该产品及类似产品的历史数据，分析发现其以往针对此类产品授予的价格折让约为20%，且当前市场信息表明20%的降价足以使产品在分销链中流转。

此外，尽管存在超出其影响范围之外的因素所引致的若干不确定性，但基于其当前的市场估计，该服装制造企业预计价格将在短期内确定(分销商通常在取得服装后的90天内可将其全部出售)。该企业决定按期望值24万元(1 000×300×80%)确定交易价格。并且，企业根据以上信息，认为在不确定性因素消除，即价格折让总金额确定时，已确认的累计收入金额(24万元)极可能不会发生重大转回。

该服装制造企业对该批服装的控制于交付时转移给客户。据此，该企业应在合同开始日转移服装时确认收入24万元。

(二)合同中存在的重大融资成分

合同中存在重大融资成分，是指合同各方以在合同中(或者以隐含的方式)约定的付款时间为客户或企业就该交易提供了重大融资利益，如企业以赊销的方式销售商品。在评估一份合同是否存在重大融资成分时，企业应考虑以下因素：①企业预计客户取得商品或服务的控制权与客户支付价款之间时间间隔的长短；②如果客户在取得商品或服务控制权时即以现金支付，应付金额是否会有重大不同；③合同中的利率与相关市场中的现行利率。

合同中存在重大融资成分的，企业应当按照假定客户在取得商品控制权时即以现金支付的应付金额确定交易价格。该交易价格与合同对价之间的差额，应当在合同期间内采用实际利率法摊销。

合同开始日，企业预计客户取得商品控制权与客户支付价款间隔不超过一年的，可以不考虑合同中存在的重大融资成分。

(三)非现金对价

客户支付非现金对价的，企业应当按照非现金对价的公允价值确定交易价格。非现金对价的公允价值不能合理估计的，企业应当参照其承诺向客户转让商品的单独售价间接确定交易价格。非现金对价的公允价值因对价形式以外的原因而发生变动的，应当作为可变对价进行处理。

【例题3】 某房地产开发公司与客户签订一份以房换地的合同，约定，客户向该公司交付一块土地，该公司向客户交付一层商业楼。在合同开始日，该块土地的公允价值为700万元，该商业楼的公允价值为706万元。

该项交易的实质是该房地产开发公司收取土地作为非现金对价，向客户销售一层商业楼。不考虑其他因素的影响，该房地产公司应按非现金对价，即土地的公允价值700万元确定交易价格。

(四)应付客户对价

企业应付客户(或向客户购买本企业商品的第三方，下同)对价的，如礼品券、折扣券、批量回扣、货架展位付款等，应当将该应付对价冲减交易价格，并在确认相关收入与支付（或承诺支付）客户对价二者孰晚的时点冲减当期收入，但应付客户对价是为了向客户取得其他可明确区分商品的除外。

企业应付客户对价是为了向客户取得其他可明确区分商品的，应当采用与本企业其他采购相一致的方式确认所购买的商品。企业应付客户对价超过向客户取得可明确区分商品公允价值的，超过金额应当冲减交易价格。向客户取得的可明确区分商品公允价值不能合理估计的，企业应当将应付客户对价全额冲减交易价格。

【例题4】 某食品加工厂将一批折扣券送至其客户零售商处，如果享有该批折扣券的商品早已送至客户处，该食品加工厂应在确认相关收入（交付商品时）与支付客户对价（交付折扣券）二者孰晚的时点，本例中即交付折扣券时，确认折扣对收入的抵减。

四、将交易价格分摊至各单项履约义务

合同中包含两项或多项履约义务的，企业应当在合同开始日，按照各单项履约义务所承诺商品的单独售价的相对比例，将交易价格分摊至各单项履约义务。单独售价是指企业向客户单独销售商品的价格。

单独售价无法直接观察的，企业应当综合考虑其能够合理取得的全部相关信息，采用市场调整法、成本加成法、余值法等方法合理估计单独售价。市场调整法是指企业根据某商品或类似商品的市场售价考虑本企业的成本和毛利等进行适当调整后，确定其单独售价的方法；成本加成法是指企业根据某商品的预计成本加上其合理毛利后的价格，确定其单独售价的方法；余值法是指企业根据合同交易价格减去合同中其他商品可观察的单独售价后的余值，确定某商品单独售价的方法。

企业在商品近期售价波动幅度巨大，或者因未定价且未曾单独销售而使售价无法可靠确定时，可采用余值法估计其单独售价。

对于合同折扣，企业应当在各单项履约义务之间按比例分摊。合同折扣，是指合同中各单项履约义务所承诺商品的单独售价之和高于合同交易价格的金额。有确凿证据表明合同折扣仅与合同中一项或多项（而非全部）履约义务相关的，企业应当将该合同折扣分摊至相关一项或多项履约义务，若同时企业采用余值法估计单独售价，应当在分摊后再采用余值法估计单独售价。

【例题5】 某公司与客户签订一项出售A、B、C、D四种产品的合同，合同总对价为260万元。已知，该公司单独出售A、B、C产品的单独售价分别为80、120、80万元；该公司经常以150万元的价格将产品B和C一起出售；D产品为新研发产品，尚未定价，其单独售价无法可靠确定。

产品D的单独售价无法可靠确定，该公司决定采用余值法估计产品D的单独售价。根据以上资料，该公司有可观察的证据证明应当将230万元（80＋150）分摊至A、B、C三种产品上，并将50万元（80＋120－150）折扣分摊至B、C两种产品上。

据此，转让A产品应确认收入80万元，转让B产品应确认收入90万元（120/200×150），转让C产品应确认收入60万元（80/200×150），转让D产品应确认收入30万元（260－230）。

五、在主体履行履约义务时确认收入

企业应当在履行了合同中的履约义务，即在客户取得相关商品控制权时确认收入。取得相关商品控制权，是指能够主导该商品的使用并从中获得几乎全部的经济利益。

企业应当根据实际情况，首先判断履约义务是在某一时段内履行，还是在某一时点履行，这将影响该履约义务的收入确认方法。

满足下列条件之一的，属于在某一时段内履行履约义务；否则，则属于在某一时点履行履约义务：①客户在企业履约的同时即取得并消耗企业履约所带来的经济利益；②客户能够控制企业履约过程中在建的商品；③企业履约过程中所产出的商品具有不可替代用途，且该企业在整个合同期间内有权就累计至今已完成的履约部分收取款项。

上述“具有不可替代用途”，是指因合同限制或实际可行性限制，企业不能轻易地将商品用于其他用途，如建造只有客户能够使用的专项资产等；“有权就累计至今已完成的履约部分收取款项”，是指在由于客户或其他方原因终止合同的情况下，企业有权就累计至今已完成的履约部分收取能够补偿其已发生成本和合理利润的款项，并且该权利具有法律约束力。

（一）在某一时段内履行履约义务

对于在某一时段内履行的履约义务，企业应当在该段时间内按照履约进度确认收入，但是，履约进度不能合理确定的除外。企业应当考虑商品的性质，采用产出法或投入法确定恰当的履约进度。其中，产出法是根据已转移给客户的商品对于客户的价值确定履约进度；投入法是根据企业为履行履约义务的投入确定履约进度。对于类似情况下的类似履约义务，企业应当采用相同的方法确定履约进度。

当履约进度不能合理确定时，企业已经发生的成本预计能够得到补偿的，应当按照已经发生的成本金额确认收入，直到履约进度能够合理确定为止。

（二）在某一时点履行履约义务

对于在某一时点履行的履约义务，企业应当在客户取得相关商品控制权时确认收入。取得相关商品控制权，是指能够主导该商品的使用并从中获得几乎全部的经济利益。

在判断客户是否已取得商品控制权时，企业应当考虑下列迹象：①企业就该商品享有现时收款权利，即客户就该商品负有现时付款义务；②企业已将该商品的法定所有权转移给客户，即客户已拥有该商品的法定所有权；③企业已将该商品实物转移给客户，即客户已实物占有该商品；④企业已将该商品所有权上的主要风险和报酬转移给客户，即客户已取得该商品所有权上的主要风险和报酬；⑤客户已接受该商品；⑥其他表明客户已取得商品控制权的迹象。

扫码看资源

收入确认计量的五步法模型，总结如图 1—4—2—1 所示。

相关知识链接 2

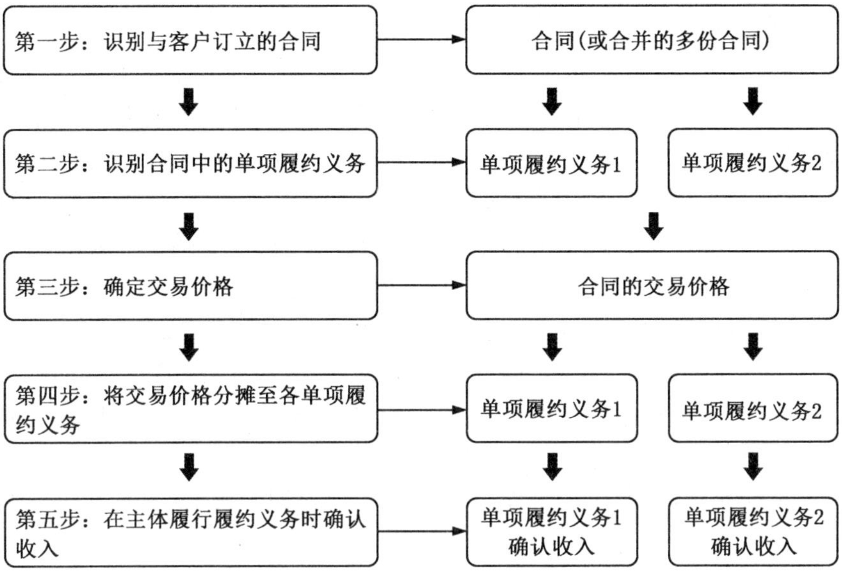

图 1—4—2—1　收入确认计量的五步法模型

项目三　收入的账务处理

一、收入核算的会计科目设置

扫码看资源

为了反映和监督企业销售商品、提供劳务等取得的收入，企业应当设置“主营业务收入”“其他业务收入”“合同资产”“合同负债”“应收账款”“银行存款”“应交税费——应交增值税(销项税额)”“库存商品”“发出商品”等科目进行核算。

其中，“主营业务收入”科目，用于核算企业确认的销售商品、提供劳务等为完成其经营目标所从事的经常性活动(主营业务)所实现的收入。该科目贷方登记企业确认的主营业务收入，借方登记期末转入“本年利润”科目的主营业务收入金额，结转后无期末余额。

“其他业务收入”科目，用于核算企业确认的除主营业务以外的、与为完成其经营目标所从事的经常性活动相关的其他业务所实现的收入。该科目贷方登记企业确认的其他业务收入，借方登记期末转入“本年利润”科目的其他业务收入金额，结转后无期末余额。

二、收入核算的账务处理

扫码看资源

(一)一般销售商品收入

企业销售商品满足收入确认条件时，应按确认的收入，贷记“主营业务收入”“其他业务收入”科目，按应缴纳的增值税，贷记“应交税费——应交增值税（销项税额）”科目，借记“应收账款”“应收票据”“银行存款”等科目。同时，结转成本，借记“主营业务成本”科目，贷记“库存商品”等科目。

（二）附有销售退回条款的销售

对于附有销售退回条款的销售，企业应当在客户取得相关商品控制权时，按照因向客户转让商品而预期有权收取的对价金额（即不包含预期因销售退回将退还的金额）确认收入，按照预期因销售退回将退还的金额确认负债；同时，按照预期将退回商品转让时的账面价值，扣除收回该商品预计发生的成本（包括退回商品的价值减损）后的余额，确认为一项资产，按照所转让商品转让时的账面价值，扣除上述资产成本的净额结转成本。

企业发生附有销售退回条款的销售，应按确认的收入，贷记“主营业务收入”科目，贷记“预计负债——应付退货款”科目，按应缴纳的增值税，贷记“应交税费——应交增值税（销项税额）”科目，借记“应收账款”科目。同时结转成本，按所转让商品转让时的账面价值，贷记“库存商品”科目，按预期将退回商品的成本，借记“应收退货成本”科目，按两者差额，借记“主营业务成本”科目。

每一资产负债表日，企业应当重新估计未来销售退回情况，如有变化，应当作为会计估计变更进行会计处理。

【例题 1】 2018 年 6 月 1 日，甲公司与客户签订一份销售合同，销售 1 000 件商品，单位售价为 1 000 元，单位成本为 800 元。合同约定，客户应于 4 月 30 日前支付货款，于 2018 年 8 月 31 日前有权退货。甲公司根据以往经验及实际情况，估计该批商品的退货率为 5%。假定发出商品时控制权即转移给客户。

（1）2018 年 6 月 1 日发出商品时，开具增值税专用发票，注明增值税税额为 160 000 元。甲公司应编制如下会计分录：

借：应收账款	1 160 000	
贷：主营业务收入		950 000
预计负债——应付退货款		50 000
应交税费——应交增值税（销项税额）		160 000
借：主营业务成本	760 000	
应收退货成本	40 000	
贷：库存商品		800 000

（2）2018 年 6 月 30 日，甲公司收到货款，应编制如下会计分录：

借：银行存款	1 160 000	
贷：应收账款		1 160 000

（3）2018 年 8 月 15 日，发生销售退回，实际退货量为 100 件，退货款项通过银行存款转账支付。取得由税务机关开具的红字增值税专用发票，甲公司应编制如下会计分录：

借：库存商品	80 000	
应交税费——应交增值税（销项税额）	16 000	
主营业务收入	50 000	
预计负债——应付退货款	50 000	
贷：应收退货成本		80 000
银行存款		116 000

借：应收退货成本　　40 000

　　贷：主营业务成本　　40 000

（三）涉及合同资产的销售

合同资产，是指企业已向客户转让商品而有权收取对价的权利，且该权利取决于时间流逝之外的其他因素。如企业向客户销售两项可明确区分的商品，企业因已交付其中一项商品而有权收取款项，但收取该款项还取决于企业交付另一项商品的，企业应当将该收款权利作为合同资产。

扫码看资源

相关知识链接

注意区分合同资产与应收账款。两者都是向客户收取合同对价的权利，但应收账款是无条件收取合同对价的权利，仅仅随着时间流逝即可收款；合同资产并非一项无条件收款权，该权利还取决于除时间流逝以外的其他因素，如履行合同中其他的履约义务等，只有当其他条件达成才能收取款项。

销售商品产生合同资产时，借记“合同资产”科目，按该商品应分摊的交易价格，贷记“主营业务收入”科目，按应缴纳的增值税，贷记“应交税费——应交增值税（销项税额）”科目。当企业该项收款权利转化为无条件收款权（仅随时间流逝即可收款）时，借记“应收账款”科目，贷记“合同资产”科目。

【例题2】 2018年4月1日，甲公司（增值税一般纳税人）与客户签订销售合同，向其销售A、B两项商品，A商品的单独售价为400 000元，B商品的单独售价为600 000元。合同价款为900 000元，增值税税额为153 000元。合同约定，A商品于合同开始日交付，B商品在1个月后交付，两项商品全部交付后，乙公司才会支付合同对价900 000元。假定A、B两项商品分别构成单项履约义务，其控制权在交付时转移给客户。

分摊至A商品的交易价格＝400 000÷（400 000＋600 000）×900 000＝360 000（元）

分摊至B商品的交易价格＝600 000÷（400 000＋600 000）×900 000＝540 000（元）

（1）交付A商品时，甲公司开具增值税专用发票，注明增值税税额为57 600元，应编制如下会计分录：

借：合同资产　　417 600

　　贷：主营业务收入　　360 000

　　　　应交税费——应交增值税（销项税额）　　57 600

（2）交付B商品时，甲公司开具增值税专用发票，注明增值税税额为86 400元，应编制如下会计分录：

借：应收账款　　1 044 000

　　贷：合同资产　　417 600

　　　　主营业务收入　　540 000

　　　　应交税费——应交增值税（销项税额）　　86 400

（四）附有客户额外购买权的销售

额外购买选择权的情况包括销售激励、客户奖励积分、未来购买商品的折扣券以及合同续约选择权等。对于附有客户额外购买选择权的销售，企业应当评估该选择权是否向客户提供了一项重大权利。企业提供重大权利的，应当作为单项履约义务，按照规定将交易价格分摊至该履约义务，在客户未来行使购买选择权取得相关商品控制权时，或者该选择权失效时，确认相应的收入。

扫码看资源

客户额外购买选择权的单独售价无法直接观察的，企业应当综合考虑客户行使和不行使该选择权所能获得的折扣的差异、客户行使该选择权的可能性等全部相关信息后，予以合理估计。客户虽然有额外购买商品选择权，但客户行使该选择权购买商品时的价格反映了这些商品单独售价的，不应被视为企业向该客户提供了一项重大权利。

企业在转让承诺的商品之前已收取款项的，应当设置“合同负债”科目核算企业已收或应收客户对价而应向客户转让商品的义务。

【例题3】 甲公司是一家零售企业，2018年1月1日推出一项客户积分奖励计划，客户每消费10元就获得1个积分，每个积分从次月起可以在购物时抵减0.1元。截至2018年1月31日，客户共消费了500 000元，获得积分50 000个。基于市场数据，甲公司估计该项计划的积分兑换率为90%。假定该项积分奖励计划提供了重大权利，应当作为单项履约义务。不考虑相关税费的影响，甲公司应编制如下会计分录：

积分的单独售价＝0.1×50 000×90%＝4 500（元）

分摊至商品的交易价格＝500 000÷（500 000＋4 500）×500 000＝495 540.14（元）

分摊至积分的交易价格＝4 500÷（500 000＋4 500）×500 000＝4 459.86（元）

（1）确认销售商品收入时：

借：银行存款　　500 000

　　贷：主营业务收入　　495 540.14

　　　　合同负债　　4 459.86

（2）假定2018年2月，客户共兑换45 000个积分，确认积分收入时：

借：合同负债　　4 459.86

　　贷：主营业务收入　　4 459.86

课后思考

（1）收入的计量应分为几个步骤？

（2）附有销售退回条款的销售应怎样确认收入？

扫码看资源

单元五　费用的核算

本单元基本内容框架

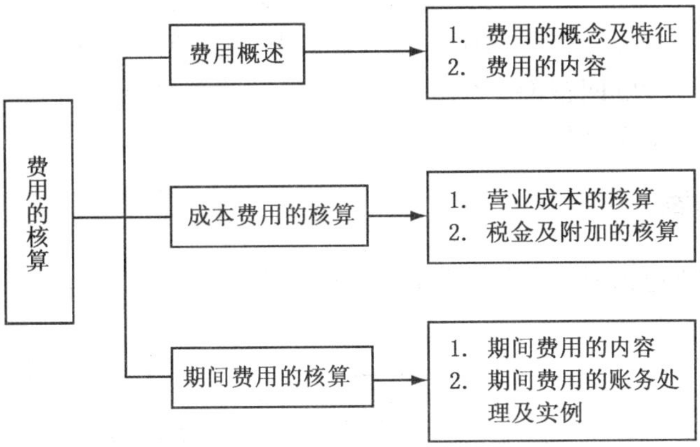

本单元学习目标

- ⊙ 掌握营业成本的组成内容和核算；
- ⊙ 掌握税金及附加的内容及核算；
- ⊙ 掌握期间费用的内容及核算。

项目一　费用概述

一、费用的概念及特征

费用是指企业在日常活动中发生的、会导致所有者权益减少的、与向所有者分配利润无关的经济利益的总流出。根据费用的定义，费用具有以下特征：

扫码看资源

1. 费用是企业在日常活动中形成的

费用必须是企业在其日常活动中所形成的，这些日常活动的界定与收入定义中涉及的日常活动的界定相一致。因日常活动所产生的费用通常包括销售成本（营业成本）、管理费用等。将费用界定为日常活动所形成的，目的是为了将其与损失相区分，企业非日常活动所形成的经济利益的流出不能确认为费用，而应当计入损失。

2. 费用会导致所有者权益的减少

与费用相关的经济利益的流出应当会导致所有者权益的减少，不会导致所有者权益减少的经济利益的流出不符合费用的定义，不应确认为费用。

3. 费用是与向所有者分配利润无关的经济利益的总流出

费用的发生应当会导致经济利益的流出，从而导致资产的减少或者负债的增加（最终也会导致资产的减少）。其表现形式包括现金或者现金等价物的流出，存货、固定资产和无形资产等的流出或者消耗等。企业向所有者分配利润也会导致经济利益的流出，而该经济利益的流出属于投资者投资回报的分配，是所有者权益的直接抵减项目，不应确认为费用，应当将其排除在费用的定义之外。

二、费用的内容

企业的费用主要包括成本费用和期间费用（见图 1—5—1—1）。

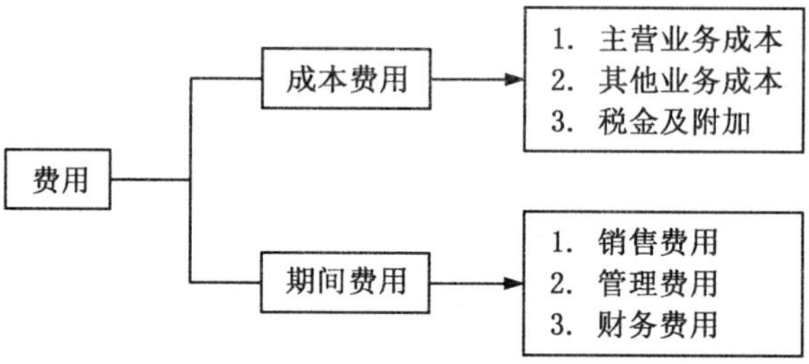

图 1—5—1—1　费用的内容

扫码看资源

【随堂训练·多选题】 下列各项中，属于费用的有（　　）。

A. 税金及附加　　B. 销售费用

C. 管理费用　　D. 营业外支出

项目二　成本费用的核算

扫码看资源

一、营业成本的核算

营业成本是企业为生产产品、提供劳务等发生的可归属于产品成本、劳务成本等的费用，在确认收入时，将已销售商品、已提供劳务的成本等计入当期损益。包括主营业务成本和其他业务成本。

（一）主营业务成本的核算及账务处理实例

主营业务成本是指销售商品、提供劳务等经常性活动所发生的成本。企业一般在确认销售商品、提供劳务成本等主营业务收入时，或在月末，将已销售商品、已提供劳务的成本转入主营业务成本。主营业务成本按主营业务的种类进行明细核算，期末，将主营业务成本的余额转入“本年利润”科目，结转后本科目无余额。

【例题 1】 2018 年 7 月 20 日甲公司向乙公司销售产品一批，开出的增值税专用发票上注明的价款为 200 000 元，增值税税额为 32 000 元；甲公司已收到乙公司支付的货款 232 000 元，并将提货单交送乙公司；该批产品成本为 190 000 元。甲公司应编制如下会计分录：

（1）销售实现时：

借：银行存款　　232 000

　贷：主营业务收入　　200 000

　　应交税费——应交增值税（销项税额）　　32 000

借：主营业务成本　　190 000

　贷：库存商品　　190 000

（2）期末结转损益时：

借：本年利润　　190 000

　贷：主营业务成本　　190 000

（二）其他业务成本的核算及账务处理实例

其他业务成本是指除主营业务活动以外的其他经营活动所发生的支出。如销售材料的成本、随同产品出售单独计价的包装物成本、出租固定资产的折旧额、出租无形资产的摊销额等。本科目按其他业务成本的种类进行明细核算，期末，将本科目的余额转入“本年利润”科目，结转后本科目无余额。

【例题 2】 2018 年 5 月 2 日，某公司销售一批材料，开出的增值税专用发票上注明的价款为 10 000 元，增值税税额为 1 600 元，款项已由银行收妥。该批材料的实际成本为 7 000 元，公司应编制如下会计分录：

（1）销售实现时：

借：银行存款　　11 600

　贷：其他业务收入　　10 000

　　应交税费——应交增值税（销项税额）　　1 600

借：其他业务成本　　7 000

　贷：原材料　　7 000

（2）期末结转损益时：

借：本年利润　　7 000

　贷：其他业务成本　　7 000

【例题 3】 2018 年 11 月 1 日，甲公司将自行开发完成的非专利技术出租给另一家公司。该非专利技术的成本为 240 000 元，双方约定的租赁期限为 10 年，甲公司每月应摊销 2 000 元（240 000÷10÷12）。甲公司应编制如下会计分录：

（1）每月摊销时：

借:其他业务成本　　2 000

　贷:累计摊销　　2 000

(2)期末结转损益时:

借:本年利润　　2 000

　贷:其他业务成本　　2 000

【例题 4】 2018 年 11 月 22 日,某公司销售商品领用单独计价的包装物成本 40 000 元,增值税专用发票上注明的价款为 100 000 元,增值税税额为 16 000 元,款项已存入银行。假设不考虑材料成本差异,该公司应编制如下会计分录:

(1)出售包装物时:

借:银行存款　　116 000

　贷:其他业务收入　　100 000

　　应交税费——应交增值税(销项税额)　　16 000

(2)结转已售包装物成本时:

借:其他业务成本　　40 000

　贷:周转材料——包装物　　40 000

相关提示 1

营业成本是利润表的项目,应根据主营业务成本和其他业务成本的金额进行计算。"税金及附加"科目虽然也是销售商品、提供劳务所涉及的科目,但是计算营业成本项目金额的时候,不考虑"税金及附加"科目的金额。

相关提示 2

对外经营出租的固定资产的折旧、无形资产的摊销应在"其他业务成本"科目核算,投资性房地产处置结转成本时也会涉及"其他业务成本"科目。

【随堂训练 1 · 单选题】 下列各项中,应计入其他业务成本的是(　　)。

A. 库存商品盘亏净损失

B. 出租无形资产摊销

C. 向贫困地区捐赠的商品成本

D. 火灾导致库存商品毁损净损失

【随堂训练 2 · 单选题】 销售库存商品,收到价款 200 万元,该商品成本 170 万元,已提存货跌价准备 35 万元,应结转销售成本(　　)万元。

A. 135　　B. 200　　C. 170　　D. 165

二、税金及附加的核算

（一）税金及附加的核算内容

税金及附加是企业经营活动应负担的相关税费，包括消费税、城市维护建设税、教育费附加、资源税、房产税、城镇土地使用税、车船税、印花税等。

消费税是国家为了调节消费结构，正确引导消费方向，在普遍征收增值税的基础上，选择部分消费品，再征收一道消费税。消费税实行价内征收，企业缴纳的消费税计入销售税金，抵减产品销售收入。

城市维护建设税是为了加强城市的维护建设，扩大和稳定城市维护建设资金的来源，国家开征了城市维护建设税。

教育费附加是国家为了发展我国的教育事业，提高人民的文化素质而征收的一项费用。这项费用按照企业缴纳流转税的一定比例计算，并与流转税一起缴纳。

资源税是国家对在我国境内开采矿产品或者生产盐的单位和个人征收的税种。资源税按照应税产品的课税数量和规定的单位税额计算。

房产税是以房屋为征税对象，按房屋的计税余值或出租房产取得的租金收入为计税依据，向产权所有人征收的一种财产税。

城镇土地使用税是以城市、县城、建制镇、工矿区范围内使用土地的单位和个人为纳税人，以其实际占用的土地面积和规定税额计算征收的一种税。

车船税是对行驶于我国公共道路，航行于国内河流、湖泊或领海口岸的车船，按其种类实行定额征收的一种税。

印花税是对经济活动和经济交往中书立、领受凭证征收的一种税。

（二）税金及附加账务处理实例

企业通过设置“税金及附加”科目核算企业经营活动应负担的相关税费，其相关分录如下：

（1）计算应缴纳税金时：

借：税金及附加

　　贷：应交税费——应交消费税（教育费附加等）

（2）缴纳时：

借：应交税费——应交消费税（教育费附加等）

　　贷：银行存款

【例题5】 2018年8月，某公司当月实际应交增值税350 000元，应交消费税150 000元，城市维护建设税税率为7%，教育费附加征收率为3%。该公司应编制如下会计分录：

（1）计算应交城市维护建设税和教育费附加时：

应交城市维护建设税＝(350 000＋150 000)×7%＝35 000(元)

应交教育费附加＝(350 000＋150 000)×3%＝15 000(元)

借：税金及附加	50 000	
贷：应交税费——应交城市维护建设税		35 000
——应交教育费附加		15 000

扫码看资源

（2）实际缴纳时：

借:应交税费——应交城市维护建设税　　35 000
　　　　　　——应交教育费附加　　15 000
　贷:银行存款　　50 000

相关知识链接

1. 企业缴纳的印花税,不会发生应付未付税款的情况,不需要预计应纳税金额,同时也不存在与税务机关结算或清算的问题。因此,企业缴纳的印花税不通过"应交税费"科目核算,于购买时,直接借记"税金及附加"科目,贷记"银行存款"科目。

2. 耕地占用税、车辆购置税、契税也不通过"应交税费"科目核算。

项目三　期间费用的核算

一、期间费用的内容

期间费用是企业日常活动发生的不能计入特定核算对象的成本,而应计入当期损益的费用。期间费用包括销售费用、管理费用和财务费用。

扫码看资源

(一)销售费用

销售费用是指企业销售商品和材料、提供劳务的过程中发生的各种费用,包括保险费、包装费、展览费和广告费、商品维修费、预计产品质量保证损失、运输费、装卸费等,以及为销售本企业商品而专设的销售机构(含销售网点、售后服务网点等)的职工薪酬、业务费、折旧费等经营费用。企业发生的与专设销售机构相关的固定资产日常修理费用等后续支出,也属于销售费用。

(二)管理费用

管理费用是指企业为组织和管理企业生产经营活动而发生的各项费用。包括企业董事会和行政管理部门在企业的经营管理中发生的,或者应当由企业统一负担的公司经费、工会经费、待业保险费、劳动保险费、董事会费、聘请中介机构费、咨询费(含顾问费)、诉讼费、业务招待费、技术转让费、矿产资源补偿费、研究费用、排污费,以及企业生产车间和行政管理部门发生的固定资产日常修理费用等。

(三)财务费用

财务费用是指企业为筹集生产经营所需资金等而发生的筹资费用,包括利息支出(减利息收入)、汇兑损益以及相关的手续费、企业发生或收到的现金折扣等。

二、期间费用的账务处理及实例

企业应通过设置"销售费用""管理费用""财务费用"科目,核算期间费用的发生和结转情况。该类科目的借方分别登记企业发生的各种销售费

扫码看资源

用、管理费用和财务费用，贷方登记期末转入"本年利润"科目的销售费用、管理费用、财务费用，结转后该科目无余额。该类科目应按费用项目进行明细核算。

【例题1】 某公司为增值税一般纳税人，2018年5月1日为宣传新产品发生广告费，取得增值税专用发票上注明价款为80 000元，增值税税额为4 800元，用银行存款支付。该公司应编制如下会计分录：

借：销售费用——广告费　　80 000
　　应交税费——应交增值税（销项税额）　　4 800
　贷：银行存款　　84 800

【例题2】 某公司销售部2018年3月发生费用220 000元，其中销售人员的薪酬100 000元，销售专用办公设备折旧费用50 000元，业务费70 000元（用银行存款支付）。该公司编制如下分录：

借：销售费用——工资薪酬　　100 000
　　　　　　——设备折旧　　50 000
　　　　　　——业务费　　70 000
　贷：应付职工薪酬　　100 000
　　　累计折旧　　50 000
　　　银行存款　　70 000

【例题3】 某公司2018年3月2日用银行存款支付产品的保险费5 000元，该公司编制如下分录：

借：销售费用　　5 000
　贷：银行存款　　5 000

【例题4】 某公司2018年3月31日将本月发生的销售费用305 000元结转到"本年利润"科目。该公司编制如下分录：

借：本年利润　　305 000
　贷：销售费用　　305 000

【例题5】 某公司2018年4月5日就一项产品的设计方案向有关专家进行咨询，以现金支付咨询费30 000元。该公司编制如下分录：

借：管理费用——咨询费用　　30 000
　贷：库存现金　　30 000

【例题6】 某公司2018年4月6日用银行存款支付银行手续费400元，该公司编制如下分录：

借：财务费用——手续费　　400
　贷：银行存款　　400

【例题7】 2018年4月7日，某公司在购买材料业务中，根据对方提供的现金折扣条件提前付款，获得对方给予的现金折扣1 000元。该公司编制如下分录：

借：应付账款　　1 000
　贷：财务费用——现金折扣　　1 000

【例题8】 某公司2018年4月30日用银行存款支付本月应负担的短期借款利息20 000元。该公司编制如下分录：

借：财务费用——利息支出　　　　20 000

　　贷：银行存款　　　　20 000

【例题 9】 2018 年 4 月 30 日将本月“管理费用”科目余额 50 000 元、“财务费用”科目余额 28 000 元结转到“本年利润”科目。该公司编制如下分录：

借：本年利润　　　　78 000

　　贷：管理费用　　　　50 000

　　　　财务费用　　　　28 000

扫码看资源

【随堂训练 1 · 多选题】 下列各项业务，在进行会计处理时应计入管理费用的有(　　)。

A. 行政管理部门的物料消耗

B. 无形资产研究费用

C. 生产车间管理人员的职工薪酬

D. 计提的坏账准备

【随堂训练 2 · 单选题】 下列各项费用中，应确认为财务费用的是(　　)。

A. 企业筹建期间的借款费用

B. 预计产品质量保证损失

C. 销售商品发生的商业折扣

D. 支付银行承兑汇票手续费

课后思考

企业发生的增值税为什么不通过“税金及附加”科目核算？

扫码看资源

单元六　利润的核算

本单元基本内容框架

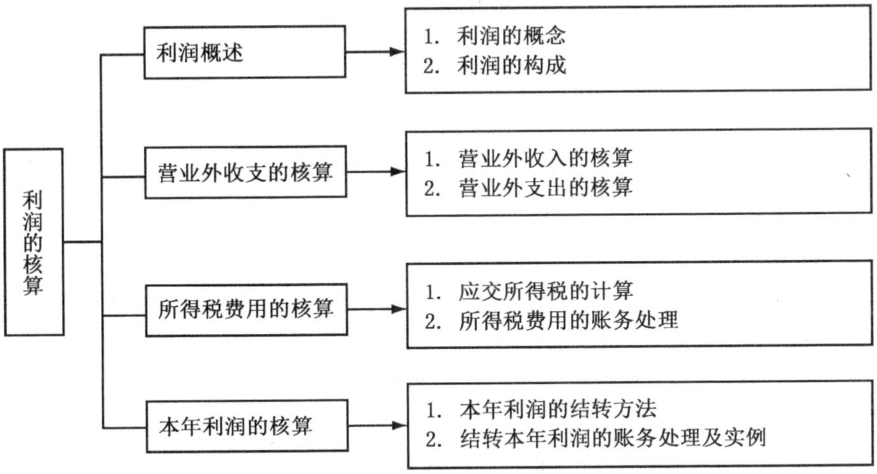

本单元学习目标

- 掌握利润的构成及其主要内容；
- 掌握营业外收入、营业外支出的核算内容及账务处理；
- 掌握应交所得税、所得税费用的计算及账务处理；
- 掌握本年利润的结转方法及账务处理。

项目一　利润概述

扫码看资源

一、利润的概念

利润是指企业在一定会计期间的经营成果，包括收入减去费用后的净额、直接计入当期利润的利得和损失等。其中收入减去费用后的净额反映企业日常活动的经营业绩，直接计入当期利润的利得和损失，反映企业非日常活动的业绩。直接计入当期利润的利得和损失，是指应当计入当期损益、最终会引起所有者权益发生增减变动的、与所有者投入资本或者向所有者分配利润无关的利得或者损失。未计入当期利润的利得和损失扣除所得税影响后的净额计入其他综合收益。净利润与其他综合收益的合计金额为综合收益总额。企业应当严格区分收入和利得、费用和损失，以更加全面地反映企业的经营业绩。

通常情况下，如果企业实现了利润，表明企业的所有者权益将增加，业绩得到了提升；反之，如果企业发生了亏损（即利润为负数），表明企业的所有者权益将减少，业绩下降。利润是评价企业管理层业绩的指标之一，也是投资者等财务报告使用者进行决策时的重要参考。

扫码看资源

二、利润的构成

利润的计算实际包括营业利润、利润总额及净利润的计算（见图 1—6—1—1）。

图 1—6—1—1　与利润相关的基本计算流程

（一）营业利润

营业利润＝营业收入－营业成本－税金及附加－销售费用－管理费用－财务费用－信用减值损失－资产减值损失＋公允价值变动收益（－公允价值变动损失）＋投资收益（－投资损失）＋其他收益＋资产处置收益（－资产处置损失）

其中：

营业收入是指企业经营业务所确认的收入总额，包括主营业务收入和其他业务收入。

营业成本是指企业经营业务所发生的实际成本总额，包括主营业务成本和其他业务成本。

资产减值损失是指企业计提各项资产减值准备所形成的损失。

公允价值变动收益（损失）是指企业交易性金融资产等公允价值变动形成的应计入当期损益的利得（损失）。

投资收益（损失）是指企业以各种方式对外投资所取得的收益（损失）。

其他收益主要是指与企业日常活动相关，除冲减相关成本费用以外的政府补助。

资产处置收益（损失）反映企业出售划分为持有待售的非流动资产（金融工具、长期股权投资和投资性房地产除外）或处置组（子公司和业务除外）时确认的处置利得或损失，以及处置未划分为持有待售的固定资产、在建工程、生产性生物资产及无形资产而产生的处置利得或损失，还包括债务重组中因处置非流动资产产生的利得或损失和非货币性资产交换中换出非流动资产产生的利得或损失。

（二）利润总额

利润总额＝营业利润＋营业外收入－营业外支出

其中：

营业外收入是指企业发生的与其日常活动无直接关系的各项利得。

营业外支出是指企业发生的与其日常活动无直接关系的各项损失。

（三）净利润

净利润＝利润总额－所得税费用

其中：所得税费用是指企业确认的应从当期利润总额中扣除的所得税费用。

相关知识链接

利润总额与营业利润的差异主要是前者考虑了营业外收入、营业外支出的金额。

【例题】 下列各项，不影响企业营业利润的项目是（　　）。

A. 劳务收入

B. 财务费用

C. 出售包装物收入

D. 出售无形资产净收益

解析 选项A和C属于收入，选项B属于费用，均影响企业营业利润的计算。选项D计入营业外收入，属于利得，不在营业利润计算范围内。

扫码看资源

【随堂训练·核算题】 某企业本期营业收入1 000万元，营业成本800万元，管理费用20万元，销售费用35万元，资产减值损失40万元，投资收益45万元，营业外收入15万元，营业外支出10万元，所得税费用32万元。假定不考虑其他因素，该企业本期营业利润为多少万元？

项目二　营业外收支的核算

一、营业外收入的核算

（一）营业外收入的核算内容

营业外收入主要包括非流动资产毁损报废利得、盘盈利得、捐赠利得、罚没利得、非货币性资产交换利得、债务重组利得、确实无法支付而按规定程序经批准后转作营业外收入的应付款项等。营业外收入并不是企业经营资金耗费所产生的，不需要企业付出代价，实际上是经济利益的净流入，不可能也不需要与有关的费用进行配比。

扫码看资源

其中：

非流动资产毁损报废利得是指包括因自然灾害发生毁损、已丧失使用功能等原因而报废清理产生的利得。

盘盈利得主要是指对于现金等清查盘点中盘盈的现金等，报经批准后计入营业外收入的金额。

罚没利得是指企业取得的各项罚款，在弥补由于对违反合同或协议而造成的经济损失后的罚款净收益。

捐赠利得是指企业接受捐赠产生的利得。

扫码看资源

相关知识链接 1

固定资产盘盈，作为前期差错记入“以前年度损益调整”科目；存货盘盈冲减管理费用。

（二）营业外收入的账务处理及实例

企业应通过“营业外收入”科目核算营业外收入的取得及结转情况。本科目可按营业外收入项目进行明细核算。期末，应将本科目余额转入“本年利润”科目，结转后本科目无余额。

企业确认非流动资产毁损报废利得时，应比照“固定资产清理”“无形资产”等科目的相关规定进行处理。借记“固定资产清理”“银行存款”“待处理财产损溢”“无形资产”等科目，贷记“营业外收入”科目。

确认盘盈利得、捐赠利得计入营业外收入时，借记“库存现金”“待处理财产损溢”等科目，贷记“营业外收入”科目。

【例题 1】 甲公司应付乙公司的货款及增值税税款共计 3 480 元，因该公司注销而无法偿还。甲公司应编制如下会计分录：

借：应付账款——乙公司　　3 480

　　贷：营业外收入——无法偿还账款　　3 480

【例题 2】 甲公司收到 A 单位因违反双方签订的购销合同而支付的违约金 1 000 元，已存入银行。甲公司应编制如下会计分录：

借：银行存款　　1 000

　　贷：营业外收入——罚款收入　　1 000

【例题 3】 甲公司将固定资产报废清理的净收益 175 320 元转作营业外收入。甲公司应编制如下会计分录：

借：固定资产清理　　175 320

　　贷：营业外收入　　175 320

【例题 4】 甲公司在现金清查中盘盈 200 元，按管理权限报经批准后转入营业外收入。甲公司应编制如下分录：

（1）盘盈时：

借：库存现金　　200

　　贷：待处理财产损溢　　200

（2）批准转入营业外收入时：

借：待处理财产损溢　　200

贷:营业外收入 200

【例题 5】 甲公司本期营业外收入总额为 180 000 元,期末结转本年利润,甲公司应编制如下分录:

借:营业外收入 180 000

　贷:本年利润 180 000

【随堂训练 1·多选题】 下列各项中,不应确认为营业外收入的有(　　)。

A. 存货盘盈　　B. 固定资产出租收入

C. 固定资产盘盈　　D. 无法查明原因的现金溢余

二、营业外支出的核算

(一)营业外支出的核算内容

营业外支出是指企业支付的行政罚款、税务罚款,以及其他违反法律法规、合同协议等而支付的罚款、违约金、赔偿金等支出。

(二)营业外支出的账务处理及实例

企业应通过"营业外支出"科目,核算营业外支出的发生及结转情况。该科目应按照营业外支出的项目进行明细核算。

企业发生营业外支出时,借记"营业外支出"科目,贷记"待处理财产损溢""库存现金""银行存款"等科目。期末,应将"营业外支出"科目余额结转入"本年利润"科目,借记"本年利润"科目,贷记"营业外支出"科目。

【例题 6】 甲公司将已经发生的原材料意外灾害损失 270 000 元转作营业外支出。甲公司应编制如下会计分录:

借:营业外支出 270 000

　贷:待处理财产损溢 270 000

【例题 7】 甲公司用银行存款支付税款滞纳金 30 000 元。甲公司应编制如下会计分录:

借:营业外支出 30 000

　贷:银行存款 30 000

【例题 8】 甲公司以银行存款 30 000 元捐赠给希望工程。甲公司应编制如下会计分录:

借:营业外支出——捐赠支出 30 000

　贷:银行存款 30 000

【例题 9】 甲公司本期营业外支出总额为 330 000 元,期末结转本年利润。甲公司应编制如下会计分录:

借:本年利润 330 000

　贷:营业外支出 330 000

相关知识链接 2

常见利得主要有捐赠利得、罚没利得、现金盘盈利得、无法支付的应付款项利得等；常见损失主要有捐赠支出、行政性罚款支出、非流动资产毁损报废损失等。

【随堂训练 2 · 多选题】 下列各项，按规定应计入营业外支出的有（　　）。

A. 公益性捐赠支出　　B. 非常损失净损失

C. 固定资产盘亏净损失　　D. 计提的存货跌价准备

扫码看资源

项目三　所得税费用的核算

扫码看资源

企业的所得税费用包括当期所得税和递延所得税两个部分。其中，当期所得税是指当期应交所得税。递延所得税包括递延所得税资产和递延所得税负债。递延所得税资产是指以未来期间很可能取得用来抵扣可抵扣暂时性差异的应纳税所得额为限确认的一项资产。递延所得税负债是指根据应纳税暂时性差异计算的未来期间应付所得税的金额。计算公式如下：

所得税费用＝当期所得税＋递延所得税

一、应交所得税的计算

应交所得税是根据税法规定计算确定的针对当期发生的交易或事项，应缴纳给税务部门的所得税金额，即当期应交所得税。应纳税所得额是在企业税前会计利润（即利润总额）的基础上调整确定的，计算公式为：

应纳税所得额＝税前会计利润＋纳税调整增加额－纳税调整减少额

纳税调整增加额主要包括税法规定允许扣除项目中，企业已计入当期费用但超过税法规定扣除标准的金额（如超过税法规定标准的职工福利费、工会经费、职工教育经费、业务招待费、公益性捐赠支出、广告费和业务宣传费等），以及企业已计入当期损失但税法规定不允许扣除项目的金额（如税收滞纳金、罚金、罚款）。

纳税调整减少额主要包括按税法规定允许弥补的亏损和准予免税的项目，如前 5 年内未弥补亏损和国债利息收入等。

企业当期应交所得税的计算公式为：

应交所得税＝应纳税所得额×所得税税率

【例题 1】 甲公司 2018 年度按企业会计准则计算的税前会计利润为 19 800 000 元，所得税税率为 25%。甲公司全年实发工资、薪金为 2 000 000 元，职工福利费 300 000 元，工会经费 50 000 元，职工教育经费 100 000 元，经查，甲公司当年营业外支出中有 120 000 元为税收滞纳罚金。假定甲公司全年无其他纳税调整因素。

解析 税法规定，企业发生的合理的工资、薪金支出准予据实扣除；企业发生的职工福利费支出，不超过工资、薪金总额14%的部分准予扣除；企业拨缴的工会经费，不超过工资、薪金总额2%的部分准予扣除；除国务院财政、税务主管部门另有规定外，企业发生的职工教育经费支出，不超过工资、薪金总额8%的部分准予扣除，超过部分准予结转以后纳税年度扣除。

本例中，按税法规定，企业在计算当期应纳税所得额时，可以扣除工资、薪金支出2 000 000元，扣除职工福利费支出280 000元(2 000 000×14%)，工会经费支出40 000元(2 000 000×2%)，职工教育经费支出160 000元(2 000 000×8%)。甲公司有两种纳税调整因素：一是已计入当期费用但超过税法规定标准的费用支出，二是已计入当期营业外支出但按税法规定不允许扣除的税收滞纳金，这两种因素均应调整增加应纳税所得额。甲公司当期所得税的计算如下：

纳税调整数＝职工福利费支出(300 000－280 000)＋工会经费支出(50 000－40 000)＋税收滞纳罚金(120 000)＝150 000(元)

应纳税所得额＝19 800 000＋150 000＝19 950 000(元)

当期应交所得税额＝19 950 000×25%＝4 987 500(元)

【例题2】 某企业2018年度利润总额为315万元；经查，国债利息收入为15万元；违法罚款10万元。假定该企业无其他纳税调整项目，适用的所得税税率为25%。该企业2018年所得税费用为多少万元?

解析 根据税法的规定，国债利息收入免交所得税，罚款支出不得在税前扣除，所以企业的应纳税所得额＝315－15＋10＝310(万元)，当年的所得税费用＝310×25%＝77.5(万元)。

【例题3】 甲公司2017年度按企业会计准则计算的税前会计利润为19 900 000元，所得税税率为25%。经查，甲公司当年营业外支出中有100 000元为税款滞纳罚金。假定甲公司全年无其他纳税调整因素。计算当期应交所得税额。

解析 本例中，甲公司已计入当期营业外支出但按税法规定不允许扣除的税款滞纳金，这个因素应调整增加应纳税所得额。甲公司当期所得税的计算如下：

应纳税所得额＝19 900 000＋100 000＝20 000 000(元)

当期应交所得税额＝20 000 000×25%＝5 000 000(元)

即：当期所得税费用为5 000 000元。

借：所得税费用　　5 000 000

　　贷：应交税费——应交所得税　　5 000 000

【随堂训练·单选题】 某企业2018年度利润总额为1 800万元，其中本年度国债利息收入200万元，已计入营业外支出的税收滞纳金6万元；企业所得税税率为25%。假定该企业无其他纳税调整项目，该企业2018年度所得税费用为(　　)万元。

A. 400　　B. 401.5　　C. 450　　D. 498.5

二、所得税费用的账务处理

企业所得税核算应采用资产负债表债务法。企业应根据所得税准则的规定，对当期应交所得税加以调整计算后，据以确认应从当期利润总额中扣除的所得税费用。通过“所得税费用”科目核算。期末，应将本科目的余额转入“本年利润”科目，结转后本科目无余额。其核算有两种情况：

（一）无递延所得税情况的账务处理

资产负债表日，企业按照税法规定计算确定的当期应交所得税，借记“所得税费用”科目，贷记“应交税费——应交所得税”科目。

（1）计算应交所得税时：

应交所得税＝应纳税所得额×税率

借：所得税费用

　　贷：应交税费——应交所得税

（2）缴纳所得税时：

借：应交税费——应交所得税

　　贷：银行存款

（3）结转所得税费用时：

借：本年利润

　　贷：所得税费用

（二）有递延所得税情况的账务处理

资产负债表日，根据递延所得税资产的应有余额大于“递延所得税资产”科目余额的差额，借记“递延所得税资产”科目，贷记“递延所得税费用”“资本公积——其他资本公积”等科目；递延所得税资产的应有余额小于“递延所得税资产”科目余额的差额，做相反的会计分录。企业应予确认的递延所得税负债，应当比照上述原则调整“所得税费用”科目“递延所得税负债”科目及有关科目。

所得税费用＝当期所得税＋递延所得税

其中：

递延所得税＝（递延所得税负债的期末余额－递延所得税负债的期初余额）
－（递延所得税资产的期末余额－递延所得税资产的期初余额）

【例题4】 乙公司2018年度的税前会计利润为10 000 000元，所得税税率为25%。乙公司递延所得税负债年初数为400 000元，年末数为500 000元；递延所得税资产年初数为250 000元，年末数为200 000元。乙公司的会计处理如下：

乙公司所得税费用的计算如下：

递延所得税＝(500 000－400 000)＋(250 000－200 000)
　　　　　＝150 000(元)

所得税费用＝当期所得税＋递延所得税
　　　　　＝2 500 000＋150 000
　　　　　＝2 650 000(元)

扫码看资源

乙公司会计分录如下：

借：所得税费用　　2 650 000

　　贷：应交税费——应交所得税　　2 500 000

　　　　递延所得税负债　　100 000

　　　　递延所得税资产　　50 000

期末将所得税费用结转入“本年利润”科目：

借：本年利润　　2 650 000

　贷：所得税费用　　2 650 000

相关知识链接

本项目要重点掌握所得税费用的计算流程及相关公式：

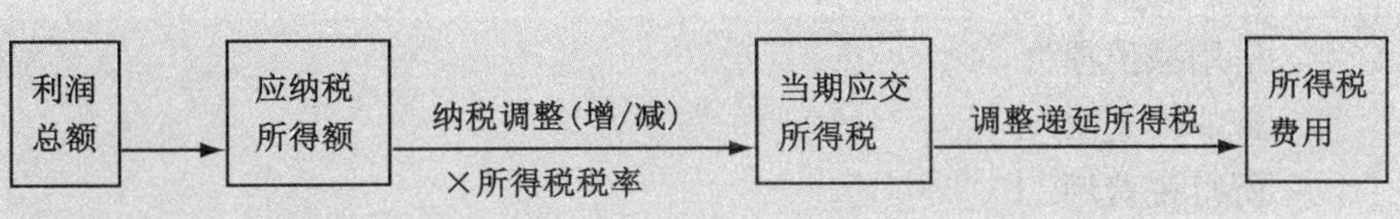

图 1—6—3—1　所得税费用的计算流程及相关公式

项目四　本年利润的核算

一、本年利润的结转方法

期末，结转本年利润的方法有表结法和账结法。

表结法下，各损益类科目每月只需结计出本月发生额和月末累计余额，不结转到“本年利润”科目。该方法减少了转账环节和工作量，同时并不影响利润表的编制及有关损益表的利用。

扫码看资源

账结法下，每月月末均需编制转账凭证，将在账上结计出的各损益类科目的余额结转入“本年利润”科目。该方法各月均通过“本年利润”科目提供当月及本年累计的利润(或亏损)额，但增加了转账环节和工作量。

二、结转本年利润的账务处理及实例

企业应设置“本年利润”科目，核算企业本年度实现的净利润(或发生的净亏损)。

扫码看资源

1. 期末结转收入和费用

(1)期末结转各项收益时：

借：主营业务收入

　其他业务收入

　其他收益

　营业外收入

　贷：本年利润

(2)期末结转各项成本、费用或支出时：

借：本年利润

　贷：主营业务成本

税金及附加
其他业务成本
销售费用
管理费用
财务费用
资产减值损失
信用减值损失
营业外支出
所得税费用

“公允价值变动损益”“投资收益”“资产处置损益”科目的净收益转入“本年利润”科目贷方,净损失转入“本年利润”科目借方。

2. 年度终了,将本年收入和支出相抵后的本年实现的利润转入“利润分配——未分配利润”科目

借:本年利润
　贷:利润分配——未分配利润

如为亏损,则是相反会计分录。

相关知识链接

表结法下,平时每月月末不需结转“本年利润”,年末时,根据损益类科目余额,一次结转到“本年利润”科目。

【例题】 丙公司2018年有关损益类科目的年末余额如表1—6—4—1所示(该企业采用表结法年末一次结转损益类科目,所得税税率为25%)。

表1—6—4—1　　损益类科目余额表　　单位:元

科目名称	借或贷	结账前余额
主营业务收入	贷	6 000 000
其他业务收入	贷	700 000
公允价值变动损益	贷	150 000
投资收益	贷	600 000
营业外收入	贷	50 000
主营业务成本	借	4 000 000
其他业务成本	借	400 000
税金及附加	借	80 000
销售费用	借	500 000
管理费用	借	770 000

续表

科目名称	借或贷	结账前余额
财务费用	借	200 000
资产减值损失	借	100 000
营业外支出	借	250 000

丙公司 2018 年年末结转本年利润时，应编制如下会计分录：

(1)将各损益类科目年末余额结转入“本年利润”科目：

①结转各项收入、利得类科目：

借：主营业务收入　　6 000 000
　　其他业务收入　　700 000
　　公允价值变动损益　　150 000
　　投资收益　　600 000
　　营业外收入　　50 000
　　贷：本年利润　　7 500 000

②结转各项费用、损失类科目：

借：本年利润　　6 300 000
　　贷：主营业务成本　　4 000 000
　　　　其他业务成本　　400 000
　　　　税金及附加　　80 000
　　　　销售费用　　500 000
　　　　管理费用　　770 000
　　　　财务费用　　200 000
　　　　资产减值损失　　100 000
　　　　营业外支出　　250 000

(2)经过上述结转后，“本年利润”科目的贷方发生额合计 7 500 000 元减去借方发生额合计 6 300 000 元，即为税前会计利润 1 200 000 元。

(3)假设丙公司 2018 年度不存在所得税纳税调整因素。

(4)应交所得税＝1 200 000×25%＝300 000(元)。

①确认所得税费用时：

借：所得税费用　　300 000
　　贷：应交税费——应交所得税　　300 000

②将所得税费用结转入“本年利润”科目时：

借：本年利润　　300 000
　　贷：所得税费用　　300 000

扫码看资源

(5)将“本年利润”科目年末余额 900 000 元(7 500 000－6 300 000－300 000)转入“利润分配——未分配利润”科目。

借：本年利润　　900 000
　　贷：利润分配——未分配利润　　900 000

【随堂训练·判断题】 年度终了，只有在企业盈利的情况下，才应将“本年利润”科目的本年累计余额转入“利润分配——未分配利润”科目。 （ ）

课后思考

(1)营业外收入属于会计收入吗？为什么？

(2)企业的税前会计利润和应纳税所得额是否相同？

扫码看资源

第二部分　财务报告的编制

企业财务会计的特点之一就是向企业领导和外界有经济利害关系的团体或个人提供财务报告，让经营者、投资人和债权人充分了解企业的财务状况和经营成果。财务报告作为企业会计核算工作的最后环节和最终成果，是企业对外提供财务信息的主要形式。本部分针对六大会计要素如何编制报告做了相关的讲解，重点讲解了资产负债表、利润表、现金流量表和所有者权益变动表的编制。通过本部分的学习，相信同学们能胜任基本财务报表的编制工作。

本部分基本内容框架

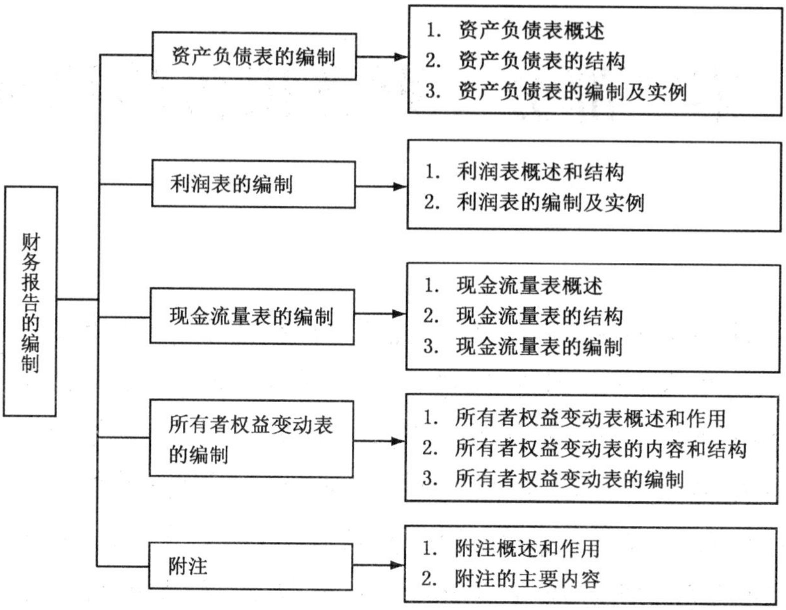

本部分学习目标

- 掌握资产负债表的内容、结构及其编制；
- 掌握利润表的格式、内容及其编制；
- 掌握现金流量表的格式、内容及其编制；
- 掌握所有者权益变动表的格式和内容，熟悉所有者权益变动表的编制；
- 熟悉附注的概念及其主要披露项目；
- 了解资产负债表、利润表、现金流量表和所有者权益变动表的作用。

单元一　资产负债表的编制

一、资产负债表概述

扫码看资源

资产负债表是反映企业在某一特定日期的财务状况的报表，是企业经营活动的静态体现。资产负债表是根据“资产＝负债＋所有者权益”这一平衡公式，依照一定的分类标准和一定的次序，将某一特定日期的资产、负债、所有者权益具体项目予以适当的排列编制而成。通过资产负债表，可以反映企业在某一特定日期所拥有或控制的经济资源、所承担的现时义务和所有者权益对净资产的要求权，帮助财务报表使用者全面了解企业的财务状况、分析企业的偿债能力等情况，从而为其做出经济决策提供依据。

二、资产负债表的结构

资产负债表一般由表头、表体两部分组成。表头部分应列明报表名称、编制单位名称、资产负债表日、报表编号和计量单位；表体部分是资产负债表的主体，列示了用以说明企业财务状况的各个项目。资产负债表的表体格式一般有两种：报告式资产负债表和账户式资产负债表。我国企业的资产负债表采用账户式结构，分为左、右两方：左方为资产项目，大体按资产的流动性大小排列，流动性大的资产排在前面，流动性小的资产排在后面；右方为负债和所有者权益（或股东权益）项目，一般按要求清偿时间的先后顺序排列，“短期借款”等需要在一年以内或者长于一年的一个正常营业周期内偿还的流动负债排在前面，“长期借款”等在一年以上才需偿还的非流动负债排在中间，在企业清算之前不需要偿还的所有者权益（或股东权益）项目排在后面。

账户式资产负债表中的资产各项目的合计等于负债和所有者权益各项目的合计。我国企业资产负债表格式如表2－1－1－1所示。

表2－1－1－1　　**资产负债表**　　会企01表

编制单位：甲公司　　2018年12月31日　　单位：元

资　产	期末余额	年初余额	负债和所有者权益（或股东权益）	期末余额	年初余额
流动资产：			流动负债：		
货币资金			短期借款		
交易性金融资产			交易性金融负债		
应收票据及应收账款			应付票据及应付账款		
预付款项			预收账款		

续表

资　产	期末余额	年初余额	负债和所有者权益(或股东权益)	期末余额	年初余额
其他应收款			合同负债		
存货			应付职工薪酬		
合同资产			应交税费		
持有待售资产			其他应付款		
一年内到期的非流动资产			持有待售负债		
其他流动资产			一年内到期的非流动负债		
流动资产合计			其他流动负债		
非流动资产:			流动负债合计		
债权投资			非流动负债:		
其他债权投资			长期借款		
长期应收款			应付债券		
长期股权投资			长期应付款		
其他权益工具投资			预计负债		
其他非流动金融资产			递延收益		
投资性房地产			递延所得税负债		
固定资产			其他非流动负债		
在建工程			非流动负债合计		
生产性生物资产			负债合计		
油气资产			所有者权益(或股东权益):		
无形资产			实收资本(或股本)		
开发支出			其他权益工具		
商誉			其中:优先股		
长期待摊费用			永续债		
递延所得税资产			资本公积		
其他非流动资产			减:库存股		
非流动资产合计			其他综合收益		
			盈余公积		
			未分配利润		
			所有者权益(或股东权益)合计		
资产总计			负债和所有者权益(或股东权益)总计		

三、资产负债表的编制及实例

资产负债表各项目的填制方法,包括“年初余额”的填列和“期末余额”的填列。

（一）"年初余额"栏的填列方法

"年初余额"栏内的各项数字，应根据上年末资产负债表的"期末余额"栏内所列数字填列。

（二）"期末余额"栏的填列方法

(1)根据总账科目余额填列。如"短期借款""资本公积"等项目，根据"短期借款""资本公积"各总账科目的余额直接填列；有些项目则需要根据几个总账科目的期末余额计算填列，如"货币资金"项目，需根据"银行存款""库存现金""其他货币资金"三个总账科目的期末余额的合计数填列。

(2)根据明细科目余额计算填列。如"应付票据及应付账款"项目，需要根据"应付票据""应付账款""预付账款"科目所属明细科目的期末贷方余额计算填列；"应收票据及应收账款"项目，需要根据"应收票据""应收账款""预收账款"科目所属的相关明细科目的期末借方余额减去与应收账款有关的坏账准备贷方余额计算填列；"预付账款"项目，需要根据"应付账款""预付账款"科目所属明细期末借方余额减去与"预付账款"有关的坏账准备贷方余额计算填列；"预收账款"项目，需要根据"应收账款""预收账款"科目所属的相关明细科目的期末贷方余额计算填列；"开发支出"项目，需要根据"研发支出"科目中所属的"资本化支出"明细科目期末余额计算填列；"应付职工薪酬"项目，需要根据"应付职工薪酬"科目的明细科目余额计算填列；"一年内到期的非流动资产""一年内到期的非流动负债"项目，需要根据有关非流动资产和非流动负债项目的明细科目余额计算填列；"未分配利润"项目，需要根据"利润分配"科目中所属的"未分配利润"明细科目余额填列。

(3)根据总账科目和明细科目余额分析计算填列。如"长期借款"项目，应根据"长期借款"总账科目余额扣除"长期借款"科目所属的明细科目中将在一年内到期且企业不能自主地将清偿义务展期的长期借款后的金额计算填列；"其他非流动资产"项目，应根据有关科目的期末余额减去将于一年内（含一年）收回的金额计算填列；"其他非流动负债"项目，应根据有关科目的期末余额减去将于一年内（含一年）到期偿还数后的金额计算填列。

(4)根据有关科目余额减去其备抵科目余额后的净额填列。如"应收票据及应收账款""长期股权投资""在建工程"等项目，应根据"应收票据""应收账款""长期股权投资""在建工程"等科目的期末余额减去"坏账准备""长期股权投资减值准备""在建工程减值准备"等备抵科目余额后的净额填列；"投资性房地产""固定资产"项目，应根据"投资性房地产""固定资产"科目的期末余额减去"投资性房地产累计折旧""累计折旧""投资性房地产减值准备""固定资产减值准备"等备抵科目余额后的净额填列；"无形资产"项目，应根据"无形资产"科目期末余额减去"累计摊销""无形资产减值准备"等备抵科目余额后的净额填列。

(5)综合运用上述填列方法分析填列。如资产负债表中的"存货"项目，需根据"原材料""库存商品""委托加工物资""周转材料""材料采购""在途物资""发出商品""材料成本差异"等总账科目期末余额的分析汇总数，再减去"存货跌价准备"科目余额后的净额填列。

（三）资产负债表各项目填列说明

1. 资产项目的填列说明

(1)"货币资金"项目

反映企业库存现金、银行结算户存款、外埠存款、银行汇票存款、银行本

扫码看资源

票存款、信用卡存款、信用证保证金存款等的合计数。本项目应根据“库存现金”“银行存款”“其他货币资金”账户的期末余额合计数填列。

【例题 1】 2018 年 12 月 31 日，甲公司“库存现金”科目余额为 0.1 万元，“银行存款”科目余额为 100.9 万元，“其他货币资金”科目余额为 99 万元，则 2018 年 12 月 31 日，甲公司资产负债表中“货币资金”项目“期末余额”的列报金额为：0.1＋100.9＋99＝200(万元)。

(2)“交易性金融资产”项目

反映企业资产负债日分类为以公允价值计量且其变动计入当期损益的金融资产，以及企业持有的直接指定为以公允价值计量且变动计入当期损益的金融资产的期末账面价值。本项目应根据“交易性金融资产”科目的相关明细科目期末余额分析填列。自资产负债表日起超过一年到期且预期持有超过一年的以公允价值计量且变动计入当期损益的非流动金融资产的期末账面价值，在“其他非流动金融资产”项目反映。

(3)“应收票据及应收账款”项目

反映资产负债表日以摊余成本计量的，企业因销售商品、提供服务等经营活动应收取的款项，以及收到的商业汇票，包括银行承兑汇票和商业承兑汇票。该项目应根据“应收票据”和“应收账款”科目的期末余额，减去“坏账准备”科目中相关坏账准备期末余额后的金额填列。

【例题 2】 2018 年 12 月 31 日，甲公司“应收票据”科目的余额如下所示：银行承兑汇票余额为 700 万元，不存在商业承兑汇票；“坏账准备”科目中有关应收票据计提的坏账准备余额为 35 万元。“应收账款”科目的贷方余额 400 万元，其中，“应收 A 公司账款”明细科目借方余额为 350 万元，“应收 B 公司账款”明细科目借方余额为 50 万元；“预收账款”科目贷方余额为 300 万元，其中，“预收 C 工厂账款”明细科目贷方余额为 500 万元，“预收 D 工厂账款”明细科目借方余额为 200 万元；与应收账款有关的“坏账准备”明细科目贷方余额为 10 万元。则 2018 年 12 月 31 日，甲公司资产负债表中“应收票据及应收账款”项目“期末余额”的列报金额为：(700－35)＋(350＋50＋200－10)＝1 255(万元)。

(4)“预付账款”项目

反映企业按照购货合同规定预付给供应单位的款项等。本项目根据“预付账款”和“应付账款”账户所属各明细账户的期末借方余额合计，减去“坏账准备”账户中有关预付账款计提的坏账准备期末余额后的金额填列。如“预付账款”所属明细科目期末有贷方余额的，应在“应付账款”项目内填列。

(5)“其他应收款”项目

应根据“应收利息”“应收股利”和“其他应收款”科目的期末余额合计数，减去“坏账准备”科目中相关坏账准备期末余额后的金额填列。

(6)“存货”项目

反映企业期末在库、在途和在加工中的各种存货的可变现净值或成本(两者孰低)。本项目应根据“材料采购”“原材料”“低值易耗品”“库存商品”“周转材料”“委托加工物资”“委托代销商品”“生产成本”“受托代销商品”等科目的期末余额合计数，减去“受托代销商品款”“存货跌价准备”科目期末余额后的净额填列。对材料采用计划成本核算，库存商品采用计划成本或售价核算的企业，应按再加或减材料成本差异、商品进销差价后的金额填列。“合同履约成本”科目的明细科目初始确认时摊销期限不超过一年或一个正常营业周期的，也在本项目中反映，已计提减值准备的，还应减去“合同履约成本减值准备”科目中相关的期末余额。

【例题3】 2018年12月31日，甲公司有关科目余额如下：“工程物资”科目借方余额为90万元，“发出商品”科目借方余额为800万元，“生产成本”科目借方余额为300万元，“原材料”科目借方余额为100万元，“委托加工物资”科目借方余额为200万元，“材料成本差异”科目贷方余额为25万元，“存货跌价准备”科目贷方余额为100万元，“受托代销商品”科目借方余额为400万元，“受托代销商品款”科目贷方余额为400万元，则2018年12月31日，甲公司资产负债表中“存货”项目“期末余额”的列报金额为：90＋800＋300＋100＋200－25－100＋400－400＝1 365(万元)

(7)“合同资产”项目

反映企业按照《企业会计准则第14号——收入》(2017年修订)的相关规定，根据本企业履行履约义务与客户付款之间的关系在资产负债表中列示的合同资产。“合同资产”项目应根据“合同资产”科目的相关明细科目期末余额分析填列。

(8)“持有待售资产”项目

反映资产负债表日划分为持有待售类别的非流动资产及划分为持有待售类别的处置组中的流动资产和非流动资产的期末账面价值。该项目应根据“持有待售资产”科目的期末余额，减去“持有待售资产减值准备”科目的期末余额后的金额填列。

【例题4】 甲公司计划出售一项固定资产，该固定资产于2018年6月30日被划分为持有待售固定资产，其账面价值为315万元，从划归为持有待售的下月起停止计提折旧，不考虑其他因素，则2018年6月30日，甲公司资产负债表中“持有待售资产”项目“期末余额”列报金额为：315万元。

(9)“一年内到期的非流动资产”项目

反映企业非流动资产项目中在一年内到期的金额，包括一年内到期的持有至到期投资、长期待摊费用和一年内可收回的长期应收款。本项目应根据有关科目的期末余额填列。

(10)“其他流动资产”项目

反映企业除上述流动资产以外的其他流动资产。本项目应根据有关科目的期末余额填列。

(11)“债权投资”项目

反映资产负债表日企业以摊余成本计量的长期债权投资的期末账面价值。该项目应根据“债权投资”科目的相关明细科目期末余额，减去“债权投资减值准备”科目中相关减值准备的期末余额后的金额分析填列。

(12)“其他债权投资”项目

反映资产负债表日企业分类为以公允价值计量且变动计入其他综合收益的长期债权投资的期末账面价值。该项目应根据“其他债权投资”科目的相关明细科目期末余额分析填列。

(13)“长期应收款”项目

反映企业融资租赁产生的应收款项和采用递延方式分期收款、实质上具有融资性质的销售商品和提供劳务等经营活动产生的应收款项。本项目应根据“长期应收款”科目的期末余额，减去相应的“未实现融资收益”科目和“坏账准备”科目所属相关明细科目期末余额后的金额填列。

(14)“长期股权投资”项目

反映投资方对被投资单位实施控制、重大影响的权益性投资,以及对其合营企业的权益性投资。本项目应根据“长期股权投资”科目的期末余额,减去“长期股权投资减值准备”科目的期末余额后的净额填列。

(15)“投资性房地产”项目

反映企业为赚取租金或资本增值或两者兼有而持有的房地产,主要包括已出租的土地使用权、持有并准备增值后转让的土地使用权和已出租的建筑物。本项目应根据“投资性房地产”科目的期末余额,减去“投资性房地产累计折旧(摊销)”和“投资性房地产减值准备”科目期末余额后的净额填列。

(16)“固定资产”项目

反映资产负债日企业固定资产的期末账面价值和企业尚未清理完毕的固定资产清理净益。本项目应根据“固定资产”科目的期末余额,减去“累计折旧”和“固定资产减值准备”科目期末余额后的金额,以及“固定资产清理”科目的期末余额填列。

【例题5】 2018年12月31日,甲公司“固定资产”科目借方余额为5 000万元,“累计折旧”科目贷方余额为2 000万元,“固定资产减值准备”科目贷方余额为1 000万元,则2018年12月31日,甲公司资产负债表中“固定资产”项目“期末余额”的列报金额为:5 000－2 000－1 000＝2 000(万元)。

(17)“在建工程”项目

反映资产负债日企业尚未达到预定可使用状态的在建工程的期末账面价值和企业为在建工程准备的各种物资的期末账面价值。本项目应根据“在建工程”科目的期末余额,减去“在建工程减值准备”科目期末余额后的金额,以及“工程物资”科目的期末余额,减去“工程物资减值准备”科目的期末余额后的金额填列。

(18)“生产性生物资产”项目

反映企业持有的生产性生物资产原价减去累计折旧和减值准备后的净额。本项目应根据“生产性生物资产”科目的期末余额,减去“生产性生物资产累计折旧”和“生产性生物资产减值准备”科目期末余额后的净额填列。

(19)“油气资产”项目

反映企业持有的矿区权益和油气井及相关设施的原价减去累计折耗和减值准备后的净额。本项目应根据“油气资产”科目的期末余额减去“累计折耗”和“油气资产减值准备”科目余额后的净额填列。

(20)“无形资产”项目

反映企业持有的专利权、非专利技术、商标权、著作权、土地使用权等无形资产的成本减去累计摊销和减值准备后的净值。本项目应根据“无形资产”科目的期末余额,减去“累计摊销”和“无形资产减值准备”科目期末余额后的净额填列。

【例题6】 2018年12月31日,甲公司“无形资产”科目借方余额为800万元,“累计摊销”科目贷方余额为200万元,“无形资产减值准备”科目贷方余额为100万元,则2018年12月31日,甲公司资产负债表中“无形资产”项目“期末余额”的列报金额为:800－200－100＝500(万元)。

(21)“开发支出”项目

反映企业开发无形资产过程中能够资本化形成无形资产成本的支出。本项目根据“研发支出”科目中所属的“资本化支出”明细科目期末余额填列。

(22)“商誉”项目

反映企业合并中形成的商誉。本项目应根据“商誉”科目的期末余额,减去“商誉减值准备”科目期末余额后的净额填列。

(23)“长期待摊费用”项目

反映企业已经发生但应由本期和以后各期负担的分摊期限在一年以上的各项费用。长期待摊费用中在一年内(含一年)摊销的部分,在资产负债表“一年内到期的非流动资产”项目填列。本项目应根据“长期待摊费用”科目的期末余额减去将于一年内(含一年)摊销的数额后的金额分析填列。

(24)“递延所得税资产”项目

反映企业根据所得税准则确定的可抵扣暂时性差异形成的递延所得税资产。本项目根据“递延所得税资产”账户期末余额填列。

(25)“其他非流动资产”项目

反映企业除以上资产以外的其他非流动资产。本项目应根据有关账户的期末余额填列。

2. 负债项目的填列说明

(1)“短期借款”项目

反映企业借入尚未归还的 1 年期以下(含 1 年)的借款。本项目应根据“短期借款”账户的期末余额填列。

【例题 7】 2018 年 12 月 31 日,甲公司“短期借款”科目余额如下所示:银行质押借款 10 万元,信用借款 40 万元,则 2018 年 12 月 31 日,甲公司资产负债表中“短期借款”项目“期末余额”的列报金额为:10+40=50(万元)。

(2)“交易性金融负债”项目

反映企业资产负债表日承担的交易性金融负债,以及企业持有的直接指定为以公允价值计量且变动计入当期损益的金融负债的期末账面价值。该项目应根据“交易性金融负债”科目的相关明细科目期末余额填列。

(3)“应付票据及应付账款”项目

反映资产负债表日企业因购买材料、商品和接受服务等经营活动应支付的款项,以及开出、承兑的商业汇票,包括银行承兑汇票和商业承兑汇票。本项目应根据“应付票据”科目的期末余额,以及“应付账款”和“预付账款”科目所属相关明细科目的期末贷方余额合计数填列。

(4)“预收账款”项目

反映企业按合同规定预收的款项。本项目应根据“预收账款”和“应收账款”账户所属各明细账户的期末贷方余额合计数填列。如“预收账款”科目所属明细科目期末有借方余额的,应在资产负债表“应收票据及应收账款”项目内填列。

(5)“合同负债”项目

反映企业按照《企业会计准则第 14 号——收入》(2017 年修订)的相关规定,根据本企业履行履约义务与客户付款之间的关系在资产负债表中列示的合同负债。“合同负债”项目应根据“合同负债”的相关明细科目期末余额分析填列。

(6)“应付职工薪酬”项目

反映企业为获得职工提供的服务或解除劳动关系而给予的各种形式的报酬或补偿。本项目应根据“应付职工薪酬”科目所属各明细科目的期末贷方余额分析填列。外商投资企业按规定从净利润中提取的职工奖励及福利基金,也在本项目列示。

【例题 8】 2018 年 12 月 31 日,甲公司“应付职工薪酬”科目显示,所欠的薪酬项目包括:工资、奖金、津贴和补贴 70 万元,社会保险费(含医疗保险、工伤保险、生育保险)5 万元,设定提存计划(含基本养老保险费)2.5 万元,住房公积金 2 万元,工会经费和职工教育经费 0.5 万元,则 2018 年 12 月 31 日,甲公司资产负债表中“应付职工薪酬”项目“期末余额”的列报金额为:70+5+2.5+2+0.5=80(万元)。

(7)“应交税费”项目

反映企业按照税法规定计算应缴纳的各种税费。本项目应根据“应交税费”科目的期末贷方余额填列;如“应交税费”科目期末为借方余额,应以“－”号填列。

(8)“其他应付款”项目

应根据“应付利息”“应付股利”和“其他应付款”科目的期末余额合计数填列。

(9)“持有待售负债”项目

反映企业资产负债表日处置组中与划分为持有待售类别的资产直接相关的负债的期末账面价值。本项目应根据“持有待售负债”科目的期末余额填列。

(10)“一年内到期的非流动负债”项目

反映企业各种非流动负债在一年之内到期的金额,包括一年内到期的长期借款、长期应付款和应付债券。本项目应根据有关科目的期末余额填列。

(11)“其他流动负债”项目

反映企业除上述流动负债以外的其他流动负债。本项目应根据有关科目的期末余额填列。

(12)“长期借款”项目

反映企业向银行或其他金融机构借入的期限在一年以上(不含一年)的各项借款。本项目应根据“长期借款”科目的期末余额扣除“长期借款”科目所属明细科目中将自资产负债表日起一年内到期且企业不能自主地将清偿义务展期的长期借款后的金额计算填列。

【例题 9】 2018 年 12 月 31 日,甲公司“长期借款”科目余额为 155 万元,其中自 A 银行借入的 50 万元将于一年内到期,甲公司不具有自主展期清偿的权利,则甲公司 2018 年 12 月 31 日,资产负债表中“长期借款”项目“期末余额”的列报金额为:155－50＝105(万元),“一年内到期的非流动负债”项目“期末余额”的列报金额为 50 万元。

(13)“应付债券”项目

反映企业为筹集长期资金而发行的债券本金(和利息)。本项目应根据“应付债券”科目的期末余额填列。

(14)“长期应付款”项目

反映资产负债表日企业除长期借款和应付债券以外的其他各种长期应付款项的期末账面价值。该项目应当根据“长期应付款”科目的期末余额,减去相关的“未确认融资费用”科目的期末余额后的金额,以及“专项应付款”科目的期末余额填列。

(15)“预计负债”项目

反映企业根据或有事项等相关准则确认的各项预计负债，包括对外提供担保、未决诉讼、产品质量保证、重组义务以及固定资产和矿区权益弃置义务等产生的预计负债。本项目应根据“预计负债”科目的明细科目期末余额分析填列。

(16)“递延收益”项目

反映尚待确认的收入或收益，反映企业根据政府补助准则确认的应在以后期间计入当期损益的政府补助金额、售后租回形成融资租赁的售价与资产账面价值差额等其他递延性收入。本项目应根据“递延收益”科目的期末余额填列。

(17)“递延所得税负债”项目

反映企业根据应纳税暂时性差异确认的递延所得税负债。本项目应根据“递延所得税负债”账户的期末余额填列。

(18)“其他非流动负债”项目

反映企业除以上长期负债项目以外的其他长期负债。本项目应根据有关账户的期末余额减去一年内到期部分的金额填列。将一年内(含一年)到期的非流动负债，在“一年内到期的非流动负债”项目单独反映。

3. 所有者权益(或股东权益)项目的填列说明

(1)“实收资本(或股本)”项目

反映企业各投资者实际投入的资本(或股本)总额。本项目应根据“实收资本(或股本)”科目的期末余额填列。

【例题 10】 甲公司是由M公司于2000年1月1日注册成立的有限责任公司，注册资本为人民币5 000万元，M公司以货币资金人民币5 000万元出资，占注册资本的100%，持有甲公司100%的权益。上述资本已于2000年1月1日经相关会计师事务所出具的验资报告验证。该资本投入自2000年以来至2018年末从未发生过变动，则2018年12月31日，甲公司资产负债表中“实收资本”项目“期末余额”的列报金额为：5 000万元。

(2)“其他权益工具”项目

反映企业发行的除普通股以外的归类为权益工具的各种金融工具。本项目应根据“其他权益工具”科目的期末余额填列。

(3)“资本公积”项目

反映企业收到投资者出资超出其在注册资本或股本中所占的份额以及直接计入所有者权益的利得和损失等。本项目应根据“资本公积”账户的期末余额填列，其中“库存股”按“库存股”账户余额填列。

(4)“其他综合收益”项目

反映企业其他综合收益的期末余额。本项目应根据“其他综合收益”账户的期末余额填列。

(5)“盈余公积”项目

反映企业盈余公积的期末余额。本项目应根据“盈余公积”账户的期末余额填列。

(6)“未分配利润”项目

反映企业尚未分配的利润。本项目应根据“利润分配”科目中所属的“未分配利润”明细科目的期末余额填列。若为借方余额，即未弥补的亏损，在本项目内以“－”号填列。

资产负债表的填列方法归纳如表2－1－1－2所示。

表 2—1—1—2　　　资产负债表的填列方法

填列依据	填列方法	
(1)直接根据总账科目余额填列	递延所得税资产、短期借款、应付职工薪酬、应交税费、递延所得税负债、预计负债、实收资本、资本公积、盈余公积等	
(2)根据几个总账科目余额计算填列	货币资金	根据“库存现金”“银行存款”“其他货币资金”科目余额的合计数填列
(3)根据有关明细科目余额计算填列	应收票据及应收账款	根据“应收票据”期末余额、“应收账款”和“预收账款”账户所属各明细账户的期末借方余额之和减对应收账款计提的“坏账准备”后的净额填列
	预收账款	根据“应收账款”和“预收账款”账户所属各明细账户的期末贷方余额之和填列
	应付票据及应付账款	根据“应付票据”期末贷方余额、“应付账款”和“预付账款”账户所属各明细账户的期末贷方余额之和填列
	预付账款	根据“应付账款”和“预付账款”账户所属各明细账户的期末借方余额之和减对预付账款计提的“坏账准备”后的净额填列
(4)根据总账科目和明细科目余额分析计算填列	长期借款	根据“长期借款”总账科目余额扣除“长期借款”所属明细科目中将在一年内到期部分的金额填列。
	其他	长期应收款、长期待摊费用、长期应付款、应付债券
(5)根据总账科目与其备抵科目抵销后的净额填列	存货	根据“在途物资(材料采购)”“原材料”“库存商品”“周转材料”“委托加工物资”“生产成本”和“劳务成本”等账户的期末余额合计,减去“存货跌价准备”账户期末余额后的金额填列。材料采用计划成本核算以及库存商品采用计划成本或售价核算的企业,应按加或减材料成本差异、减商品进销差价后的金额填列
	固定资产	根据“固定资产”账户期末余额,减去“累计折旧”和“固定资产减值准备”账户期末余额后的金额填列
	无形资产	根据“无形资产”账户期末余额,减去“累计摊销”和“无形资产减值准备”账户的期末余额填列
	其他	其他应收款、可供出售金融资产、持有至到期投资、投资性房地产、长期股权投资、在建工程、商誉等

相关提示 1

“长期待摊费用”项目需要根据“长期待摊费用”总账科目余额扣除将在一年内摊销完毕的长期待摊费用后的金额计算填列。

相关提示 2

关于“未分配利润”项目,如果是在年末,应该根据“利润分配——未分配利润”科目余额填列;如果是在非年末,则要根据“利润分配——未分配利润”和“本年利润”科目余额计算填列。

相关提示 3

在学习本部分内容时，应特别关注存货、应收票据及应收账款、固定资产、预收账款、应交税费、一年内到期的非流动负债、未分配利润等的填列。

【随堂训练 1·计算题】 某企业长期借款情况如表 2—1—1—3 所示。

表 2—1—1—3　　长期借款情况分析表

借款起始日期	借款期限(年)	金额(元)
2018 年 1 月 1 日	3	1 000 000
2016 年 1 月 1 日	5	2 000 000
2015 年 6 月 1 日	4	1 500 000

要求：计算该企业 2018 年 12 月 31 日资产负债表中“长期借款”项目金额。

【随堂训练 2·计算题】 某企业 2018 年 12 月 31 日结账后的“固定资产”科目余额 2 000 万元，“累计折旧”科目余额 550 万元，“固定资产减值准备”科目余额 50 万元，则资产负债表中“固定资产”项目的列示金额应为多少万元？

扫码看资源

【随堂训练 3·计算题】 某企业采用计划成本核算材料，2018 年 12 月 31 日结账后有关科目余额为：“材料采购”科目余额为 140 000 元(借方)，“原材料”科目余额为 2 400 000 元(借方)，“周转材料”科目余额为 1 800 000 元(借方)，“库存商品”科目余额为 1 600 000 元(借方)，“生产成本”科目余额为 600 000 元(借方)，“材料成本差异”科目余额为 120 000 元(贷方)，“存货跌价准备”科目余额为 210 000 元(贷方)。

要求：计算该企业 2018 年 12 月 31 日资产负债表中的“存货”项目金额。

扫码看资源

单元二　利润表的编制

一、利润表概述和结构

扫码看资源

利润表是指反映企业在一定会计期间的经营成果的报表。通过利润表，可以反映企业在一定会计期间收入、费用、利润（或亏损）的金额和构成情况，帮助财务报表使用者全面了解企业的经营成果，分析企业的获利能力及盈利增长趋势，从而为其做出经济决策提供依据。

利润表的结构有单步式和多步式两种。我国企业的利润表采用多步式格式，即通过对当期的收入、费用、支出项目按性质加以归类，分步计算当期净损益，以便于财务报表使用者理解企业经营成果的不同来源。

利润表一般由表头、表体两部分组成。表头部分应列明报表名称、编制单位名称、编制日期、报表编号的计量单位。表体部分是利润表的主体，列示了形成经营成果的各个项目和计算过程。

我国利润表的格式如表2—2—1—1所示。

表2—2—1—1　　　　利润表　　　　会企02表

编制单位：　　　　年　　月　　日　　　　单位：元

项　　目	本期金额	上期金额
一、营业收入		
减：营业成本		
税金及附加		
销售费用		
管理费用		
研发费用		
财务费用		
其中：利息费用		
利息收入		
资产减值损失		
信用减值损失		

续表

项　　目	本期金额	上期金额
加:其他收益		
投资收益(损失以"－"号填列)		
其中:对联营企业和合营企业的投资收益		
公允价值变动损益(损失以"－"号填列)		
资产处置收益(损失以"－"号填列)		
二、营业利润(亏损以"－"号填列)		
加:营业外收入		
减:营业外支出		
三、利润总额(亏损总额以"－"号填列)		
减:所得税费用		
四、净利润(净亏损以"－"号填列)		
(一)持续经营净利润(净亏损以"－"号填列)		
(二)终止经营净利润(净亏损以"－"号填列)		
五、其他综合收益的税后净额		
(一)不能重分类进损益的其他综合收益		
1. 重新计量设定受益计划变动额		
2. 权益法下不能转损益的其他综合收益		
……		
(二)将重分类进损益的其他综合收益		
1. 权益法下可转损益的其他综合收益		
2. 可供出售金融资产公允价值变动损益		
3. 持有至到期投资重分类为可供出售金融资产损益		
4. 现金流量套期损益的有效部分		
5. 外币财务报表折算差额		
……		
六、综合收益总额		
七、每股收益		
(一)基本每股收益		
(二)稀释每股收益		

二、利润表的编制及实例

（一）利润表项目的填列方法

我国企业利润表的主要编制步骤和内容如下：

第一步，以营业收入为基础，计算营业利润。

营业利润＝营业收入－营业成本－税金及附加－销售费用－管理费用－财务费用－资产减值损失－信用减值损失＋公允价值变动收益（－公允价值变动损失）＋投资收益（－投资损失）＋其他收益＋资产处置收益（－资产处置损失）

扫码看资源

第二步，以营业利润为基础，计算利润总额。

利润总额＝营业利润＋营业外收入－营业外支出

第三步，以利润总额为基础，计算净利润。

净利润＝利润总额－所得税费用

利润表项目的填列方法：

利润表各项目均需填列“本期金额”和“上期金额”两栏。其中“上期金额”栏内各项数字，应根据上年该期利润表的“本期金额”栏内所列数字填列。“本期金额”栏内各期数字，除“基本每股收益”和“稀释每股收益”项目外，应当按相关科目的发生额分析填列，如“营业收入”项目，根据“主营业务收入”“其他业务收入”科目的发生额分析计算填列；“营业成本”项目，根据“主营业务成本”“其他业务成本”科目的发生额计算分析填列。

（二）利润表项目的填列说明

1.“营业收入”项目

反映企业经营主要业务和其他业务所确认的收入总额。本项目应根据“主营业务收入”和“其他业务收入”科目的发生额分析填列。

2.“营业成本”项目

反映企业经营主要业务和其他业务所发生的成本总额。本项目应根据“主营业务成本”和“其他业务成本”科目的发生额分析填列。

3.“税金及附加”项目

反映企业经营业务应负担的消费税、城市维护建设税、资源税、土地增值税和教育费附加等。本项目应根据“税金及附加”科目的发生额分析填列。

4.“销售费用”项目

反映企业在销售商品过程中发生的包装费、广告费等费用和为销售本企业商品而专设的销售机构的职工薪酬、业务费等经营费用。本项目应根据“销售费用”科目的发生额分析填列。

5.“管理费用”项目

反映企业为组织和管理生产经营发生的管理费用。本项目应根据“管理费用”科目的相关明细科目的发生额分析填列。

6.“研发费用”项目

反映企业进行研究与开发过程中发生的费用化支出。本项目应根据“管理费用”科目下的“研发费用”明细科目的发生额分析填列。

7.“财务费用”项目

反映企业为筹集生产经营所需资金等而发生的筹资费用。本项目应根据“财务费用”科目的发生额分析填列。其中,“利息费用”项目,反映企业为筹集生产经营所需资金等而发生的应予费用化的利息支出;“利息收入”项目,反映企业确认的利息收入,应根据“财务费用”科目的相关明细科目的发生额分析填列。

8.“资产减值损失”项目

反映企业各项资产发生的减值损失。本项目应根据“资产减值损失”科目的发生额分析填列。

9.“信用减值损失”项目

反映企业计提的各项金融工具减值准备所形成的预期信用损失。本项目应根据“信用减值损失”科目的发生额分析填列。

10.“其他收益”项目

反映企业收到的与企业日常活动相关的计入其他收益的政府补助。本项目应根据“其他收益”科目的发生额分析填列。

11.“投资收益”项目

反映企业以各种方式对外投资所取得的收益。本项目应根据“投资收益”科目的发生额分析填列。如为投资损失,本项目以“—”号填列。

12.“公允价值变动收益”项目

反映企业应当计入当期损益的资产或负债公允价值变动收益。本项目应根据“公允价值变动损益”科目的发生额分析填列。如为净损失,本项目以“—”号填列。

13.“资产处置收益”项目

反映企业出售划分为持有待售的非流动资产(金融工具、长期股权投资和投资性房地产除外)或处置组(子公司和业务除外)时确认的利得或损失,以及处置未划分为持有待售的固定资产、在建工程、生产性生物资产及无形资产而产生的处置利得或损失。债务重组中因处置非流动资产产生的利得或损失和非货币性资产交换产生的利得或损失,也包括在本项目内。本项目应根据在损益类科目新设置的“资产处置损益”科目的发生额分析填列。如为处置损失,本项目以“—”号填列。

14.“营业利润”项目

反映企业实现的营业利润。如为亏损,本项目以“—”号填列。

15.“营业外收入”项目

反映企业发生的除营业利润以外的收益,主要包括债务重组利得、与企业日常活动无关的政府补助、盘盈利得、捐赠利得(企业接受股东或股东的子公司直接或间接的捐赠,经济实质属于股东对企业的资本性投入的除外)等。本项目应根据“营业外收入”科目的发生额分析填列。

16.“营业外支出”项目

反映企业发生的除营业利润以外的支出，主要包括债务重组损失、公益性捐赠支出、非常损失、盘亏损失、非流动资产毁损报废损失等。本项目应根据“营业外支出”科目的发生额分析填列。

17.“利润总额”项目

反映企业实现的利润。如为亏损，本项目以“－”号填列。

18.“所得税费用”项目

反映企业应从当期利润总额中扣除的所得税费用。本项目应根据“所得税费用”科目的发生额分析填列。

19.“净利润”项目

反映企业实现的净利润。如为亏损，本项目以“－”号填列。

20.“其他综合收益的税后净额”项目

包括以后会计期间不能重分类进损益的其他综合收益项目和以后会计期间在满足规定条件时将重分类进损益的其他综合收益项目两类，反映企业根据企业会计准则规定未在损益中确认的各项利得和损失扣除所得税影响后的净额。本项目应根据“其他综合收益”科目及其所属明细科目的发生额分析填列。

21.“综合收益总额”项目

反映企业净利润与其他综合收益（税后净额）的合计金额。本项目应根据本表中相关项目计算填列。

22.“每股收益”项目

包括基本每股收益和稀释每股收益两项指标，反映普通股或潜在普通股已公开交易的企业，以及正处在公开发行普通股或潜在普通股过程中的企业的每股收益信息。

相关知识链接

可能以“－”号填列的项目有：公允价值变动损益、投资收益、资产处置收益、营业利润、利润总额、净利润。

（三）利润表的编制实例

【例题1】 华新公司为增值税一般纳税企业，销售的产品为应纳增值税产品，增值税税率为16%，产品销售价格中不含增值税额。产品销售成本按经济业务逐笔结转。所得税税率为25%。华新公司2018年发生如下经济业务：

扫码看资源

（1）向B公司赊销甲产品一批，销售价格535 000元，产品成本305 000元。产品已经发出，并开出增值税专用发票，已向银行办妥托收手续。

(2)根据债务人的财务状况,对应收账款计提20 000元坏账准备。

(3)采用预收款方式销售商品,当年收到第一笔款项10 000元,已存入银行。

(4)收到B公司甲产品退货。该退货系华新公司2017年售出,售出时售价共计2 000元,增值税税率为16%,成本1 750元,该货款当时已如数收存银行。华新公司用银行存款支付退货款项,退回的甲产品已验收入库,并按规定开出红字增值税专用发票(假定不属于日后调整事项)。

(5)年末公司持有的交易性金融资产账面价值为40 000元,公允价值为41 000元。

(6)计提已完工工程项目的长期借款利息3 000元(一次还本、分期付息);用银行存款支付发生的管理费用5 000元,销售费用2 000元。

(7)销售产品应交城市维护建设税1 400元,应交教育费附加600元。

(8)计算并确认应交所得税(不考虑纳税调整事项)。

要求:

(1)编制华新公司有关经济业务的会计分录(除"应交税费"科目外,其余科目可不写明细科目)。

(2)编制华新公司2018年度的利润表。

解析

(1)编制会计分录

①向B公司销售甲产品并结转销售成本时:

借:应收账款	620 600	
贷:主营业务收入		535 000
应交税费——应交增值税(销项税额)		85 600
借:主营业务成本	305 000	
贷:库存商品		305 000
②借:资产减值损失	20 000	
贷:坏账准备		20 000
③借:银行存款	10 000	
贷:预收账款		10 000

④销售退回时:

借:主营业务收入	2 000	
应交税费——应交增值税(销项税额)	320	
贷:银行存款		2 320
借:库存商品	1 750	
贷:主营业务成本		1 750
⑤借:交易性金融资产——公允价值变动	1 000	
贷:公允价值变动损益		1 000

⑥计提借款利息和支付费用时:

借:财务费用	3 000	
贷:应付利息		3 000
借:管理费用	5 000	

销售费用　　2 000

贷:银行存款　　7 000

⑦计提相关税金及附加时:

借:税金及附加　　2 000

贷:应交税费——应交城市维护建设税　　1 400

——应交教育费附加　　600

⑧ 应纳税所得额＝(535 000－2 000)－(305 000－1 750)－2 000－2 000－5 000－3 000－20 000＋1 000＝198 750(元)

应交所得税＝198 750×25%＝49 687.5(元)

借:所得税费用　　49 687.50

贷:应交税费——应交所得税　　49 687.50

(2)编制利润表

表 2—2—1—2　　**利润表**　　会企 02 表

编制单位:华新公司　　2018 年度　　单位:元

项　　目	本期金额	上期金额
一、营业收入	533 000	
减:营业成本	303 250	
税金及附加	2 000	
销售费用	2 000	
管理费用	5 000	
研发费用		
财务费用	3 000	
其中:利息费用		
利息收入		
资产减值损失	20 000	
信用减值损失		
加:其他收益		
投资收益(损失以"—"号填列)	0	
其中:对联营企业和合营企业的投资收益	—	
公允价值变动损益(损失以"—"号填列)	1 000	
资产处置收益(损失以"—"号填列)		
二、营业利润(亏损以"—"号填列)	198 750	
加:营业外收入	—	
减:营业外支出	—	
三、利润总额(亏损总额以"—"号填列)	198 750	

续表

项目	本期金额	上期金额
减：所得税费用	49 687.5	
四、净利润(净亏损以"—"号填列)	149 062.5	
(一)持续经营净利润(净亏损以"—"号填列)		
(二)终止经营净利润(净亏损以"—"号填列)		
五、其他综合收益的税后净额		
(一)不能重分类进损益的其他综合收益		
1. 重新计量设定受益计划变动额		
2. 权益法下不能转损益的其他综合收益		
……		
(二)将重分类进损益的其他综合收益		
1. 权益法下可转损益的其他综合收益		
2. 可供出售金融资产公允价值变动损益		
3. 持有至到期投资重分类为可供出售金融资产损益		
4. 现金流量套期损益的有效部分		
5. 外币财务报表折算差额		
……		
六、综合收益总额		
七、每股收益		
(一)基本每股收益		
(二)稀释每股收益		

【随堂训练1·单选题】 下列各项中，不应在利润表"营业收入"项目列示的是(　　)。

A. 政府补助收入　　B. 设备安装劳务收入

C. 代修品销售收入　　D. 固定资产出租收入

扫码看资源

【随堂训练2·多选题】 下列各项中，应列入利润表"资产减值损失"项目的有(　　)。

A. 原材料盘亏损失　　B. 固定资产减值损失

C. 应收账款减值损失　　D. 无形资产处置净损失

【随堂训练3·多选题】 下列各项中，应列入利润表"营业成本"项目的有(　　)。

A. 销售材料成本　　B. 无形资产处置净损失

C. 固定资产盘亏净损失　　D. 经营出租固定资产折旧费

扫码看资源

单元三　现金流量表的编制

一、现金流量表概述

扫码看资源

现金流量表是反映企业在一定会计期间现金和现金等价物流入和流出的报表。

企业现金流量可以分为经营活动产生的现金流量、投资活动产生的现金流量和筹资活动产生的现金流量。

现金是指企业库存现金以及可以随时用于支付的存款，包括库存现金、银行存款和其他货币资金等。不能随时用于支付的存款不属于现金。

现金等价物，是指企业持有的期限短、流动性强、易于转换为已知金额现金、价值变动风险很小的投资。期限短，一般是指从购买日起三个月内到期。现金等价物通常包括三个月内到期的债券投资等。权益性投资变现的金额通常不确定，因而不属于现金等价物。企业应当根据具体情况，确定现金等价物的范围，一经确定，不得随意变更。

企业产生的现金流量分为三类：

（一）经营活动产生的现金流量

经营活动，是指企业投资活动和筹资活动以外的所有交易和事项。经营活动产生的现金流量主要包括销售商品或提供劳务、购买商品、接受劳务、支付工资和缴纳税款等流入、流出的现金和现金等价物。

（二）投资活动产生的现金流量

投资活动，是指企业长期资产的购建和不包括在现金等价物范围内的投资及其处置活动。投资活动产生的现金流量主要包括购建固定资产、处置子公司及其他营业单位等流入、流出的现金和现金等价物。

（三）筹资活动产生的现金流量

筹资活动，是指导致企业资本及债务规模和构成发生变化的活动。筹资活动产生的现金流量主要包括吸收投资、发行股票、分配利润、发行债券、偿还债务等流入、流出的现金和现金等价物。偿付应付账款、应付票据等商业应付款等属于经营活动，不属于筹资活动。

二、现金流量表的结构

现金流量表采用报告式结构，分类反映经营活动产生的现金流量、投资活动产生的现金流量和筹资活动产生的现金流量，最后汇总反映企业某一期间现金及现金等价物净增加额。

我国企业现金流量表的格式如表2—3—1—1所示。

表2—3—1—1　**现金流量表**　会企03表

编制单位：　年　月　单位：元

项　目	本期金额	上期金额
一、经营活动产生的现金流量		
销售商品、提供劳务收到的现金		
收到的税费返还		
收到其他与经营活动有关的现金		
经营活动现金流入小计		
购买商品、接受劳务支付的现金		
支付给职工以及为职工支付的现金		
支付的各项税费		
支付的其他与经营活动有关的现金		
经营活动现金流出小计		
经营活动产生的现金流量净额		
二、投资活动产生的现金流量		
收回投资所收到的现金		
取得投资收益收到的现金		
处置固定资产、无形资产和其他长期资产收回的现金净额		
处置子公司及其他营业单位收到的现金净额		
收到其他与投资活动有关的现金		
投资活动现金流入小计		
购建固定资产、无形资产和其他长期资产支付的现金		
投资支付的现金		
取得子公司及其他营业单位支付的现金净额		
支付其他与投资活动有关的现金		
投资活动现金流出小计		
投资活动产生的现金流量净额		
三、筹资活动产生的现金流量		
吸收投资收到的现金		
取得借款收到的现金		
收到其他与筹资活动有关的现金		
筹资活动现金流入小计		
偿还债务支付的现金		
分配股利、利润或偿付利息支付的现金		
支付其他与筹资活动有关的现金		

续表

项　　目	本期金额	上期金额
筹资活动现金流出小计		
筹资活动产生的现金流量净额		
四、汇率变动对现金及现金等价物的影响		
五、现金及现金等价物净增加额		
加:期初现金及现金等价物余额		
六、期末现金及现金等价物余额		

三、现金流量表的编制

企业应当采用直接法列示经营活动现金流量。在具体编制时,可以采用工作底稿法或T形账户法,也可以根据有关科目记录分析填列。

现金流量表主要项目说明:

1. 经营活动产生的现金流量

(1)"销售商品、提供劳务收到的现金"项目,反映企业本年销售商品、提供劳务收到的现金,以及前期销售商品、提供劳务本期收到的现金(包括应向购买者收取的增值税销项税额)和本期预收的款项,减去本年销售本期退回商品和前期销售本期退回商品支付的现金。企业销售材料和代购代销业务收到的现金,也在本项目反映。

公式:

销售商品、提供劳务收到的现金＝当期销售商品、提供劳务收到的现金＋当期收回前期的应收账款和应收票据＋当期预收的款项－当期销售退回支付的现金＋当期收回前期核销的坏账损失

相关知识链接 1

> 销售商品、提供劳务收到的现金＝销售商品、提供劳务产生的"收入和增值税销项税额"＋应收账款本期减少额(期初余额－期末余额)＋应收票据本期减少额(期初余额－期末余额)＋预收款项本期增加额(期末余额－期初余额)±特殊调整业务

【例题 1】 甲公司 2018 年实现营业收入为 1 000 万元,其中,现销收入 550 万元,赊销收入 450 万元;当年收回以前年度赊销的收入 380 万元,当年预收货款 120 万元,预付货款 30 万元;当年因销售退回支付的现金 20 万元,当年购货退出收到的现金 40 万元。则甲公司当年销售商品、提供劳务收到的现金为多少万元?

解析 销售商品、提供劳务收到的现金＝550＋380＋120－20＝1 030(万元)

(2)"收到的税费返还"项目,反映企业收到返还的所得税、增值税、消费税、关税和教育费附加等各种税费返还款。

(3)"收到其他与经营活动有关的现金"项目,反映企业经营租赁收到的租金等其他与经

营活动有关的现金流入，金额较大的应当单独列示。

(4)“购买商品、接受劳务支付的现金”项目，反映企业本期购买商品、接受劳务实际支付的现金(包括增值税进项税额)，以及本期支付前期购买商品、接受劳务的未付款项和本期预付款项，减去本期发生的购货退回收到的现金。企业购买材料和代购代销业务支付的现金，也在本项目反映。

公式：

购买商品、接受劳务支付的现金 = 当期购买商品、接受劳务支付的现金 + 当期支付前期的应付账款和应付票据 + 当期预付的款项 − 当期因购货退回收到的现金

(5)“支付给职工以及为职工支付的现金”项目，反映企业实际支付给职工的工资、资金、各种津贴和补贴等职工薪酬(包括代扣代缴的职工个人所得税)。

相关知识链接 2

第一，支付给在建工程人员的工资及其他费用，在“购建固定资产、无形资产和其他长期资产支付的现金”项目反映；第二，支付给离退休人员的各项费用，在“支付其他与经营活动有关的现金”项目反映。

(6)“支付的各项税费”项目，反映企业本年发生并支付、以前各年发生本年支付以及预交的各项税费，包括所得税、增值税、消费税、印花税、房产税、土地增值税、车船税、教育费附加等。

(7)“支付的其他与经营活动有关的现金”项目，反映企业经营租赁支付的租金、支付的差旅费、业务招待费、保险费、罚款支出等其他与经营活动有关的现金流出，金额较大的应当单独列示。

2. 投资活动产生的现金流量

(1)“收回投资所收到的现金”项目，反映企业出售、转让或到期收回除现金等价物以外的对其他企业长期股权投资而收到的现金，但处置子公司及其他营业单位收到的现金净额除外。

(2)“取得投资收益收到的现金”项目，反映企业除现金等价物以外的对其他企业的长期股权投资等分回的现金股利和利息等。

(3)“处置固定资产、无形资产和其他长期资产收回的现金净额”项目，反映企业出售、报废固定资产、无形资产和其他长期资产所取得的现金(包括因资产毁损而收到的保险赔偿收入)，减去为处置这些资产而支付的有关费用后的净额。

(4)“处置子公司及其他营业单位收到的现金净额”项目，反映企业处置子公司及其他营业单位所取得的现金，减去相关处置费用以及子公司及其他营业单位持有的现金和现金等价物后的净额。

(5)“购建固定资产、无形资产和其他长期资产支付的现金”项目，反映企业购买、建造固定资产、取得无形资产和其他长期资产所支付的现金含不允许抵扣的增值税款等，以及用现金支付的应由在建工程和无形资产负担的职工薪酬。

相关知识链接 3

为购建固定资产而发生的借款利息资本化部分，以及融资租入固定资产支付的租赁费，在筹资活动产生的现金流量中反映。

(6)“投资支付的现金”项目，反映企业取得除现金等价物以外的对其他企业的长期股权投资所支付的现金以及支付的佣金、手续费等附加费用，但取得子公司及其他营业单位支付的现金净额除外。

(7)“取得子公司及其他营业单位支付的现金净额”项目，反映企业购买子公司及其他营业单位购买出价中以现金支付的部分，减去子公司及其他营业单位持有的现金和现金等价物后的净额。

(8)“收到其他与投资活动有关的现金”“支付其他与投资活动有关的现金”项目，反映企业除上述(1)至(7)项目外收到或支付的其他与投资活动有关的现金，金额较大的应当单独列示。

3. 筹资活动产生的现金流量

(1)“吸收投资收到的现金”项目，反映企业以发行股票、债券等方式筹集资金实际收到的款项，减去直接支付的佣金、手续费、宣传费、咨询费、印刷费等发行费用后的净额。

(2)“取得借款收到的现金”项目，反映企业举借各种短期、长期借款而收到的现金。

(3)“偿还债务支付的现金”项目，反映企业为偿还债务本金而支付的现金。

相关知识链接 4

企业支付的借款利息和债券利息，在“分配股利、利润或偿付利息支付的现金”项目反映。

(4)“分配股利、利润或偿付利息支付的现金”项目，反映企业实际支付的现金股利、支付给其他投资单位的利润或用现金支付的借款利息、债券利息。

(5)“收到其他与筹资活动有关的现金”“支付其他与筹资活动有关的现金”项目，反映企业除上述(1)至(4)项目外收到或支付的其他与筹资活动有关的现金，金额较大的应当单独列示。

4.“汇率变动对现金及现金等价物的影响”项目

“汇率变动对现金及现金等价物的影响”项目，反映下列项目之间的差额：

(1)企业外币现金流量折算为记账本位币时，采用现金流量发生日的即期汇率或按照系统合理的方法确定的、与现金流量发生日即期汇率近似的汇率折算的金额(编制合并现金流量表时折算境外子公司的现金流量，应当比照处理)。

(2)企业外币现金及现金等价物净增加额按资产负债表日即期汇率折算的金额。

【例题 2】 某企业 2018 年有关资料如下：

(1)本年销售商品、提供劳务收到现金 2 000 万元，以前年度销售商品本年收到的现金 240 万元，本年预收款项 130 万元，本年销售本年退回商品支付现金 70 万元，本年收回企业 2016 年核销的坏账损失 25 万元。

(2)本年购买商品支付的现金 750 万元，本年支付以前年度购买商品的未付款项 85 万元和本年预付款项 78 万元，本年发生的购货退回收到的现金 50 万元。

扫码看资源

(3)企业本年支付的各种职工薪酬共计 300 万元，其中：生产经营人员的职工薪酬为 260 万元，在建工程人员的职工薪酬为 40 万元。

要求：计算下列现金流量表项目：

(1)销售商品、提供劳务收到的现金；

(2)购买商品、接受劳务支付的现金；

(3)支付给职工以及为职工支付的现金。

解析

(1)销售商品、提供劳务收到的现金 $= 2\,000 + 240 + 130 - 70 + 25 = 2\,325$(万元)；

(2)购买商品、接受劳务支付的现金 $= 750 + 85 + 78 - 50 = 863$(万元)；

(3)支付给职工以及为职工支付的现金 $= 300 - 40 = 260$(万元)。

扫码看资源

单元四　所有者权益变动表的编制

一、所有者权益变动表概述和作用

扫码看资源

所有者权益变动表是反映构成所有者权益各组成部分当期增减变动情况的报表。

通过所有者权益变动表，既可以为报表使用者提供所有者权益总量增减变动的信息，也能为其提供所有者权益增减变动的结构信息，特别是能够让报表的使用者理解所有者权益增减变动的根源。

二、所有者权益变动表的内容和结构

在所有者权益变动表上，企业至少应单独列示的项目包括：

①综合收益总额；

②会计政策变更和差错更正的累积影响金额；

③所有者投入资本和向所有者分配利润等；

④按照规定提取的盈余公积；

⑤实收资本（或股本）、资本公积、盈余公积、未分配利润的期初和期末余额及其调节情况。

为了清楚地表明构成所有者权益的各组成部分当期的增减变动情况，所有者权益变动表以矩阵的形式列示：一方面，列示导致所有者权益变动的交易或事项，从所有者权益变动的来源对一定时期所有者权益变动情况进行全面反映；另一方面，按照所有者权益各组成部分（包括实收资本、资本公积、其他综合收益、盈余公积、未分配利润和库存股）列示交易或事项对所有者权益的影响。此外，企业还需要提供比较所有者权益变动表，所有者权益变动表还就各项目再分为“本年金额”和“上年金额”两栏分别填列。

我国所有者权益变动表的的格式如表 2—4—1—1 所示。

表 2—4—1—1　　所有者权益变动表　　会企 04 表

编制单位：　　年度　　单位：元

项目	本年金额										上年金额									
	实收资本（或股本）	其他权益工具			资本公积	减：库存股	其他综合收益	盈余公积	未分配利润	所有者权益合计	实收资本（或股本）	其他权益工具			资本公积	减：库存股	其他综合收益	盈余公积	未分配利润	所有者权益合计
		优先股	永续股	其他								优先股	永续股	其他						
一、上年年末余额																				
加：会计政策变更																				
前期差错更正																				
其他																				
二、本年年初余额																				
三、本年增减变动金额（减少以“—”号填列）																				
（一）综合收益总额																				
（二）所有者投入和减少资本																				
1. 所有者投入的普通股																				
2. 其他权益工具持有者投入资本																				
3. 股份支付计入所有者权益的金额																				
4. 其他																				
（三）利润分配																				
1. 提取盈余公积																				
2. 对所有者（或股东）的分配																				
3. 其他																				
（四）所有者权益内部结转																				
1. 资本公积转增资本（或股本）																				
2. 盈余公积转增资本（或股本）																				
3. 盈余公积弥补亏损																				
4. 设定受益计划变动额结转留存收益																				
5. 其他																				
四、本年年末余额																				

三、所有者权益变动表的编制

（一）所有者权益变动表项目的填列方法

所有者权益变动表各项目均需填列“本年金额”和“上年金额”两栏。

所有者权益变动表“上年金额”栏内各项数字，应根据上年度所有者权益变动表“本年金额”栏内所列数字填写。上年度所有者权益变动表规定的各个项目的名称和内容同本年度不一致的，应当对上年度所有者权益变动表各项目的名称和数字按照本年度的规定进行调整，填入所有者权益变动表的“上年金额”栏内。

所有者权益变动表“本年金额”栏内各项数字，一般应根据“实收资本（或股本）”“其他权益工具”“资本公积”“库存股”“其他综合收益”“盈余公积”“利润分配”“以前年度损益调整”等科目及其明细科目的发生额分析填列。

企业的净利润及其分配情况作为所有者权益变动的组成部分，不需要单独编制利润分配表列示。

（二）所有者权益变动表主要项目说明

1.“上年年末余额”项目，反映企业上年资产负债表中实收资本（或股本）、其他权益工具、资本公积、库存股、其他综合收益、盈余公积、未分配利润的年末余额。

2.“会计政策变更”项目，反映企业采用追溯调整法处理的会计政策变更的累积影响金额。所谓追溯调整法，是指对某项交易或事项变更会计政策，视同该项交易或事项初次发生时即采用变更后的会计政策，并以此对财务报表相关项目进行调整的方法。

3.“前期差错更正”项目，反映企业采用追溯重述法处理的会计差错更正的累积影响金额。前期差错通常包括因计算错误、应用会计政策错误、疏忽或曲解事实以及舞弊等造成的对前期财务报表的省略或错报。所谓追溯重述法，是指在发现前期错误时，视同该项前期差错从未发生过，从而对财务报表相关项目进行更正的方法。

4.“本年增减变动金额”项目，包括：

(1)“综合收益总额”项目，反映净利润和其他综合收益扣除所得税影响后的净额相加后的合计金额。

(2)“所有者投入和减少资本”项目，反映企业当年所有者投入的资本和减少的资本。

①“所有者投入的普通股”项目，反映企业接受投资者投入形成的实收资本（或股本）和资本（或股本）溢价。

②“其他权益工具持有者投入资本”项目，反映企业接受其他权益工具持有者投入形成的实收资本（或股本）和资本（或股本）公积。

扫码看资源

③“股份支付计入所有者权益的金额”项目，反映企业处于等待期中的权益结算的股份支付当年计入资本公积的金额。

(3)“利润分配”项目，反映企业当年的利润分配金额，包括提取盈余公积、向所有者（或股东）的分配等。

(4)“所有者权益内部结转”项目，反映企业构成所有者权益的组成部分之间当年的增减变动情况。

扫码看资源

①“资本公积转增资本（或股本）”项目，反映企业当年以资本公积转增

资本（或股本）的金额。

②“盈余公积转增资本（或股本）”项目，反映企业当年以盈余公积转增资本（或股本）的金额。

③“盈余公积弥补亏损”项目，反映企业当年以盈余公积弥补亏损的金额。

④“设定受益计划变动额结转留存收益”项目，反映权益法下在被投资单位不能重分类进损益的其他综合收益中享有的份额。

单元五　附　注

一、附注概述和作用

附注是对资产负债表、利润表、现金流量表和所有者权益变动表等报表中列示项目的文字描述或明细资料，以及对未能在这项报表中列示项目的说明等。

扫码看资源

通过附注与资产负债表、利润表、现金流量表和所有者权益变动表列示项目的相互参照关系以及对未能在报表中列示项目的说明，可以使报表使用者全面了解企业的财务状况、经营成果和现金流量。

二、附注的主要内容

附注的主要内容包括：企业的基本情况，财务报表的编制基础，遵循企业会计准则的声明，重要会计政策和会计估计，会计政策和会计估计变更以及差错更正的说明，报表重要项目的说明，其他需要说明的重要事项。

（一）企业的基本情况

（1）企业注册地、组织形式和总部地址。

（2）企业的业务性质和主要经营活动，如企业所处的行业、所提供的主要产品或服务、客户的性质、销售策略、监管环境的性质等。

（3）母公司以及集团最终母公司的名称。

（4）财务报告的批准报出者和财务报告批准报出日。

（5）营业期限有限的企业，还应当披露有关营业期限的信息。

（二）财务报表的编制基础

编制基础是指财务报表在持续经营基础上还是非持续经营基础上编制的。企业一般是在持续经营基础上编制财务报表，清算、破产属于非持续经营基础。

（三）遵循企业会计准则的声明

企业应当声明编制的财务报表符合企业会计准则的要求，真实、完整地反映了企业的财务状况、经营成果和现金流量等有关信息。以此明确企业编制财务报表所依据的制度基础。

如果企业编制的财务报表只是部分的遵循了《企业会计准则》，附注中不得做出这种表述。

（四）重要会计政策和会计估计

根据《企业会计准则第 30 号——财务报表列报》的规定，企业应当披露采用的重要会计政策和会计估计，不重要的会计政策和会计估计可以不披露。

1. 重要会计政策的说明

由于企业经济业务的复杂性和多样化，某些经济业务可以有多种会计处理方法，即存在不止一种可供选择的会计政策。例如，存货的计价可以有先进先出法、月末一次加权平均法、个别计价法等；固定资产的折旧，可以有平均年限法、工作量法、双倍余额递减法、年数总额法等。企业在发生某项经济业务时，必须从允许的会计处理方法中选择适合本企业特点的会计政策。企业选择不同的会计处理方法，可能极大地影响企业的财务状况和经营成果，进而编制出不同的财务报表。为了有助于报表使用者理解，有必要对这些会计政策加以披露。

需要特别指出的是，说明会计政策时还需要披露下列两项内容：

(1)财务报表项目的计量基础。会计计量属性包括历史成本、重置成本、可变现净值、现值和公允价值，这直接显著影响报表使用者的分析，这项披露要求便于使用者了解企业财务报表中的项目是按何种计量基础予以计量的，如存货是按成本还是可变现净值计量等。

(2)会计政策的确定依据，主要是指企业在运用会计政策过程中所做的对报表中确认的项目金额最具影响的判断。例如，企业如何判断持有的金融资产是持有至到期的投资而不是交易性投资；又比如，对于拥有的持股不足50%的关联企业，企业为何判断企业拥有控制权因此将其纳入合并范围；再比如，企业如何判断与租赁资产相关的所有风险和报酬已转移给企业，从而符合融资租赁的标准；以及投资性房地产的判断标准是什么，等等，这些判断对在报表中确认的项目金额具有重要影响。因此，这项披露要求有助于使用者理解企业选择和运用会计政策的背景，增加财务报表的可理解性。

2. 重要会计估计的说明

《企业会计准则第30号——财务报表列报》强调了对会计估计不确定因素的披露要求，企业应当披露会计估计中所采用的关键假设和不确定因素的确定依据，这些关键假设和不确定因素在下一会计期间内很可能导致对资产、负债账面价值进行重大调整。

在确定报表中确认的资产和负债的账面金额过程中，企业有时需要对不确定的未来事项在资产负债表日对这些资产和负债的影响加以估计。例如，固定资产可收回金额的计算需要根据其公允价值减去处置费用后的净额与预计未来现金流量的现值两者之间的较高者确定，在计算资产预计未来现金流量的现值时需要对未来现金流量进行预测，并选择适当的折现率，应当在附注中披露未来现金流量预测所采用的假设及其依据，所选择的折现率为什么是合理的，等等；又如，为正在进行中的诉讼提取准备时最佳估计数的确定依据等。这些假设的变动对这些资产和负债项目金额的确定影响很大，有可能会在下一个会计年度内做出重大调整。因此，强调这一披露要求，有助于提高财务报表的可理解性。

(五)会计政策、会计估计变更和差错更正的说明

企业应当按照《企业会计准则第28号——会计政策、会计估计变更和差错更正》及其应用指南的规定，披露会计政策、会计估计变更和差错更正的有关情况。

扫码看资源

(六)报表重要项目的说明

企业应当以文字和数字描述相结合、尽可能以列表形式披露报表重要

项目的构成或当期增减变动情况，并且报表重要项目的明细金额合计，应当与报表项目金额相衔接。在披露顺序上，一般应当按照资产负债表、利润表、现金流量表、所有者权益变动表的顺序及其项目列示的顺序。

（七）其他需要说明的重要事项

主要包括或有和承诺事项、资产负债表日后非调整事项、关联方关系及其交易等，具体的披露要求须遵循相关准则的规定。

扫码看资源

第三部分　考证闯关实训和岗位实训操作题

为了巩固以上两部分理论知识的学习，同学们需要通过一定的实训加以理解和掌握。本部分围绕初级会计资格考试《初级会计实务》的考试题型、考试内容以及难易程度编写了大量习题，以帮助同学们考证顺利过关；同时，为了将来同学们走上工作岗位能够尽快地适应会计岗位工作，我们还按照实际工作中各会计岗位的核算内容编写了9个岗位的实训。相信通过两部分的实训，同学们能够取得满意的学习效果。

单元一　考证闯关实训

闯关一　资产的核算

一、单项选择题

1. 企业存放在银行的银行汇票存款，应通过(　　)科目进行核算。

A.“其他货币资金”　　B.“银行存款”

C.“应收票据”　　D.“库存现金”

2. 根据《现金管理暂行条例》规定，下列经济业务中，一般不应用现金支付的是(　　)。

A. 支付物资采购货款 1 200 元　　B. 支付零星办公用品购置费 850 元

C. 支付职工差旅费 2 000 元　　D. 支付职工奖金 8 000 元

3. 企业现金清查中，经检查仍无法查明原因的现金溢余，经批准后应计入(　　)。

A. 其他业务收入　　B. 营业外收入

C. 管理费用　　D. 营业外支出

4. 企业存放在银行的银行本票存款，应通过(　　)科目进行核算。

A.“其他货币资金”　　B.“银行存款”

C.“货币资金”　　D.“库存现金”

5. 下列项目中，不通过“其他货币资金”科目核算的是(　　)。

A. 银行汇票存款　　B. 银行本票存款

C. 信用卡存款　　D. 银行承兑汇票

6. 下列各项，会导致银行存款日记账余额高于对应日期银行对账单余额的是(　　)。

A. 企业已收款入账，银行尚未收款入账

B. 企业已付款入账，银行尚未付款入账

C. 银行已收款入账，企业尚未收款入账

D. 企业误将存款 5 920 元记录为 5 290 元，但银行未错

7. 企业在现金清查中，发现库存现金较账面余额溢余 200 元，在未查明原因前，应贷记的会计科目是(　　)。

A.“营业外支出”　　B.“待处理财产损溢”

C.“管理费用”　　D.“其他应收款”

8. A 企业通过对应收款项的风险进行分析，决定按应收款项余额的一定比例计提坏账准备。“坏账准备”科目的年初贷方余额为 4 000 元，“应收账款”和“其他应收款”科目的年

初借方余额分别为 30 000 元和 10 000 元。当年，不能收回的应收账款 2 000 元确认为坏账损失。“应收账款”和“其他应收款”科目的年末借方余额分别为 60 000 元和 10 000 元，假定该企业年末确定的坏账提取比例为 10%。该企业年末应提取的坏账准备为（　　）元。

A. 1 000　　B. 3 000

C. 5 000　　D. 7 000

9. 企业在连续提取坏账准备的情况下，“坏账准备”科目在期末结账前如为贷方余额，其反映的内容是（　　）。

A. 企业已提取但尚未转销的坏账准备数额

B. 本年提取的坏账准备

C. 已经发生的坏账损失

D. 上年末坏账准备的余额小于本年确认的坏账损失部分

10. 预付货款不多的企业，可以将预付的货款直接记入（　　）的借方，而不单独设置“预付账款”账户。

A. “应收账款”账户　　B. “其他应收款”账户

C. “应付账款”账户　　D. “应收票据”账户

11. 某企业在 2018 年 10 月 8 日销售商品 150 件，该商品单价为 200 元，增值税税率为 16%，该企业给购货方 5%的商业折扣，购货方尚未支付货款，则该企业应收账款的入账价值是（　　）元。

A. 28 500　　B. 27 400

C. 33 060　　D. 34 800

12. 甲公司为增值税一般纳税人，适用的增值税税率为 16%，2018 年 8 月 1 日甲公司向乙公司销售一批商品，不含税价为 200 000 元，因属于批量销售，甲公司同意给乙公司 10%的商业折扣；同时为了鼓励乙公司及早还款，甲公司规定的现金折扣条件是（按含增值税的售价计算）为：2/10、1/20、n/30。假定甲公司 2018 年 8 月 15 日收到该笔销售价款（含增值税），则实际收到的价款为（　　）元。

A. 208 800　　B. 229 320

C. 206 712　　D. 232 000

13. 甲公司 2018 年 6 月 6 日销售产品一批，货款为 2 000 万元，增值税税率为 16%，该公司为增值税一般纳税人。销售当日甲公司收到购货方寄来一张 3 个月到期不带息商业承兑汇票，则甲公司应收票据的入账金额是（　　）万元。

A. 2 064　　B. 1 680

C. 2 320　　D. 2 000

14. 某企业根据对应收款项收回风险的估计，决定对应收账款和其他应收款按其余额的 5%计提坏账准备，对应收票据不计提坏账准备。2018 年 12 月 1 日，“坏账准备”科目贷方余额为 30 000 元。2018 年 12 月 31 日，“应收账款”科目借方余额为 700 000 元，“应收票据”科目借方余额为 200 000 元，“其他应收款”科目借方余额为 100 000 元。该企业 2018 年 12 月 31 日应补提的坏账准备是（　　）元。

A. 10 000　　B. 65 000

C. 70 000　　D. 80 000

15. 企业购入交易性金融资产，支付的价款为100万元，其中包含已到期尚未领取的利息5万元，另支付交易费用3万元。该项交易性金融资产的入账价值为（ ）万元。

A. 92　　B. 95

C. 100　　D. 105

16. A公司2018年12月10日购入B公司15万股股票作为交易性金融资产，每股价格为6元。2018年12月31日该股票为每股7元，2019年3月1日B公司宣告发放现金股利，3月15日收到B公司分派的现金股利3万元。2019年6月30日该股票的市价为每股6.5元，则A公司至2019年6月30日累计确认的投资收益为（ ）万元。

A. 10.5　　B. 7.5

C. 3　　D. 0

17. 2018年1月1日，某企业以410万元从证券公司购入甲公司当日发行的债券作为交易性金融资产，另支付相关税费1.5万元；该债券票面金额为400万元，每半年付息一次，年利率为4%；7月1日，企业收到利息8万元；8月20日，企业以405万元的价格出售该投资。假定不考虑其他相关税费，该企业出售该投资确认的投资收益为（ ）万元。

A. －14.5　　B. －13

C. 1.5　　D. －5

18. 某工业企业为增值税小规模纳税人，2018年10月9日购入材料一批，取得的增值税专用发票上注明的不含税价款为21 200元，增值税额为3 392元。该企业适用的增值税税率为3%，材料入库前的挑选整理费为200元，材料已验收入库。则该企业取得的材料的入账价值应为（ ）元。

A. 20 200　　B. 21 400

C. 23 804　　D. 24 792

19. 下列各项支出中，一般纳税企业不计入存货采购成本的是（ ）。

A. 购入存货时发生的增值税进项税额　　B. 入库前的挑选整理费

C. 购买存货而发生的运杂费　　D. 购买存货而支付的进口关税

20. 某企业为小规模纳税人。该企业购入甲材料600千克，每千克含税单价为50元，发生运杂费2 000元，运输途中发生合理损耗10千克，入库前发生挑选整理费用450元。该批甲材料的单位实际成本为（ ）元。

A. 50　　B. 54

C. 55　　D. 56

21. 企业在材料收入的核算中，需在月末暂估入账并于下月初红字冲回的是（ ）。

A. 月末购货发票账单未到，但已入库的材料

B. 月末购货发票账单已到，货款已付但未入库的材料

C. 月末购货发票账单已到，货款已付且已入库的材料

D. 月末购货发票账单已到，货款未付但已入库的材料

22. 某企业原材料按实际成本进行日常核算。2018年3月1日结存甲材料150千克，每千克实际成本为20元；3月15日购入甲材料140千克，每千克实际成本为25元；3月31日发出甲材料200千克。如按先进先出法计算3月份发出甲材料的实际成本，则其金额应为（ ）元。

A. 4 000　　B. 5 000

C. 4 250　　D. 4 500

23. 某企业存货采用月末一次加权平均法核算，月初库存材料 30 件，每件为 2 000 元，月中又购进两批，一次 100 件，每件 1 900 元，另一次 50 件，每件 2 092 元，则月末该材料的加权平均单价为(　　)元。

A. 1 960　　B. 1 970

C. 1 980　　D. 1 182

24. 企业月初“原材料”账户借方余额 24 000 元，本月购入原材料的计划成本为 176 000 元，本月发出原材料的计划成本为 150 000 元，“材料成本差异”月初贷方余额 300 元，本月购入材料的超支差 4 300 元，则本月发出材料应负担的材料成本差异为(　　)元。

A. −3 000　　B. 3 000

C. −3 450　　D. 3 450

25. 某工业企业为增值税一般纳税人，2018 年 10 月 1 日购入乙材料 5 000 吨，收到增值税专用发票上注明的售价每吨为 1 200 元，增值税税额为 960 000 元。另发生运输费用 60 000 元(增值税抵扣率为 10%)，装卸费 20 000 元，途中保险费用为 18 000 元，原材料运达企业后，验收入库原材料为 4 996 吨，运输途中发生合理损耗 4 吨。该原材料的入账价值为(　　)元。

A. 6 078 000　　B. 6 098 000

C. 6 038 000　　D. 6 089 000

26. 某商场采用售价金额核算法对库存商品进行核算。本月月初库存商品进价成本总额 15 万元，售价总额 23 万元；本月购进商品进价成本总额 20 万元，售价总额 27 万元；本月销售商品售价总额 40 万元。假设不考虑相关税费，该商场本月销售商品的实际成本为(　　)万元。

A. 23　　B. 28

C. 35　　D. 12

27. 委托加工应税消费品(非金银首饰)收回后直接销售的，其由受托方代收代缴的消费税，借方应记入的会计科目是(　　)。

A. “管理费用”　　B. “应交税费——应交消费税”

C. “税金及附加”　　D. “委托加工物资”

28. 企业对随同商品出售且单独计价的包装物进行会计处理时，该包装物的实际成本应结转到的会计科目是(　　)。

A. “制造费用”　　B. “管理费用”

C. “销售费用”　　D. “其他业务成本”

29. 某商场采用毛利率法对商品的发出和结存进行日常核算。2018 年 10 月，甲类商品期初库存余额为 200 万元。该类商品本月购进为 600 万元，本月销售收入为 920 万元，本月销售折让为 20 万元；上月该类商品按扣除销售折让后计算的毛利率为 30%。假定不考虑相关税费，2018 年 10 月该类商品月末库存成本为(　　)万元。

A. 156　　B. 170

C. 524　　D. 530

30. 某工业企业采用计划成本进行原材料的核算。2018 年 1 月初结存原材料的计划成本为 100 000 元,材料成本差异为 2 000 元(节约)。本月购入原材料的计划成本为 200 000 元,材料成本差异为 8 000 元(超支)。本月发出材料的计划成本为 180 000 元,则本月结存材料的实际成本为(　　)元。

A. 183 600　　B. 122 400

C. 181 800　　D. 117 600

31. 某增值税一般纳税企业本期购入一批商品 100 千克,进货价格为 100 万元,增值税进项税额为 16 万元。所购商品到达后验收发现商品短缺 25%,其中合理损失 15%,另 10% 的短缺尚待查明原因。该批商品的单位成本为(　　)万元/千克。

A. 1　　B. 1.4

C. 1.2　　D. 1.29

32. 某一般纳税企业委托外单位加工一批应税消费品,材料成本 150 万元,加工费 12 万元,受托方增值税税率为 16%,受托方代扣代缴消费税 18 万元。该批材料加工后委托方直接出售,则该批材料加工完毕入库时的成本为(　　)万元。

A. 162　　B. 180

C. 181.92　　D. 168

33. 在物价持续下跌的情况下,下列各种存货计价方法中,能使企业计算出来的当期利润最小的计价方法是(　　)。

A. 月末一次加权平均法　　B. 移动加权平均法

C. 先进先出法　　D. 以上三种方法均可

34. 下列与原材料相关的损失项目中,应计入营业外支出的是(　　)。

A. 计量差错引起的原材料盘亏

B. 原材料盘亏损失中属于一般经营损失部分

C. 自然灾害造成的原材料损失

D. 原材料运输途中发生的合理损耗

35. 甲股份有限公司对期末存货采用成本与可变现净值孰低法计价。2018 年 12 月 31 日库存用于生产 A 产品的原材料的实际成本为 40 万元,预计进一步加工所需费用为 16 万元。预计 A 产品的销售费用及税金为 8 万元。该原材料加工完成后的 A 产品预计销售价格为 60 万元。假定该公司以前年度未计提存货跌价准备。2018 年 12 月 31 日该项材料应计提的跌价准备为(　　)万元。

A. 0　　B. 4

C. 16　　D. 20

36. 采用成本法核算时,企业对于持有期间被投资企业宣告分配的股利,应(　　)。

A. 作为投资收益或长期投资减少处理　　B. 作为长期投资减少处理

C. 作为投资收益处理　　D. 作为营业外收入处理

37. 甲公司与乙公司共同出资设立丙公司,经甲乙双方协议,丙公司的董事长由乙公司委派,甲方的出资比例为 55%,股东按出资比例行使表决权。在这种情况下(　　)。

A. 甲公司采用权益法核算该长期股权投资,乙公司采用成本法核算该长期股权投资

B. 甲公司采用成本法核算该长期股权投资,乙公司采用权益法核算该长期股权投资

C. 甲公司和乙公司均采用成本法核算该长期股权投资

D. 甲公司和乙公司均采用权益法核算该长期股权投资

38. 某企业购入A公司的股票进行长期投资，持股比例是10%，采用成本法进行核算，购入时支付价款11 900元，同时另支付相关税费100元，购入1个月后收到企业购入时价款中包含的已宣布分配的上年度股利1 000元，则购入时长期股权投资的入账价值为(　　)元。

A. 10 900　　B. 11 000

C. 11 900　　D. 12 000

39. 某企业2019年1月1日购入甲公司20%的表决权股份，实际支付价款300万元。4月1日甲公司宣告派发2018年现金股利100万元，当年甲公司经营获利100万元，2019年年末企业长期股权投资账面余额为(　　)万元。

A. 290　　B. 300

C. 310　　D. 320

40. 某企业2018年12月购入需要安装的设备一台，价款10 000元，增值税1 600元(增值税不可以抵扣)，安装中领用生产用材料实际成本为2 000元，领用自产库存商品，实际成本1 800元，售价为2 500元，安装完毕达到预定可使用状态。本企业为一般纳税人，适用增值税税率16%，固定资产入账价值是(　　)元。

A. 16 140　　B. 16 008

C. 13 800　　D. 14 500

41. 甲企业对一项原值为300万元、已提折旧150万元的固定资产进行改建，发生改建支出195万元，取得变价收入45万元。则改建后该项固定资产的入账价值是(　　)万元。

A. 300　　B. 435

C. 330　　D. 450

42. 某企业出售一幢办公楼，该办公楼账面原价370万元，累计折旧115万元，未计提减值准备。出售取得价款360万元，发生清理费用10万元，支付增值税18万元。假定不考虑其他相关税费。企业出售该幢办公楼确认的净收益为(　　)万元。

A. 10　　B. 77

C. 95　　D. 105

43. 某企业购进设备一台，该设备的入账价值为150万元，预计净残值5万元，预计使用年限为4年。在采用双倍余额递减法计提折旧的情况下，该项设备第三年应提折旧额为(　　)万元。

A. 36.25　　B. 16.25

C. 18.75　　D. 37.5

44. 某项固定资产的原值为100 000元，预计净残值为1 000元，预计使用年限为4年。则在年数总和法下第二年的折旧额为(　　)元。

A. 19 800　　B. 24 750

C. 25 000　　D. 29 700

45. 某企业2018年12月1日购入一台设备，入账价值180万元，预计使用5年，预计净残值12万元，按年数总和法计算折旧。该设备2019年计提的折旧额为(　　)万元。

A. 33.6　　　　B. 43.2

C. 56　　　　D. 60

46. 企业2018年3月购入并投入使用不需要安装的设备一台，原值840万元，预计使用年限5年，预计净残值2万元，采用年数总和法计提折旧，则企业在2019年应计提的折旧额为(　　)万元。

A. 237.43　　　　B. 238

C. 224　　　　D. 167.6

47. 某企业出售一栋自用房屋，应交的增值税应借记的会计科目是(　　)。

A. “营业外支出”　　　　B. “固定资产清理”

C. “税金及附加”　　　　D. “其他业务成本”

48. 下列固定资产减少业务不应通过“固定资产清理”科目核算的是(　　)。

A. 固定资产的报废　　　　B. 固定资产的处置

C. 固定资产的毁损　　　　D. 固定资产的盘亏

49. 企业的下列固定资产，按规定应计提折旧的是(　　)。

A. 经营性租入的设备　　　　B. 已提足折旧仍继续使用的设备

C. 单独计价入账的土地　　　　D. 未使用的设备

50. 一台设备原值350万元，预计使用年限5年，预计净残率为5%，采用双倍余额递减法计提折旧，则5年内计提折旧总额为(　　)万元。

A. 350　　　　B. 332.5

C. 140　　　　D. 287

51. 甲公司有货车1辆，采用工作量法计提折旧。原值为200 000元，预计使用10年，每年行驶里程60 000千米，净残值率为5%，当月行驶里程4 000千米，该运输车的当月折旧额为(　　)元。

A. 1 266.67　　　　B. 12 666.67

C. 1 333.33　　　　D. 3 000

52. 某企业2018年因管理不善导致一批材料被盗，材料购入原值为10 000元，进项税额为1 600元。收到各种赔款500元，残料入库200元。报经批准后，应记入“管理费用”科目的金额为(　　)元。

A. 10 900　　　　B. 9 300

C. 11 100　　　　D. 11 400

53. 小规模纳税企业处置一项以成本模式计量的投资性房地产，实际收到的金额为500万元，投资性房地产的账面余额为400万元，累计折旧100万元。增值税税率为5%，下列关于处置该项投资性房地产的会计处理，不正确的是(　　)。

A. 贷记“其他业务收入”500万元　　　　B. 借记“其他业务成本”300万元

C. 借记“税金及附加”25万元　　　　D. 贷记“营业外收入”175万元

54. 某企业2018年12月15日以700万元的价格转让一项土地使用权，适用的增值税税率为10%。该无形资产为2013年12月10日以900万元购入，合同规定的受益年限为10年，法律规定的有效使用年限为12年，采用直线法进行摊销。不考虑减值准备及其他相关税费。企业在转让该无形资产时确认的净收益为(　　)万元。

A. 65　　B. 100
C. 125　　D. 160

55. 2018年1月1日甲公司接受乙公司以一项账面价值为210万元的专利权投资，投资合同约定价值为165万元(该价值公允)。甲公司预计该专利权尚可使用年限为10年，采用直线法进行摊销。则2018年甲公司对该项无形资产的摊销额为(　　)万元。

A. 25　　B. 33
C. 13　　D. 16.5

56. 企业出租商标权应缴的增值税计入(　　)。

A. 管理费用　　B. 销售费用
C. 营业外支出　　D. 其他业务成本

二、多项选择题

1. 下列各项中，应确认为企业资产的有(　　)。

A. 经营租出的设备　　B. 经营租入的设备
C. 融资租入的设备　　D. 近期将要购入的设备

2. 下列关于企业现金清查的说法，正确的有(　　)。

A. 现金清查一般采用实地盘点法
B. 对于现金清查结果，应编制现金盘点报告单
C. 对于无法查明的现金短缺，经过批准后应计入营业外支出
D. 对于超限额留存的现金应及时送存银行

3. 下列未达账项中，会导致银行存款对账单余额大于银行存款日记账余额的有(　　)。

A. 企业已开出但银行尚未兑付的支票
B. 企业已收但尚未存入银行的转账支票
C. 银行收到委托款项但尚未通知企业
D. 银行划付电话费但未将通知单送达企业

4. 下列各项中，构成应收账款入账价值的是(　　)。

A. 确认商品销售收入时尚未收到的价款　　B. 代购货方垫付的包装费
C. 代购货方垫付的运杂费　　D. 销售货物发生的商业折扣

5. 下列项目中，应通过“其他应收款”账户核算的有(　　)。

A. 应收出租包装物的租金　　B. 应收的各种罚款
C. 收取的各种押金　　D. 应向职工收取的各种垫付款项

6. 下列各项中，应记入“坏账准备”账户借方的有(　　)。

A. 提取坏账准备　　B. 冲回多提坏账准备
C. 收回以前确认并转销的坏账　　D. 备抵法下实际发生的坏账

7. 按现行制度规定，需要在“应收票据”科目下核算的票据包括(　　)。

A. 银行汇票存款　　B. 银行本票存款
C. 商业承兑汇票　　D. 银行承兑汇票

8. 下列应收、暂付款项中，通过“其他应收款”科目核算的有(　　)。

A. 应收保险公司的赔款　　B. 收取的出借包装物押金

C. 应向职工收取的各种垫付款项　　　　D. 应向购货方收取的代垫运杂费

9. 甲公司于2018年11月1日向乙公司销售一批产品，货款为80 000元，增值税税率为16%，已开出增值税专用发票，已办理托收手续，乙公司开出一张3个月不带息商业承兑汇票。2019年2月1日甲公司该票据到期，收回到期票款。下列选项中甲公司的会计处理正确的有(　　)。

A. 借：应收票据　　80 000
　　贷：主营业务收入　　80 000

B. 借：应收票据　　92 800
　　贷：主营业务收入　　80 000
　　　　应交税费——应交增值税(销项税额)　　12 800

C. 借：银行存款　　80 000
　　贷：应收票据　　80 000

D. 借：银行存款　　92 800
　　贷：应收票据　　92 800

10. 下列关于交易性金融资产的说法中，正确的有(　　)。

A. 购入的交易性金融资产实际支付的价款中包含的已宣告但尚未领取的现金股利或已到付息期但尚未领取的债券利息，应单独核算，不构成交易性金融资产的成本

B. 为购入交易性金融资产所支付的相关交易费用，不计入该资产的成本

C. 为购入交易性金融资产所支付的相关交易费用，应计入该资产的成本

D. 交易性金融资产在持有期间取得的现金股利，应确认为投资收益

11. 交易性金融资产期末根据公允价值与账面余额之间的差额应该做的会计处理有(　　)。

A. 借记“交易性金融资产——公允价值变动”科目，贷记“公允价值变动损益”科目

B. 借记“公允价值变动损益”科目，贷记“交易性金融资产——公允价值变动”科目

C. 借记“投资收益”科目，贷记“交易性金融资产——公允价值变动”科目

D. 借记“交易性金融资产——公允价值变动”科目，贷记“投资收益”科目

12. 企业核算交易性金融资产的现金股利时，可能涉及的会计科目有(　　)。

A.“交易性金融资产”　　B.“投资收益”

C.“应收股利”　　D.“银行存款”

13. 下列项目中，应计入材料采购成本的有(　　)。

A. 入库前的挑选整理费　　B. 进口关税

C. 运输途中的合理损耗　　D. 一般纳税人购入材料支付的增值税

14.“材料成本差异”账户贷方可以用来登记(　　)。

A. 购进材料实际成本小于计划成本的差额

B. 发出材料应负担的节约差异

C. 发出材料应负担的超支差异

D. 购进材料实际成本大于计划成本的差额

15. 一般纳税企业委托其他单位加工材料收回后用于继续加工应税消费品的，其发生的下列支出中，应计入委托加工物资成本的有(　　)。

A. 加工费　　B. 增值税
C. 发出材料的实际成本　　D. 受托方代收代交的消费税

16. 小规模纳税企业委托其他单位加工材料收回后用于直接对外出售的，其发生的下列支出中，应计入委托加工物资成本的有(　　)。
A. 加工费　　B. 增值税
C. 发出材料的实际成本　　D. 受托方代收代缴的消费税

17. 下列各项中，属于存货采购成本的有(　　)。
A. 采购价款　　B. 入库前的挑选整理费
C. 运输途中的合理损耗　　D. 存货入库后发生的仓储费用

18. 下列事项中，影响企业当期损益的有(　　)。
A. 采用公允价值模式计量的投资性房地产期末公允价值高于账面价值
B. 采用公允价值模式计量的投资性房地产期末公允价值低于账面价值
C. 采用成本模式计量的投资性房地产期末可收回金额高于账面价值
D. 采用成本模式计量的投资性房地产期末可收回金额低于账面价值

19. 下列各项中，会影响企业管理费用的有(　　)。
A. 企业盘点现金，发生的现金盘亏净损失
B. 存货盘点，发现存货盘亏净损失，由管理不善造成的
C. 固定资产盘点，发现固定资产盘亏，盘亏的净损失
D. 现金盘点，发现的无法查明原因的现金盘盈

20. 在固定资产使用前几年，提取固定资产折旧时，需要考虑固定资产净残值的折旧方法是(　　)。
A. 直线法　　B. 双倍余额递减法
C. 工作量法　　D. 年数总和法

21. “固定资产清理”账户的借方登记的项目有(　　)。
A. 转入清理的固定资产账面价值　　B. 固定资产处置时的变价收入
C. 结转的清理净收益　　D. 结转的清理净损失

22. 下列各项支出应计入无形资产成本的有(　　)。
A. 购入专利权发生的支出　　B. 购入商标权发生的支出
C. 取得土地使用权发生的支出　　D. 研发新技术在研究阶段发生的支出

23. 采用自营方式建造固定资产的情况下，下列项目中应计入固定资产成本的有(　　)。
A. 工程耗用原材料
B. 工程人员的工资
C. 工程领用本企业的商品实际成本
D. 企业行政管理部门为组织和管理生产经营活动而发生的管理费用

24. 按企业会计准则规定，下列项目中，不应记入“投资收益”科目的有(　　)。
A. 成本法下被投资企业发生亏损
B. 确认的交易性金融资产利息
C. 权益法核算下，被投资企业宣告发放现金股利

D. 为取得交易性金融资产而支付的相关费用

25. 下列固定资产中，不计提折旧的有(　　)。

A. 单独估价入账的土地　　B. 当月减少的固定资产

C. 未提足折旧提前报废的固定资产　　D. 经营租入的固定资产

三、判断题

1. 出售交易性金融资产时，应将出售时的公允价值与其账面余额之间的差额确认为当期投资收益。(　　)

2. 企业领用的低值易耗品，在领用时均应记入“制造费用”科目。(　　)

3. 采用成本模式进行后续计量的投资性房地产，应根据其预计使用寿命计提折旧或进行摊销。(　　)

4. 企业出售无形资产和出租无形资产取得的收益，均应作为营业外收入。(　　)

5. 企业核算的低值易耗品的增减变化以及结存情况，应当设置“周转材料——低值易耗品”科目进行核算，期末在企业的存货项目进行反映。(　　)

6. 成本与可变现净值孰低法中的“成本”是指存货的实际成本。(　　)

7. 固定资产盘盈先通过“待处理财产损溢”科目核算，批准后再转入“营业外收入”科目中。(　　)

8. 长期待摊费用是指企业已经发生但应由本期和以后各期负担的分摊期限在一年以上的各项费用，如以经营租赁方式租入的固定资产发生的改良支出等。(　　)

9. 资产负债表日，企业应将公允价值模式计量下的投资性房地产的公允价值变动计入资本公积中。(　　)

10. 无形资产成本在处置的当月仍然应该进行摊销，从下月开始不再摊销。(　　)

11. 固定资产应当按月计提折旧，当月增加的固定资产，当月计提折旧。当月减少的固定资产，当月不提折旧。(　　)

12. 企业应当定期或者至少于每年年度终了，对其他应收款进行检查，预计其可能发生的坏账损失，并计提坏账准备。(　　)

13. 企业采用计划成本核算原材料，平时收到原材料时应按实际成本借记“原材料”科目，领用或发出原材料时应按计划成本贷记“原材料”科目，期末再将发出材料和期末结存材料调整为实际成本。(　　)

14. 长期股权投资的初始投资成本小于投资时应享有被投资单位可辨认净资产公允价值份额的，差额部分应该调整长期股权投资的初始投资成本。(　　)

15. 委托加工物资收回后用于连续生产应税消费品的，委托方应将缴纳的消费税计入委托加工物资的成本。(　　)

16. 企业对随同商品出售而单独计价的包装物进行会计处理时，该包装物的实际成本应结转到“销售费用”科目。(　　)

17. 企业收回的委托加工物资，如果是用于连续生产应税消费品的，受托方代收代缴的消费税应计入委托加工物资成本；支付的收回后直接用于销售的委托加工应税消费品的消费税，应记入“应交税费——应交消费税”科目借方。(　　)

18. 未达账项是指企业与银行之间由于记账的时间不一致，而发生的一方已登记入账，

另一方未能入账形成的账款。 （　）

19. 企业支付的包装物押金和收取的包装物押金均应通过“其他应收款”账户核算。

（　）

20. 银行存款余额调节表不仅可以核对账目，还可以作为调整银行存款账面余额的原始凭证。 （　）

四、核算题

1. 甲公司 2018 年 5 月 1 日向 A 公司销售商品一批，货款 40 000 元，增值税额为 6 400 元，该批商品的成本为 25 000 元。甲公司为了尽快收回货款而在合同中规定符合现金折扣的条件为：2/10、1/20、*n*/30，假设 A 公司分别于 5 月 9 日、5 月 18 日和 5 月 31 日付清货款（计算折扣时不考虑增值税因素）。

要求：根据上述资料，编制甲公司实现销售以及收回货款时的会计分录（“应交税费”科目要求写出明细科目和专栏名称）。

2. 某企业销售一批商品，增值税专用发票上的售价 300 000 元，增值税额 48 000 元，货到后买方发现商品质量不合格，要求在价格上给予 6％的折让。销售方已经同意了对方折让的请求，并开具了增值税红字发票。销售方实际收到了货款。

要求：根据上述资料编制相应的会计分录（“应交税费”科目要求写出明细科目和专栏名称）。

3. 甲企业 2018 年末应收账款余额为 600 000 元；2019 年发生坏账损失 8 000 元，其中：A 公司 6 000 元，B 公司 2 000 元，2019 年末应收账款余额为 650 000 元；2020 年，上年已冲销的 A 公司应收账款 6 000 元又收回，2020 年末应收账款余额为 760 000 元。甲企业自 2018 年开始通过对近几年的应收款项进行分析，决定按期末应收账款的 5％计提坏账准备。

要求：

（1）编制 2018 年末计提坏账准备的会计分录；

（2）编制 2019 年发生坏账，以及年末计算并提取坏账准备的会计分录；

（3）编制 2020 年收回上年已核销坏账，以及年末计算并提取坏账准备的会计分录。

4. 甲公司 2018 年至 2019 年度发生如下与股票投资有关的业务：

（1）2018 年 4 月 1 日，用银行存款购入 A 上市公司（以下简称 A 公司）的股票 4 000 股作为交易性金融资产，每股买入价为 20 元，其中 0.5 元为宣告但尚未分派的现金股利。另支付相关税费 360 元。

（2）2018 年 4 月 18 日，收到 A 公司分派的现金股利 2 000 元。

（3）2018 年 4 月 30 日，股票的公允价值为每股 20 元。

（4）2018 年 5 月 30 日，股票的公允价值为每股 21 元。

（5）2019 年 2 月 3 日，出售持有的 A 公司股票 3 000 股，实得价款 65 000 元。

（6）2019 年 4 月 15 日，A 公司宣告分派现金股利，每股派发 0.1 元。

（7）2019 年 4 月 30 日，收到派发的现金股利。

要求：编制甲公司上述业务的会计分录。

5. A 企业按先进先出法计算材料的发出成本。2018 年 10 月 1 日结存甲材料 200 千克，每千克实际成本 100 元。本月发生如下有关业务：

(1)4 日,购入甲材料 100 千克,每千克实际成本 105 元,材料已验收入库。

(2)6 日,发出甲材料 160 千克。

(3)8 日,购入甲材料 140 千克,每千克实际成本 98 元,材料已验收入库。

(4)13 日,发出甲材料 260 千克。

(5)21 日,购入甲材料 160 千克,每千克实际成本 110 元,材料已验收入库。

(6)26 日,发出甲材料 60 千克。

要求:根据上述资料,计算甲材料下列成本:

(1)6 日发出的成本;

(2)13 日发出的成本;

(3)26 日发出的成本;

(4)期末结存的成本。

6. 甲企业为增值税一般纳税人,适用的增值税税率为 16%。原材料采用实际成本核算,原材料发出采用月末一次加权平均法计价。运输费不考虑增值税。

2018 年 7 月,与 A 材料相关的资料如下:

(1)1 日,“原材料——A 材料”科目余额 20 000 元(共 2 000 千克,其中含 3 月末验收入库但因发票账单未到而以 2 000 元暂估入账的 A 材料 200 千克)。

(2)5 日,收到 3 月末以暂估价入库 A 材料的发票账单,货款 1 800 元,增值税额 288 元,对方代垫运输费 400 元,全部款项已用转账支票付讫。

(3)8 日,以汇兑结算方式购入 A 材料 3 000 千克,发票账单已收到,货款为 36 000 元,增值税税额为 5 760 元,运输费用为 1 000 元。材料尚未到达,款项已由银行存款支付。

(4)11 日,收到 8 日采购的 A 材料,验收时发现只有 2 950 千克。经检查,短缺的 50 千克确定为运输途中的合理损耗,A 材料验收入库。

(5)18 日,持银行汇票 80 000 元购入 A 材料 5 000 千克,增值税专用发票上注明的货款为 49 500 元,增值税税额为 7 920 元,另支付运输费用 2 000 元,材料已验收入库,剩余票款退回并存入银行。

(6)21 日,基本生产车间自制 A 材料 50 千克验收入库,总成本为 600 元。

(7)30 日,根据“发料凭证汇总表”的记录,7 月份基本生产车间为生产产品领用 A 材料 6 000 千克,车间管理部门领用 A 材料 1 000 千克,企业管理部门领用 A 材料 1 000 千克。

要求:

(1)计算甲企业 7 月份发出 A 材料的单位成本;

(2)根据上述资料(1)~(7)编制甲企业 7 月份与 A 材料有关的会计分录(“应交税费”科目要求写出明细科目和专栏名称)。

7. 大华公司为增值税一般纳税人,适用的增值税税率为 16%。材料按计划成本计价核算。A 材料计划单位成本为每千克 10 元。该企业 2018 年 8 月份有关资料如下:

(1)“原材料”账户月初余额 40 000 元,“材料成本差异”账户月初贷方余额 504.16 元,“材料采购”账户月初借方余额 10 600 元,核算的是已经付款的 A 材料 1 000 千克的实际成本(上述账户核算的均为 A 材料)。

(2)8 月 5 日,企业上月已付款的 A 材料 1 000 千克如数收到,已验收入库。

(3)8 月 15 日,从甲公司购入 A 材料 6 000 千克,增值税专用发票注明的材料价款为

59 000 元，增值税税额为 9 440 元，企业已用银行存款支付上述款项，材料尚未到达。

(4)8 月 20 日，从甲公司购入的 A 材料到达，验收入库时发现短缺 40 千克，经查明为途中定额内损耗。按实收数量验收入库。

(5)8 月 30 日，汇总本月发料凭证，本月共发出 A 材料 7 000 千克，全部用于产品生产。

要求：根据上述资料(1)～(5)编制相关的会计分录，并计算本月材料成本差异率、本月发出材料应负担的成本差异及月末库存材料的实际成本。

8. 甲企业为一般纳税人，适用的增值税税率为 16%，2018 年 5 月该企业发生如下经济业务：

(1)本月生产完工验收入库甲产品 1 500 件，实际单位成本为 200 元。

(2)本月销售甲产品 300 件，每件售价 300 元，款项已收到并送存银行；本月企业购建办公楼领用甲产品 100 件。

(3)月末对存货进行清查，发现原材料 A 盘盈 50 千克，单价为每千克 20 元；包装物 B 盘亏 5 个，每个成本为 1 000 元。经查，原材料 A 的盘盈未查明原因，包装物 B 盘亏是保管员工作失误引起，损失应由责任人赔偿。

(4)企业本月因仓库保管人员管理不善发生火灾烧毁一仓库，内有材料价值为 6 000 元，根据保险责任及保险合同规定，保险公司赔偿 3 000 元，已收到赔款并存入银行。

要求：根据上述资料(1)～(5)做出相关分录。

9. 甲公司发生下列与长期股权投资相关的业务：

(1)2018 年 1 月 3 日，购入乙公司有表决权的股票 100 万股，占乙公司股份的 10%，对乙公司不具有重大影响。该股票买入价为每股 8 元，其中每股含已宣告分派但尚未发放的现金股利 0.2 元；另支付相关税费 2 万元，款项均以银行存款支付(假定乙公司年初可辨认净资产的公允价值为 3 500 万元，且账面价值与公允价值一致)。

(2)2018 年 2 月 18 日，收到乙公司宣告分派的现金股利。

(3)2018 年度，乙公司实现净利润 200 万元。

(4)2019 年 1 月 10 日，乙公司宣告分派 2018 年度现金股利每股 0.1 元。

(5)2019 年 2 月 20 日，甲公司收到乙公司分派的现金股利。

(6)2019 年度，乙公司发生亏损 20 万元。

(7)2020 年 1 月 30 日，甲公司出售所持有的乙公司的股票 10 万股，每股销售价格为 10 元。

要求：不考虑长期股权投资减值因素，根据上述(1)～(7)资料，编制甲公司长期股权投资业务的会计分录(“长期股权投资”科目应写出明细科目)。

10. 甲企业为增值税一般纳税人，适用的增值税税率为 16%。该企业 2018 年自行建造仓库一座，用银行存款购入为工程准备的各种物资 50 000 元，支付的增值税税额为 8 000 元，实际领用工程物资(含增值税)52 200 元；另外还领用了企业生产用的原材料一批，实际成本为 7 500 元，应转出的增值税为 1 200 元；分配工程人员工资 12 500 元(尚未实际支付)，企业辅助生产车间为工程提供有关劳务支出 2 500 元，工程完工交付使用。

要求：

(1)计算工程完工交付使用时固定资产的入账价值；

(2)根据上述资料编制甲企业的有关会计分录。

11. 某企业2018年有关固定资产折旧的资料如下：

(1)该企业1月份各部门的折旧额为：生产经营部门8 321元(假定该生产部门只生产一种产品)，运输车队2 900元，管理部门4 150元。

(2)1月6日，生产经营部门购进计算机一台，已投入使用，原值12 000元，预计净残值率为3%，预计使用5年，采用双倍余额递减法计提折旧。

(3)1月10日，运输车队购入大货车一辆，主要用于生产车间的原料运输工作，原值84 000元，预计净残值率为5%，预计总(行驶)里程为200 000千米，2月份行驶800千米，采用工作量法计提折旧。

(4)1月17日，生产经营部门报废机器设备一台，原值为42 000元，预计净残值率为4%，使用期限为10年，实际使用8年零9个月，该设备采用直线法提取折旧。

(5)1月25日，管理部门购进设备一台，已经投入使用，原值19 200元，预计净残值率为4%，预计使用4年，采用年数总和法提取折旧。

要求：

(1)计算该企业生产经营部门、运输车队、管理部门2月份应该计提的折旧额；

(2)编制该企业2月份提取折旧的分录。

12. 科汇股份有限公司(以下简称科汇公司)属于增值税一般纳税人，适用的增值税税率为16%。科汇公司2018～2020年与固定资产有关的业务资料如下：

(1)2018年12月6日，科汇公司购入一条需要安装的生产线，取得的增值税专用发票上注明的生产线价款为2 000万元，增值税额为320万元；发生保险费为5万元，款项均以银行存款支付；没有发生其他相关税费。生产线已投入安装，假定该设备的增值税可以抵扣。

(2)2018年12月11日，科汇公司安装生产线领用生产用原材料实际成本和计税价格均为20万元，发生安装工人工资10万元(工资尚未支付)。该原材料未计提存货跌价准备。

(3)2018年12月31日，该生产线达到预定可使用状态，当日投入使用。该生产线预计使用年限为12年，预计净残值为55万元，采用直线法计提折旧。

(4)2019年12月31日，科汇公司在对该生产线进行检查时发现其已经发生减值。该生产线可收回金额为1 615.12万元。

(5)2020年1月1日，经复核，该生产线的预计尚可使用年限为10年，预计净残值为25.12万元，采用直线法计提折旧。

(6)2020年6月30日，科汇公司将生产线出售，取得价款为2 000万元，支付清理费用40万元。

要求：

(1)编制2018年12月1日购入该生产线的会计分录；

(2)编制2018年12月安装该生产线的会计分录；

(3)编制2018年12月31日该生产线达到预定可使用状态的会计分录；

(4)计算2019年度该生产线计提的折旧额；

(5)计算2019年12月31日该生产线应计提的固定资产减值准备金额，并编制相应的会计分录；

(6)计算2020年度该生产线出售前计提的折旧额；

(7)编制2020年6月30日该生产线出售时的会计分录。

13. 企业自行研制开发一项技术，经申请获得专利权。有关资料如下：

(1)2018 年 5 月以银行存款支付研发支出 20 000 元，其中符合资本化条件的是 16 500 元。

(2)2018 年 12 月 1 日无形资产研发成功并申请专利，以银行存款支付律师费 1 000 元，注册费 500 元。

(3)企业按规定在 5 年内平均分摊，并于每月末摊销。

(4)2019 年 7 月 1 日，企业为保持此专利权的先进性，进行后续研究，发生研究费用 8 700 元，以银行存款支付。

(5)2019 年 12 月 1 日，企业以 49 500 元将此专利出售给 A 公司，款项已存银行；出售该专利权按 3%计算增值税税额。

要求：

(1)计算该专利权的入账价值，并编制研制过程与注册业务的相关付款业务分录；

(2)计算每月末的摊销额，并编制摊销分录；

(3)编制企业为保持专利权的先进性支付研制费的分录；

(4)计算该专利权的出售损益，并编制相应分录（“研发支出”“应交税费”科目要求写出明细科目）。

闯关二　负债的核算

一、单项选择题

1. 下列各项中，导致负债总额变化的是（　　）。

A. 从银行借款直接偿还应付账款　　B. 赊购商品

C. 开出银行汇票　　D. 用盈余公积转增资本

2. 假设企业每月末计提利息，企业每季度末收到银行寄来的短期借款利息付款通知单时，应贷记（　　）科目。

A.“库存现金”　　B.“银行存款”

C.“财务费用”　　D.“应付利息”

3. 下列关于应付票据处理的说法中，正确的是（　　）。

A. 企业到期无力支付的商业承兑汇票，应按账面余额转入短期借款

B. 企业支付的银行承兑手续费，计入当期管理费用

C. 应付票据到期支付时，按面值结转

D. 企业开出并承兑商业汇票时，应按票据的票面金额贷记“应付票据”科目

4. 企业因债权人撤销而转销无法支付的应付账款时，应将所转销的应付账款计入（　　）。

A. 资本公积　　B. 其他应付款

C. 营业外收入　　D. 其他业务收入

5. 某企业以一张期限为 6 个月的商业承兑汇票支付货款，面值为 200 万元，票面年利率

为5%。该票据到期时，企业应支付的金额为(　　)万元。

A. 205　　B. 200

C. 210　　D. 215

6. 下列各项中，应通过“其他应付款”科目核算的是(　　)。

A. 租入包装物支付的押金　　B. 应交城市维护建设税

C. 存入保证金　　D. 应付销售人员工资

7. 某公司向职工发放自产的加湿器作为福利，该产品的成本为每台150元，共有职工500人，计税价格为200元，增值税税率为16%，计入该公司应付职工薪酬的金额为(　　)元。

A. 116 000　　B. 75 000

C. 100 000　　D. 92 000

8. 企业出售固定资产应交的增值税，应借记的会计科目是(　　)。

A.“税金及附加”　　B.“其他业务成本”

C.“资产处置损益”　　D.“固定资产清理”

9. 某企业本期实际应上交增值税税额400 000元，消费税税额200 000元，土地增值税税额200 000元。该企业适用的城市维护建设税税率为7%，则该企业应交的城市维护建设税税额为(　　)元。

A. 28 000　　B. 70 000

C. 84 000　　D. 80 000

10. 企业对外销售应税产品计算出的应交资源税，应记入(　　)科目。

A.“管理费用”　　B.“生产成本”

C.“制造费用”　　D.“税金及附加”

11. 某工业生产企业为小规模纳税人，采用计划成本对材料进行日常核算，本期购入原材料一批，取得增值税专用发票上注明原材料价款为200 000元，增值税税额为32 000元，材料尚未到达，并支付运费1 200元，已取得运费发票，其在采购的时候应记入“材料采购”账户的金额为(　　)元。

A. 232 000　　B. 233 200

C. 233 392　　D. 212 000

12. A公司2018年建造办公楼领用外购原材料10 000元，原材料购入时支付的增值税税额为1 600元；因自然灾害毁损原材料一批，其实际成本20 000元，经确认损失材料的增值税税额为3 200元。则A公司记入“应交税费——应交增值税(进项税额转出)”科目的金额为(　　)元。

A. 640　　B. 960

C. 1 600　　D. 4 800

13. 下列项目中，不属于应付职工薪酬核算内容的是(　　)。

A. 津贴和补贴　　B. 奖金

C. 退休金　　D. 社会保险费

14. 应交消费税的委托加工物资收回后用于连续生产应税消费品的，按规定准予抵扣的由受托方代收代缴的消费税，应当记入(　　)科目。

A.“生产成本” B.“应交税费”

C.“主营业务成本” D.“委托加工物资”

15. 某企业为增值税一般纳税人，于 2018 年 9 月 2 日从甲公司购入一批产品并已验收入库，增值税专用发票上注明该批产品的价款为 150 万元，增值税税额为 24 万元。合同中规定的现金折扣条件为 2/10、1/20、n/30，假定计算现金折扣时不考虑增值税。该企业在 2018 年 9 月 11 日付清货款。企业购买产品时该应付账款的入账价值为（　　）万元。

A. 147 B. 150

C. 171 D. 174

16. 企业为建造仓库而购进工程物资负担的增值税税额应当计入（　　）。

A. 应交税费——应交增值税 B. 工程物资

C. 营业外支出 D. 管理费用

17. 应交消费税的委托加工物资收回后用于连续生产应税消费品的，按规定准予抵扣的由受托方代收代缴的消费税，应当计入（　　）。

A. 生产成本 B. 应交税费

C. 主营业务成本 D. 委托加工物资

18. 企业按规定计算缴纳的下列税金，应当计入相关资产成本的是（　　）。

A. 房产税 B. 土地使用税

C. 城市维护建设税 D. 车辆购置税

19. 某企业为增值税一般纳税人，2018 年应交各种税金为：增值税 350 万元，消费税 150 万元，城市维护建设税 35 万元，房产税 10 万元，车船税 5 万元，所得税 250 万元。上述各项税金应计入管理费用的金额为（　　）万元。

A. 5 B. 15

C. 50 D. 185

20. 企业生产经营期间发生的下列各项利息支出，不应该计入财务费用的是（　　）。

A. 应付债券费用化的利息

B. 带息应付票据的利息

C. 财务人员的工资

D. 长期借款费用化的利息

二、多项选择题

1. 下列各项中，属于负债确认条件的有（　　）

A. 与该义务有关的经济利益很可能流出企业

B. 与该业务有关的经济利益可能流出企业

C. 未来流出的经济利益的金额能够可靠地计量

D. 未来流出的经济利益的金额基本能够确定

2.“预收账款”科目贷方登记（　　）。

A. 预收货款的数额

B. 企业向购货方发货后冲销的预收货款的数额

C. 收到购货单位补付货款的数额

D. 退回购货方多付货款的数额

3. 下列关于应付账款的处理中，正确的有（　　）。

A. 货物与发票账单同时到达，待货物验收入库后，按发票账单登记入账

B. 货物已到，但至月末时发票账单还未到达，应在月份终了时暂估入账

C. 应付账款一般按到期时应付金额的现值入账

D. 企业采购业务中形成的应付账款，在确认其入账价值时不需要考虑将要发生的现金折扣

4. 下列各项中，属于企业应付职工薪酬核算的有（　　）。

A. 职工教育经费　　B. 企业医务人员的工资

C. 住房公积金　　D. 非货币性福利

5. 下列各项开支中，不通过“应付职工薪酬”反映的有（　　）。

A. 职工差旅费　　B. 职工生活困难补助

C. 职工社会保险费　　D. 业务招待费

6. 企业在确认长期借款的利息费用时，可能涉及的科目有（　　）。

A.“在建工程”　　B.“管理费用”

C.“财务费用”　　D.“固定资产”

7. 企业在筹建期间按面值发行分期付息到期还本的债券，按期计提利息时，可能涉及的会计科目有（　　）。

A.“财务费用”　　B.“应付利息”

C.“应付债券”　　D.“管理费用”

8. 下列税金，应计入企业固定资产价值的有（　　）。

A. 购入小汽车缴纳的增值税进项税额　　B. 车船税

C. 车辆购置税　　D. 土地使用税

9. 下列税金中，可能记入“税金及附加”科目的有（　　）。

A. 土地增值税　　B. 印花税

C. 消费税　　D. 增值税

10. 企业按规定应缴纳消费税的项目有（　　）。

A. 销售应税消费品取得收入　　B. 销售不动产取得收入

C. 出租无形资产取得收入　　D. 企业自建厂房领用自产应税消费品

11. 下列各项中，属于视同销售行为的有（　　）。

A. 将自产的产品用于建造办公楼　　B. 将自产的产品分配给股东

C. 将外购的材料用于建造厂房　　D. 将自产的产品用于集体福利

12. 企业下列行为中，应视同销售计算缴纳增值税销项税额的有（　　）。

A. 将自产货物作为福利发放给职工　　B. 销售代销货物

C. 委托他人保管货物　　D. 将自产货物对外投资

13. 企业长期借款的利息费用，可能涉及的科目有（　　）。

A.“在建工程”　　B.“管理费用”

C.“财务费用”　　D.“固定资产”

14. 下列各项税金中，应计入材料成本的有（　　）。

A. 材料委托加工后用于连续加工应税消费品已缴的消费税
B. 材料委托加工后直接出售的应税消费品已交的消费税
C. 材料委托加工后用于连续加工非应税消费品的已交消费税
D. 小规模纳税企业购入原材料支付的增值税

15.“应付债券”账户贷方反映的内容有(　　)。
A. 债券发行时实际收到的金额大于债券面值的差额
B. 债券发行时实际收到的金额小于债券面值的差额
C. 期末计提的一次还本付息债券的利息
D. 债券的面值

16. 企业记入“管理费用”的税金有(　　)。
A. 土地使用税　　B. 印花税
C. 房产税　　D. 车船税

三、判断题

1. 企业向银行或其他金融机构借入的各种款项所发生的利息应当计入财务费用。(　　)

2. 暂收个人的款项和经营租入固定资产和包装物的租金应通过“其他应付款”科目核算。(　　)

3. 企业按规定计算出应交的城市维护建设税，一般都是借记“税金及附加”科目，贷记“应交税费——应交城市维护建设税”科目。实际上交时，借记“应交税费——应交城市维护建设税”科目，贷记“银行存款”科目。(　　)

4. 企业因解除与职工的劳务关系应给予职工的补偿不应通过“应付职工薪酬”科目核算。(　　)

5. 委托加工的应税消费品收回后用于继续加工应税消费品的，委托方应将受托方代收代缴的消费税计入委托加工后的应税消费品的成本。(　　)

6. 企业以自产的产品对外捐赠，由于会计核算时不做销售处理，因此不需缴纳增值税。(　　)

7. 企业只有在对外销售消费税应税产品时才应缴纳消费税。(　　)

8. 某企业为小规模纳税人，销售产品一批，含税价格 82 400 元，增值税征收率 3%，该批产品应交增值税为 2 400 元。(　　)

9. 某企业生产多种产品，该企业生产车间管理人员的工资应该直接记入“生产成本”科目核算。(　　)

10. 企业购入资产超过正常信用条件延期付款实质具有融资性质时，应按购买价款的现值，借记“固定资产”“在建工程”等科目，按应支付的价款总额，贷记“长期应付款”科目，按期差额借记“未确认融资费用”科目。(　　)

11. 企业转让的土地使用权连同地上建筑物及其附着物一并在“固定资产”科目核算的，转让时应交的土地增值税，应该记入“固定资产清理”科目核算。(　　)

12. 预收账款与应付账款虽然均属于负债项目，但与应付账款不同，它通常不需要以货币偿付。(　　)

13.“应付票据”核算企业购买材料、商品和接受劳务供应等而开出承兑的银行汇票。（　　）

14. 预收货款业务不多的企业，可以不单独设置“预收账款”科目，其所发生的预收货款，可通过“应收账款”科目核算。（　　）

15. 企业为职工缴纳的基本养老保险金、补充养老保险费，以及为职工购买的商业养老保险，均属于企业提供的职工薪酬。（　　）

四、核算题

1. A 单位与 B 单位签订购销合同销售一批产品，B 企业预付货款 120 000 元，一个月后，A 企业将产品发往 B 企业，开出的增值税专用发票上注明价款 200 000 元、增值税税额 32 000 元，该批货物成本 144 000 元。当日 B 企业以银行存款支付剩余货款。

要求：做出 A 企业相关的会计分录。

2. 华宇公司为增值税一般纳税企业，销售产品为其主营业务，适用的增值税税率为 16%，消费税税率为 10%。存货发出采用先进先出法，期末计价采用成本与可变现净值孰低计量，并按照单个存货项目计提存货跌价准备。2018 年末，除 A 原材料发生减值外，其他存货均未发生减值。该公司 2018 年 12 月 31 日部分账户余额资料如下：“原材料——A 材料”账面余额为 120 万元，“存货跌价准备——A 材料”账面余额为 12 万元。

该公司 2019 年 1 月发生如下经济业务：

(1)从甲公司购入生产用的 A 原材料一批，取得的增值税专用发票上注明的材料价款 600 万元，增值税税额为 96 万元，货款已经支付。在购入材料过程中支付运费 9 万元(可按 10%作为进项税额进行抵扣)，A 原材料已到达并验收入库。

(2)用 A 原材料对乙公司投资。该批材料的账面余额为 50 万元，经协议，以作价 60 万元的 A 原材料换取乙公司 8%的股权。华宇公司取得乙股权后，对乙公司无重大影响，该股权的公允价值无法可靠取得。有关资产转让及产权登记手续已办理完毕。假设该批原材料的计税价格也为 60 万元。

(3)销售应税消费品 B 产品一批，不含增值税的销售价格为 2 000 万元，实际成本为 1 000 万元，提货单和增值税专用发票已交购货方，货款尚未收到。该销售已符合收入确认条件。

(4)本期建造一栋办公楼领用生产用 A 原材料 60 万元，其购入时支付的增值税税额为 9.6 万元。该工程同时又领用本公司生产的应税消费品 B 产品，该产品实际成本 75 万元，计税价格 92 万元。

(5)本期从国外进口一批需要缴纳消费税的商品准备在国内直接销售，商品价值 100 万元，进口环节需要缴纳消费税 20 万元(假定不考虑增值税)，采购的商品已经验收入库，货款尚未支付，税款已用银行存款支付。

(6)收回委托加工的 C 原材料一批并验收入库，C 原材料是消费税的应税物品。该委托加工材料系上月发出，发出原材料的成本为 15.2 万元。本期收回时以银行存款支付受托加工企业加工费 2.8 万元(不含增值税)，同时支付增值税和其代收代缴的消费税，但受托加工企业无法提供 C 原材料的同类消费品价格。收回委托加工的 C 原材料用于继续生产应税消费品 B 产品。

要求：

(1)根据上述资料(1)～(6)编制华宇公司有关经济业务的会计分录；

(2)计算本月应交消费税。

(不考虑除增值税、消费税以外的其他税费，“应交税费”科目要求写出明细科目及专栏名称，计算结果保留两位小数。)

3. 甲企业为增值税一般纳税人，适用的增值税税率为16%，存货采用计划成本法核算。该企业2018年9月初“应交税费”账户余额为零，当月发生下列相关业务：

(1)购入材料一批，价款为100 000元，增值税税额为16 000元，以银行存款支付，该材料计划成本110 000元，已验收入库；

(2)将一栋闲置办公楼对外出售，该办公楼原价700 000元，已计提累计折旧160 000元，收到价款660 000元存入银行，适用的增值税税率为10%，假定该办公楼没有计提减值准备(不考虑除增值税以外的其他税费)；

(3)销售应税消费品一批，价款为300 000元，增值税税额为48 000元，收到货款并存入银行，消费税适用税率为10%，该批商品的成本是250 000元；

(4)月末计提日常经营活动产生的城市维护建设税和教育费附加，适用的税率和费率分别为7%和3%。

要求：编制(1)～(4)业务会计分录并列示业务(4)的计算过程。

4. 某企业2018年10月末计算确认本月应付行政管理人员工资总额400 000元，其中代扣代缴个人所得税6 000元，用银行存款发放工资394 000元。不考虑其他因素。

要求：根据上述资料，编制该企业的相关会计处理。

5. 甲企业为增值税一般纳税工业企业，其适用增值税税率为16%，2018年6月发生如下经济业务：

(1)6月1日，购入无须安装的生产设备一台，价款为100万元，增值税税额为16万元(符合增值税抵扣条件)，并开出3个月商业承兑汇票，该票据为带息票据，票面利率8%，于月末计提利息。

(2)6月3日，企业收到乙公司预付货款40万元。

(3)6月10日，企业转让土地使用权，取得转让收入5万元，存入银行，该土地使用权账面原值8万元，已摊销2万元，计提减值准备3万元，适用增值税税率为10%。

(4)6月15日，企业向乙公司发出不含税售价60万元的货物，成本为45万元；乙公司已验收入库，并支付了剩余货款及增值税。

(5)6月28日，经过核算该月应付生产工人工资30万元，车间管理人员工资16万元，厂部管理人员工资4万元，工程人员工资2万元。企业先到银行提现，然后以现金支付全部工资。

(6)6月30日，计提带息票据利息。

要求：根据甲企业上述经济业务(1)～(6)编制会计分录(“应交税费”科目要求写出明细科目及专栏名称)。

6. 某企业2018年1月1日借入2年期，到期还本、每年末计提并支付利息的长期借款30 000元用于工程建设，合同约定年利率4%，假定利息全部符合资本化条件。

要求：编制该企业借入借款、每年末计提利息和支付利息的会计分录。

7. 某企业2018年发生下列经济业务：

(1)1月1日向银行借入800 000元，用于某项工程，期限5年，年利率10%(实际利率与合同利率一致)，合同规定到期一次还本，每年末计提利息，1月1日实际支付。该工程将于2019年完工，假设工程建造期间计提的利息费用均符合资本化条件。

(2)经批准于4月1日按面值发行每张面值100元，票面利率为8%(实际利率与票面利率一致)，期限5年的债券10 000张，该债券为到期一次还本付息债券，发行收入已收到并存入银行(不考虑发行费用)。该企业发行债券筹集资金当期全部用于某建设项目。该企业按年计提债券利息。该项目将于2020年完工，假设项目建设期间计提的费用均符合资本化条件。

要求：

(1)编制取得长期借款及计提2018年利息的会计分录；

(2)编制债券发行及计提2018年利息的会计分录(应付债券要求写出明细科目)。

闯关三　所有者权益的核算

一、单项选择题

1. 甲公司为增值税一般纳税人，于2018年1月设立时接受一台生产设备投资，实收资本入账金额为(　　)。(假定不产生资本公积。)

A. 固定资产账面价值加上进项税额　　B. 固定资产的账面价值

C. 评估确认的固定资产价值　　D. 固定资产的公允价值加上进项税额

2. 下列各项中，不属于所有者权益的是(　　)。

A. 应付股利　　B. 实收资本

C. 本年利润　　D. 资本公积

3. 企业增资扩股时，投资者实际缴纳的出资额大于其按约定比例计算的其在注册资本中所占的份额部分，应计入(　　)。

A. 未分配利润　　B. 实收资本

C. 资本公积　　D. 营业外收入

4. 甲企业2018年年初未分配利润为借方余额10万元，当年净利润为30万元，按10%的比例提取盈余公积，当年分配现金股利5万。不考虑其他事项，该企业2018年年末未分配利润为(　　)万元。

A. 13　　B. 12

C. 17　　D. 18

5. 下列项目中，不属于资本公积核算内容的是(　　)。

A. 接受捐赠的无形资产

B. 发行股票时实际收到的款额超过股票面值总额的部分

C. 持股比例不变的情况下，被投资单位除净损益以外的所有者权益增加，权益法下投资单位所有者权益的增加数额

D. 企业收到投资者出资额超出其在注册资本或股本中所占份额的部分

6. 甲公司2018年“盈余公积”科目的年初余额为1 000万元，本期提取盈余公积500万元，用盈余公积分配现金股利600万元，用盈余公积弥补亏损200万元。该公司“盈余公积”科目的年末余额为(　　)万元。

A. 710　　B. 700

C. 900　　D. 1 500

7. 乙企业年初所有者权益为200万元，本年度实现净利润300万元，以资本公积转增资本60万元，提取盈余公积50万元。假设不考虑其他因素，该企业年末所有者权益为(　　)万元。

A. 510　　B. 560

C. 500　　D. 520

8. 2018年1月1日某企业所有者权益情况如下：实收资本400万元，资本公积52万元，盈余公积56万元，未分配利润118万元。则该企业2018年1月1日留存收益为(　　)万元。

A. 64　　B. 76

C. 140　　D. 174

9. 下列各项中，能够导致企业留存收益减少的是(　　)。

A. 用盈余公积分配现金股利　　B. 以资本公积转增资本

C. 提取盈余公积　　D. 以盈余公积弥补亏损

10. 下列各项中，影响所有者权益总额的是(　　)。

A. 用盈余公积弥补亏损　　B. 用盈余公积转增资本

C. 股东大会宣告分配现金股利　　D. 实际分配股票股利

11. 某企业年初未分配利润贷方余额550万元，当年利润总额为600万元，应交的所得税为100万元，该企业按10%提取法定盈余公积。则该企业可供分配的利润为(　　)万元。

A. 90　　B. 500

C. 1 000　　D. 1 050

12. 某企业年初未分配利润贷方余额为100万元，本年净利润为1 000万元，按10%计提法定盈余公积，按5%计提任意盈余公积，宣告发放现金股利为80万元，该企业期末未分配利润为(　　)万元。

A. 855　　B. 867

C. 870　　D. 874

13. 某企业2018年发生亏损100万元，按规定可以用2019年度税前利润弥补，该企业2019年实现利润60万元，弥补了上年部分亏损，2019年末企业对实现的会计利润的会计处理是(　　)。

A. 借记“利润分配——盈余公积补亏”60，贷记“利润分配——未分配利润”60

B. 借记“本年利润”60，贷记“利润分配——未分配利润”60

C. 借记“盈余公积”60，贷记“利润分配——未分配利润”60

D. 借记“利润分配——未分配利润”60，贷记“利润分配——其他转入”60

14. 某上市公司发行普通股2 000万股，每股面值1元，每股发行价格4.5元，支付手续费18万元，支付咨询费20万元。该公司发行普通股计入股本的金额为(　　)万元。

A. 2 000　　B. 9 000

C. 1 962　　D. 3 462

15. A公司2018年年初盈余公积为260万元，当年以其中的盈余公积转增资本60万元。当年实现净利润300万元，提取盈余公积30万元，以盈余公积向投资者分配股利20万元。该公司2018年年末盈余公积为(　　)万元。

A. 200　　B. 230

C. 210　　D. 180

二、多项选择题

1. 下列项目中，能引起盈余公积发生增减变动的有(　　)。

A. 提取任意盈余公积　　B. 以盈余公积转增资本

C. 用任意盈余公积弥补亏损　　D. 用盈余公积派发新股

2. 下列各项中，应通过“资本公积”科目核算的有(　　)。

A. 发行股票取得的股本溢价

B. 转销确实无法偿还的应付账款

C. 接受现金捐赠

D. 持股比例不变的情况下，长期股权投资采用权益法核算，被投资单位资本公积增加

3. 下列各项中，不通过“库存股”科目核算的有(　　)。

A. 企业转让库存股或注销库存股

B. 股东因对股东大会做出的公司合并、分立决议持有异议而要求公司收购其股份的，企业实际支付的金额

C. 投资者投入的资本

D. 企业增发的股票

4. 股份有限公司委托其他单位发行股票时支付的手续费或佣金等相关费用，在做账务处理时涉及的科目有(　　)。

A.“资本公积”　　B.“盈余公积”

C.“利润分配——未分配利润”　　D.“财务费用”

5. 企业弥补亏损的渠道主要有(　　)。

A. 以资本公积弥补亏损　　B. 以盈余公积弥补亏损

C. 用以后5年税前利润弥补　　D. 用5年后的税后利润弥补

6. 企业吸收投资者出资时，下列会计科目的余额不会发生变化的有(　　)。

A.“库存股”　　B.“股本”

C.“长期股权投资”　　D.“资本公积”

7. 下列各项中，能够引起企业留存收益总额发生变动的有(　　)。

A. 以盈余公积补亏　　B. 提取任意盈余公积

C. 向投资者宣告分配现金股利　　D. 用盈余公积转增资本

8. 下列各项中，影响所有者权益总额发生变动的有(　　)。

A. 用盈余公积发放现金股利　　B. 用盈余公积弥补亏损

C. 股东大会宣告分配现金股利　　D. 实际发放股票股利

9. 下列各项，会影响企业资本公积总额的有（　　）。

A. 转销无法支付的应付账款　　B. 接受固定资产捐赠

C. 经股东大会批准将资本公积转增资本　　D. 权益法下被投资方回购股票

10. 下列各项，能引起负债和所有者权益项目同时发生变动的有（　　）。

A. 用盈余公积向投资者分配现金股利　　B. 董事会宣告发放股票股利

C. 用银行存款购买固定资产　　D. 用净利润向投资者分配现金股利

三、判断题

1. 企业增发新股，企业的股本或实收资本金额增加，但是所有者权益总额不发生变化。（　　）

2. 股份有限公司发行股票发生的手续费和佣金等费用，先从发行股票的溢价收入中抵销，发行股票的溢价不足冲减或无溢价，计入财务费用。（　　）

3. 经过股东大会或类似权力机构批准，企业可以用资本公积转增资本。（　　）

4. 企业实际支付已宣告的现金股利会导致企业所有者权益减少。（　　）

5. 企业接受投资者作价投入的材料物资，应按投资合同或协议约定价值确定材料物资价值（投资合同或协议约定价值不公允的除外）和在注册资本中应享有的份额。（　　）

6. 不管企业期初是否存在未弥补的亏损，当期计提法定盈余公积的基数都是当期实现的净利润。（　　）

7. 企业以盈余公积向投资者分配现金股利，不会引起留存收益总额的变动。（　　）

8. 所有者权益是指企业资产扣除负债后由所有者享有的剩余权益，公司所有者权益又称股东权益。（　　）

9. 企业用当年实现的利润弥补亏损时，应单独做出相应的会计处理。（　　）

10. 企业股东大会通过决议宣告发放现金股利和股票股利时，应作为负债和利润分配处理。（　　）

四、核算题

1. 甲股份有限公司（以下简称甲公司）2018 年 12 月 31 日的股本总额为 30 000 万股，每股面值为 1 元，资本公积（股本溢价）5 000 万元，盈余公积 3 000 万元，未分配利润 2 000 万元。经股东大会批准，甲公司拟以现金回购本公司股票 3 000 万股并注销。

要求：

（1）假定每股回购价为 0.9 元，编制回购股票和注销股票的会计分录；

（2）假定每股回购价为 3 元，编制回购股票和注销股票的会计分录；

（3）假定每股回购价为 4 元，编制回购股票和注销股票的会计分录。

2. 星光公司（有限责任公司）2018 年发生有关经济业务如下：

（1）按照规定办理增资手续后，将盈余公积 60 万元转增注册资本，其中 A、B、C 三家公司各占 1/3。

（2）用盈余公积 25 万元分配现金股利。

（3）从税后利润中提取法定盈余公积 30 万元。

(4)接受D公司加入联营，经投资各方协议，D公司实际出资额中300万元作为新增注册资本，使投资各方在注册资本总额中均占1/4。D公司以银行存款350万元缴付出资额。

要求：根据上述经济业务(1)～(4)编制星光公司的相关会计分录(不要求编制将利润分配各明细科目余额结转到“利润分配——未分配利润”科目中的分录)。

3. 甲、乙两个投资者向某有限责任公司投资，甲投资者投入自产产品一批，双方确认价值为170万元，公允价值是180万元，税务部门认定增值税税额为28.8万元，并开具了增值税专用发票。乙投资者投入货币资金9万元和一项固定资产，货币资金已经存入开户银行，该固定资产原账面价值为160万元，预计使用寿命为16年，已计提折旧50万元，计提减值准备20万元，双方确认的价值为90万元(假设是公允的)。假定甲、乙两位投资者投资时均不产生资本公积。两年后，丙投资者向该公司追加投资，其缴付该公司的出资额为人民币200万元，协议约定丙投资者享有的注册资本金额为140万元。

要求：根据上述资料，分别编制被投资公司接受甲、乙、丙投资的有关会计分录。

4. 甲企业是2018年1月1日由投资者A和投资者B共同出资成立，每人出资300 000元，各占50%的股份。该企业2019年10月31日“资本公积”贷方余额为6 000元。11月份发生如下与资本公积有关的业务(所涉及款项全部以银行存款收支)：

(1)11月1日投资者A和投资者B决定吸收C、D两位新投资者加入甲企业。经有关部门批准后，甲企业实施增资，将实收资本增加到2 400 000元。经四方协商，一致同意，完成下述投入后，各占甲企业1/4的股份。C、D投资者的出资情况如下：

①投资者C以900 000元投入甲企业作为增资，11月11日收到此款项并存入银行。

②投资者D以一台生产用设备投入甲企业作为增资，双方确认的价值为600 000元，税务部门认定应交增值税税额为96 000元。投资者D已开具了增值税专用发票。

(2)甲企业于11月1日取得乙企业30%的股权，作为长期股权投资核算，乙企业11月30日资本公积金额增加15 000元。

假定：以上合同约定的价值均公允。

要求：

(1)根据上述资料编制上述业务(1)～(2)的会计分录；

(2)计算资本公积的期末余额。

闯关四　收入的核算

一、单项选择题

1. 下列关于收入确认的表述中，不正确的是(　　)。

A. 按照企业从事日常活动的性质，收入可以分为主营业务收入和其他业务收入

B. 收入与所有者投入资本无关

C. 收入形成于企业的日常经营活动

D. 收入和利得的区别在于其是否形成于日常经营活动

2. 东方公司于2018年10月向北方公司提供某专利权的使用权，合同规定的使用期为

20 年，一次性收取使用费 500 000 元，且不提供后续服务，款项已经收到。则东方公司当年应确认的使用费收入为(　　)元。

A. 0　　B. 6 250

C. 500 000　　D. 250 000

3. 甲公司本年度委托乙商店代销一批零配件，代销价款 300 万元(不含增值税)。本年度收到乙商店交来的代销清单，代销清单列明已销售代销零配件的 70%，甲公司收到代销清单时向乙商店开具增值税发票。乙商店按代销价款的 5%收取手续费。该批零配件的实际成本为 180 万元。则甲公司本年度因此项业务应确认的销售收入为(　　)万元。

A. 300　　B. 180

C. 210　　D. 120

4. 2018 年 9 月 1 日，东大公司与客户签订一项安装劳务合同，预计 2019 年 12 月 31 日完工；合同总金额为 800 万元，预计总成本为 500 万元。截至 2018 年 12 月 31 日。该公司实际发生成本 150 万元，预计还将发生成本 350 万元。假定该合同的结果能够可靠地估计，按已经发生的成本占估计总成本的比例确认完工进度。2018 年度对该项合同确认的收入为(　　)万元。

A. 150　　B. 240

C. 350　　D. 500

5. 甲企业销售 A 产品每件 500 元，若客户购买 100 件(含 100 件)以上可得到 10%的商业折扣。乙公司于 2018 年 11 月 5 日购买该企业产品 200 件，款项尚未支付。按规定现金折扣条件为 2/10、1/20、n/30。适用的增值税税率为 16%。甲企业于 11 月 23 日收到该笔款项时，实际收到的金额为(　　)元(假定计算现金折扣时不考虑增值税)。

A. 116 000　　B. 116 900

C. 103 500　　D. 900

6. 企业取得的与收益相关的政府补助，用于补偿企业以后期间的相关费用或损失的，企业在收到补助时，应确认为(　　)。

A. 营业外收入　　B. 递延收益

C. 营业外支出　　D. 管理费用

7. 按照会计准则的规定，下列项目中不应确认为收入的是(　　)。

A. 出售原材料取得的收入　　B. 设备出租收入

C. 违约金收入　　D. 销售商品收取的不含税价款

8. 企业采用预收账款方式销售商品，确认销售收入的时点通常是(　　)。

A. 收到第一笔货款时　　B. 按合同约定的收款日期

C. 发出商品时　　D. 收到支付凭证时

9. 企业对外销售需要安装的商品时，若安装和检验属于销售合同的重要组成部分，则确认该商品销售收入的时间是(　　)。

A. 发出商品时　　B. 收到商品销售货款时

C. 商品运抵并开始安装时　　D. 商品安装完毕并检验合格时

10. 甲企业销售 A 产品每件 500 元，若客户购买 100 件(含 100 件)以上可得到 10%的商业折扣。乙公司于 2018 年 11 月 5 日购买该企业产品 200 件，款项尚未支付。按规定现金折扣条件为 2/10、1/20、n/30。适用的增值税税率为 16%。甲企业于 11 月 23 日收到该笔款项，则应给予乙公司的现金折扣的金额为（ ）元（假定计算现金折扣时不考虑增值税）。

A. 900　　B. 1 000

C. 1 160　　D. 2 320

11. 某企业 2018 年 8 月 1 日赊销一批商品，售价为 120 000 元（不含增值税），适用的增值税税率为 16%。规定的现金折扣条件为 2/10、1/20、n/30，计算现金折扣时考虑增值税。客户于 2018 年 8 月 15 日付清货款，该企业收款金额为（ ）元。

A. 118 800　　B. 136 416

C. 137 808　　D. 139 200

12. A 公司销售一批商品给 B 公司，开出的增值税专用发票上注明的售价为 10 000 万元。增值税税额为 1 600 万元。该批商品的成本为 8 000 万元。货到后 B 公司发现商品质量不合格，要求在价格上给予 3%的折让。B 公司提出的销售折让要求符合原合同的约定，A 公司同意并办妥了相关手续，假定销售商品后还未确认收入，则 A 公司应确认销售商品收入的金额为（ ）万元。

A. 348　　B. 9 700

C. 11 252　　D. 11 600

13. 对于在合同中规定了买方有权退货条款的销售，如无法合理确定退货的可能性，则符合商品销售收入确认条件的时点是（ ）。

A. 收到货款时　　B. 发出商品时

C. 签订合同时　　D. 买方正式接受商品或退货期满时

14. 某企业销售商品 7 000 件，每件售价 50 元（不含增值税），增值税税率 16%，企业为购货方提供的商业折扣为 15%，提供的现金折扣条件为 2/10、1/20、n/30（计算现金折扣时不考虑增值税）。该企业在这项交易中应确认的收入金额为（ ）元。

A. 320 000　　B. 308 200

C. 297 500　　D. 320 200

15. 企业采用支付手续费的委托代销商品，委托方确认商品销售收入的时间是（ ）。

A. 签订代销协议时　　B. 发出商品时

C. 收到代销清单时　　D. 收到代销款时

16. 下列项目中，应计入其他业务收入的是（ ）。

A. 转让无形资产所有权收入　　B. 出租固定资产收入

C. 罚款收入　　D. 股票发行收入

17. 2018 年 9 月 1 日，某公司与客户签订一项安装劳务合同，预计 2019 年 12 月 31 日完工；合同总金额为 2 400 万元，预计总成本为 2 000 万元。截至 2018 年 12 月 31 日。该公司实际发生成本 600 万元，预计将要发生成本 1 400 万元。假定该合同的结果能够可靠地估计，采用已经发生的成本占估计总成本的比例确认收入。2018 年度对该项合同确认的收入为（ ）万元。

A. 720　　B. 640

C. 350　　D. 600

18. 甲公司2018年5月13日与客户签订了一项工程劳务合同，合同期9个月，合同总收入500万元，预计合同总成本350万元；至2018年12月31日，实际发生成本160万元。甲公司按实际发生的成本占预计总成本的百分比确定劳务完成程度。在年末确认劳务收入时，甲公司发现，客户已发生严重的财务危机，估计只能从工程款中收回成本150万元。则甲公司2018年度应确认的劳务收入为(　　)万元。

A. 228.55　　B. 160

C. 150　　D. 10

19. 企业取得与资产相关的政府补助，实际收到款项时，借记"银行存款"科目，贷记(　　)科目。

A. "资本公积"　　B. "营业外收入"

C. "其他业务收入"　　D. "递延收益"

20. 关于政府补助的计量，下列说法中不正确的有(　　)。

A. 政府补助为货币性资产的，应当按照收到或应收的金额计量

B. 政府补助为非货币性资产的，公允价值能够可靠计量时，应当按照公允价值计量

C. 政府补助为非货币性资产的，应当按照账面价值计量

D. 政府补助为非货币性资产的，如不能可靠取得公允价值的，应当按照名义金额计量

21. 下列各项中，可以记入"递延收益"项目的是(　　)。

A. 罚款取得的款项　　B. 取得与资产相关的政府补助

C. 接受捐赠资产　　D. 捐赠支出

22. 对于企业已经发出商品但尚未确认销售收入的商品成本，应编制的会计分录为(　　)。

A. 借记"应收账款"科目，贷记"库存商品"科目

B. 借记"应收账款"科目，贷记"主营业务收入"科目(不考虑增值税)

C. 借记"主营业务成本"科目，贷记"库存商品"科目

D. 借记"发出商品"科目，贷记"库存商品"科目

23. A企业2018年8月10日收到B公司因质量问题而退回的商品10件，每件商品成本为100元。该批商品系A公司2018年5月13日出售给B公司，每件商品售价为230元，适用的增值税税率为16%，货款尚未收到，A公司尚未确认销售商品收入，也未开出增值税专用发票。因B公司提出的退货要求符合销售合同约定，A公司同意退货。A公司应在验收退货入库时做的会计处理为(　　)。

A. 借记"库存商品"1 000，贷记"主营业务成本"1 000

B. 借记"主营业务收入"2 691，贷记"应收账款"2 691

C. 借记"库存商品"1 000，贷记"发出商品"1 000

D. 借记"应交税费——应交增值税(销项税额)"391，贷记"应收账款"391

24. 某企业某月销售商品发生商业折扣20万元、现金折扣15万元、销售折让25万元。该企业上述业务计入当月财务费用的金额为(　　)万元。

A. 15　　B. 20

C. 35　　D. 45

25. 某企业销售商品5 000件，每件售价100元(不含增值税)，增值税税率为16%；企业

为购货方提供的商业折扣为10%，提供的现金折扣条件为2/10、1/20、n/30，并代垫运杂费500元。该企业在这项交易中应确认的收入金额为(　　)元。

A. 522 500　　B. 450 000

C. 500 000　　D. 450 500

26. 委托方采用支付手续费的方式委托代销商品，委托方在收到代销清单后应按(　　)确认收入。

A. 销售价款和增值税之和　　B. 商品的进价

C. 销售价款和手续费之和　　D. 商品售价

27. 甲企业委托乙企业代销一批商品6 000件，代销价款为100元/件。该商品成本为60元/件，甲企业适用增值税税率为16%，2018年5月，甲企业收到乙企业开来的代销清单上列明已销售代销商品的50%，甲企业向乙企业开具增值税专用发票。甲企业按售价的3%支付给乙企业手续费。甲企业2018年5月应确认的销售收入为(　　)元。

A. 300 000　　B. 188 000

C. 400 000　　D. 388 000

28. 甲企业2018年12月向乙企业提供某专利的使用权。合同规定：使用期10年，一次性收取使用费360 000元，不提供后续服务，款项已经收到。则甲企业当年应确认的使用费收入为(　　)元。

A. 0　　B. 6 000

C. 72 000　　D. 360 000

29. 企业收到用于补偿已发生的政策性损失的财政拨款时，借记“银行存款”科目的同时，贷记的会计科目为(　　)。

A.“银行借款”　　B.“资本公积”

C.“营业外收入”　　D.“实收资本”

30. 某企业收到用于补偿已发生费用的政府补助，应在取得时记入(　　)科目。

A.“递延收益”　　B.“营业外收入”

C.“资本公积”　　D.“其他业务收入”

二、多项选择题

1. 收入的特征表现为(　　)。

A. 收入会导致所有者权益的增加

B. 收入包括代收的增值税

C. 收入从日常活动中产生，而不是从偶发的交易或事项中产生

D. 收入与所有者投入资本无关

2. 下列有关收入确认的表述中，正确的有(　　)。

A. 在同一会计期间内开始并完成的劳务，应按完工百分比法确认收入

B. 在资产负债表日，已发生的合同成本预计全部不能收回时，应将已发生的成本确认为当期损益，不确认收入

C. 在提供的劳务交易结果不能可靠估计的情况下，已经发生的劳务成本预计能够得到补偿时，应在资产负债表日按已经发生的劳务成本确认成本

D. 劳务的开始和完成分属不同的会计期间，在劳务的交易结果能够可靠地计量的情况下，应在资产负债表日按完工百分比法确认收入

3. 甲企业 2018 年 10 月售出产品一批，并确认了收入，2018 年 12 月由于质量问题被退回时，在退回当期不应记入（　　）科目的借方。

A. “库存商品”　　B. “营业外支出”

C. “利润分配”　　D. “主营业务收入”

4. 下列各项中，属于让渡资产使用权收入的有（　　）。

A. 转让无形资产使用权取得的收入

B. 以经营租赁方式出租固定资产取得的租金

C. 进行债权投资收取的利息

D. 进行股权投资取得的现金股利

5. 关于政府补助的计量，下列说法中正确的有（　　）。

A. 与收益相关的政府补助，通常应当按照到账的实际金额计量

B. 政府补助为非货币性资产的，公允价值能够可靠计量时，应当按照公允价值计量

C. 政府补助为非货币性资产的，应当按照账面价值计量

D. 政府补助为非货币性资产的，如不能可靠取得公允价值的，应当按照名义金额计量

6. 下列各科目中，能够反映已经发出但尚未确认销售收入的商品成本的有（　　）。

A. 生产成本　　B. 委托代销商品

C. 发出商品　　D. 库存商品

7. 下列有关收入确认的表述中，正确的有（　　）。

A. 如劳务的开始和完成分属于不同会计期间，应按完工百分比法确认收入

B. 在收取手续费方式下，委托代销方式销售商品时要在收到受托方开具的代销清单时确认收入

C. 资产使用费收入应当按合同规定确认

D. 在预收款销售方式下，收到货款时确认收入

8. 下列各项中，不应计入商品销售收入的有（　　）。

A. 已经发生的销售折让　　B. 应收取增值税销项税额

C. 实际发生的商业折扣　　D. 应收取的代垫运杂费

9. 下列各项中，工业企业应确认为其他业务收入的有（　　）。

A. 对外销售材料收入　　B. 出售专利所有权收入

C. 处置营业用房净收益　　D. 转让商标使用权收入

10. 企业跨期提供劳务的，期末可以按照完工百分比法确认收入的条件包括（　　）。

A. 劳务总收入能够可靠计量　　B. 相关的经济利益能够流入企业

C. 劳务的完成程度能够可靠地确定　　D. 劳务总成本能够可靠计量

11. 下列各项中，可用于确定所提供劳务完工进度的方法有（　　）。

A. 根据测量的已完工作量加以确定

B. 按已经发生的成本占估计总成本的比例计算确定

C. 按已经收到的金额占合同总金额的比例计算确定

D. 按已经提供的劳务占应提供劳务总量的比例计算确定

12. 下列各项中，属于让渡资产使用权收入的是(　　)。

A. 转让无形资产使用权取得的收入

B. 以经营租赁方式出租固定资产取得的租金

C. 进行债权投资收取的利息

D. 进行股权投资取得的现金股利

13. 下列各项中，属于政府补助的有(　　)。

A. 直接减免的税款　　B. 财政拨款

C. 税收返还　　D. 行政划拨的土地使用权

14. 企业取得的下列款项中，符合“收入”会计要素定义的有(　　)。

A. 转让无形资产使用权取得的款项　　B. 出售原材料收取的价款

C. 出售自制半成品收取的价款　　D. 出售固定资产收取的价款

15. 甲企业 2018 年 10 月售出产品一批，并确认了收入，2019 年 3 月由于质量问题被退回时，其冲减的销售收入在退回当期可能记入(　　)科目的借方。

A.“以前年度损益调整”　　B.“营业外支出”

C.“利润分配”　　D.“主营业务收入”

三、判断题

1. 企业在确定商品销售收入金额时，应该考虑各种可能发生的现金折扣和销售折让。(　　)

2. 收入不一定表现为企业资产的增加。(　　)

3. 作为六大会计要素之一的收入，通常不包括处置固定资产净收益、转让无形资产使用权取得的款项等。(　　)

4. 如果企业取得的与收益相关的政府补助，用于补偿企业已发生的相关费用或损失的，应在取得时计入营业外收入。(　　)

5. 政府给予企业的货币性或非货币性资产，均属于政府补助。(　　)

6. 企业的收入包括主营业务收入、其他业务收入和营业外收入。(　　)

7. 企业销售商品一批，并已收到款项，即使商品的成本不能够被可靠地计量，也要确认相关的收入。(　　)

8. 已完成销售手续、但购买方在当月尚未提取的产品，销售方仍应作为本企业库存商品核算。(　　)

9. 企业对于发出的商品，不符合收入确认条件的，应按其实际成本编制会计分录：借记“发出商品”科目，贷记“库存商品”科目。(　　)

10. 企业在确认商品销售收入后发生的销售折让，应在实际发生时计入财务费用。(　　)

11. 企业 2018 年 5 月售出的产品在 2019 年 6 月被退回时，企业应冲减 2018 年度的主营业务收入和主营业务成本。(　　)

12. 在采用支付手续费的委托代销方式下，委托方应在收到代销清单时确认收入。(　　)

13. 以销售商品、提供劳务为主营业务的企业，销售单独计价的包装物实现的收入通过

“主营业务收入”科目进行核算。（ ）

14. 企业劳务的开始和完成分属于不同的会计期间，且在资产负债表日提供劳务交易的结果能够可靠估计的，应采用完工百分比法确认劳务收入。（ ）

15. 在采用完工百分比法确认收入时，本年确认的收入＝劳务总收入×本年年末劳务的完成程度。（ ）

16. 企业应将让渡资产使用权取得的收入计入营业外收入中。（ ）

17. 政府向企业提供补助具有无偿性的特点。政府并不因此而享有企业的所有权，企业未来也不需要以提供服务、转让资产等方式偿还。（ ）

18. 企业收到的政府补助为非货币性资产的，如果没有注明价值，且没有活跃交易市场，不能可靠取得公允价值，应按该资产未来现金流量的现值作为入账价值。（ ）

19. 2018 年 11 月 1 日，A 公司收到政府补助 7 000 元，用于补偿 A 公司已经发生的管理部门相关费用和损失，甲公司应冲减管理费用。（ ）

20. 企业出售无形资产和出租无形资产取得的收益，均应作为其他业务收入核算。（ ）

四、核算题

1. 甲公司为增值税一般纳税人，适用的增值税税率为 16%。2018 年 3 月份发生下列销售业务：

(1)3 日，向 A 公司销售商品 1 000 件，每件商品的标价为 80 元。为了鼓励多购商品，甲公司同意给予 A 公司 10%的商业折扣。开出的增值税专用发票上注明的售价为 72 000 元，增值税税额为 11 520 元。商品已发出，货款已收存银行。

(2)5 日，向 B 公司销售商品一批，开出的增值税专用发票上注明的售价为 60 000 元，增值税税额为 9 600 元。甲公司为了及早收回货款，在合同中规定的现金折扣条件为：2/10、1/20、*n*/30。

(3)13 日，收到 B 公司扣除所享受现金折扣后的全部款项，并存入银行。假定计算现金折扣时不考虑增值税。

(4)15 日，向 C 公司销售商品一批，开出的增值税专用发票上注明的售价为 90 000 元，增值税税额为 14 400 元。货款尚未收到。

(5)20 日，C 公司发现 15 日所购商品不符合合同规定的质量标准，要求甲公司在价格上给予 8%的销售折让。甲公司经查明后，同意给予折让，收到 C 公司转来的税务部门出具的增值税专用发票(红字)。

要求：编制甲公司上述销售业务的(1)～(5)会计分录。

(“应交税费”科目要求写出明细科目和专栏名称；本题不要求编制结转销售成本的会计分录。)

2. 星光公司为增值税一般纳税人，适用的增值税税率为 16%，销售价格除标明为含税价格外，其余均为不含增值税价格，商品销售成本随销售同时结转。2018 年 3 月 1 日，A 商品账面余额为 460 万元，未计提存货跌价准备。2018 年 3 月发生的有关采购与销售业务如下：

(1)3 月 3 日，从甲公司采购 A 商品一批，收到的增值税专用发票上注明的货款为 160

万元,增值税为25.6万元。A商品已验收入库,款项尚未支付。

(2)3月8日,向B公司销售SD商品一批,开出的增值税专用发票上注明的售价为300万元,增值税为48万元,该批A商品实际成本为240万元,款项尚未收到。

(3)销售给乙公司的部分A商品由于存在质量问题,3月20日乙公司要求退回3月8日所购A商品的50%,经过协商,星光公司同意了乙公司的退货要求,并按规定向乙公司开具了增值税专用发票(红字),发生的销售退回允许扣减当期的增值税销项税额,该批退回的A商品已验收入库。

(4)3月31日,经过减值测试,SD商品的可变现净值为460万元。

要求:

(1)编制星光公司上述(1)、(2)、(3)项业务的会计分录;

(2)计算星光公司2018年3月31日A商品的账面余额;

(3)计算星光公司2018年3月31日A商品应确认的存货跌价准备金额并编制会计分录。

3. A、B两公司签订了一份400万元的劳务合同,A公司为B公司开发一套软件系统(以下简称项目)。2018年3月2日项目开发工作开始,预计2020年2月26日完工。预计开发完成该项目的总成本为360万元。其他有关资料如下:

(1)2018年3月31日,A公司预收B公司支付的项目款170万元存入银行(A公司单独设置了预收账款账户)。

(2)2018年A公司为该项目实际发生劳务成本126万元。

(3)至2019年12月31日,A公司为该项目累计实际发生劳务成本315万元。

(4)A公司在2018年、2019年末均能对该项目的结果予以可靠估计。

软件开发属于A公司的主营业务,且假定不考虑相关税费。

要求:

(1)计算A公司2018年、2019年该项目的完成程度;

(2)计算A公司2018年、2019年该项目确认的收入和费用;

(3)编制A公司2018年收到项目款、确认收入和费用的会计分录。

4. 2012年1月10日,政府拨付甲企业450万元财政拨款(同日到账),要求用于购买大型科研设备1台;并规定若有结余,留归企业自行支配。2012年2月1日,甲企业购入不需要安装的大型设备专门用于一项科研项目——再生能源发电,研制成功后向国家申请专利。实际成本为360万元,使用寿命为10年,采用直线法计提折旧,净残值为零。2019年2月1日,甲企业以120万元出售了这台设备。

要求:根据上述资料,编制与政府补助相关的会计分录。

闯关五　费用的核算

一、单项选择题

1. 以下属于"税金及附加"科目核算的是(　　)。

A. 契税　　B. 城市维护建设税
C. 印花税　　D. 房产税

2. 企业专设销售机构人员的工资应记入(　　)账户。
A. "管理费用"　　B. "销售费用"
C. "制造费用"　　D. "其他业务成本"

3. 企业发生的下列各项支出,记入"财务费用"科目的是(　　)。
A. 发生的现金折扣　　B. 发生的销售折让
C. 进行股票投资支付的手续费　　D. 满足资本化条件的长期借款利息

4. 企业筹建期间发生的长期借款利息支出不能资本化的部分应该计入(　　)。
A. 财务费用　　B. 营业外收入
C. 管理费用　　D. 在建工程

5. 下列各项中,不属于企业期间费用的是(　　)。
A. 固定资产维修费　　B. 聘请中介机构费
C. 生产用固定资产折旧　　D. 企业发生的现金折扣

6. 下列各项利息中,不应该记入"财务费用"科目的是(　　)。
A. 长期借款在筹建期间的利息
B. 带息应付票据的应计利息
C. 长期借款在生产经营期间的不符合资本化条件的利息
D. 带息应收票据的应计利息

7. 下列各项费用,不应记入"管理费用"科目的是(　　)。
A. 离退休人员的工资　　B. 业务招待费
C. 发出商品途中保险费　　D. 管理部门固定资产折旧

8. 下列各项中,不属于费用的是(　　)。
A. 主营业务成本　　B. 销售费用
C. 营业外支出　　D. 税金及附加

9. 甲企业 2018 年 5 月份发生制造费用 50 万元,管理费用 4 万元,销售费用 10 万元,那么甲企业 2018 年 5 月份的费用总额合计为(　　)万元。
A. 14　　B. 54
C. 60　　D. 64

10. 随同产品出售且单独计价的包装物,应于包装物发出时结转其成本,记入(　　)科目。
A. "销售费用"　　B. "其他业务成本"
C. "管理费用"　　D. "营业外支出"

11. 企业对于已经发出且符合收入确认条件的商品(未计提存货跌价准备),其成本应借记的科目是(　　)。
A. "在途物资"　　B. "发出商品"
C. "库存商品"　　D. "主营业务成本"

12. 2018 年 8 月,某公司销售一批原材料,开具的增值税专用发票上注明的售价为 5 000 元,增值税税额为 800 元,材料成本 4 000 元,则该企业编制会计分录时,应借记的"其他业务成本”科目的金额是(　　)元。

A. 4 000　　B. 5 000

C. 5 800　　D. 9 000

13. 某企业某月销售生产的商品确认销售成本 100 万元,销售原材料确认销售成本 10 万元,本月发生现金折扣 1.5 万元。不考虑其他因素,该企业该月计入其他业务成本的金额为(　　)万元。

A. 100　　B. 110

C. 10　　D. 11.5

14. 下列日常经营活动涉及的税金中,记入“税金及附加”科目的是(　　)。

A. 房产税,增值税　　B. 城市维护建设税,教育费附加

C. 消费税,增值税　　D. 印花税,消费税

15. 下列各项中,不属于企业期间费用的是(　　)。

A. 固定资产维修费　　B. 聘请中介机构费

C. 生产车间管理人员工资　　D. 企业发生的现金折扣

16. 某企业 2017 年 3 月份发生的费用有:计提车间用固定资产折旧 10 万元,发生车间管理人员薪酬 40 万元,支付广告费用 30 万元,计提短期借款利息 20 万元,计提车船税 10 万元。则该企业当期的期间费用总额为(　　)万元。

A. 50　　B. 60

C. 100　　D. 110

17. 下列各项中,应该通过“销售费用”科目核算的是(　　)。

A. 销售方发生的现金折扣　　B. 出售固定资产支付的清理费用

C. 销售商品过程中发生的保险费用　　D. 业务招待费

18. 下列各项中,应计入管理费用的是(　　)。

A. 企业管理人员差旅费　　B. 固定资产发生的盘亏净损失

C. 筹建期间资本化的借款利息支出　　D. 生产车间管理人员工资

19. 某企业某月销售商品发生商业折扣 400 万元、现金折扣 200 万元、销售折让 150 万元。该企业上述业务计入当月财务费用的金额为(　　)万元。

A. 400　　B. 200

C. 150　　D. 350

20. 某公司 2018 年销售甲产品 10 件,单价 10 万元,单位成本 8 万元,支付税收滞纳金 2 万元,发生销售费用 5 万元,该公司 2018 年的费用总额合计为(　　)万元。

A. 80　　B. 85

C. 82　　D. 100

21. 下列各项中,应计入其他业务成本的是(　　)。

A. 库存商品盘亏净损失　　B. 经营租出固定资产折旧

C. 向灾区捐赠的商品成本　　D. 火灾导致原材料毁损净损失

22. 2018 年 1 月 1 日建华公司的经营租出管理用设备一台,每月设备折旧金额 100 万元,租期为两年,租金在每季末收取。则 2018 年 1 月末针对计提的折旧金额应编制的会计分录为(　　)。(分录中的金额单位为万元。)

A. 借记“其他业务成本”100，贷记“预付账款”100

B. 借记“其他业务成本”100，贷记“银行存款”100

C. 借记“其他业务成本”100，贷记“累计折旧”100

D. 借记“管理费用”100，贷记“累计折旧”100

23. 下列各项中，可通过其他业务成本核算的业务是（　　）。

A. 计提经营出租固定资产的折旧　　B. 企业购买商品支付的增值税

C. 销售商品时产生的消费税　　D. 出售无形资产所有权缴纳的增值税

24. 某工业企业 2018 年 3 月份发生的费用有：发生生产车间管理人员工资 80 万元，发生行政管理部门人员工资 60 万元，支付广告费用 40 万元，计提短期借款利息 40 万元，支付固定资产维修费 30 万元。则该企业当期的期间费用总额为（　　）万元。

A. 100　　B. 140

C. 170　　D. 250

25. 甲企业 2018 年 3 月份发生的费用有：计提车间管理人员工资费用 50 万元，发生管理部门人员工资 30 万元，支付广告宣传费用 40 万元，筹集外币资金发生汇兑损失 10 万元，支付固定资产维修费用 15 万元。则该企业当期的期间费用总额为（　　）万元。

A. 95　　B. 130

C. 140　　D. 145

26. 下列各项中，不属于期间费用的是（　　）。

A. 管理部门固定资产维修费　　B. 预计产品质量保证损失

C. 因违约支付的赔偿款　　D. 汇兑损益

27. 下列各项中，应计入管理费用的是（　　）。

A. 公益性捐赠支出　　B. 筹建期间内发生的开办费

C. 固定资产处置净收益　　D. 广告费

28. 某企业某月销售商品发生商业折扣 40 万元、现金折扣 30 万元、销售折让 50 万元。该企业上述业务计入当月财务费用的金额为（　　）万元。

A. 30　　B. 40

C. 70　　D. 90

29. 下列各项中，不应计入财务费用的是（　　）。

A. 长期借款在筹建期间的利息

B. 带息应付票据的应计利息

C. 不符合资本化条件的生产经营期间长期借款利息支出

D. 带息应收票据的应计利息

30. 下列税金中，可以通过“税金及附加”科目核算的是（　　）

A. 增值税　　B. 契税

C. 车船税　　D. 消费税

二、多项选择题

1. 企业的营业成本包括（　　）。

A. 主营业务成本　　B. 其他业务成本

C. 税金及附加　　D. 生产成本

2. 下列各项中,应在发生时直接确认为期间费用的有(　　)。

A. 专设销售机构人员的薪酬　　B. 展览费支出

C. 固定资产安装工人薪酬　　D. 管理人员薪酬

3. 下列各项中,应计入销售费用的有(　　)。

A. 销售产品发生的商业折扣

B. 销售商品过程中发生的商品维修费

C. 出租包装物的摊销

D. 结转随同商品出售但不单独计价的包装物成本

4. 下列各项中,属于企业销售费用核算范围的有(　　)。

A. 广告费　　B. 业务招待费

C. 预计产品质量保证费　　D. 专设销售机构发生的固定资产修理费

5. 下列各项中,属于费用的有(　　)。

A. 制造费用　　B. 管理费用

C. 营业外支出　　D. 其他业务成本

6. 企业的营业成本包括(　　)。

A. 主营业务成本　　B. 其他业务成本

C. 营业外支出　　D. 生产成本

7. 下列项目属于"其他业务成本"科目核算的内容有(　　)。

A. 出租的无形资产的摊销额　　B. 出租无形资产支付的服务费

C. 销售材料结转的材料成本　　D. 出售固定资产发生的处置净损失

8. 企业日常经营活动涉及的下列各种税金中,应计入税金及附加的有(　　)。

A. 矿产资源补偿费　　B. 消费税

C. 增值税销项税额　　D. 城市维护建设税

9. 企业日常经营活动涉及的下列各项税金中,应计入税金及附加的有(　　)。

A. 城市维护建设税　　B. 消费税

C. 房产税　　D. 印花税

10. 下列各项中,应在发生时直接确认为期间费用的有(　　)。

A. 专设销售机构固定资产的折旧费　　B. 业务招待费

C. 管理人员差旅费　　D. 车间管理人员薪酬

11. 下列各项中,不应在发生时确认为销售费用的有(　　)。

A. 车间管理人员的工资　　B. 投资性房地产的折旧额

C. 专设销售机构固定资产的维修费　　D. 预计产品质量保证损失

12. 下列项目中,不计入财务费用处理的有(　　)。

A. 企业销售商品发生的商业折扣　　B. 企业销售商品发生的销售折让

C. 企业购买商品获得的现金折扣　　D. 企业购买商品放弃的现金折扣

13. 下列各项中,记入"财务费用"科目借方的有(　　)。

A. 公司发行股票支付的手续费、佣金等发行费用

B. 资本化的借款利息支出

C. 销货企业实际发生的现金折扣
D. 支付银行承兑汇票的手续费

14. 下列各项中,应计入财务费用的有(　　)。

A. 诉讼费　　B. 业务招待费
C. 汇兑损失　　D. 购货单位享受的现金折扣

15. 下列各项中,不应计入管理费用的有(　　)。

A. 支付离退休人员工资　　B. 生产车间管理人员的工资
C. 摊销管理部门用无形资产　　D. 计提坏账准备

16. 下列各项费用,应计入销售费用的有(　　)。

A. 费用化的利息支出　　B. 业务招待费
C. 广告费　　D. 展览费

17. 下列各项中,属于企业销售费用核算范围的有(　　)。

A. 广告费　　B. 业务招待费
C. 预计产品质量保证费　　D. 专设销售机构发生的固定资产修理费

18. 下列各项中,属于期间费用的有(　　)。

A. 董事会会费　　B. 管理部门的劳动保险费
C. 销售人员工资　　D. 季节性停工损失

19. 下列各项中,属于费用核算范围的有(　　)。

A. 销售商品结转的商品成本　　B. 出售固定资产产生的净损失
C. 出租固定资产计提的折旧费　　D. 因违约支付的赔偿款

三、判断题

1. 企业专设销售机构销售人员的工资应记入“管理费用”科目。(　　)

2. 制造费用与管理费用不同,本期发生的管理费用直接影响本期损益,而本期发生的制造费用不一定影响本期的损益。(　　)

3. 计提的长期借款的利息费用均计入财务费用中。(　　)

4. 企业应交的房产税、教育费附加、印花税、矿产资源补偿费均应记入“管理费用”科目。(　　)

5. 企业出售固定资产发生的处置净损失属于企业的费用。(　　)

6. 费用是指企业在日常活动中发生的、会导致资产减少的、与向所有者分配利润无关的经济利益的总流出。(　　)

7. 营业成本包括主营业务成本和其他业务成本、税金及附加。(　　)

8. 出租固定资产的折旧额,记入利润表中的“营业成本”项目中。(　　)

9. 企业出售原材料取得的款项扣除其成本及相关费用后的净额,应当计入营业外收入或营业外支出。(　　)

10. 企业自己耗用的低值易耗品的摊销应通过“税金及附加”科目核算。(　　)

11. “制造费用”是成本类科目,不是期间费用的核算范围。(　　)

12. 工业企业为拓展销售市场所发生的业务招待费,应计入管理费用。(　　)

13. 企业取得交易性金融资产时支付的相关税费计入财务费用。（　　）

14. 应当在确认销售商品收入、提供劳务收入等时，将已销售商品、已提供劳务的成本等计入当期损益。（　　）

15. 企业向银行或其他金融机构借入的各种款项所发生的利息均应计入财务费用。（　　）

四、核算题

1. 甲股份有限公司（以下简称甲公司）为增值税一般纳税人，适用的增值税税率为16%，销售单价均为不含增值税价格，存货均未计提存货跌价准备。甲公司2018年10月发生如下业务：

(1)10月3日，向乙企业赊销A产品100件，单价为40 000元，单位销售成本为20 000元。

(2)10月15日，向丙企业销售材料一批，价款为700 000元，该材料发出成本为500 000元。上月已经预收账款600 000元。当日丙企业支付剩余货款。

(3)10月18日，丁企业要求退回本年9月25日购买的40件B产品。该产品销售单价为40 000元，单位销售成本为20 000元，其销售收入1 600 000元已确认入账，价款已于销售当日收取。经查明退货原因系发货错误，同意丁企业退货，并办理退货手续和开具红字增值税专用发票，并于当日退回了相关货款。

(4)10月20日，收到外单位租用本公司办公用房下一年度租金300 000元，款项已收存银行。

(5)10月31日，计算本月应缴纳的城市维护建设税36 890元，其中销售产品应缴纳28 560元，销售材料应缴纳8 330元；教育费附加15 810元，其中销售产品应缴纳12 240元，销售材料应缴纳3 570元。

要求：

(1)根据上述(1)～(5)业务编制相关的会计分录；

(2)计算甲公司2018年10月份发生的费用总额。

（应交税费科目须写出二级和三级明细科目，其他科目可不写出明细科目。）

2. 甲公司为增值税一般纳税人，适用的增值税税率为16%，消费税税率为10%，产品销售价格中均不含增值税金额。销售产品为公司的主营业务，2018年度，甲公司发生如下业务：

(1)2月5日，向A公司销售商品一批100 000件，单价10元。为了鼓励多购商品，甲公司同意给予A公司10%的商业折扣。该批商品的实际成本是500 000元，商品已经发出，货款尚未收到。

(2)3月1日，收到本年2月5日销售商品的全部货款。

(3)5月20日，向B公司销售应税消费品1 000件，每件商品的标价为80元。开出的增值税专用发票上注明的售价为80 000元，增值税为12 800元。甲公司为了及早收回货款，在合同中规定的现金折扣条件为：2/10、1/20、n/30。每件商品成本为60元。

(4)6月5日，收到B公司扣除所享受现金折扣后的全部款项并存入银行（假定计算现金折扣不用考虑增值税）。

(5)期末，应收账款的账面余额为1 000 000元，甲公司按照应收账款账面余额的5%计提坏账准备。假定期初坏账准备的余额为0。

(6)支付业务招待费 200 000 元。

(7)计提并支付专设销售机构人员薪酬 50 000 元。

(8)支付印花税 10 000 元。

假定不考虑其他事项。

要求:

(1)根据上述(1)～(8)业务编制甲公司的会计分录;

(2)计算甲公司 2018 年发生的期间费用总额("应交税费"科目要求写出明细科目及专栏名称,答案中的金额单位用元表示)。

3. 凯歌公司某月发生的部分经济业务如下:

(1)向乙公司销售 A 产品一批(属应税消费品),开出的增值税专用发票上注明售价为 100 000 元,适用的增值税税率为 16%,消费税税率为 10%,成本 60 000 元,已收到货款,并将提货单交给乙公司。

(2)以银行存款支付销售 A 产品的运费 5 000 元。

(3)为拓展市场发生业务招待费 10 000 元,以银行存款支付。

(4)计提本月应负担的日常经营活动中的城市维护建设税 2 100 元,教育费附加 900 元,当期已用银行存款支付。

(5)3 月份基本生产车间领用材料 500 000 元,辅助生产车间领用材料 300 000 元,车间管理部门领用材料 50 000 元,企业行政管理部门领用材料 30 000 元。

(6)结转本月随同产品出售不单独计价的包装物的成本 4 000 元。

要求:根据上述(1)～(6)业务编制会计分录。

闯关六　利润的核算

一、单项选择题

1. 下列各项,不影响企业营业利润的项目是(　　)。

A. 劳务收入　　B. 财务费用

C. 出售包装物收入　　D. 出售固定资产净收益

2. 某工业企业 2018 年度主营业务收入为 5 000 万元,主营业务成本为 2 780 万元,销售生产用原材料确认收入 50 万元,结转成本 30 万元,财务费用为 20 万元,营业外收入为 20 万元,营业外支出为 10 万元,所得税税率为 25%。假定不考虑其他因素,该企业 2018 年度的净利润应为(　　)万元。

A. 1 680　　B. 1 665

C. 1 672.5　　D. 1 687.5

3. 甲企业本期主营业务收入为 500 万元,主营业务成本为 300 万元,其他业务收入为 200 万元,其他业务成本为 100 万元,销售费用为 15 万元,资产减值损失为 45 万元,公允价值变动收益为 60 万元,投资收益为 20 万元,假定不考虑其他因素,该企业本期营业利润为

(　　)万元。

A. 300　　B. 320

C. 365　　D. 380

4. 下列各项中,应计入营业外收入的是(　　)。

A. 银行存款利息收入　　B. 存货盘盈

C. 债务重组利得　　D. 确实无法收回的应收账款

5. 下列各项业务中,不应通过"营业外收入"科目核算的有(　　)。

A. 存货盘盈　　B. 转销无法偿付的应付账款

C. 接受现金捐赠　　D. 接受政府补助

6. 某企业收到用于补偿已发生费用的政府补助,应在取得时计入(　　)。

A. 营业外收入　　B. 递延收益

C. 其他业务收入　　D. 其他应收款

7. 下列交易或事项,不应确认为营业外支出的是(　　)。

A. 公益性捐赠支出　　B. 无形资产出售净损失

C. 固定资产盘亏净损失　　D. 计提坏账准备

8. 下列交易或事项,应确认为营业外支出的是(　　)。

A. 罚款支出　　B. 无形资产计提减值

C. 固定资产计提减值　　D. 计提坏账准备

9. 某工业企业2018年度主营业务收入为3 000万元,营业成本为2 500万元,其他业务收入为20万元,其他业务成本为10万元,销售商品发生现金折扣10万元,营业外收入为20万元,支付税收滞纳金10万元,所得税税率为25%。假定不考虑纳税调整因素,该企业2018年度的净利润应为(　　)万元。

A. 375　　B. 382.5

C. 386.2　　D. 390

10. 某企业2018年度的利润总额为1 000万元,其中包括本年收到的国库券利息收入20万元;假定业务招待费税法规定的扣除标准为400万元,企业全年实际发生的业务招待费为350万元,企业所得税税率为25%。该企业2018年所得税费用为(　　)万元。

A. 250　　B. 232.5

C. 245　　D. 257.5

11. 某国有工业企业,2018年6月份发生一场火灾,共计损失260万元,其中,流动资产损失80万元,固定资产损失180万元。经查明事故原因是由于雷击所造成的。企业收到保险公司的赔偿款100万元,其中,流动资产保险赔偿款30万元,固定资产保险赔偿款70万元。假定不考虑相关税费。企业由于这次火灾损失而应计入营业外支出的金额为(　　)万元。

A. 180　　B. 55

C. 160　　D. 125

12. 某企业将固定资产报废,取得价款100万元,固定资产的账面原值为300万元,已计提折旧245万元,已计提固定资产价值准备5万元,支付清理的费用为10万元,则计入营业外收入的金额为(　　)万元。

A. 40　　　　B. 60

C. 50　　　　D. 100

13. 某企业2018年度利润总额为630万元，其中国债利息收入为30万元。当年按税法核定的全年计税工资为100万元，实际分配并发放工资为95万元。假定该企业无其他纳税调整项目，适用的所得税税率为25%。该企业2018年所得税费用为(　　)万元。

A. 175　　　　B. 150

C. 100　　　　D. 157.5

14. 某企业2018年度利润总额为505万元，其中本年度国债利息收入8万元，已计入营业外支出的税收滞纳金3万元；企业所得税税率为25%。假定不考虑其他因素，该企业2018年度所得税费用为(　　)万元。

A. 126.25　　　　B. 125

C. 124.25　　　　D. 100

15. 某企业年初未分配利润为借方余额4 000元，当年净利润为70 000元，按10%的比例提取盈余公积。该企业年末未分配利润为(　　)元。

A. 59 400　　　　B. 66 000

C. 69 700　　　　D. 67 000

16. 某工业企业2018年度营业利润为2 510万元，主营业务收入为4 000万元，主营业务成本为1 580万元，管理费用为25万元，营业外收入为120万元，营业外支出为100万元，所得税税率为25%。假定不考虑其他因素，该企业2018年度的净利润应为(　　)万元。

A. 3 693.75　　　　B. 1 897.5

C. 1 505.6　　　　D. 1 882.5

17. 某企业全年实现利润总额105万元，其中包括国债利息收入35万元，税收滞纳金20万元，超标的业务招待费10万元。该企业的所得税税率为25%。假设不存在递延所得税，则计算的本期所得税费用为(　　)万元。

A. 25　　　　B. 26.25

C. 35　　　　D. 31.25

18. 某国有企业2018年8月份因雷击造成火灾，共计损失150万元，其中，流动资产损失90万元，固定资产损失60万元。企业收到保险公司的赔偿款90万元，其中，流动资产保险赔偿款70万元，固定资产保险赔偿款20万元。企业由于这次火灾损失而应计入营业外支出的金额为(　　)万元。

A. 150　　　　B. 90

C. 60　　　　D. 70

19. 企业取得与收益相关的政府补助，用于补偿企业已发生的相关费用或损失的，应该借记银行存款，同时贷记(　　)科目。

A. “实收资本”　　　　B. “递延收益”

C. “资本公积”　　　　D. “营业外收入”

二、多项选择题

1. 下列各项中，影响营业利润项目的有(　　)。

A. 营业收入　　B. 资产减值损失
C. 营业外收入　　D. 公允价值变动损益

2. 下列各项中,需调整增加企业应纳税所得额的项目有(　　)。
A. 国债利息收入　　B. 已计入损益的税收滞纳金
C. 超标的业务招待费支出　　D. 合同违约罚款

3. 下列各项,影响当期利润表中净利润的有(　　)。
A. 固定资产盘亏净损失　　B. 确认所得税费用
C. 对外捐赠固定资产　　D. 无形资产出售利得

4. 下列各项中,需调整增加企业应纳税所得额的项目有(　　)。
A. 已计入投资收益的国库券利息收入
B. 已超过税法规定扣除标准,但已计入当期费用的业务招待费
C. 支付并已计入当期损失的各种税收滞纳金
D. 未超标的业务招待费支出

5. 下列项目中属于营业外支出的有(　　)。
A. 捐赠现金支出　　B. 税收滞纳金支出
C. 利息支出　　D. 债务重组损失

6. 下列各项,影响当期利润表中净利润的有(　　)。
A. 对外捐赠无形资产　　B. 确认所得税费用
C. 固定资产盘亏净损失　　D. 固定资产出售利得

7. 下列各项,影响企业利润总额的有(　　)。
A. 管理费用　　B. 财务费用
C. 所得税费用　　D. 商品的销售成本

8. 下列各项中,影响营业利润的项目有(　　)。
A. 营业外收入　　B. 公允价值变动损益
C. 资产减值损失　　D. 所得税费用

9. 下列项目中,作为当期营业利润增加项目的有(　　)。
A. 销售方负担的运费　　B. 转让股权投资获得的收益
C. 出售材料的收入　　D. 取得的罚款收入

10. 下列各项中,影响当期利润表中利润总额的有(　　)。
A. 固定资产盘盈　　B. 确认所得税费用
C. 对外捐赠固定资产　　D. 无形资产出售利得

三、判断题

1. 企业出售不动产计算应交的增值税应直接记入“营业外支出”科目。　　(　　)

2. 企业盘亏现金的净损失,应计入营业外支出。　　(　　)

3. 某企业 2018 年年初有上年形成的亏损 25 万元,当年实现利润总额 10 万元,所得税税率为 25%,则企业 2018 年需要缴纳企业所得税 2.5 万元。　　(　　)

4. 应纳税所得额是在企业税前会计利润(即利润总额)的基础上调整确定的。应交所得税=应纳税所得额×所得税税率。　　(　　)

5. 企业获得的捐赠利得应该计入营业外收入中，影响利润总额。 ( )

6. 表结法下，每月月末均需编制转账凭证，将在账上结计出的各损益类科目的余额结转入本年利润科目。 ( )

7. 企业采用账结法结转本年利润的，年度内每月月末损益类科目发生额合计数和月末累计余额无须转入本年利润科目但要将其填入利润表，在年末时将损益类科目全年累计余额转入本年利润科目。 ( )

8. 所得税是企业根据应纳税所得额的一定比例上交的一种税金。应纳税所得额是在企业税前会计利润(即利润总额)的基础上调整确定的。 ( )

9. 某企业 2018 年度利润总额为 1 800 万元，其中本年度国债利息收入 200 万元；企业所得税税率为 25%。假定不考虑其他因素，该企业 2018 年度净利润为 1 400 万元。( )

10. 企业发生毁损的固定资产的净损失，应计入营业外支出。 ( )

11. 某企业年初有上年形成的亏损 50 万元，当年实现利润总额 40 万元。假设企业本期无纳税调整事项，则企业当年还应缴纳一定的企业所得税。 ( )

12. 企业获得的政府补助，应该在收到时直接确认为营业外收入。 ( )

13. 企业转让无形资产使用权取得的收入应该计入营业外收入中。 ( )

14. 企业接受非现金资产捐赠，应该计入实收资本中。 ( )

15. 账结法下，每月月末均需编制转账凭证，将在账上结计出的各损益类科目的余额结转入本年利润科目。 ( )

16. 企业采用表结法结转本年利润的，年度内每月月末损益类科目发生额合计数和月末累计余额无须转入本年利润科目但要将其填入利润表，在年末时将损益类科目全年累计余额转入本年利润科目。 ( )

17. 企业发生的固定资产盘盈，应该计入当期的营业外收入。 ( )

18. 企业根据应纳税所得额的一定比例计算上交的所得税金额，即为企业的所得税费用。 ( )

19. 企业因债权人撤销而转销无法支付的应付账款时，应将所转销的应付账款计入资本公积科目。 ( )

四、核算题

1. 甲公司 12 月 30 日有关损益类科目的余额如表 3－1－6－1 所示。

表 3－1－6－1 **损益类科目余额表** 单位：元

收入类科目	结账前期末余额	费用类科目	结账前期末余额
主营业务收入	950 000	主营业务成本	650 000
投资收益	15 000	税金及附加	36 000
营业外收入	40 000	销售费用	40 000
		管理费用	120 000
		财务费用	25 000
		营业外支出	70 000

12月31日，甲公司确定一笔应付购货款1 500元因为债权人原因无法偿还；甲公司对外销售一批材料，材料价款200 000元(不含增值税)，增值税税率为16%，成本150 000元，款项已经收到存银行。(除上述事项外，12月31日未发生其他业务。)

其他资料：

(1)公司营业外支出中有1 000元为非公益性捐赠。

(2)经查公司该年超过税法扣除标准的业务招待费为3 500元。

(3)本年国债利息收入4 000元已入账。

要求：

(1)根据上述资料编制12月31日发生业务相关的会计分录；

(2)年末将损益类科目结转到“本年利润”科目(该公司采用表结法结转本年利润)；

(3)计算甲公司当年应交所得税额并编制确认应交所得税及结转所得费用的会计分录(所得税税率为25%，除上述事项外，无其他纳税调整因素)；

(4)计算甲公司当年的净利润。

2. 华明企业为增值税一般纳税人，适用的增值税税率为16%，所得税税率为25%，采用资产负债表债务法核算所得税。该企业2018年度有关资料如下：

(1)本年度内发出产品10 000件，其中对外销售9 000件，其余为在建工程领用。该产品成本每件为12元，销售价格每件为20元。

(2)本年度内计入投资收益的债券利息收入为40 000元，其中，取得国债利息收入为3 500元。

(3)本年度内发生管理费用50 000元，其中，折旧费用30 000元，业务招待费20 000元。按税法规定可在应纳税所得额前扣除的折旧费用为15 000元，业务招待费5 000元。

(4)本年度内接受现金捐赠3 000元(计入当期营业外收入)。假定不考虑其他因素。

要求：

计算该企业2018年利润表中下列有关项目的金额：

(1)营业利润；

(2)利润总额；

(3)所得税费用；

(4)净利润。

3. 甲企业2018年度利润总额为200万元，其中包括本年收到的国债利息收入50万元。该企业适用的所得税税率为25%。

甲企业当年按税法核定的全年计税工资为200万元，全年实发工资为180万元；当年的营业外支出中，有10万元为税收滞纳金支出。除上述事项外，甲企业无其他纳税调整事项。

要求：

(1)计算甲企业2018年度应纳税所得额；

(2)计算甲企业2018年度应交所得税额；

(3)计算甲企业2018年度实现的净利润；

(4)编制甲企业年末结转“所得税费用”科目余额的会计分录(答案中的金额单位用万元表示)。

4. 光明公司平时采用表结法计算利润，所得税税率为25%。2018年年终结账前有关损益类科目的年末余额如表 3－1－6－2 所示。

表 3－1－6－2 **利润表损益科目年末余额表** 单位：元

收入、利得	结账前期末余额	费用、损失	结账前期末余额
主营业务收入	475 000	主营业务成本	325 000
其他业务收入	100 000	其他业务成本	75 000
投资收益	7 500	税金及附加	18 000
营业外收入	20 000	销售费用	20 000
		管理费用	60 000
		财务费用	12 500
		营业外支出	35 000

其他资料：

(1)公司营业外支出中有 500 元为罚款支出。

(2)本年国债利息收入 2 000 元已入账。

除上述事项外，无其他纳税调整因素。

要求：

(1)根据表中给定的损益类科目做出结转“本年利润”科目的会计处理；

(2)计算光明公司当年应纳所得税额，并编制确认及结转“所得税费用”的会计处理；

(3)计算光明公司当年实现的净利润。

5. 清江股份有限公司 2017 年未分配利润年初贷方余额 100 万元，每年按 10%提取法定盈余公积，所得税税率为 25%，2017 年至 2019 年的有关资料如下：

(1)2017 年实现净利润 200 万元；提取法定盈余公积后，宣告派发现金股利 150 万元。

(2)2018 年发生亏损 500 万元。

(3)2019 年实现利润总额 600 万元(假设 2019 年盈余公积在 2020 年初计提，2019 年末未计提，也未发放现金股利)。

要求：

(1)编制 2017 年有关利润分配的会计分录(盈余公积及利润分配的核算写明细科目，需要做出利润分配明细转入“利润分配——未分配利润”科目的会计处理)；

(2)编制 2018 年结转亏损的会计分录；

(3)计算 2019 年应交的所得税；

(4)计算 2019 年“利润分配——未分配利润”科目的余额。

6. 甲公司为增值税一般纳税人，适用的增值税税率为 16%，商品、原材料售价中不含增值税。甲公司销售商品和提供劳务属于主营业务。假定销售商品、原材料和提供劳务均符合收入确认条件，其成本在确认收入时逐笔结转，不考虑除增值税以外的其他税费。2018 年 4 月，甲公司发生如下交易或事项：

(1)销售商品一批，按商品标价计算的金额为 200 万元，由于是成批销售，甲公司给予客户 10%的商业折扣并开具了增值税专用发票，款项尚未收回。该批商品实际成本为 150 万元。

(2)向本公司行政管理人员发放自产产品作为福利，该批产品的实际成本为 8 万元，市场售价为 10 万元。

(3)向乙公司转让一项软件的使用权，一次性收取使用费 20 万元并存入银行，且不再提供后续服务。

(4)销售一批原材料，增值税专用发票注明售价 80 万元，款项收到并存入银行。该批材料的实际成本为 59 万元。

(5)将以前会计期间确认的与资产相关的政府补助在本月分配计入当月收益 300 万元。

(6)确认本月设备安装劳务收入。该设备安装劳务合同总收入为 100 万元，预计合同总成本为 70 万元，合同价款在前期签订合同时已收取。采用完工百分比法确认劳务收入。截止到本月末，该劳务的累计完工进度为 60%，前期已累计确认劳务收入 50 万元、劳务成本 35 万元。

(7)以银行存款支付管理费用 20 万元，财务费用 10 万元，营业外支出 5 万元。

要求：

(1)逐笔编制甲公司上述交易或事项的会计分录(”应交税费“科目要写出明细科目及专栏名称)；

(2)计算甲公司 4 月的营业收入、营业成本、营业利润、利润总额。

五、综合核算题

甲公司为增值税一般纳税人，销售商品和提供安装劳务均为主营业务。增值税税率为 16%，消费税税率为 10%，企业所得税税率为 25%。确定计提坏账准备的比例为期末应收账款余额的 5%，假定期初坏账准备的余额为 0。2018 年 11 月末实现会计利润总额 1 488 万元，12 月份发生如下业务：

(1)12 月 1 日，向 A 公司销售一批应税消费品，开出的增值税专用发票上注明售价为 60 万元，增值税税额为 9.6 万元；商品已发出，货款尚未收到；该批商品成本为 36 万元。

(2)12 月 20 日，向 B 公司销售商品一批，开出的增值税专用发票上注明的售价总额 120 万元，增值税额为 19.2 万元，货款尚未收到，该批商品销售成本为 80 万元。

(3)12 月 25 日，B 公司发现 20 日所购商品不符合合同规定的质量标准，要求甲公司在价格上给予 5%的销售折让。甲公司经查明后，同意给予折让并取得了索取折让证明单，开具了增值税专用发票(红字)。

(4)12 月 31 日，确认设备安装劳务收入。该设备安装劳务合同总收入为 200 万元，预计合同总成本为 140 万元，合同价款在前期签订合同时已收取。采用完工百分比法确认劳务收入。截至本年末，该劳务的累计完工进度为 70%，前期已累计确认劳务收入 50 万元、劳务成本 44.2 万元。

(5)12 月 31 日，计提专设销售部门固定资产折旧费。该固定资产为 2014 年 12 月 3 日购入，原值为 15 万元，预计使用年限为 5 年，预计净残值为 0.24 万元，按双倍余额递减法计提折旧，符合税法规定。假定甲公司按年计提折旧。

(6)12 月 31 日，计提并支付长期借款利息。该借款为 2016 年 1 月 1 日向银行借入专门用于建造厂房的，本金为 200 万元，期限 4 年，年利率 6%，每年末计提并支付利息。至 2018 年末工程尚未达到预定可使用状态。

(7)12 月 31 日,根据应收账款的余额 400 万元计提坏账准备。

(8)12 月 31 日,计提采用成本模式进行后续计量的投资性房地产折旧费。该投资性房地产为 2017 年 1 月 10 日经营出租,入账价值 102 万元,预计使用年限 10 年,净残值 2 万元,按年限平均法计提折旧。假定甲公司按年计提折旧,收到本年的租金收入 12 万元。

(9)12 月 31 日,甲公司持有的一项交易性金融资产公允价值为 26 万元。该交易性金融资产系 2018 年 12 月初购入,购买价 24 万元,支付购买手续费 1.2 万元。

已知甲公司在 2018 年 1 至 11 月份收到国库券利息收入 47 万元;假定税法规定的计税工资为 400 万元,企业全年实际支付的工资总额为 550 万元,递延所得税负债的年初数为 80 万元,年末数为 70 万元。递延所得税资产的年初数为 50 万元,年末数为 75 万元。对于计提的坏账准备,税法规定不允许在所得税前扣除。

除上述事项外,无其他纳税调整事项。

要求:

(1)计算甲公司 2018 年利润总额;

(2)计算甲公司 2018 年应纳税所得额和应交所得税额;

(3)计算甲公司 2018 年所得税费用并编制会计分录。

(“应交税费”科目要求写出明细科目,金额单位用万元表示。)

闯关七　财务报告的编制

一、单项选择题

1. 下列资产负债表项目中,应根据多个总账科目余额计算填列的是(　　)。

A. 应付票据及应付账款　　B. 盈余公积

C. 未分配利润　　D. 长期借款

2. 下列各项中,不属于资产负债表中“货币资金”项目的是(　　)。

A. 交易性金融资产　　B. 银行结算户存款

C. 信用卡存款　　D. 外埠存款

3. 甲企业 2018 年年末“委托代销商品”科目的余额为 3 000 万元,“发出商品”科目的余额为 2 400 万元,“原材料”科目的余额为 3 000 万元,“材料成本差异”科目的借方余额为 300 万元。假定不考虑其他因素,该企业 2018 年末的资产负债表中“存货”项目的金额为(　　)万元。

A. 8 100　　B. 8 700

C. 5 700　　D. 5 100

4. 某企业年末“应收账款”科目的借方余额为 650 万元,其中,“应收账款”明细账的借方余额为 850 万元,贷方余额为 200 万元,“应收票据”科目的借方余额为 100 万元,年末计提坏账准备后的“坏账准备”科目的贷方余额为 65 万元。假定年末坏账准备均与应收账款相关,该企业年末资产负债表中“应收票据及应收账款”项目的金额为(　　)万元。

A. 585　　B. 600

C. 785　　D. 885

5. 某企业“应收账款”有三个明细账，其中“应收账款——甲企业”明细分类账月末借方余额为100 000元，“应收账款——乙企业”明细分类账月末借方余额为400 000元，“应收账款——丙企业”明细分类账月末贷方余额为100 000元；“预收账款”有两个明细分类账，其中“预收账款——丁公司”明细分类账月末借方余额55 000元，“预收账款——戊公司”明细分类账月末贷方余额为20 000元；坏账准备月末贷方余额为3 000元(均与应收账款相关)，则该企业月末资产负债表中“应收票据及应收账款”项目的金额应为(　　)元。

A. 697 000　　B. 717 000

C. 552 000　　D. 745 000

6. 某企业2018年12月31日固定资产账户余额为2 000万元，累计折旧账户余额为800万元，固定资产减值准备账户余额为100万元，在建工程账户余额为200万元。该企业2018年12月31日资产负债表中固定资产项目的金额为(　　)万元。

A. 1 200　　B. 900

C. 1 100　　D. 2 200

7. 某企业“应付账款”科目月末贷方余额50 000元，其中：“应付甲公司账款”明细科目贷方余额45 000元，“应付乙公司账款”明细科目贷方余额20 000元，“应付丙公司账款”明细科目借方余额15 000元；“预付账款”科目月末贷方余额20 000元，其中：“预付A工厂账款”明细科目贷方余额30 000元，“预付B工厂账款”明细科目借方余额10 000元。该企业月末资产负债表中“预付款项”项目的金额为(　　)元。

A. －45 000　　B. 25 000

C. －20 000　　D. 20 000

8. 某企业年末“应付账款”科目的贷方余额为1 300万元，其中，“应付账款”明细账的贷方余额为1 700万元，借方余额为400万元。“应付票据”科目贷方余额为200万元，不考虑其他因素，则该企业年末资产负债表中“应付票据及应付账款”项目的金额为(　　)万元。

A. 1 900　　B. 1 700

C. 400　　D. 2 100

9. 某企业2018年4月1日从银行借入期限为3年的长期借款400万元，编制2020年12月31日资产负债表时，此项借款应填入的报表项目是(　　)。

A. 短期借款　　B. 长期借款

C. 其他长期负债　　D. 一年内到期的非流动负债

10. 某企业“应付票据”科目贷方余额为5 000万元，“应付账款”科目月末贷方余额40 000元，其中，“应付甲公司账款”明细科目贷方余额35 000元，“应付乙公司账款”明细科目贷方余额5 000元；“预付账款”科目月末贷方余额30 000元，其中，“预付A工厂账款”明细科目贷方余额50 000元，“预付B工厂账款”明细科目借方余额20 000元。该企业月末资产负债表中“应付票据及应付账款”项目的金额为(　　)元。

A. 90 000　　B. 30 000

C. 40 000　　D. 95 000

11. 企业年末“本年利润”未结转前贷方余额为17万元，“利润分配——未分配利润”账户期初贷方余额为18万元，本期分配现金股利12万元，则当期资产负债表中“未分配利润”

项目金额应为(　　)万元。

A. 35　　B. 23

C. 5　　D. 17

12. 年度终了前，资产负债表中的“未分配利润”项目，应根据(　　)填列。

A.“盈余公积”科目余额

B.“利润分配”科目余额

C.“本年利润”科目余额

D.“本年利润”和“利润分配”科目的余额

13. A 企业 2018 年年初未分配利润的贷方余额为 150 万元，本年度实现的净利润为 200 万元，分别按 10%和 5%提取法定盈余公积和任意盈余公积。假定不考虑其他因素，A 企业 2018 年年末未分配利润的贷方余额应为(　　)万元。

A. 350　　B. 320

C. 297.5　　D. 200

14. 下列各项中，不影响营业利润的项目是(　　)。

A. 已销商品收入　　B. 原材料销售收入

C. 固定资产报废净损失　　D. 股票投资所得收益

15. 某企业 2018 年 2 月主营业务收入为 200 万元，主营业务成本为 120 万元，税金及附加为 10 万，管理费用为 5 万元，销售费用为 3 万，制造费用为 4 万，资产减值损失为 2 万元，投资收益为 15 万元。假定不考虑其他因素，该企业当月的营业利润为(　　)万元。

A. 62　　B. 70

C. 71　　D. 75

16. 下列各项中，不应在利润表“营业成本”项目列示的是(　　)。

A. 对外出租无形资产摊销额　　B. 对外捐赠支出

C. 对外出售商品成本　　D. 投资性房地产处置成本

17. 某企业 2018 年主营业务收入科目贷方发生额是 2 000 万元，借方发生额为退货 50 万元，发生现金折扣 50 万元，其他业务收入科目贷方发生额 100 万元，其他业务成本科目借方发生额为 80 万元，那么企业利润表中“营业收入”项目填列的金额为(　　)万元。

A. 2 000　　B. 2 050

C. 2 100　　D. 2 070

18. 下列各项中，会引起现金流量表“经营活动产生的现金流量净额”发生变化的是(　　)。

A. 固定资产的购置与处置　　B. 支付在建工程人员工资

C. 转让股票投资取得的收入　　D. 以现金购买办公用品

19. 下列各项中，不属于现金流量表“经营活动产生的现金流量”的是(　　)。

A. 对外销售商品所产生的现金流量

B. 实际收到应收票据利息收入所产生的现金流量

C. 购买办公用品产生的现金流量

D. 偿还短期借款产生的现金流量

20. 下列各项中，不属于现金流量表“投资活动产生的现金流量”的是(　　)。

A. 支付给提供劳务人员的工资　　B. 支付在建工程人员工资

C. 收到分派的现金股利　　D. 转让无形资产所有权收到的现金

21. 下列各项中,不属于现金流量表"筹资活动产生的现金流量"的有(　　)。

A. 分配股利支付的现金　　B. 清偿应付账款支付的现金

C. 偿还债券利息支付的现金　　D. 清偿长期借款支付的现金

22. A 公司 2018 年购买商品支付 500 万元(含增值税),支付 2016 年接受劳务的未付款项 50 万元,2018 年发生的购货退回 15 万元,假设不考虑其他条件,A 公司 2018 年现金流量表"购买商品、接受劳务支付的现金"项目中应填列(　　)万元。

A. 535　　B. 465

C. 435　　D. 500

二、多项选择题

1. 在所有者权益变动表中,应列示的项目包括(　　)。

A. 净利润

B. 直接计入所有者权益的利得和损失

C. 会计政策变更和差错更正的累积影响金额

D. 所有者投入资本

2. 下列各项中,属于附注的主要内容有(　　)。

A. 财务报表的编制基础　　B. 重要会计政策和会计估计

C. 报表重要项目的说明　　D. 会计政策变更的说明

3. 现金流量表中的"支付给职工以及为职工支付的现金"项目包括(　　)。

A. 支付给退休人员的退休金　　B. 支付的在建工程人员的职工薪酬

C. 支付的销售部门人员的职工薪酬　　D. 支付的生产工人的职工薪酬

4. 下列各项中,属于现金流量表中投资活动产生的现金流量的有(　　)。

A. 外购无形资产支付的现金

B. 转让固定资产所有权收到的现金

C. 购买三个月内到期的国库券支付的现金

D. 收到分派的现金股利

5. 下列各项中,属于现金流量表"经营活动产生的现金流量"的有(　　)。

A. 收到债券发行方支付的利息产生的现金流入

B. 支付退休人员工资产生的现金流出

C. 用银行存款偿还应付账款产生的现金流出

D. 缴纳所得税所产生的现金流出

6. 下列交易或事项中,会引起现金流量表"经营活动产生的现金流量净额"发生变化的有(　　)。

A. 支付广告费　　B. 支付借款利息

C. 购入固定资产　　D. 收到返还的税费

7. 下列各项中,应在企业利润表"营业收入"项目列示的有(　　)。

A. 无形资产出租收入　　B. 对外投资取得的收入

C. 应收票据利息收入　　D. 对外销售商品收入

8. 下列各项中，应列入利润表“资产减值损失”项目的有(　　)。

A. 原材料盘亏损失　　B. 固定资产减值损失

C. 应收账款减值损失　　D. 无形资产处置净损失

9. 下列各项中，影响工业企业营业利润的有(　　)。

A. 计提的管理用固定资产折旧　　B. 销售商品时发生的运费

C. 收到捐赠收入　　D. 处置固定资产净损失

10. 下列各会计科目的期末余额，应在资产负债表“未分配利润”项目列示的有(　　)。

A. 应付股利　　B. 盈余公积

C. 利润分配　　D. 本年利润

11. 下列资产负债表负债项目中，直接根据总账科目余额填列的有(　　)。

A. 应付票据　　B. 应付利息

C. 应交税费　　D. 应付职工薪酬

12. 在填列资产负债表“一年内到期的非流动负债”项目时，需要考虑的会计科目有(　　)。

A. 应付票据　　B. 应付债券

C. 长期借款　　D. 应付股利

13. 下列会计科目中，期末余额反映在固定资产项目中的有(　　)。

A. 在建工程　　B. 工程物资

C. 固定资产减值准备　　D. 累计折旧

14. 下列会计科目的期末余额，应当列入资产负债表“存货”项目的有(　　)。

A. 制造费用　　B. 在途物资

C. 委托加工物资　　D. 商品进销差价

三、判断题

1. 一套完整的财务报表至少应当包括资产负债表、利润表、现金流量表、所有者权益变动表和附注。(　　)

2. 如果没有需要，企业可以不编制附注。(　　)

3. 货币资金项目，反映企业库存现金、银行结算户存款、外埠存款、银行汇票存款、银行本票存款、信用证保证金存款等的合计数。本项目应根据“库存现金”“银行存款”科目期末余额的合计数填列。(　　)

4.“开发支出”项目应当根据“研发支出”科目中所属的“资本化支出”明细科目期末余额填列。(　　)

5.“应付账款”项目应根据“应付账款”和“预付账款”科目所属各明细科目的期末贷方余额合计数填列；如“应付账款”科目所属明细科目期末有借方余额的，应在资产负债表“预付款项”项目内填列。(　　)

6.“应付债券”项目应该根据“应付债券”总账科目余额填列。(　　)

7.“利润分配”总账的年末余额不一定与相应的资产负债表中未分配项目的数额一致。(　　)

8. 企业出售无形资产形成的净损失，应列入利润表的“营业外支出”项目，使得企业的营业利润增加。（　）

9. 利润表中“税金及附加”项目不包括增值税。（　）

10. 支付企业职工的工资均属于现金流量表中“经营活动产生的现金流量”。（　）

11. 用银行存款偿还应付账款、应付票据等商业应付款属于经营活动，不属于筹资活动。（　）

12.“购买商品、接受劳务支付的现金”项目，反映企业本期购买商品、接受劳务实际支付的现金（包括增值税进项税额），本期支付前期购买商品、接受劳务的未付款项和本期预付款项，不在该项目中反映。（　）

13. 财务报告附注是对在资产负债表、利润表、现金流量表和所有者权益变动表等报表中列示项目的文字描述或明细资料，以及对未能在这些报表中列示项目的说明等。（　）

14. 财务报表附注中应该包括财务报表的编制基础，即财务报表是在持续经营基础上还是非持续经营基础上编制的。（　）

四、核算题

A 公司 2018 年有关资料如下：

(1)本年销售商品本年收到现金 3 000 万元，以前年度销售商品本年收到的现金 600 万元，本年预收款项 300 万元，本年销售本年退回商品支付现金 240 万元，以前年度销售本年退回商品支付的现金 180 万元。

(2)本年购买商品支付的现金 2 100 万元，本年支付以前年度购买商品的未付款项 240 万元和本年预付款项 210 万元，本年发生的购货退回收到的现金 120 万元。

(3)本年分配的生产经营人员的职工薪酬为 400 万元，“应付职工薪酬”年初余额和年末余额分别为 40 万元和 20 万元，假定应付职工薪酬本期减少数均为本年支付的现金。

(4)本年年利润表中的所得税费用为 150 万元(均为当期应交所得税产生的所得税费用)，“应交税费——应交所得税”科目年初数为 12 万元，年末数为 6 万元。假定不考虑其他税费。

要求：

根据上述资料，计算下列相关项目(金额单位为万元)：

(1)销售商品、提供劳务收到的现金；

(2)购买商品、接受劳务支付的现金；

(3)支付给职工以及为职工支付的现金；

(4)支付的各项税费。

五、综合题

1. 清江股份有限公司(以下简称清江公司)为增值税一般纳税人，适用的增值税税率为 16%，所得税税率为 25%。假定不考虑其他相关税费。清江公司主要生产和销售甲产品。原材料按实际成本核算。在销售时逐笔结转销售成本。2018 年度，清江公司相关经济业务和事项如下：

(1)2 月 5 日，销售甲产品一批，该批产品的实际成本为 240 万元，增值税专用发票上注明的货款为 400 万元，增值税税额为 64 万元。产品已经发出，提货单已经交给买方，买方用银行存款支付增值税 64 万元，对货款部分开具一张面值为 400 万元、期限为 4 个月的不带息商业承兑汇票。

(2)5 月 10 日，销售甲产品一批，增值税专用发票上注明的货款为 2 400 万元，增值税税额为 384 万元。产品已经发出，货款和增值税已经收到并存入银行，该批产品的实际成本为 1 200 万元。

(3)本年生产产品领用原材料 1 200 万元，车间一般消耗领用原材料 240 万元，企业管理部门领用原材料 80 万元。

(4)10 月 3 日，销售原材料一批，该批原材料的实际成本为 72 万元，增值税专用发票上注明的货款为 80 万元，增值税税额为 12.8 万元。原材料已经发出，货款和增值税已经收到并存入银行。

(5)分配本年度工资 800 万元，其中：生产工人工资 400 万元，车间管理人员工资 160 万元，企业管理人员工资 160 万元，在建工程人员工资 80 万元。

(6)本年计提坏账准备 52 万元。

(7)本年计提用于出租的投资性房地产折旧 400 万元。

(8)本年度用银行存款支付本期发生的广告费用 24 万元，销售商品过程中发生的运输费 56 万元(不考虑增值税)，计入当期损益的利息费用及银行手续费 16 万元。

(9)用银行存款缴纳本年度增值税税额 240 万元，所得税税额 140 万元。

(10)计算并确认本年应交所得税。假定不存在所得税纳税调整事项。

(11)将本年度的损益类科目结转至“本年利润”科目。

要求：

(1)编制清江公司上述业务(1)～(11)会计分录；

(2)根据要求(1)编制的会计分录，不考虑其他事项的影响，编制清江公司 2018 年度的利润表(见表 3－1－7－1)(“应交税费”科目要求写出明细科目和专栏名称，金额单位用万元表示)。

表 3－1－7－1　　　　　　利润表　　　　　　会企 02 表

编制单位：　　　　　　年　　月　　日　　　　　　单位：万元

项　　目	本期金额	上期金额
一、营业收入		
减：营业成本		
税金及附加		
销售费用		
管理费用		
研发费用		
财务费用		
其中：利息费用		
利息收入		

续表

项　　目	本期金额	上期金额
资产减值损失		
信用减值损失		
加：其他收益		
投资收益（损失以“－”号填列）		
其中：对联营企业和合营企业的投资收益		
公允价值变动损益（损失以“－”号填列）		
资产处置收益（损失以“－”号填列）		
二、营业利润（亏损以“－”号填列）		
加：营业外收入		
减：营业外支出		
三、利润总额（亏损总额以“－”号填列）		
减：所得税费用		
四、净利润（净亏损以“－”号填列）		
（一）持续经营净利润（净亏损以“－”号填列）		
（二）终止经营净利润（净亏损以“－”号填列）		
五、其他综合收益的税后净额		
（一）不能重分类进损益的其他综合收益		
1. 重新计量设定受益计划变动额		
2. 权益法下不能转损益的其他综合收益		
……		
（二）将重分类进损益的其他综合收益		
1. 权益法下可转损益的其他综合收益		
2. 可供出售金融资产公允价值变动损益		
3. 持有至到期投资重分类为可供出售金融资产损益		
4. 现金流量套期损益的有效部分		
5. 外币财务报表折算差额		
……		
六、综合收益总额		
七、每股收益		
（一）基本每股收益		
（二）稀释每股收益		

2. 大明有限责任公司（以下简称大明公司）为增值税一般纳税人，适用的增值税税率为

16%。2018 年 11 月 30 日的科目余额(部分科目)如表 3—1—7—2 所示。

表 3—1—7—2 **科目余额表** 单位:万元

科目名称	借方余额	贷方余额	科目名称	借方余额	贷方余额
银行存款	27 000		短期借款		17 500
交易性金融资产	800		应付账款		10 000
应收账款	20 000		预收账款		25 600
坏账准备		80	应交税费	1 250	
预付账款	3 500		应付利息		3 920
原材料	10 000		实收资本		120 000
库存商品	45 000		资本公积		9 000
持有至到期投资	27 000		盈余公积		5 500
固定资产	64 000		利润分配		4 950
累计折旧		13 000	本年利润		10 000
在建工程	21 000				

假定坏账准备均为应收账款计提。

大明公司 12 月份有关资料如下:

(1)本月销售商品不含税售价 25 000 万元,增值税税额为 4 000 万元,款项尚未收到。商品成本为 21 000 万元。

(2)收回以前年度已核销的坏账 4 800 万元。

(3)向承包商支付部分工程款 6 500 万元,工程尚未完工。

(4)计提本月管理用固定资产折旧 1 250 万元,另用银行存款支付其他管理费用 2 000 万元。

(5)购入交易性金融资产,买价 5 000 万元,另支付交易费用 60 元,款项用银行存款支付。

(6)本月支付已计提的短期借款利息 3 500 万元。

(7)用银行存款偿还短期借款 5 500 万元。

(8)发生财务费用 283 万元,均以银行存款支付。

(9)企业经过对应收账款风险的分析,决定年末按应收账款余额的 1%计提坏账准备。

(10)公司所得税税率为 25%,1~11 月份的所得税费用已转入本年利润。本月应交所得税为 1 198.63 万元,已用银行存款缴纳,假定不存在纳税调整事项。

(11)按规定计提的法定盈余公积和任意盈余公积的金额均为 1 359.59 万元。

要求:

根据上述资料,计算大明公司 2018 年 12 月 31 日资产负债表中下列项目的金额(列出计算过程,计算结果出现小数的,均保留小数点后两位小数):

(1)货币资金;

(2)应收票据及应收账款;

(3)存货;

(4)固定资产；

(5)在建工程；

(6)短期借款；

(7)其他应付款；

(8)应交税费；

(9)资本公积；

(10)未分配利润。

3. 昌盛公司为增值税一般纳税人，适用的增值税税率为 16%，所得税税率为 25%，产品销售业务为公司主营业务，产品销售价格不含增值税额。产品销售成本按经济业务逐笔结转。昌盛公司 2018 年发生如下经济业务：

(1)向甲公司销售 A 产品一批，销售价格 150 万元，产品成本 110 万元。产品已经发出，并开出增值税专用发票，款项尚未收到。

(2)以支付手续费方式委托乙公司销售 A 产品一批，协议价格 60 万元，产品成本 36 万元。昌盛公司收到乙公司开来的代销清单，乙公司已将代销的该批 A 产品售出 60%。

(3)收到乙公司按含税价的 10%扣除手续费后的金额并存入银行。

(4)发出以采用预收款方式向丙公司销售 B 产品一批，售价 50 万元，产品成本 30 万元。款项已于上期收到。

(5)收到丁公司退回的 300 件 A 产品。该退货是昌盛公司 2017 年售出，售出时每件售价 200 元，单位成本 180 元，该货款当时已如数收存银行。昌盛公司用银行存款支付退货款项，退回的 A 产品验收入库，并按规定开出红字增值税专用发票。

(6)出售交易性金融资产，该交易性金融资产的账面余额为 18 万元，公允价值变动损益余额为 0，收到出售价款 20 万元，存入银行。

(7)计提已完工工程项目的分期付息长期借款利息 6 万元；用银行存款支付发生的管理费用 5 万元，销售费用 3 万元。

(8)用银行存款支付非公益性捐赠 4 万元，假定不允许税前扣除。

要求：

(1)编制昌盛公司上述资料(1)～(8)经济业务的会计分录。

(2)计算本期利润总额和本期应交所得税，并做出确认本期应交所得税的账务处理。(不考虑其他纳税调整事项，答案中的金额单位以万元表示，“应交税费”科目要求写出明细科目，计算结果出现小数的，均保留小数点后两位小数。)

4. 正大股份有限公司(以下简称正大公司)为增值税一般纳税人，适用的增值税税率为 16%，所得税税率为 25%。假定不考虑其他相关税费。正大公司主要生产和销售甲产品。原材料按实际成本核算。在销售时逐笔结转销售成本。2018 年度，正大公司相关经济业务和事项如下：

(1)2 月 5 日，销售甲产品一批，该批产品的实际成本为 240 万元，增值税专用发票上注明的货款为 400 万元，增值税额为 64 万元。产品已经发出，提货单已经交给买方，买方用银行存款支付增值税 64 万元，对货款部分开具一张面值为 400 万元、期限为 4 个月的不带息商业承兑汇票。

(2)5 月 10 日，销售甲产品一批，增值税专用发票上注明的货款为 2 400 万元，增值税额为 384 万元。产品已经发出，货款和增值税已经收到并存入银行，该批产品的实际成本为 1 200 万元。

(3)本年生产产品领用原材料 1 200 万元，车间一般消耗领用原材料 240 万元，企业管理部门领用原材料 80 万元。

(4)10 月 3 日，销售原材料一批，该批原材料的实际成本为 72 万元，增值税专用发票上注明的货款为 80 万元，增值税为 12.8 万元。原材料已经发出，货款和增值税已经收到并存入银行。

(5)分配本年度工资 800 万元，其中：生产工人工资 400 万元，车间管理人员工资 160 万元，企业管理人员工资 160 万元，在建工程人员工资 80 万元。

(6)本年计提坏账准备 52 万元。

(7)本年计提用于出租的投资性房地产折旧 400 万元。

(8)本年度用银行存款支付本期发生的广告费用 24 万元，销售商品过程中发生的运输费 56 万元(不考虑增值税)，计入当期损益的利息费用及银行手续费 16 万元。

(9)用银行存款缴纳本年度增值税 240 万元，所得税 140 万元。

(10)计算并确认本年应交所得税。假定不存在所得税纳税调整事项。

(11)将本年度的损益类科目结转至“本年利润”科目。

要求：

(1)编制正大公司上述业务(1)～(11)会计分录；

(2)根据要求(1)编制的会计分录，不考虑其他事项的影响，编制正大公司 2018 年度的利润表(见表 3—1—7—3)。(“应交税费”科目要求写出明细科目和专栏名称，答案中的金额单位用万元表示。)

表 3—1—7—3　　　　利润表　　　　会企 02 表

编制单位：　　　　年　月　日　　　　单位：万元

项　目	本期金额	上期金额
一、营业收入		
减：营业成本		
税金及附加		
销售费用		
管理费用		
研发费用		
财务费用		
其中：利息费用		
利息收入		
资产减值损失		
信用减值损失		
加：其他收益		

续表

项　目	本期金额	上期金额
投资收益(损失以"－"号填列)		
其中:对联营企业和合营企业的投资收益		
公允价值变动损益(损失以"－"号填列)		
资产处置收益(损失以"－"号填列)		
二、营业利润(亏损以"－"号填列)		
加:营业外收入		
减:营业外支出		
三、利润总额(亏损总额以"－"号填列)		
减:所得税费用		
四、净利润(净亏损以"－"号填列)		
(一)持续经营净利润(净亏损以"－"号填列)		
(二)终止经营净利润(净亏损以"－"号填列)		
五、其他综合收益的税后净额		
(一)不能重分类进损益的其他综合收益		
1. 重新计量设定受益计划变动额		
2. 权益法下不能转损益的其他综合收益		
……		
(二)将重分类进损益的其他综合收益		
1. 权益法下可转损益的其他综合收益		
2. 可供出售金融资产公允价值变动损益		
3. 持有至到期投资重分类为可供出售金融资产损益		
4. 现金流量套期损益的有效部分		
5. 外币财务报表折算差额		
……		
六、综合收益总额		
七、每股收益		
(一)基本每股收益		
(二)稀释每股收益		

单元二　岗位实训操作题

实训一　出纳核算岗位

一、实训目的

扫码看资源

1. 了解现金收付业务涉及的有关原始凭证及账务处理；
2. 明确银行结算业务的程序及账务处理；
3. 掌握现金日记账和银行存款日记账的登记方法。

二、实训资料

1. 远达有限责任公司 2018 年 10 月初有关总账和日记账的余额如表 3—2—1—1 所示。

表 3—2—1—1　　总账和日记账余额表　　单位:元

账户名称	借方余额
现金	2 500
银行存款	850 980

2. 该公司 2018 年 10 月份发生的经济业务如下。

(1)10 月 2 日,赵红借差旅费 800 元,付现金。

(2)10 月 2 日,以现金支付包装物押金 380 元。

(3)10 月 3 日,公司张梅报销特快专递费 20 元,现金支付。

(4)10 月 12 日,赵红报销差旅费 750 元,退回现金 50 元。

(5)10 月 15 日,收取星光公司包装物押金 1 000 元。当日,送存银行。

(6)10 月 15 日,报销厂办张平业务招待费 300 元,现金支付。

(7)10 月 18 日,开出现金支票报销养路费 1 200 元。

(8)10 月 20 日,公司购买办公用品 580 元,现金支付。

(9)10 月 25 日,用现金报销业务经理手机话费 285.30 元。

(10)10 月 25 日,开出转账支票支付宽带上网费 8 000 元。

(11)10 月 26 日,开出现金支票,支付给金二毛广告公司费 1 800 元。

(12)10 月 27 日,开出转账支票,支付公司车辆保险费 6 580 元。

(13)10 月 27 日,收到银行转来的同城委托专用发票,支付电话费 4 500 元。

(14)10 月 28 日,办理银行汇票,到贵钢购买 8＃钢材,金额为 10 000 元。

(15)10 月 28 日,到开户行办理汇款,以支付前欠本溪钢铁公司货款 12 000 元。

(16)10 月 28 日,办理银行本票 1 000 元。

(17)10 月 29 日,贵钢发来材料,退回余款 1 850 元。

(18)8 月 30 日,到开户银行购买现金支票、转账支票支付手续费 30 元,工本费 10 元。

(19)8 月 30 日,销售产品,价款 10 000 元,增值税销项税 1 600 元,取得银行汇票 116 000 元,办理入账手续。

(20)8 月 30 日,现金清查,短缺 100 元,经查是出纳员责任,经批准由出纳员李平赔偿。

三、实训要求

1. 思考上述业务涉及的原始凭证。
2. 根据上述业务编制会计分录。
3. 登记现金日记账、银行存款日记账以及总账。(日记账要求日清月结。)

实训二　资金核算岗位

一、实训目的

了解银行借款、使用及偿还情况,掌握利息的计算及相关账务处理。

扫码看资源

二、实训资料

1. 远达有限责任公司 2018 年 1 月 1 日向银行借入生产周期借款 500 000 元,借款期限为 3 个月,年利率为 4.86%,到期还本付息。

(1)1 月 31 日,计提当月短期借款应付利息。

(2)4 月 1 日,到期归还本金及利息。

2. 2019 年 6 月 28 日,收到活期存款利息 635.26 元。

3. 远达有限责任公司 2018 年 4 月 1 日,向银行借入长期借款 120 万元,借款期为 3 年,用于购建设备,年利率为 5.76%,到期还本付息。借款购建的设备于 2019 年 6 月末交付生产使用。

(1)计提长期借款利息(采用起讫期计算法,即对年、对月);

表 3—2—2—1　　借款应付利息计算表

2018 年 12 月 31 日

起讫期	借款种类	借款本金	年利率	应付利息	借方科目
4.1～12.31					

续表

起讫期	借款种类	借款本金	年利率	应付利息	借方科目
合计					

表 3—2—2—2

借款应付利息计算表

2019 年 12 月 31 日

起讫期	借款种类	借款本金	年利率	应付利息	借方科目
1.1～6.30					
7.1～12.31					
合计					

表 3—2—2—3

借款应付利息计算表

2020 年 12 月 31 日

起讫期	借款种类	借款本金	年利率	应付利息	借方科目
1.1～12.31					
合计					

(2)到期偿还上述长期借款本金及利息。

三、实训要求

1. 思考上述业务涉及的原始凭证。
2. 根据上述业务编制会计分录。

实训三　存货核算岗位

扫码看资源

一、实训目的

1. 正确计算材料的实际采购成本，掌握材料的计价方法；

2. 按计划成本计价方法进行库存材料核算，掌握材料成本差异率及发出材料应分摊成本差异的计算；

3. 按实际成本计价方法进行库存材料的核算，掌握实际成本确认的方法；

4. 掌握对盘盈、盘亏和报废存货的处理程序和方法。

二、发出存货的计量

(一)实训资料

某企业 2018 年 1 月原材料明细账如表 3—2—3—1 所示。

表 3—2—3—1　　**原材料明细账**

存货类别：　　计量单位：吨

存货编号：　　最高存量：

存货名称及规格：B　　最低存量：

2018 年		凭证编号	摘要	收入			发出			结存		
月	日			数量	单价（元）	金额（元）	数量	单价（元）	金额（元）	数量	单价（元）	金额（元）
1	1	略	期初结存							60	50	3 000
	10		购入	180	60	10 800						
	11		发出				60 100					
	18		购入	120	70	8 400						
	20		发出				80 80					
	23		购入	40	80	3 200						
	31		合计									

(二)实训要求

1. 请按先进先出法，完成该材料明细账的填写。

2. 请按月末一次加权平均法计算该企业发出材料的实际成本、月末结存材料的实际成本。

3. 请按移动加权平均法分别计算购入材料后的移动加权平均单价、发出材料后的发出材料的实际成本、结存材料的实际材料成本。

4. 比较以上三种方法下对本月发出材料成本、月末结存材料成本的影响，并分析为什么。

三、原材料按实际成本的核算

(一)实训资料

(1)A 公司自本地以支票购进甲材料，价税合计 3 248 元，材料已全部验收入库，款项已付。

(2)A 公司以银行存款购入乙材料一批，发票及账单已收到，增值税专用发票上记载的货款为 400 万元,增值税额 64 万元;支付保险费 2 万元。材料尚未到达。

(3)A 公司采用托收承付结算方式购入丙材料一批,发票及账单已收到,增值税专用发票上记载的货款为 500 万元,增值税额 80 万元,银行转来的结算凭证已到,款项尚未支付,材料已验收入库。

(4)A 公司购入丁材料一批,材料已验收入库,月末发票账单尚未收到,无法确定其实际成本,暂估价值 580 元,款项尚未支付。

(5)A 公司为增值税一般纳税人,适用的增值税税率为 16%。甲公司委托乙公司(增值税一般纳税人)代为加工一批属于应税消费品的原材料(非金银首饰)。发出原材料实际成本为 620 万元,支付的不含增值税的加工费为 100 万元,增值税额为 16 万元,代收代交的消费税额为 80 万元。该批委托加工原材料已验收入库。

(6)A 公司根据 4 月份“发出材料汇总表”记录,基本生产车间直接用于产品生产领用甲材料 15 000 元,车间一般耗用领用甲材料 7 500 元;管理部门耗用领用甲材料 1 000 元;产品销售领用甲材料 500 元。

(二)实训要求

1. 思考上述业务涉及的原始凭证。
2. 根据上述业务编制会计分录。
3. 根据上述业务开设原材料总账及相关明细账,并进行登记(开设 T 形账)。

四、原材料按计划成本进行核算

(一)实训资料

(1)甲公司购入 L 材料一批,专用发票上记载的货款为 3 000 000 元,增值税额 480 000 元,发票账单已收到,计划成本为 3 200 000 元,已验收入库(材料入库汇总表月末出具),全部款项以银行存款支付。

(2)甲公司采用汇兑结算方式购入 M1 材料一批,专用发票上记载的货款为 2 000 000 元,增值税额 32 000 元,发票账单已收到,计划成本 180 000 元,材料尚未入库。

(3)甲公司采用商业承兑汇票支付方式购入 M2 材料一批,专用发票上记载的货款为 500 000 元,增值税额 80 000 元,发票账单已收到,计划成本 520 000 元,材料已验收入库。

(4)甲公司购入 M3 材料一批,材料已验收入库,发票账单未到,月末按照计划成本 600 000 元估价入账。

(5)承上,月末,甲公司汇总本月已付款或已开出并承兑商业汇票的入库材料的计划成本 3 720 000 元(3 200 000+520 000)。

(6)甲公司根据“发料凭证汇总表”的记录,某月 L 材料的消耗(计划成本)为:基本生产车间领用 2 000 000 元,辅助生产车间领用 600 000 元,车间管理部门领用 250 000 元,企业行政管理部门领用 50 000 元。

(7)月末,结转 L 材料发出材料成本差异。据记载,甲公司该月月初结存 L 材料的计划成本为 1 000 000 元,成本差异为超支 30 740 元;当月入库 L 材料的计划成本 3 200 000 元,成本差异为节约 200 000 元。

(二)实训要求

1. 思考上述业务涉及的原始凭证。

2. 根据上述业务编制会计分录。

3. 根据上述业务开设“材料成本差异”“原材料”总账及相关明细账，并进行登记(开设T形账)。

五、库存商品的核算

(一)实训资料

(1)甲公司“商品入库汇总表”记载，某月已验收入库Y产品1 000台，实际单位成本5 000元，总计5 000 000元;Z产品2 000台，实际单位成本1 000元。

(2)甲公司月末汇总的发出商品中，当月已实现销售的Y产品有500台，Z产品有1 500台。该月Y产品实际单位成本5 000元，Z产品实际单位成本1 000元。

(3)某商场2018年4月1日针织品存货1 800万元，本月购进3 000万元。本月销售收入3 400万元，上季度该类商品毛利率为25%。计算本月已销商品和月末库存商品的成本。

(4)某商场2018年5月初库存商品的进价成本为100万元，售价总额为110万元，本月购进该商品的进价成本为75万元，售价总额为90万元，本月销售收入为120万元，计算进销差价率和已销商品应分摊的进销差价。

(二)实训要求

1. 思考上述业务涉及的原始凭证。

2. 根据上述业务编制会计分录。

六、委托加工物资的核算

(一)实训资料

(1)甲公司委托某量具厂加工一批量具，发出材料一批，计划成本70 000元，材料成本差异率4%，以银行存款支付运杂费2 200元。

(2)甲公司以银行存款支付上述量具的加工费用20 000元。

(3)甲公司收回由某量具厂代加工的量具，以银行存款支付运杂费2 500元。该量具已验收入库，其计划成本为110 000元。

(4)甲公司委托丁公司加工商品一批(属于应税消费品)100 000件，有关经济业务如下：1月20日，发出材料一批，计划成本为6 000 000元，材料成本差异率为−3%。

(5)2月20日，支付商品加工费120 000元，支付应当交纳的消费税660 000元，该商品收回后用于连续生产，消费税可抵扣，甲公司和丁公司均为一般纳税人，适用增值税税率16%。

(6)3月4日，用银行存款支付往返运杂费10 000元。

(7)3月5日，上述商品100 000件(每件计划成本65元)加工完毕，公司已办理验收入库手续。

(二)实训要求

1. 思考上述业务涉及的原始凭证。

2. 根据上述业务编制会计分录。

七、周转材料的核算

（一）实训资料

要求：根据以下资料，编制会计分录。

（1）甲公司对包装物采用计划成本核算，某月生产产品领用包装物的计划成本为100 000元，材料成本差异率为－3%。

（2）甲公司某月销售商品领用不单独计价包装物的计划成本为50 000元，材料成本差异率为－3%。

（3）甲公司某月销售商品领用单独计价包装物的计划成本为80 000元，销售收入为100 000元，增值税额为16 000元，款项已存入银行。该包装物的材料成本差异率为3%。

（4）甲公司某基本生产车间领用一般工具一批，实际成本为3 000元，全部计入当期制造费用。

（5）甲公司的基本生产车间领用专用工具一批，实际成本为100 000元，不符合固定资产定义，采用分次摊销法进行摊销。该专用工具的估计使用次数为2次。

（二）实训要求

1. 思考上述业务涉及的原始凭证。

2. 根据上述业务编制会计分录。

八、存货清查与减值的核算

（一）实训资料

（1）甲公司在财产清查中盘盈J材料1 000千克，实际单位成本60元，经查属于材料收发计量方面的错误。

（2）甲公司在财产清查中发现盘亏K材料500千克，实际单位成本200元，经查属于一般经营损失。

（3）甲公司在财产清查中发现毁损L材料300千克，实际单位成本100元，经查属于材料保管员的过失造成的，按规定由其个人赔偿20 000元，残料已办理入库手续，价值2 000元。

（4）甲公司因台风造成一批库存材料毁损，实际成本70 000元，根据保险责任范围及保险合同规定，应由保险公司赔偿50 000元。

（5）2018年末，甲公司A材料的账面金额为100 000元，由于市场价格下跌，预计可变现净值为80 000元，由此应计提的存货跌价准备为20 000元。

（6）承题5，假设2018年5月30日，由于市场价格有所上升，使得A材料的预计可变现净值为95 000元，应转回的存货跌价准备为15 000元。

（二）实训要求

1. 思考上述业务涉及的原始凭证。

2. 根据上述业务编制会计分录。

实训四　固定资产核算岗位

一、实训目的

1. 正确划分固定资产与周转材料的界限，掌握固定资产增减的明细分类核算、折旧的核算；

2. 编制固定资产的折旧计提表，掌握固定资产清查的方法，编制固定资产盘盈、盘亏报表；

3. 正确核算在建工程成本，及时进行账务处理。

扫码看资源

二、实训资料

2018 年 8 月光华公司发生以下业务：

(1)8 月 2 日，供销科购入载重运输车一辆，价款 100 000 元，增值税税额为 16 000 元，款项以银行存款支付，车辆已验收合格。

(2)8 月 3 日，以转账支票预付仓库在建工程款 120 000 元。

(3)8 月 5 日，公司对现有设备进行日常修理，应支付维修人员工资 15 000 元。

(4)以银行存款支付上述人员工资 15 000 元。

(5)8 月 10 日，自建厂房，购入工程物资 800 000 元，增值税 128 000 元，全部用于工程建设。款项以银行存款支付。

(6)8 月 11 日，上述工程领用本企业生产的水泥一批，实际成本 5 000 元，计税价格 6 500 元，增值税税率 16%。

(7)8 月 12 日，支付上述工程人员工资 120 000 元，支付其他费用 20 000 元。

(8)8 月 15 日，出售一台不需用设备，该设备原值 50 000 元，已提折旧 20 000 元。出售价款为 42 000 元，款项通过银行收回。出售该设备的增值税税率为 10%。

(9)8 月 16 日，将不需要用的设备一台出租给乙公司，收到当月租金 1 000 元，存入银行。

(10)8 月 18 日，设备科申请一台机器设备报废，该设备原值 65 000 元，已提折旧 58 000 元。经有关部门批准，同意报废。

(11)8 月 19 日，在上述设备报废清理中发生清理费用 500 元，以现金支付。

(12)8 月 23 日，收到报废设备残值收入 800 元，以现金收取。并结转上述报废设备的清理损益。

(13)8 月 25 日，收到甲公司作为投资投入的设备一台，该设备原值 580 000 元，已提折旧 100 000 元，现行评估价 500 000 元，双方协议以评估价值认定投资额。该设备已验收。

(14)8 月 26 日，向市建筑总公司支付办公大楼修理费 21 000 元，款项以银行存款支付。

(15)8 月 26 日，盘盈一台设备，估计重置价 45 000 元，根据有关规定，该项盘盈固定资产作为前期差错进行处理。该公司按净利润的 10%计提法定盈余公积。盘亏电脑一台，原价 5 800 元，已计提折旧 2 500 元。经批准，盘亏的电脑由责任人赔偿 500 元，其余做营业外支出。

(16)8 月 27 日，向甲公司购入一台需要安装的 W 设备，价值 150 000 元，增值税税额为 24 000 元，以银行存款支付 100 000 元，其余款项暂欠。

(17)8 月 30 日，对本公司拥有的固定资产进行减值测试，其中一项设备账面价值 300 000 元，预计可收回金额为 240 000 元，则提固定资产减值准备 60 000 元。

(18)8 月 30 日，结算 W 设备安装费 18 000 元，全部款项以银行存款，该设备交付使用。

(19)8 月 30 日，接受捐赠一辆全新汽车，价值 125 800 元。

(20)8 月 31 日，将一幢自用厂房(临街)出租给 E 公司，采用公允价值计量模式计量。该厂房的账面价值为 1 000 000 元，已提折旧 400 000 元，转换当日其公允价值为 480 000 元，当日取得 2018 年 9 月至 12 月租金 40 000 元，并存入银行。以后每年年初收取全年房租 120 000 元。

(21)计提本月资产折旧，如表 3—2—4—1 所示：

表 3—2—4—1　　固定资产折旧计算汇总表

2018 年 8 月 31 日　　单位：元

使用单位及固定资产类别	月初应计提折旧的固定资产原值	月折旧率	月折旧额	本月增加固定资产原值	月折旧率	月折旧额	本月减少固定资产原值	月折旧率	月折旧额	本月应计提折旧额
房屋：										
车间生产用	12 000 000	0.002								
行政管理部门	11 800 000	0.002								
小计										
机器设备：										
铸造车间生产用	21 200 000	0.003								
行政管理部门	4 700 000	0.003								
小计										
总计										

三、实训要求

1. 思考上述业务涉及的原始凭证。
2. 根据上述业务编制会计分录。

实训五　职工薪酬核算岗位

扫码看资源

一、实训目的

掌握应付职工薪酬的核算范围及相关账务处理。

二、实训资料

2018 年 9 月光华公司发生以下业务：

(1)1 日，办公室主任王敏在贵阳出差期间，因患疾病在省医就诊。经过企业领导审批，批准报销医疗费的 80%，其余 20%由个人承担。此次就医共花费 2 430 元，已由王主任垫付，报销时财务以现金支付。

(2)18 日，开出现金支票，报销会计主管新会计准则培训的车票、住宿及书费等，共计 1 850 元。

(3)25 日，根据车间职工出勤等资料，计算车间应付职工薪酬、代扣款项目和实付职工薪酬(见表 3－2－5－1、表 3－2－5－2、表 3－2－5－3)。

职工个人应负担“三险一金”由企业代扣代缴，计算标准是：按应付职工薪酬的 2%代扣医疗保险费，按应付职工薪酬的 1%代扣失业保险费，按应付职工薪酬的 8%代扣养老保险费，按应付职工薪酬的 10%代扣住房公积金。

个人所得税＝应计税工资×适用税率

其中，应计税工资＝(个人应付职工薪酬－个人应负担三险一金的合计金额)－2 000

适用税率：应计税收入在 500 元以内，所得税税率是 5%，应计税收入在 2 000 元以内，所得税税率是 10%。

表 3－2－5－1　　光华公司工资发放标准　　单位：元

项目	单位	金额	项目	单位	金额
加班津贴	一班次	20	经常性生产奖	人	50～150
中班津贴	一班次	5	岗位工资	人	450～550
夜班津贴	一班次	10			
说明	1. 日基本工资计算方法是职工每月基本工资除以 21 天，部分大小月。 2. 职工请事假需要履行手续，每请假一天，扣发一天基本工资。 3. 职工请病假需要医院诊断，按照以下标准扣发日基本工资。 工龄 8 年以下(含 8 年)扣发日基本工资的 50%； 工龄 9～15 年(含 15 年)，扣发日基本工资的 25%； 工龄在 15 年以上扣发日基本工资的 15%。 4. 经常性生产奖发放方法： 全月出勤在 21 天以上(含 21 天)，发全额奖金； 出勤在 21 天以下，每缺勤 1 天，扣发 10 元； 出勤 18 天以下(含 18 天)，当月奖金全免。 5. 每月 25 报考勤记录表。					

表 3—2—5—2 **考勤记录表**

部门：甲车间 2018 年 9 月 25 日

序号	姓名	出勤天数	中班	夜班	缺勤情况								
					病假	事假	工伤	产假	探亲	公假	旷工	婚丧	其他
1	李大林	23	12	5									
2	姬向民	21	10	5									
3	王立民	21	10	5									
4	赵　永	19	8	5		2							
5	齐　军	16	10	5	5								
6	富　海	21	10	5									
7	纪　坤	21	10	5									
8	费　林	18	10	2	3								
9	张　朋	19	10	5		2							
10	王　昆	13	5	5	5	3							
11	李志军	21	10	5									
12	胡林林	17	7	5	3	1							
13	吴晓光	21	10	5									

假设行政管理部门、销售部门及工会人员本月为全勤。

表 3—2—5—3

车间应付职工薪酬结算表

单位:甲车间　　　　　　　　　　　　　　　　　　　　单位:元

序号	姓名	工龄	基本工资	岗位津贴	奖金	房贴	日平均工资	中班津贴		夜班津贴		加班津贴		病假扣工资		事假扣工资		应扣奖金	应付职工薪酬	代扣款项目					实付职工薪酬
								天数	金额	天数	金额	天数	金额	天数	金额	天数	金额			住房公积金	医疗保险	失业保险	养老保险	所得税	
1	李大林	20	1 300	540	150	199																			
2	姬向民	25	1 500	540	150	219																			
3	王立民	13	700	540	100	134																			
4	赵永	13	640	540	100	128																			
5	齐军	12	500	540	100	114																			
6	富海	6	400	540	50	99																			
7	纪坤	6	400	540	50	99																			
8	费林	6	400	540	50	99																			
9	张朋	11	600	540	100	124																			
10	王昆	10	750	540	100	139																			
11	李志军	11	750	540	100	139																			
12	胡林林	8	400	540	50	99																			
13	吴晓光	6	400	540	50	99																			
合计			8 740	7 020	1 150	1 691																			

表 3—2—5—4

车间应付职工薪酬汇总表

编报单位:甲车间　　　　2018 年 9 月　　　　单位:元

部门人员		人数	基本工资	岗位津贴	奖金	房补	工资性津贴			应扣工资与奖金			应付职工薪酬	代扣款项目					实付职工薪酬
部门	人员						中班	夜班	加班	病假	事假	奖金		住房公积金	医疗保险	失业保险	养老保险	所得税	
甲车间	生产工人	13																	
	管理人员	5	1 500	2 700	300	450				9	20	20						6.86	
	合计																		

(4)25 日,根据表 3—2—5—3 和表 3—2—5—4 提供的资料,计算新金机械股份有限公司应付职工薪酬、代扣款项目和实付职工薪酬(见表 3—2—5—5)。

表 3—2—5—5

光华公司应付职工薪酬汇总

编报单位:光华公司　　　　2018 年 9 月　　　　单位:元

部门人员		人数	基本工资	岗位津贴	奖金	房补	工资性津贴			应扣工资与奖金			应付职工薪酬	代扣款项目					实付职工薪酬
部门	人员						中班	夜班	加班	病假	事假	奖金		住房公积金 10%	医疗保险 7%	失业保险 2%	养老保险 25.5%	所得税	
甲车间	生产工人	13																	
	管理人员	5																	
专设销售机构		2	2 000	1 000	600	300													
行政管理部门		3	4 500	1 500	600	450													
工会		2	3 000	1 000	400	300													
合计		25																	

(5)25 日根据表 3—2—5—5 提供的资料,分配应付职工薪酬(见表 3—2—5—6)。

表 3—2—5—6

应付职工薪酬分配表

2018 年 9 月份

单位:元

应付职工薪酬			应付职工薪酬分配表			
部门	人员	应付职工薪酬	分配对象	定额工时	分配率	分配金额
甲车间	生产工人		A 产品	5 800		
			B 产品	1 200		
			小计	7 000		
	管理人员		管理			
专设销售机构						
行政管理部门						
工会人员						
合计						

(6)25 日,根据表 3—2—5—6 中的应付职工薪酬分配结果,计算提取应由企业负担“五险一金”、工会经费和职工教育费(见表 3—2—5—7)。

企业负担“五险一金”的比率分别是:按应付职工薪酬的 7%计算提取医疗保险费,按应付职工薪酬的 2%计算提取失业保险费,按应付职工薪酬的 25.5%计算提取养老保险费,按应付职工薪酬的 1%计算提取工伤保险费,按应付职工薪酬的 0.8%计算提取生育保险费,按应付职工薪酬的 10%计算提取住房公积金,按应付职工薪酬的 2%计算提取工会经费,按应付职工薪酬的 1.5%计算提取职工教育费。在计算过程中,一律精确到 0.01 元。

表 3—2—5—7

光华公司“五险一金”、工会经费、职工教育费计提表

编报单位:新金机械股份有限公司

2018 年 9 月

单位:元

分配对象		应付职工薪酬分配金额	按照应付职工薪酬计算提取“五险一金”、工会经费和职工教育费									应付职工薪酬总计
部门	对象		医疗保险费 7%	失业保险费 2%	养老保险费 25.5%	工伤保险费 1%	生育保险费 0.8%	住房公积金 10%	工会经费 2%	职工教育费 1.5%	合计 49.8%	
甲车间	生产工人											
	管理人员											
专设销售机构												
行政管理部门												
工会人员												
合计												

(8)29 日，以银行存款将本月份工会经费的 40%上缴到市总工会(根据表 3－2－5－7 计算上缴金额)。

(9)29 日，向市社会保险事业管理局划转由企业负担的五项保险费和代扣职工个人的三项保险费(明细表略)(根据表 3－2－5－7 资料的金额划转)。

(10)29 日，结算本月代扣职工个人所得税，并以银行存款代缴(根据表 3－2－5－5 资料的金额)。

(11)29 日，向市住房资金管理局划转由企业负担的住房公积金和合代扣职工个人的住房公积金(根据表 3－2－5－7 资料的金额划转)。

(12)29 日，根据光华公司应付职工薪酬汇总表(表 3－2－5－5)，将工资转入职工个人工资卡。

(13)29 日，经过市劳动和社会保障局批准，决定解除工人张朋的劳动合同。按照张朋 9 月份的应付职工薪酬，予以 12 个月应付职工薪酬的补偿，开出现金支票交给张朋(根据表 3－2－5－3 的资料核算)。

(14)29 日，开出转账支票，向市医院支付职工体检费用 2 500 元。

(15)29 日，采购小家电，取得增值税专用发票，注明价款 20 000 元，增值税 3 200 元，作为上半年的职工福利发放给每位员工，款项已通过银行存款支付。

(16)29 日，将本月工会经费的 60%划拨到本企业工会账上(根据表 3－2－5－7 计算划转)。

(17)29 日，将本月职工伙食补贴交付食堂，每人每天补贴标准为 4 元，按 21 天计算，计 2 100 元，以现金支付。

(18)29 日，用现金支票支付公司正式任命的高级主管本月租房补贴款 1 200 元，计提总经理本月小轿车的折旧 1 000 元。

(19)30 日，对体检费、伙食补贴和非货币性福利进行分配(以平均每人享受的金额进行分配)。

三、实训要求

1. 思考上述业务涉及的原始凭证。
2. 根据上述业务编制会计分录。

实训六　资本金核算岗位

一、实训目的

通过实验，了解投入资本金的财务核算和相关财务手续，掌握其账务处理程序。

扫码看资源

二、实训资料

黔中股份有限公司 2017 年初“股本”账户贷方余额 40 000 000 元，“资本公积”账户贷方余额 1 000 000 元，“盈余公积”账户贷方余额 4 600 000 元。

2018 年 1 月发生筹集资金的业务如下：

(1)1 月 1 日接受星光机械厂以固定资产的投资，资产评估报告及投入固定资产验收单如表 3—2—6—1、表 3—2—6—2 所示。

表 3—2—6—1　　**资产评估报告表**

2018 年 1 月 1 日　　单位：万元

资产名称	计量单位	数量	购置时间	开始折旧时间	账面价值			评估价值				差异		备注
					原值	已提折旧	净值	重置价值	折旧年限	折旧额	净值	净值增减额	净值增减率	
刨床	台	1	2007.12	2008.1	35	7	28	38	2	7.50	30.5	+2.5	+9%	完好
剪裁机	台	3	2007.6	2007.7	30	10	20	29.5	2.5	10	19.5	−0.5	−2.5%	完好
合计											50			

表 3—2—6—2　　**投入固定资产验收单**

2018 年 1 月 1 日　　单位：万元

固定资产名称	单位	数量	预计使用年限	尚可使用年限	投出单位账面价值			评估净值	备注
					原值	已提折旧	净值		
刨床	台	1	10	8	35	7	28	30.5	已经安装
剪裁机	台	3	7	4.5	30	10	20	19.5	已经安装
合计								500	
投资人	星光机械厂								

(2)1 月 15 日收到前光公司认购的面值为 1 元，500 000 股的认股款 500 000 元。

(3)1 月 25 日将资本公积——其他资本公积 15 万和盈余公积——法定盈余公积 20 万转增股本

(4)1 月 25 日，发行股票 100 万股，每股面值 1 元，每股发行价 1.5 元，支付手续费 0.8 万元。款项收到，手续费以银行存款支付。

(5)1月25日经股东大会批准,同意以法定盈余公积1 000 000元弥补以前年度亏损。

(6)1月30日经股东大会批准,公司以现金回购本公司股票20 000 000股并注销,每股按2元回购。

三、实训要求

1. 思考上述业务涉及的原始凭证。
2. 根据上述业务编制会计分录。

实训七　销售核算岗位

一、实训目的

扫码看资源

通过销售核算岗位实验,帮助学生掌握销售过程核算的基本方法:

1. 准确确认收入实现的时间,核算主营业务收入;
2. 按实际成本计价方法进行主营业务成本的核算,编制主营业务计算表;
3. 按国家规定正确计算税金及附加;
4. 准确核算当期销售费用。

二、实训资料

1. 黔中股份有限公司有关账户期初余额(见表3—2—7—1)

表3—2—7—1　　**库存商品明细账期初余额**

2018年9月1日　　单位:元

种类	品名	数量	单价	金额	备注
库存产成品	A	3	14 100.00	42 300.00	
库存产成品	B	5	51 000.00	255 000.00	
自制半成品	C	3	4 500.00	13 500.00	
自制半成品	D	10	300.00	3 000.00	

本月完工A入库为24台,实际总成本为348 720.00元。

本月完工B入库为27台,实际总成本为1 412 100.00元。

相关说明:主营业务成本按实际成本结算,采用月末一次加权平均法确认,月末根据库存商品出库单、退货单等进行汇总,编制"主营业务实际成本",结转本月主营业务成本。退货成本按月初存货成本核算,待月末调整为实际成本。计算过程精确至0.01元,尾差挤入期末存货成本。库存商品平时先记收发数量、月末计算成本。

2. 黔中股份有限公司2018年9月发生的业务如下:

(1)9 月 3 日向新光公司销售 A 产品 3 台,单价 22 000 元,增值税税率 16%,收到转账支票一张,存入银行。

(2)9 月 3 日支付由本企业承担的 8 月 28 日销售给宏达厂产品的运杂费 560 元。

(3)9 月 4 日预收金星公司 B 产品的货款 30 000 元,款项存入银行。

(4)9 月 4 日向黔阳公司销售 B 产品 5 台,不含税单价 70 000 元,增值税税率 16%,代垫运费 3 000 元已通过银行存款支付,办理托收手续。

(5)9 月 10 日向新河公司售 A 产品 2 台,单价 22 000 元,增值税税率 16%,收到由对方承兑的三个月无息商业承兑汇票一张。

(6)9 月 11 日接到银行转来托收结算凭证结账通知联,收到黔阳公司前欠款 412 500 元。

(7)9 月 14 日委托平阳公司代销 B 产品 10 台,以每台不含税售价 70 000 元计价出售,代销 B 产品 10 台,以每台不含税 22 000 元计价出售。双方以平阳公司每月开具的"代销商品结算清单"结算贷款,本公司依据"代销商品结算清单"金额的 5%支付平阳公司代销手续费。

(8)9 月 18 日以银行存款支付产品展览费 20 000 元整。

(9)9 月 19 日,向鲲鹏公司销售 B 产品 6 台,单价 70 000 元,增值税税率 10%,双方约定现金折扣条件为:2/10、1/10、n/10,折扣时不考虑增值税,产品已发出。

(10)9 月 20 日因质量与合同不符,新光公司退回车床一台,退货手续已办理,退款金额 25 740 元已开具转账支票支付。

(11)9 月 20 日开出转账支票向运输部门支付退回车床运费 2 500 元。

(12)9 月 24 日出售多余材料给新光公司,数量 40 千克,单价 14 元,该批材料单位成本 11 元,款项存入银行。

(13)9 月 25 日出售给金星公司的 B 产品一台,单价 70 000 元,增值税税率 16%,垫付运杂费 2 500 元,已预收款 30 000 元,余款尚未收到。

(14)9 月 25 日以现金支付专设销售机构购买的办公用品 644 元。

(15)9 月 25 日收到平阳公司代销清单(见表 3—2—7—2)。

表 3—2—7—2 **代销产品结算清单**

被委托单位:平阳公司 2016 年 9 月 25 日 单位:元

品名	单位	数量	单价	金额	手续费 5%	增值税金额	应付委托单位金额	进价成本	
								单价	金额
B	台	3	70 000	210 000	10 500	33 600	235 200	70 000	210 000
A	台	3	22 000	66 000	3 300	10 560	73 920	22 000	66 000
合计				276 000	13 800	44 160	309 120		276 200

(16)9 月 26 日收到平阳公司汇来货款 309 120 元。

(17)9 月 27 日收到对新光公司的技能培训费 3 000 元，存入银行。本公司派两名技术员前往，预计两天完成培训工作。

(18)9 月 29 日为新光公司培训工作结束，按照公司有关规定，技术人员劳务报酬 1 500 元，并代扣个人所得税 40 元，税后所得已经转入个人账户。

(19)9 月 29 日，向鲲鹏公司销售 B 产品的货款收到，按约定本公司发生的现金折扣为 8 400 元，其余款项全部存入银行。

(20)9 月 30 日根据应交增值税计算城市建设维护税和交易费附加(见表 3—2—7—3)。

表 3—2—7—3　　城市建设维护税、教育费附加计算表

项目	计算依据	计算金额	税率	应纳税金额	应借科目
城市建设维护税	增值税		7%		
教育费附加	增值税		3%		
合计					

(21)9 月 30 日编制本月产品销售成本计算表(见表 3—2—7—4)。

表 3—2—7—4

主营业务成本计算表

2018 年 9 月 30 日

单位:元

产品种类	月初存货成本			销售退回			本期生产成本			已售产品成本			其他原因减少(代销)			劳务成本	期末库存产成品成本		
	数量	单位成本	成本总额	数量	单位成本	成本总额	数量	单位成本	成本总额	数量	单位成本	成本总额	数量	单位成本	成本总额	成本总额	数量	单位成本	成本总额
A	3	14 100	42 300	1	14 100	14 100	24	14 530	348 720										
B	5	51 000	255 000				27	52 300	1 412 100										
合计			297 300			14 100			1 760 820										

三、实训要求

1. 思考上述业务涉及的原始凭证。
2. 根据上述业务编制会计分录。

实训八　往来核算岗位

一、实训目的

通过实训，帮助学生了解往来核算岗位的业务种类，以及应取得的原始凭证，并编制有关记账凭证，登记有关明细账。

扫码看资源

二、实训资料

明阳实业有限公司为增值税一般纳税人，2018 年 9 月初有关往来账户的月及本月发生的往来业务(见表 3—2—8—1)。

表 3—2—8—1　　**往来账户期初余额表**

2018 年 8 月 31 日　　单位:元

总账科目	明细科目	期初余额	
		借方	贷方
其他应收款	杨红	2 000.00	
应收账款	新金锦华实业公司	100 000.00	
应收账款	海滨有限责任公司	129 090.00	
应收账款	东风有限责任公司	22 000.00	
应收账款	丹阳集团公司	386 100.00	
应收票据	鞍山机械厂	128 700.00	
坏账准备			2 000.00
长期应收款	新金市宏达机械厂	100 000.00	
其他应付款	红星公司		1 800.00
应付账款	锦绣工厂		23 400.00
长期应付款	山东省淄博昌盛机器厂		1 170 000.00

(1)9 月 1 日收回职工杨红个人借款 2 000 元。

(2)9 月 1 日收到临时工张梅工作服押金 200 元。

(3)9 月 4 日支付红豆服装厂工作服定金 15 000 元。

(4)向本市供电部门预交电费 20 000 元。

(5)9月4日支付前欠锦绣工厂货款23 400元。

(6)9月11日收到丹阳集团公司银行承兑汇票386 100元,抵付前欠货款。

(7)9月11日收到工作服,取得红豆服装厂开具的普通发票,注明金额为23 400元,开出转账支票,补付货款8 400元。

(8)9月11日以现金支付瀑布啤酒厂包装物押金600元。

(9)9月12日接银行通知,收到海滨有限责任公司前欠货款129 090元,存入银行。

(10)9月19日向本市燃料公司购买燃料5吨,每吨300元,准备用于冬季办公取暖,取得增值税专用发票,价款1 500元,增值税150元(增值税税率10%),款未付。

(11)9月19日退还红星公司包装物押金1 800元。

(12)9月25日接供电部通知补付电费不足款,供电部门开具的的增值税发票注明电费33 000元,增值税5 280元,补付余款18 940元,已通过银行划转。

(13)9月25日分配电费(见表3—2—8—2)。

表3—2—8—2 **电费分配表**

2018年9月25日 单位:元

部门	受益对象	耗电量/(kW·h)	分配率	分配额
一车间	A产品	32 000		16 000
二车间	B产品	28 000		14 000
厂部	管理部门耗用	3 500		1 750
出租房屋	出租房屋耗用	2 500		1 250
合计		66 000	0.50	33 000

(14)9月25日回收瀑布啤酒厂押金500元,其余100元为损坏赔偿金

(15)9月29日开出转账支票支付前欠本市燃料公司购煤款1 695元。

(16)9月29日,因东风有限责任公司破产,本单位应收的货款22 000元,无法收回,经批准,拟作坏账损失处理。

(17)9月30日按照有关账户余额合计计提坏账准备(见表3—2—8—3)。

表3—2—8—3 **坏账准备计算表**

2018年9月30日 单位:元

坏账准备月初余额	本月借方发生额	本月贷方发生额	本月坏账准备计提基础	计提率	应计提金额	实际计提金额
				3%		

续表

坏账准备月初余额	本月借方发生额	本月贷方发生额	本月坏账准备计提基础	计提率	应计提金额	实际计提金额

三、实训要求

1. 思考上述业务涉及的原始凭证。
2. 根据上述业务编制会计分录。
3. 开设并登记往来结算的总账和明细账(T 形账)。

实训九　总账报表核算岗位

扫码看资源

一、实训目的

1. 掌握科目汇总表的核算程序;
2. 掌握登记总分类账的方法;
3. 掌握结账方法;
4. 掌握编制资产负债表、利润表和现金流量表的方法。

二、实训资料

1. 黔中股份有限公司 2018 年年初总分类账账户余额表(见表 3—2—9—1)。

表 3—2—9—1　　总账期初余额　　单位:元

账户名称	借方余额	账户名称	贷方余额
库存现金	12 100	短期借款	2 085 000
银行存款	1 218 100	应付票据	3 011 660
其他货币资金	13 000	应付账款	7 097 500
交易性金融资产	85 100	预收款项	2 000 000
应收票据	163 000	其他应付款	250 000
应收账款	7 480 000	应付职工薪酬	5 041 700
坏账准备	—22 440	应交税费	3 540 300
预付账款	350 000	长期借款	52 000 000
其他应收款	20 000	股本	102 711 200
原材料	44 264 200	盈余公职	4 058 800

续表

账户名称	借方余额	账户名称	贷方余额
库存商品	48 394 900	利润分配	1 623 500
生产成本	10 315 000		
存货跌价准备	−1 000		
长期股权投资	3 163 200		
固定资产	111 707 800		
累计折旧	−46 629 900		
在建工程	886 600		
无形资产	3 000 000		
累计摊销	−1 000 000		
合计	183 419 660	合计	183 419 660

2. 2018年新金机械股份公司发生的经济业务摘要如下：

(1)用银行存款上缴上期的各项税费共计3 450 300元。

(2)购入原材料一批，增值税专用发票上注明材料价款200 000元，增值税320 000元，已用银行存款支付，材料已入库。

(3)基本生产车间为生产产品领用材料3 000 000元，车间一般耗用材料120 000元。

(4)计算分配工资费用1 200 000元，其中基本生产车间生产工人工资700 000元，车间管理人员工资150 000元，行政管理人员工资220 000元，在建工程人员工资130 000元。

(5)提取固定资产折旧3 200 000元，其中生产车间固定资产折旧2 200 000元，行政部门固定资产折旧1 000 000元。

(6)收到前欠货款5 800 000元，已存入银行。

(7)收到银行付款通知，支付到期的商业承兑汇票3 011 660元。

(8)用银行存款支付前欠货款700 000元。

(9)以银行存款归还短期借款本金2 085 000元。

(10)向银行借入短期借款2 000 000元，年度内支付利息100 000元(未预提)。

(11)销售产品一批，货款15 000 000元，增值税税款2 400 000元，款项已收到并存入银行，产品实际成本为8 500 000元。

(12)将持有的交易性金融资产转让，获得转让收入为90 000元，原投资成本为80 100元，公允价值变动损益为5 000元，投资收益为4 900元，款项存入银行。

(13)销售多余材料，价款100 000元，增值税税款16 000元，款项已存入银行，材料成本为80 000元。

(14)购入工程物资一批价税合计116 000元，款项未付。

(15)公司将一张到期的无息银行承兑汇票连同解讫通知和进账单一并交银行办理转账，票据面值163 000元，款项已受托。

(16)用银行存款购入不需要安装的设备一台，价款200 000元，税款32 000元，包装费和运费 3 000 元。

(17)公司持有的两年前购入的长期股权投资采用成本法核算，本年分得现金股利 200 000 元，存入银行。

(18)本年度计提无形资产摊销 500 000 元。

(19)提取现金 1 200 000 元，准备发放工资。

(20)用现金支付工资 1 200 000 元。

(21)计提在建工程应负担的长期借款利息 200 000 元，并用银行存款支付。

(22)在建工程完工，达到使用状态，交付使用，总造价 50 000 元。

(23)以银行存款偿还长期借款 2 600 000 元。

(24)出售设备一台，原价 3 000 000 元，已提折旧 1 500 000 元，出售所得收入 1 520 000 元存入银行，发生清理费用 3 000 000 元，已银行存款支付。设备清理完毕。

(25)以银行存款支付广告费 2 000 元。

(26)结转制造费用 2 470 000 元。

(27)结转本期完工产品成本 10 200 000 元。

(28)按面值发行债券，三年期，到期一次还本付息，年利率 8%，面值总额 5 000 000 元，存入银行。

(29)计算结转本期应交增值税、城建税和教育费附加，税(费)率分别为 16%、7%、3%。

(30)年末计算提取坏账准备，坏账准备提取率为 0.5%(假设只对应收账款计提)。

(31)计提存货跌价准备 50 000 元。

(32)将各损益类账户结转入本年利润账户。

(33)按利润总额计算应交所得税，税率为 25%，并结转。

(34)结转本年利润。

(35)按净利润的 10%和 5%分别提取法定盈余公积、任意盈余公积。

(36)结转利润分配各明细账户。

三、实训要求

1. 根据实验资料中的经济业务摘要编制会计分录。
2. 设置 T 形账，编制科目汇总表。
3. 开设总账，登记期初余额。
4. 根据科目汇总表登记总账并结账。
5. 根据总账及其他有关资料编制资产负债表、利润表和现金流量表(见表 3—2—9—2、表 3—2—9—3、表 3—2—9—4)。

表 3—2—9—2 资产负债表 会企 01 表

编制单位： 年 月 日 单位：元

资 产	期末余额	年初余额	负债和所有者权益(或股东权益)	期末余额	年初余额
流动资产：			流动负债：		
货币资金			短期借款		

续表

资 产	期末余额	年初余额	负债和所有者权益(或股东权益)	期末余额	年初余额
交易性金融资产			交易性金融负债		
应收票据及应收账款			应付票据及应付账款		
预付款项			预收账款		
其他应收款			合同负债		
存货			应付职工薪酬		
合同资产			应交税费		
持有待售资产			其他应付款		
一年内到期的非流动资产			持有待售负债		
其他流动资产			一年内到期的非流动负债		
流动资产合计			其他流动负债		
非流动资产:			流动负债合计		
债权投资			非流动负债:		
其他债权投资			长期借款		
长期应收款			应付债券		
长期股权投资			长期应付款		
其他权益工具投资			预计负债		
其他非流动金融资产			递延收益		
投资性房地产			递延所得税负债		
固定资产			其他非流动负债		
在建工程			非流动负债合计		
生产性生物资产			负债合计		
油气资产			所有者权益(或股东权益):		
无形资产			实收资本(或股本)		
开发支出			其他权益工具		
商誉			其中:优先股		
长期待摊费用			永续债		
递延所得税资产			资本公积		
其他非流动资产			减:库存股		
非流动资产合计			其他综合收益		
			盈余公积		
			未分配利润		
			所有者权益(或股东权益)合计		
资产总计			负债和所有者权益(或股东权益)总计		

表 3—2—9—3　　利润表　　会企 02 表

编制单位：　　年　月　日　　单位：元

项　　目	本期金额	上期金额
一、营业收入		
减：营业成本		
税金及附加		
销售费用		
管理费用		
研发费用		
财务费用		
其中：利息费用		
利息收入		
资产减值损失		
信用减值损失		
加：其他收益		
投资收益（损失以"—"号填列）		
其中：对联营企业和合营企业的投资收益		
公允价值变动损益（损失以"—"号填列）		
资产处置收益（损失以"—"号填列）		
二、营业利润（亏损以"—"号填列）		
加：营业外收入		
减：营业外支出		
三、利润总额（亏损总额以"—"号填列）		
减：所得税费用		
四、净利润（净亏损以"—"号填列）		
（一）持续经营净利润（净亏损以"—"号填列）		
（二）终止经营净利润（净亏损以"—"号填列）		
五、其他综合收益的税后净额		
（一）不能重分类进损益的其他综合收益		
1. 重新计量设定受益计划变动额		
2. 权益法下不能转损益的其他综合收益		

续表

项　目	本期金额	上期金额
……		
(二)将重分类进损益的其他综合收益		
1. 权益法下可转损益的其他综合收益		
2. 可供出售金融资产公允价值变动损益		
3. 持有至到期投资重分类为可供出售金融资产损益		
4. 现金流量套期损益的有效部分		
5. 外币财务报表折算差额		
……		
六、综合收益总额		
七、每股收益		
(一)基本每股收益		
(二)稀释每股收益		

表 3—2—9—4　　　　**现金流量表**

编制单位：　　　　年　月　日　　　　单位:元

项　目	本期金额	上期金额
一、经营活动产生的现金流量		
销售商品、提供劳务收到的现金		
收到的税费返还		
收到其他与经营活动有关的现金		
经营活动现金流入小计		
购买商品、接受劳务支付的现金		
支付给职工以及为职工支付的现金		
支付的各项税费		
支付其他与经营活动有关的现金		
经营活动现金流出小计		
经营活动产生的现金流量净额		
二、投资活动生产的现金流量		
收回投资收到的现金		
取得投资收益收到的现金		
处置固定资产、无形资产和其他长期资产收回的现金净额		
处置子公司及其他营业单位收到的现金净额		
收到其他与投资活动有关的现金		

续表

项　　目	本期金额	上期金额
投资活动现金流入小计		
购建固定资产、无形资产和其他长期资产支付的现金		
投资支付的现金		
取得子公司及其他营业单位支付的现金净额		
支付其他与投资活动有关的现金		
投资活动现金流出小计		
投资活动产生的现金流量净额		
三、筹资活动产生的现金流量		
吸收投资收到的现金		
取得借款收到的现金		
收到其他与筹资活动有关的现金		
筹资活动现金流入小计		
偿还债务支付的现金		
分配股利、利润或偿付利息支付的现金		
支付其他与筹资活动有关的现金		
筹资活动现金流出小计		
筹资活动产生的现金流量净额		
四、汇率变动对现金及现金等价物的影响		
五、现金及现金等价物净增加额		
加:期初现金及现金等价物余额		
六、期末现金及现金等价物余额		